中央财经大学
“十四五”本科规划教材

高等学校财政学、税收学专业主要课程教材

税收学

马海涛 主编

中国教育出版传媒集团
高等教育出版社·北京

内容简介

本书为中央财经大学“十四五”本科规划教材建设项目。

本书以习近平新时代中国特色社会主义思想为指导，对税收基本理论、基本方法和基本知识点进行了系统梳理，并紧密结合新时代税收改革发展历程，对税收理论与实践进行了概括与提炼，努力揭示税收的本质特点和发展规律。本书主要包含以下内容：税收概论、税收原则、最优税收理论、税收负担转嫁与归宿、宏观税负、税制结构、商品劳务税原理、所得税原理、财产税原理、资源环境税原理、税式支出、税收管理与税收遵从、国际税收、税收政策等。各章设有本章导言、重要术语、本章小结、课后习题和拓展阅读板块，文中设有专栏以反映学术前沿与争鸣内容，章后配有二维码可进行在线测试，以帮助读者检验学习效果。

本书可作为财税专业以及高等教育经济类、管理类、法学类等相关专业本科和研究生教材，也可作为财税工作者和对税收理论感兴趣的读者的学习参考书。

图书在版编目（CIP）数据

税收学 / 马海涛主编 . -- 北京：高等教育出版社，2024.8. --ISBN 978-7-04-062758-9

Ⅰ. F810.42

中国国家版本馆 CIP 数据核字第 2024AZ5314 号

Shuishouxue

策划编辑 奚 玮　责任编辑 奚 玮　封面设计 马天驰　责任绘图 马天驰
版式设计 杜微言　责任校对 吕红颖　责任印制 张益豪

出版发行 高等教育出版社
社　　址 北京市西城区德外大街 4 号
邮政编码 100120
印　　刷 北京鑫海金澳胶印有限公司
开　　本 787mm×1092mm　1/16
印　　张 22.75
字　　数 450千字
购书热线 010-58581118
咨询电话 400-810-0598
网　　址 http://www.hep.edu.cn
http://www.hep.com.cn
网上订购 http://www.hepmall.com.cn
http://www.hepmall.com
http://www.hepmall.cn
版　　次 2024年 8 月第 1 版
印　　次 2024年 8 月第 1 次印刷
定　　价 53.00 元

物 料 号 62758-00

前言

习近平总书记多次强调，教材是育人育才的重要依托，教材建设是铸魂工程。为深入贯彻落实习近平关于教育的重要论述和关于教材工作的指示批示精神，推进马克思主义中国化时代化最新成果进课程、进教材，打造培根铸魂、启智增慧的系列优秀教材，全面推进教材建设高质量发展，中央财经大学自2023年起启动了“十四五”本科规划教材建设项目,《税收学》是第一批推出的建设项目之一。

党的十八大以来，以习近平同志为核心的党中央高度重视税收工作，把税收的定位提升到国家治理的高度，强调发挥税收在国家治理中的基础性、支柱性、保障性作用。随着涉税市场主体快速增长，社保费和非税收入征管职责逐步划转到位，收入规模不断扩大，且向自然人领域不断拓展，税收在国家治理中的功能作用更加凸显。随着我国税制改革的深入推进，税收事业的发展对税收理论、政策、知识和人才的需求比以往任何时期都更加迫切。税收学作为财经类专业的一门重要基础核心课程，立德树人、理论发展、税制改革、政策调整与制度创新呼唤《税收学》教材的更新和完善。

中央财经大学财政学科是国家级重点学科，税务专业为国家级特色专业建设点。1986年中央财经大学经教育部批准在全国高校中首创了税务专业，成立了全国高校第一个本科税务系，并开设“税收学”等系列课程。“税收学”是我校财政、税收专业必修的专业课，并于2023年获批教育部国家级一流本科课程（线下一流课程）。本书体系全面完整，反映了党的十八大以来我国税收改革发展新的实践成果，涵盖了对历史的新总结、对未来的新探索，开拓了税收研究新视野。教材坚持数据新、政策新、案例新，围绕税收理论和实践问题，力图有新判断、新观点、新思想。本书的主要特色如下：

一是以习近平新时代中国特色社会主义思想为指导。本书以习近平关于税收工作的一系列重要论述为根本遵循，坚持马克思主义立场、观点、方法，将改革开放以来特别是进入新时代以来的理论创新成果引入教材，围绕“用心打造培根铸魂、启智增慧的精品教材”目标进行编写。

二是坚持以“三基”为主线，力求规范、准确和简洁。本书的编写注重对税收基本理论、基本方法和基本知识点的系统梳理，学术前沿与争鸣的内容以专栏的形式反映，突出理论性、基础性、前瞻性，帮助学生形成较完整的税收理论知识体系。

三是坚持继承与创新相结合。本书全面梳理、继承以往的税收知识体系，紧密结合新时代税收改革发展历程，注重体现税收理论现实重大问题、税收领域面临的前沿问题，提炼出有学理性的新理论，概括出有规律性的新实践，努力揭示税收的本质特点和发展规律。

四是坚持国内经验与国际视野相结合。本书立足中国实际，坚持国际视野，吸收借鉴国外税收文明成果和先进征管经验，以全球视角审视我国税收发展进程，准确判断中国和世界税收发展趋势。

五是注重做好与相关教材的衔接。本书的编写注重与宏微观经济学、财政学、中国税制、国际税收、税收管理等相关教材的衔接。

本书由中央财经大学马海涛教授任主编，设计统筹大纲，总纂全稿。财政税务学院樊勇、刘金科协助主编做了大量基础工作。各章编写分工如下：第一章樊勇、王玺，第二章刘金科，第三章邵磊，第四章寇恩惠，第五章孙鲲鹏，第六章王文静，第七章刘明，第八章陈宇，第九章任强、李钊、刘潇雨，第十章汪昊、刘梦涵，第十一章蔡昌、吴迪，第十二章白彦锋、李升，第十三章何杨，第十四章王怡璞。

本书的编写参考和吸收了国内外专家学者的一些研究成果，在此表示诚挚的感谢。同时，本书尚有许多不足之处，恳请读者予以指正。

编　者

2024 年 2 月

目录

第一章 税收概论 …… 1

第一节 税收的内涵与特征 …… 1

一、税收的产生和历史演进 …… 1

二、税收的定义及特征 …… 4

三、税收的目的和依据 …… 6

第二节 税收的职能 …… 7

一、财政收入职能 …… 7

二、经济调节职能 …… 8

三、监督管理职能 …… 9

第三节 税收形式 …… 9

一、税种要素 …… 9

二、税种类型 …… 13

第二章 税收原则 …… 17

第一节 税收原则理论概述 …… 17

一、中国税收原则理论概述 …… 18

二、西方税收原则理论概述 …… 21

第二节 收入原则 …… 23

一、充裕原则 …… 24

二、弹性原则 …… 25

第三节 公平原则 …… 26

一、受益原则 …… 27

二、支付能力原则 …… 29

第四节 效率原则 …… 32

一、税收经济效率 …… 32
二、税收行政效率 …… 36
第五节 法定原则 …… 38
一、课税要素法定原则 …… 38
二、课税程序法定原则 …… 40

第三章 最优税收理论 …… 43

第一节 最优税收理论概述 …… 43
第二节 最优商品税收理论 …… 45
一、最优商品课税的目标 …… 45
二、最优商品课税的基本规则 …… 48
三、最优商品课税规则的拓展和应用 …… 50
第三节 最优所得税收理论 …… 52
一、最优所得课税的目标 …… 53
二、最优所得课税的基本规则 …… 55
三、最优所得课税规则的拓展和应用 …… 57

第四章 税收负担转嫁与归宿 …… 65

第一节 税负转嫁与税收归宿的内涵 …… 65
一、税收负担的经济归宿 …… 66
二、税收归宿的无关性 …… 69
三、税收归宿的弹性 …… 70
四、税收归宿的对称性 …… 74
第二节 税收归宿的局部均衡分析 …… 76
一、商品市场的税收归宿 …… 76
二、要素市场的税收归宿 …… 78
三、垄断市场的税收归宿 …… 80
第三节 税收归宿的一般均衡分析 …… 82
一、一般均衡归宿分析应考虑的问题 …… 84
二、税收归宿的一般均衡理论模型 …… 86

第五章 宏观税负 …… 89

第一节 宏观税负概述 …… 89

一、宏观税负的含义 …… 89
二、宏观税负的测算口径与方法 …… 90
三、宏观税负的实质：政府和市场的边界 …… 93
四、宏观税负的影响因素和最优宏观税负 …… 94
第二节 宏观税负与微观税负的结构 …… 95
一、宏观税负与微观税负的结构分析 …… 95
二、中国宏观税负相关实践：大规模减税降费及其效果 …… 98

第六章 税制结构 …… 103

第一节 税制结构概述 …… 103
一、单一税制与复合税制 …… 103
二、复合税制的具体类型 …… 104
第二节 税制结构的影响因素 …… 106
一、政治社会因素 …… 106
二、经济制度因素 …… 106
三、财政制度因素 …… 107
第三节 税制结构的比较 …… 107
一、我国税制结构的演进 …… 107
二、税制结构的横向比较 …… 109
三、税制结构的纵向比较 …… 116

第七章 商品劳务税原理 …… 127

第一节 增值税原理 …… 127
一、增值税概述 …… 127
二、增值税的经济效应 …… 131
三、增值税实践 …… 133
第二节 消费税原理 …… 135
一、消费税概述 …… 135
二、消费税的经济效应 …… 138
三、消费税实践 …… 139
第三节 关税原理 …… 140
一、关税概述 …… 140
二、关税的经济效应 …… 144

三、关税实践 ……145

第八章 所得税原理 ……149

第一节 个人所得税原理 ……149

一、个人所得税概述 ……149

二、个人所得税的经济效应 ……156

三、个人所得税实践 ……158

第二节 企业所得税原理 ……161

一、企业所得税概述 ……161

二、企业所得税的经济效应 ……166

三、企业所得税实践 ……167

第三节 社会保障税（费）原理 ……169

一、社会保障税（费）概述 ……169

二、社会保障税（费）的经济效应 ……173

三、社会保障税（费）实践 ……173

第九章 财产税原理 ……177

第一节 房地产税原理 ……178

一、房地产税概述 ……178

二、房地产税的经济效应 ……183

三、房地产税实践 ……190

第二节 遗产赠与税原理 ……198

一、遗产赠与税概述 ……198

二、遗产赠与税的经济效应 ……200

三、遗产赠与税实践 ……201

第十章 资源环境税原理 ……205

第一节 资源税原理 ……206

一、资源税概述 ……206

二、资源税的经济效应 ……208

三、资源税实践 ……210

第二节 环境保护税原理 ……214

一、环境保护税概述 ……214

二、环境保护税的经济效应……216
三、环境保护税实践……217
第三节 碳税原理……219
一、碳税概述……219
二、碳税的经济效应……221
三、碳税实践……222

第十一章 税式支出……229

第一节 税式支出概述……229
一、税式支出的概念……229
二、税式支出的本质……231
三、税式支出的分类……232
四、税式支出和财政支出的联系与区别……233
第二节 税式支出的估算方法与经济效应……234
一、税式支出的估算方法……234
二、税式支出的经济效应原理……235
三、税式支出的经济效应……237
第三节 税式支出管理的国际借鉴……239
一、国外税式支出管理经验……239
二、国外税式支出预算管理模式比较……244
三、税式支出预算管理的国际经验……245
第四节 税式支出的制度设计……247
一、我国建立税式支出制度的意义……247
二、我国税式支出制度建设的总体目标和基本原则……250
三、建立和完善我国税式支出制度的基本思路……252

第十二章 税收管理与税收遵从……255

第一节 税收管理概述……255
一、税收管理的定义……255
二、税收管理的目标……256
三、税收管理的职能……258
四、税收管理的主要内容……258
第二节 中国税收管理体制……264

一、中国税收管理的原则……264
二、税收管理机构设置……266
三、税收管理权限划分……271
四、税收收入归属划分……272
第三节 税收遵从概述……274
一、税收遵从的概念与分类……274
二、税收遵从的影响因素……275
三、传统经济学视角下的税收遵从之谜……278
四、行为财政学视阈下的税收遵从……280

第十三章 国际税收……285

第一节 国际税收概述……285
一、国际税收的概念……285
二、国际税收管辖权……287
三、国际税收的主要问题……289
四、国际税收制度的发展……291
第二节 国际重复征税的消除……298
一、消除国际重复征税的基本原则……298
二、消除重复征税的主要方式……299
三、我国消除重复征税的制度框架……301
第三节 国际避税与反避税……306
一、国际避税的含义及产生的原因……306
二、国际反避税的主要规则……307
三、我国反避税的制度框架……316

第十四章 税收政策……321

第一节 税收政策概述……321
一、税收政策的含义……321
二、税收政策的构成要素……323
三、税收政策类型……326
四、税收政策的效应……328
第二节 中国特色社会主义税收的定位与基本经验……330
一、税收是国家治理的基础和重要支柱……330

二、税制改革在全局性改革中的作用 ······331
三、以人民为核心的税收价值观 ······331
四、税收改革发展中的中国共产党领导 ······332
第三节 中国式现代化中的税收政策 ······335
一、中国式现代化对税收政策提出的新要求 ······336
二、税收政策改革助力中国式现代化 ······337
三、服务中国式现代化的税制优化路径 ······342
参考文献 ······349

第一章

税收概论

本章导言

在税收产生至今几千年的历史长河中，古今中外的政治家、经济学家和历史学家一直在探索税收的奥秘。在不同的社会发展阶段，由于生产力水平不同、社会性质不同以及国家职能的差异，人们对税收的认识不尽相同，并且在不断地发展变化。税收既是一种延续了几千年的财政收入形式，又是现代世界各国共有的社会经济现象。本章从税收的内涵入手，介绍税收的特征、基本要素、分类等内容，并对我国的税收概况做简要分析。

重要术语

财政收入职能　经济调节职能　监督管理职能　纳税义务人　课税对象　税率

第一节　税收的内涵与特征

一、税收的产生和历史演进

（一）税收的产生

在公元前 8 世纪至公元前 6 世纪的古希腊，氏族内部分化出了贵族与平民。平民有权占有土地、财产而从事农业、手工业和商业，并有义务向国家纳税和服兵役。到公元前 6 世纪，赋税的很大一部分来自平民。西方奴隶制国家在确定奴隶主占有制度初期出现了土地私有制，出现了城邦经济、领土经济等私有经济。随着财产私有制和国家的产生，就出现了对私有土地征收的赋税和对平民征收的各种捐税。[1]

① 谭光荣. 税收学. 北京：清华大学出版社，2013：9.

我国税收的产生与西方奴隶制国家不同，因为我国确定奴隶制后很长一段时期内保留着奴隶主国家的土地所有制。在夏、商、周时期，我国推行劳役田租税制，国家收到的资金基本是租税不分的。直至春秋时期，鲁国适应土地私有制发展实行“初税亩”，标志着我国税收从雏形阶段进入成熟时期。

1. 税收的雏形阶段

我国最早的税收形式产生于奴隶制王朝夏朝。夏朝统治者为维护社会稳定发展和满足公众日常需求，凭借其政治权力强制性课税，最早的课征形式——贡由此出现。贡是夏朝王室对其所属部落或平民根据若干年土地收获的平均数，按照一定比例征收的农作物。对部落征收的贡为“土贡”，贡品一般为当地的土特产品；对平民征收的贡是田赋，其贡品为农作物。到了商朝，贡逐渐演变为助，即凭借农户力役共同耕种农田。因此，助实际上也是一种力役税，以征取劳役地租的形式实现财政收入。到了周朝，助又演变为彻，指每个农户将一定数量的土地收成交与王室，即“民耕……百亩者，彻取十亩以为赋”（《孟子注疏》）。

夏、商、周三朝的贡、助、彻，都是对土地收获量的强制课征形式，具有地租和赋税的双重特征，因此还不是纯粹的税收，但它们确实是我国税收的起源，是我国税收的雏形。

2. 最早的工商税收

除农业赋税外，先秦三代还出现了工商税收。在商朝，手工业和商业已有所发展，但当时并没有征收赋税，即所谓“市，廛而不税；关，讥而不征”（《礼记·王制》）。到了周朝，为适应手工业和商业的发展，开始对经过关卡或上市交易的物品征收“关市之赋”，对伐木、采矿、狩猎、捕鱼、煮盐等征收“山泽之赋”。这是我国最早的工商税收。

3. 税收发展的里程碑

春秋时期，我国从奴隶社会转向封建社会。社会生产力的快速发展使社会私田增多，但由于私田不缴纳贡赋，严重影响了王室收入。为开辟税源，春秋时期的主要诸侯国鲁国，于鲁宣公十五年（公元前594年）实行“初税亩”，宣布对私田按亩征税，即“履亩十取一也”（《左传·宣公十五年》）。“初税亩”首次承认土地私有制的合法性，是历史上一项重要的经济改革措施，同时也是我国税收起源的一个里程碑。

（二）税收的历史演进

1. 名称的发展变化

在我国历史上，税收先后有过贡、助、彻、赋、租、税、捐、课、调、役、银、钱等名称，其中使用最多的有贡、赋、租、税、捐等。赋、税、租和捐沿用到近代。税收的名称反映了我国历史上不同时期税收的经济内容。

贡和赋与征税目的和用途相联系。贡是臣属或藩属向王室进献的物品或农产品；赋原为军赋，即臣民向君主缴纳的军车、军民等军用物品，随着朝代变迁，赋的概念从军赋扩大到来自农田，甚至关市、山林川泽的所有课征物。在此时期，贡和赋逐渐演变成所有税收的别称。税这个名称始于“初税亩”，是指对耕种土地征收的农产物，即所谓“有税有赋。税以足食，赋以足兵”（《汉书·刑法志》），也可看出税和赋的征税目的和用途是不一样的。但在很长一段历史时期，我国对土地征收的赋税称之为租，尤其在秦汉至隋唐时期，凡是对土地的课征均统称为租。唐代后期，租与税的名称逐渐分开，对官田的课征为租，对私田的课征为税。宋代起，对土地课征的税又称为田赋。战国时期，我国税收出现了一个新的名称——捐，即国家授爵的为特定用途筹集财源的一种方式，带有自愿性。实际上，当时还不是税收。明朝起捐纳盛行，且带有强制性，成为政府经常性财政收入，以致捐与税难以划分，故统称为捐税。

上述税收名称，有时在同一时期同时存在，有时互为混用或连用，所以又形成了贡赋、赋税、租税、捐税等几个主要名称。它们反映了不同历史时期税收的经济内容，从侧面反映了税收的发展史。现在这些名称已基本被税收所取代。

2．制度的发展和演变

税收制度的演变是一个复杂而丰富的历史过程，既受到国家制度和经济发展的影响，也被文化传统和社会需求所塑造。

（1）以古老的直接税为主的税收制度。在奴隶社会和封建社会，由于商品经济不够发达，国家统治者只能采取对人或物征收的直接税，这是税收发展的第一个历史阶段。马克思说：“直接税，作为一种最简单的征税形式，同时也是一种最原始最古老的形式，是以土地私有制为基础的那个社会制度的时代产物。”[①] 我国古代的直接税有人头税、土地税、田赋等。虽然从西周以后，我国对手工业和商业征收商税、物产税、关税等，但只在北宋中后期，工商税比重超过田赋，其余时期所征税额很少，在税收体系中不占主要地位。因此，在古代经济不发达时期，主要采用以古老的简单直接税为主的税收制度。

（2）以间接税为主的税收制度。间接税是对商品课征的税收，其税款包含在商品的销售价格中，税负由经营加工的生产者转嫁至最终消费者。我国最早征收的间接税可追溯到西周的“关市之征”，以后历朝都征收间接税，如汉朝的市租，汉以后历朝的盐税、矿税和茶税，清代的厘金，南京国民政府统治时期的统税等。当然，除间接税外，也有一些其他辅助性税种如土地税、财产税和各种杂税。

（3）以现代的所得税为主的税收制度。18 世纪末，英国创立所得税，这是税收发

① 马克思恩格斯全集．第八卷．北京：人民出版社，1961：543.

展的第三个阶段。1842 年，英国确定所得税为永久税，并于 19 世纪中期在资本主义国家相继推行。目前，世界各国所得税的种类繁多，主要有对个人征收的个人所得税、对企业或公司征收的公司或法人所得税、按公司企业工资支付额征收的社会保险税等。有些国家的所得税在税收中占有很大比重，实行以所得税为主的税收制度。我国现行税收体系中，所得税也占有较大比重，具有十分重要的地位。

（4）以所得税和间接税并重的税收制度。这是一种“双主体”的税收模式，即所得税和间接税比重大体相当。这种税收制度在少数发达国家和发展中国家均有涉及。例如 2018 年，荷兰所得税收入占 GDP 比重为 11.5%，而商品和劳务税收入比重为 11.7%；埃及的所得税和间接税收入占 GDP 比重分别为 7.3% 和 8%，比重基本一致。

与直接税相比，间接税对发展中国家来说有许多可取之处。第一，间接税在商品流通环节征收，征收期短，且不易受成本波动影响，因此税收收入比较稳定，并能随经济的增长而自然增长；第二，间接税更有利于政府对生产、消费等领域进行调节，对经济的干预作用更强；第三，间接税征管更易于操作，更能适应发展中国家税收征管水平较低的现状；第四，间接税更加隐蔽，更容易提高纳税人遵从度。

3. 征收形式的发展

从历史上来看，我国税收的征收形式主要有三种：实物形式、力役形式和货币形式。实物形式和力役形式是我国奴隶社会和封建社会初期占主导地位的税收课征形式。实物形式主要对农作物征收，力役形式主要对劳动力征收。封建社会中期，由于商品经济日益发达已超过自然经济居于统治地位，我国的税收形式逐步过渡至以货币形式为主。从明朝起，我国田赋开始折银征收。新中国成立至今，无论在哪种经济条件下，我国税收都以货币形式为主。税收由实物到货币的征收形式，从侧面反映了税收随着商品经济的发展而发展的历史过程。

二、税收的定义及特征

（一）税收的定义

我国学者对税收的界定有两种观点：第一，将税收界定为一种财政收入，即税收是国家为满足公共需要，凭借政治权力制定，并依据法律规定的标准强制、无偿地取得财政收入的一种手段；第二，将税收界定为一种分配，即税收是政府为满足其职能和社会需要，凭借政治权力向社会成员强制征收的财政收入，是国家与纳税人之间的一种利益分配形式。

从以上表述来看，尽管中外学者对税收的概念界定有所不同，但也有很多相同之处。第一，税收的课税主体是国家。税收的征税主体是国家或政府，包括各级政府及其财税部门，以及政府设置的专职机构，如我国的海关、国家税务总局等。除有代收代缴权利的机构或组织外，其他任何形式的社会团体、组织或机构都无权征税。第二，税收的课税目的是实现国家职能和满足社会公众需要。不管是何种性质的国家，都需要履行其国家职能和管理社会事务。此过程需要消耗一定的物力和财力，税收就是这部分财力的主要来源。第三，税收的课税依据是政治权力。凭借这种政治权力，国家可以对任何经济形式、社会团体和个人征税，可以渗透到国民经济的方方面面。第四，课税必须借助法律形式进行。由于政府征税涉及社会各阶层的经济利益，需要一定的法律来规范、约束和调整征纳双方的权利和义务。对征税人而言，征税必须要有相应的法律依据，不得多征税款，也不得随意少征；对于纳税人而言，不论是否愿意，都必须按照法律的规定缴纳税款，否则将会受到法律的制裁。

根据对比分析，本书将税收的概念界定为：税收是国家或政府为实现其职能和满足公共需要，凭借政治权力，依据法律规定，强制向社会成员征收而取得的一种财政收入，体现了国家与纳税人之间的一种特定分配关系。

（二）税收的特征

1. 固定性

税收的固定性是指税收是按事先确定的范围和标准征收的，包括事先确定的征税对象和纳税人、计税依据和税率、纳税时间与地点等。在征收中，任何单位与个人都不能随意改变税收的征收范围和标准，过多或过少地向纳税人征税。

税收之所以具有固定性，是由税收的依据决定的。税收的依据是国家机构为经济主体提供的一般利益。这意味着在税收的征收过程中，国家机构不仅不能破坏经济主体的利益，而且应当保护并增进经济主体的利益。这就要求税收具有固定性。只有具有固定性，生产者才能从长安排自己的生产经营活动，消费者才能从长安排自己的消费活动，经济才能持续发展，社会才能不断进步。历史上，税收之所以能够产生与存在，是与这种固定性分不开的。

2. 无偿性

税收的无偿性是国家取得的税收收入，既不需要返还给纳税人，也不需要对纳税人直接支付任何报酬。税收的无偿性是由国家财政支出的无偿性决定的。从税收的产生看，国家为了行使其职能，需要大量的物质资料，而国家机器本身又不进行物质资料的生产，不能创造物质财富，只能通过征税来取得财政收入，以保证国家机器的正常运转，这种支出只能是无偿的。

税收的无偿性，使得国家可以把分散的资金集中起来统一安排使用。这种无偿的分配，有利于贯彻国家的政策，改变国民收入使用额的构成和比例，正确处理积累和消费的比例关系。可见，税收的无偿性是至关重要的，体现了财政分配的本质，它是税收三个基本特征的核心。

3．强制性

税收的强制性是指税收是依靠国家的政治权力而强制征收的。主要体现在：国家凭借政治权力依法征税，纳税人（包括法人）必须依法纳税，否则将受到法律制裁。强制性是国家取得财政收入的基本前提，也是国家满足社会公共需要（即实现国家职能）的保证。

三、税收的目的和依据

税收的目的是指国家机构为什么要征税，税收的依据是指国家机构凭什么能征税，二者共同构成税收主、客体之间的内在联系，决定着税收的产生、存在与发展。

（一）税收的目的

在国家这种社会的最高组织形式中，国家机构的根本任务是提供公共物品、满足公共需要。公共需要是社会全体成员的共同需要，包括和平的需要、安定的需要和便利的需要等。公共物品是用于满足公共需要的物品，包括和平的环境、安定的秩序和便利的设施等，也就是生产与消费的共同外部条件。国家机构为提供公共物品、满足公共需要，就必须占有一定的自然资源或经济资源。国家机构占有这些资源有两种办法：一种是直接的办法，以征用的形式直接占有自然资源或经济资源；另一种是间接的办法，以税收形式向经济活动主体征收一部分收入，然后再将这部分收入转化为支出，在交换环节实现资源由经济活动主体到国家机构的转移。在这里，税收的目的就是向经济活动主体取得一部分收入，满足国家机构间接占有资源的物质需要。

（二）税收的依据

政府征税依据在西方最早出现于17世纪，当时德国旧官房学派学者提出“公共福利说”即“公共需要说”，认为国家的职责在于增进公共福利，人们必须为这种公共需要付费，这种付费即为税收，但如果这种征税不是为了公共福利需求，则不能称之为正当的税收。与“公共福利说”不同，18世纪西方资本主义自由竞争时期产生了“利益说”即“交换说”，代表人物有霍布斯（Hobbes）、亚当·斯密（Adam Smith）、卢梭（Rousseau）和蒲鲁东（Proudhon）。“利益说”认为，国家征税是为了保护社会公众的利益，公众应该向国家纳税。在“利益说”的基础上，法国的梯埃尔（Thiers）提出了“保险说”。这种学说将国家当作一个保险公司，社会公众受国家的保护后应向国家缴纳税款，就像被保险人向保险公司缴纳保险费一样；社会公众按照自己所受到国家利益的一定比例缴税，就像保险公司按照一定的投保金额的比例确定保险金额一样。但在19世纪的欧洲国家，部分学者反对“利益说”和“保险说”，认为税收是国家对人民的一种强制课征，社会公众交税是一种应尽的义务，任何人不得例外。这种税收对人民来说是一种纯粹的牺牲，所以也被称为“牺牲说”。19世纪末期，德国的瓦格纳（Wagner）和美国的塞利格曼（Seligman）认为，税收是矫正社会财富与所得分配不公的手段，是实现社会政策目标的有利工具，有纠正分配不公的积极目的，即“社会政策说”。20世纪30年代，凯恩斯学派的经济学家提出“经济调节说”，认为国家向社会公众征税是为了调节经济，通过税收进行国民收入与财富的再分配以提高社会福利水平，同时通过税收调节有效需求以稳定经济发展。

国内学者对政府征税依据主要持有四种观点：“国家需要说”“社会扣除说”“国家社会职能说”和“公共需要说”。“国家需要说”（“国家职能说”）认为，税收是国家为实现职能需要，凭借政治权利所形成的一种强制、无偿的分配关系。“社会扣除说”认为，税收是个人向社会领取收入时所扣除的部分，这种扣除是社会公众自愿的，而不是强制性的。“国家社会职能说”认为，税收属于再生产中的产品分配，国家以执行社会职能为社会再生产提供必要外部条件来参与生产，所以税收依据的是国家的社会职能或公共事务职能。“公共需要说”认为，税收是为满足社会公共需求而采取的一种分配形式，是国家凭借公共权力而非政治权力，按照法定的程序和标准有偿地取得公共产品的价格。在此观点下，国家征税的依据是政府给居民提供了满足公共需要的服务。该学说不仅有助于抑制政府滥用公共权力征税，而且有助于社会公众理解税收，增强税收意识，从而推动税收的民主化和科学化发展。

第二节　税收的职能

一、财政收入职能

税收的财政收入职能，也称为筹集资金或组织收入的职能，是国家对税收最基本的要求，也是税收最重要的职能。国家是凌驾于社会之上的上层建筑，不直接占有物质资料进行生产，因此国家为实现其各项职能，需要借助税收强制、无偿地形成集中性国家财力。绝大多数现代化国家税收收入占财政收入的比重都达到了八成以上。[①] 税收的财政收入职能有以下特点：

1. 适用范围的广泛性

税收是国家凭借其政治权力强制征收的财政收入。从纳税人角度看，包括国家主权管辖范围内的一切企业、单位和个人，适用范围没有行业、地区、部门的限制；从征税对象来看，流转额、所得额、财产额、特定目的及行为税都在适用范围内，征收范围极其广泛。

2. 取得收入的及时性

税收具有规范性，因此税法对纳税义务的发生时间、纳税期限、纳税地点等要素均

---

① 万莹．税收经济学．上海：复旦大学出版社，2016：31.

有具体规定，保证了税收收入的及时入库。

3. 征税数额的稳定性

由于税收的规范性和无偿性特征，各种税的税率、征收对象、征税范围等在税法中有明确规定，且税收在征收时间上的连续性，能够有效保证国家财政收入的稳定。

二、经济调节职能

（一）调节经济总量

1. 调节总供给的职能

总供给是一个社会潜在的生产能力。它是经济增长的基础，也是社会福利的根源。为了促进经济增长，提高社会福利水平，必须增加总供给。这是任何国家机构始终具有的一项重要职能。

总供给取决于资源开发、劳动供给、资本形成和技术进步等因素。税收对资源开发、劳动供给、资本形成和技术进步具有重要的影响。要增加总供给，促进资源开发、劳动供给、资本形成和技术进步，就需要把税收作为一个重要的经济手段。

2. 调节总需求的职能

总需求是一个社会在一定时期内能够并且愿意支付的货币购买力总量。一个社会的总供给或潜在生产能力，只有通过一定的货币购买力总量，才能转化为实际的总产出。为促使潜在总供给转化为实际总产出，必须对总需求即货币购买力总量进行必要的调节。这是市场经济体制下国家机构所具有的一项重要职能。

总需求由总消费、总投资和出口总额所构成。要调节总需求，就要调节总消费、总投资和出口总额。税收对总消费、总投资和出口总额具有一定的影响。政府在调节总消费、总投资和出口总额时，也应将税收作为一个重要手段。

（二）调节资源配置

在市场经济体制下，资源的配置是以市场调节为基础的。但由于不完全竞争、不完全信息和外部性等原因，完全由市场调节的资源配置无法达到理想状态，这就要由政府对资源配置进行必要的调节。

政府调节资源配置的手段主要有三种：一是法律手段，如反垄断法、反不正当竞争法等；二是行政手段，如行政许可、行政命令等；三是经济手段，如财政政策、货币政策等。税收是政府执行财政政策的重要手段，在调节产业结构、区域经济结构等方面具有其他经济手段不可替代的作用。政府在调节产业结构、区域经济结构等方面的资源配置时，必然要把税收作为一个重要的杠杆。

（三）调节收入分配

税收的收入分配职能是指国家通过税收参与对各经济主体利益分配的调节，将我国的收入差距维持在居民可接受的范围之内，实现收入的公平合理分配的能力。

在市场经济条件下，收入的初次分配由每个人提供的生产要素数量，以及这些要素在市场上所能获得的价格所决定。但人们拥有经济资源的多少，并不完全由个人的主观能力所决定。例如，就劳动力来看，老人和小孩基本没有劳动能力，这是一种自然规律，并不取决于自身的努力。可以看出，由于各种非竞争因素的影响，各经济主体或个人所获得的收入有明显差距，时间越长，这种收入差距会越大。

为了实现公平的分配机制，只有依靠市场外部的力量，以非市场方式——政府调节手段来实现这一目标。在经济学家看来，税收是天然的收入再分配手段。政府的强制征税可通过在税制上的特殊安排，如累进制所得税，将资金从收入高者手中筹集过来，然后再通过各种转移支付分配至低收入人群，缩小初次分配所带来的收入差距问题。

三、监督管理职能

税收的监督管理职能是指国家向纳税人征税过程中对国民经济发展状况的反映和对纳税人生产经营活动的制约、督促和管理的职能，可通过税收计划、征收管理、纳税检查、纳税服务、税务统计、税源预测、纳税评估、税收信息化建设等活动实现。税收的监督管理职能是税收本质的内在要求，税收活动是以国家为主体的分配活动，必须服务于国家的经济职能和社会职能。从这一角度来看，税收的监督管理职能是税收功能在更高层次和更深领域上的体现。

第三节 税收形式

税收是一个抽象的概念，其具体形式为各个税种。考察税收的具体形式，就是考察税种的要素与类型。

一、税种要素

（一）基本要素

1．纳税义务人

纳税义务人简称“纳税人”，是指根据税法规定直接负有纳税义务的单位和个人，也被称为“纳税主体”。纳税人既可以是自然人，也可以是法人。政府无论征收哪一种税，其税负都要由相关纳税人承担。确定每一税种的纳税义务人，是通过此税种处理政府和纳税人之间分配关系的首要条件。

实际纳税过程中，与纳税义务人相关的概念主要有：

（1）负税人。负税人是实际负担税款的单位和个人，与纳税人是两个相互联系又相区别的概念。纳税人是纳税的法律主体，而负税人是纳税的经济主体。如果纳税人通过一定途径将税款转嫁出去，纳税人就不再是负税人，如我国的增值税，税收负担由生产者或销售者转嫁至消费者，此时纳税人与负税人不一致；如果纳税人的税负很难转嫁出去，则纳税人也是负税人，如我国的个人所得税，税款由纳税人自己负担，此时的纳税人就是负税人。

（2）代扣代缴义务人。代扣代缴义务人是指有义务从持有纳税人收入中扣缴其应纳税额并向税务机关解缴的单位或个人。常见的税种有增值税、企业所得税、个人所得税和资源税。其中，在个人所得税扣缴上，除个体工商户的生产、经营所得外的其他项目均可代扣代缴。

（3）代收代缴义务人。代收代缴义务人是指有义务借助与纳税人有经济往来而向纳税人收取税款并代为缴纳的单位。如我国的消费税，在委托加工应税消费品环节，除受托方为个人外，由受托加工单位在向委托方交货时代收代缴消费税。代收代缴义务人不包括个人。

（4）代征代缴义务人。代征代缴义务人是指依据税法规定，受税务机关委托代征税款的单位或个人。其中付款方是纳税义务人。如我国的车船税，从事机动车第三方责任强制保险业务的保险机构为机动车车船税的代征代缴义务人，应当在收取保险费时依法代征车船税，并出具代征税款凭证。

2. 课税对象

课税对象又称为征税对象、征税客体，是征纳税双方权利义务共同指向的客体或目的物，解决政府对什么东西征税的问题。课税对象是国家据以征税的依据，也是区别一种税与另一种税的重要标志。

每一税种都有自己的课税对象，凡是列为课税对象的，都是该税种的征收范围。当然，课税对象只是对征税客体进行规定，为计算应纳税额，还必须对课税对象做出具体规定，以此衍生出一些相关的税收要素。

（1）税目。税目就是课税对象的名目，反映课税对象具体的征税范围，是对课税对象质的规定，代表政府征税的广度。在现实税法中，并不是所有的税种都会规定税目，有些税种的课税对象简单明确，如房产税；但大多数税种的课税对象比较复杂，需要在内容上明确税目，以确定征税的具体范围，如消费税。

税目的设计主要有列举法和概括法两种。列举法是指按照征税项目，将具体征税对象及范围一一列举，一般适用于税源大、界限清楚的课税对象。例如，我国的消费税仅对所列出的 15 个税目征收，未列举的不属于消费税的征收范围。概括法是指对同一课税对象用集中概况的方法将其归类，性质相近的征税项目概括在一起为一个税目，一般适用于应税项目的品种、类别复杂和征税界限不易划清的课税对象。

（2）税基。税基又称为计税依据，指税法规定的据以计算各种应征税款的依据和标准，是从量的规定上界定某一税种的征税广度。税基直接决定税额的大小，其计量单位通常由实物和货币两种形态。实物形态就是以课税对象的数量、重量、体积、面积等作为计税依据。在实物形态下，课税对象和计税依据一般是不一致的，如我国的车船税，课税对象为车辆和船舶，计税依据则是车船的数量或吨位。货币形态即价值形态，一般以收入和利润等价值量来度量。在货币形态下，课税对象和计税依据一般是一致的，如所得税，其课税对象和计税依据都为所得额。

（3）税源。税源即税收的源泉，是税收负担的最终归宿。税源的大小体现着纳税人的负担能力。在所得税中，税源是一定的货币收入，如工资、奖金、利润、利息等。当这种收入为课税对象时，税源与课税对象就是一致的。但在大多数情况下，如消费税、房产税等税种，其课税对象并不是或并不完全是各种货币收入，此时税源与课税对象不一致，税源并不等于课税对象。

3. 税率

税率是应纳税额与课税对象数额之间的比例，是计算税额的尺度，直接关系政府的财政收入及纳税人负担水平的高低。我国现行的税率可分为三种基本形式：定额税率、比例税率和累进税率，具体如表1–1所示。

表1–1 税率形式表

<table>
<tr><th colspan="2">税率类别</th><th>具体形式</th><th>应用税种</th></tr>
<tr><td colspan="2">定额税率</td><td>按征税对象确定的计算单位，直接规定固定税额</td><td>车船税、城镇土地使用税</td></tr>
<tr><td colspan="2">比例税率</td><td>对同一课税对象或同一税目，不论其数量大小按同一百分比征税，有单一比例税率、差别比例税率、幅度比例税率等</td><td>增值税、城市维护建设税、企业所得税等</td></tr>
<tr><td rowspan="4">累进税率</td><td>全额累进税率</td><td>我国目前没有采用</td><td></td></tr>
<tr><td>超额累进税率</td><td>把征税对象按数额大小分成若干等级，每一等级规定一个税率，税率依次提高，将纳税人的征税对象依所属等级同时适用几个税率分别计算，再将计算结果相加后得出应纳税款</td><td>个人所得税中的综合所得、经营所得等</td></tr>
<tr><td>全率累进税率</td><td>我国目前没有采用</td><td></td></tr>
<tr><td>超率累进税率</td><td>以征税对象税额的相对率划分成若干级距，分别规定相应的差别税率，相对率每超过一个级距的，对超过的部分就按高一级的税率计算征税</td><td>土地增值税</td></tr>
</table>

（二）其他要素

1. 纳税环节

纳税环节是指税法规定的征税对象从生产到消费的流转过程中应当缴纳税款的环节。应税商品从生产到消费过程中要经过生产、批发和零售等多个环节，在哪个环节征税对纳税人至关重要。合理选定和设置纳税环节，不仅有利于税制结构的布局、税收负担的调节和税源的有效控制，还有利于加强税收征管，从而保证国家财政收入的及时、稳定和可靠。按照纳税环节的多少，可将税收课征制度划分为两类：一次课征制和多次课征制。

一次课征制是指同一税种下，政府只在商品流通的某一环节征税的制度。纳税环节一般选择在商品流转的必经环节，或税源比较集中的环节，这样既能避免重复征税，又可防止税源流失，且易于开展征收管理。例如，我国现行的资源税实行一次课征制，应税资源品在规定的环节纳税后不再课征资源税。

多次课征制是指同一税种下，政府在商品流通的全过程中选择两个或两个以上的环节征税的制度。多次课征制有利于鼓励商品流通采取多渠道、少环节的经营方式，但存在重复征税问题。例如，增值税多环节征收、消费税中符合条件的超豪华小汽车双环节征收等。

2. 纳税地点

纳税地点是指根据各个税种纳税对象的纳税环节和有利于对税款的源泉控制而规定的纳税人（包括代征、代扣、代缴义务人）具体申报缴纳税收的地方。纳税人的具体纳税地点主要有以下形式：就地纳税、营业行为所在地纳税、外出经营纳税、汇总缴库和口岸纳税。考虑到税收管辖权和纳税便利情况，我国大多数纳税人及征税对象均采取就地纳税形式，但也有纳税地点与纳税义务发生地不一致的例外情况，如固定工商业户在外地销售货物时，凡持有主管税务机关开具的外出经营活动管理证明的，可以回机构所在地纳税。

3. 纳税期限

纳税期限是指税法规定的关于税款缴纳时间方面的限定，它是税收的强制性和规范性在时间上的体现。规定合理的纳税期限并严格执行，不仅有利于财政收入的及时性和稳定性，更有利于纳税人对资金进行安排及核算。根据课税对象性质的不同及各个行业特点，税务机关将纳税期限分为三种形式：按期纳税、按次纳税和按年计征、分期预缴或缴纳。

按期纳税是指根据纳税义务发生的时间，通过确定纳税间隔期实行按日纳税。按期纳税的间隔期分为1日、3日、5日、10日、15日、1个月或1个季度，纳税人的具体纳税期限由主管税务机关根据情况分别核定。目前我国增值税采用按期纳税的方式。按次纳税是指根据纳税行为发生的次数来确定纳税期限，如我国的车辆购置税，在购买时实行一次性征税。按年计征、分期预缴或缴纳是指在征收企业所得税时，按纳税年度计算确定应纳税额，分期预缴税款，年终汇算清缴，多退少补的一种征收方法。其中，分期预缴一般按月或按季预缴。

4．减税、免税

减税、免税是指对某些纳税人和征税对象采取减少征税或免予征税的特殊规定，是国家干预经济的重要手段之一。减税是对应征税款减除一部分，免税是免征全部税款。

（1）减税、免税的主要形式。

① 税基式减免，即通过直接缩小计税依据等方式实行的减免税政策，具体包括起征点、免征额、项目扣除和跨期结转等形式。其中，起征点是指课税对象达到一定数额时开始征税的起点。免征额是指税法规定的在课税对象的全部数额中预先确定的予以免征的数额。

② 税率式减免，指通过直接降低税率的方式实行的一种减免税政策，具体表现为重新确定税率、选用其他税率和零税率等形式。在企业所得税中，一般税率为25%，但对国家需要重点扶持的高新技术企业按照15%税率征收。一般来讲，优惠式税率不能规定得太低，否则会对其他减免性措施产生冲击，也不利于国家筹集财政收入。为防止对减免税率的过度依赖，其范围应随时间适当调整，或规定一个明确的有效期限。

③ 税额式减免，是指通过直接降低税额的方式实行的减免税政策，具体表现为全部免征、减半征收、三免三减半和核定减免率等形式。例如，企业所得税中，持有2019—2023年发行的铁路债券取得的利息减半征收企业所得税。

（2）减税、免税的常见分类。

① 法定减免，即由各种税的基本法规定的减免税政策，具有长期的适用性。法定减免必须在基本法中明确规定其减免项目、范围及时间。例如，《中华人民共和国增值税暂行条例》明确规定，农业生产者销售的自产农业产品、古旧图书等免征增值税。

② 临时减免，又称为“困难减免”，是指除法定减免和特定减免之外的其他临时性减免，目的是照顾纳税人的某些暂时性困难。例如，受到疫情影响的部分行业及单位，税务机关予以定期或一次性的减免税照顾。

③ 特定减免，即根据社会经济情况的发展变化和税收调节需要而规定的减税、免税政策。特定减免主要有两种情况：一是税收基本法确定后，根据国家政治经济情况的发展变化所做的新的减免税补充规定；二是税收基本法无法一一列举时，对其特定的减免税进行补充规定。

二、税种类型

（一）按纳税人与负税人关系划分

以纳税人和负税人是否一致为标准，税收可分为直接税和间接税。直接税是指纳税人和负税人一致，一般不存在税负转嫁的税。通俗来讲，直接税不仅具有表象上的纳税义务，而且是实际的纳税承担者。我国现行的直接税有个人所得税、企业所得税、土地增值税、房产税和城镇土地使用税等。间接税是指纳税人与负税人不一致，纳税义务人能够用较高价格将税收负担转嫁给第三者的税种。我国现行最主要的间接税为增值税和消费税。

（二）按征税对象划分

1．人身课税

人身课税以人身为征税对象的税种，包括以自然人身份为征税对象的税种，如古代的人头税和现代某些国家的（自然人）居民税；以法人身份为征税对象的税种，如现代某些国家的（法人）居民税或企业（事业）税。

2．事项课税

事项课税是以事项为征税对象的税种，包括以普通事项为征税对象的税种，如增值税；以特殊事项为征税对象的税种，如耕地占用税等特定行为税。

3．物件课税

（1）商品税。商品税是以商品为征税对象的税，包括以实物商品（货物）为征税对象的税和以劳务商品（服务）为征税对象的税。从应税商品的经济属性看，商品税包括关税与国内商品税两类。关税是对通过关境的商品征收的税，国内商品税是对国内市场的商品征收的税。从应税商品的范围看，国内商品税有一般商品税和特种商品税两类。一般商品税是对国内市场的所有商品普遍征收的税，也称销售税，包括在生产与流通的某个阶段一次性征收的税和在生产与流通的各个阶段多次征收的税。从计税的价值看，多次征收的一般商品税有价款税与增值税两类。价款税是按商品的全部价值征收的税，增值税是按商品的增加值征收的税。特种商品税是对国内市场上的部分商品征收的税，如烟税、酒税和汽油税等。它们有时被统称为货物税，有时被统称为国内消费税。中国目前的商品税主要有增值税、消费税与关税等。

（2）所得税。所得税是以所得为征收对象的税，包括个人所得税与企业所得税。个人所得税是对个人所得征收的税；企业所得税是对企业所得征收的税，也称法人所得税或公司所得税。中国目前的所得税主要有企业所得税与个人所得税。

（3）财产税。财产税是以财产为征收对象的税，包括对财产占有征收的税和对财产转移征收的税。对财产占有征收的税有不动产税和动产税两类，前者如土地税、房产税等，后者如车税、船税等。对财产转移征收的税有财产交易税和财产遗赠税。财产遗赠税又分为赠与税和遗产税，赠与税是对生前转移财产征收的税，遗产税是对死后转移财产征收的税。中国目前的财产税主要有城镇土地使用税、房产税及车船税等。

（三）按税基划分

以计税依据为标准，税收可分为从价税、从量税和复合税。从价税是指以课税对象的价值量为计税依据征收的税，如我国现行的增值税、企业所得税和个人所得税等。从量税是指以课税对象的实物量为计税依据征收的税，一般实行定额税率，如我国现行的资源税、耕地占用税和城镇土地使用税等。复合税是指以课税对象的价值量和实物量同时为计税依据征收的税，一般实行比例和定额税率复合计征的方式，如我国对卷烟和白酒复合计征消费税。

（四）按税率划分

从税额与税基的关系看，可以将税种划分比例税、累进税和累退税三种类型。从边际税率看，比例税是以固定的税率作为边际税率的税，累进税是以不断提高的差别税率作为边际税率的税，累退税是以不断降低的差别税率作为边际税率的税。从平均税率看，比例税是税额占税基的比率保持不变的税，累进税是税额占税基的比率随着税基的增加而提高的税，累退税是税额占税基的比率随着税基的增加而降低的税。从税收负担率看，以税收负担率为标准，比例税是经济主体的税收负担占其收入的比率保持不变的税，累进税率是经济主体的税收负担占其收入的比率随着收入的增加而提高的税，累退税是经济主体的税收负担占其收入的比率随着收入的增加而不断下降的税。

（五）按税收收入划分

1．按收入形态划分

以税收收入形态为标准，税收可分为实物税和货币税。实物税是指税收收入以实物形态存在的税，如我国在 1985 年之前的农业税。货币税是指税收收入以货币形态存在的税。目前世界各国的税收基本都是货币税，其税款既可以现金方式缴纳，也可通过银行转账方式缴纳。

2．按收入归属划分

以税收管理权限为标准，税收可分为中央税、地方税和中央与地方共享税。中央税是指税收管理权和收入支配权均归属于中央的税，又称国家税。我国现行的中央税包括消费税、关税、车辆购置税、海关代征的增值税和证券交易印花税等。地方税是指税收管理权和收入支配权均属于地方政府的税，主要有房产税、车船税、土地增值税、耕地占用税和契税等。中央与地方共享税是指收入由中央和地方政府共享的税，如我国增值税中央与地方五五分成。

本章小结

1．税收是国家或政府为实现其职能和满足公共需要，凭借政治权力，依据法律规定，强制向社会成员征收而取得的一种财政收入，体现了国家与纳税人之间的一种特定分配关系。

2．税收的特征为固定性、无偿性和强制性。

3. 对于政府征税的依据历史上形成不少流派，西方学者的学说中比较有影响的有“公共需要说”“利益说”和“保险说”等；在我国比较有影响的有“国家社会职能说”“公共需要说”等观点。

4. 现代税收有三大基本职能：财政收入职能、经济调节职能和监督管理职能。

5. 税收基本要素为纳税义务人、课税对象和税率，分别回答向谁征税、对什么征税和征多少税三个税收基本问题。

课后习题

1. 如何理解国家税收的概念？它有何研究价值？

2. 结合我国历史和财政发展情况，讨论不同时期税收的地位与作用。

3. 在社会主义市场经济体制下，我国应当秉持哪种征税依据？

4. 税收有何特征？它们之间有何种关系？

5. 如何理解我国税收的发展？

拓展阅读

[1] 高培勇. 从结构失衡到结构优化——建立现代税收制度的理论分析. 中国社会科学，2023（3）：4-25，204.

[2] 胡怡建. 十年来中国税收改革发展十大趋势. 税务研究，2022（9）：5-13.

[3] 吕冰洋，郭雨萌. 税收原则发挥与共同富裕——基于国民收入循环框架分析. 税务研究，2022（4）：12-18.

[4] 张斌. 党的十八大以来税收改革与发展的成就与经验. 财政研究，2022（9）：35-43.

[5] 甄德云，王明世. 税收助力全国统一大市场建设：制约因素与进阶路径. 税务研究，2022（8）：13-17.

即测即评

扫描二维码，进行本章在线测试。

第二章

税收原则

本章导言

北欧水城阿姆斯特丹是一个世界旅游胜地，该地的民居有两个非常有趣的特点：房子的宽度非常窄，最窄的房子宽度只比一楼的门宽一点；并且，每栋房子都“长”着吊钩，装有一个滑轮连吊钩的提升装置。狭窄的门使得搬运家具和电器成为棘手问题，人们用滑轮和吊钩在外边将家具吊起，然后从窗子搬进来。房子为何修得这么窄呢？其实这并不是当地人的初衷，在寸土寸金的水城，房屋税额多少直接取决于房子的宽度，因此人们在无形中养成了修窄房子的习惯，至今继续使用屋顶的吊钩搬家和装卸，成为当地一景。由此可见，税收制度的设计至关重要，会改变人们的行为，影响税收作用的发挥和税收制度的初衷。政府课税应遵循怎样的指导思想和基本规则呢？本章将阐述税收原则理论的主要内容，包括收入原则、公平原则、效率原则与法定原则，为评价税收制度优劣以及考核税务行政管理水平奠定理论基础。

重要术语

收入原则　充裕原则　弹性原则　公平原则　受益原则　支付能力原则　效率原则　经济效率　行政效率　超额负担　法定原则

第一节　税收原则理论概述

税收原则理论是在税收活动和整个社会经济活动中形成的，并随着其发展而不断发展。中西方税收思想与理论的产生与发展，历史悠久，源远流长，随着社会经济发展和中西方文化交融，许多国家都形成了特定历史时期的税收思想与理论学说。本节简要介绍中西方有代表性的税收思想的历史背景、发展脉络和主要观点。

一、中国税收原则理论概述

中国古代税收思想自夏朝开始产生。《尚书》中的《禹贡》记载了当时的田赋情况："禹别九州，随山浚川，任土作贡。"具体是指将土地划分为九州，按九州土地肥力、交通经济等条件的不同将土地分为三等九级，从而征收不同的赋税。这种征收方法使得不同类型的土地税负尽可能一致。西周是奴隶社会发展的鼎盛时期，在经典著作《周礼》中记载了较为丰富的税收思想和较为全面的赋税制度。《周礼·地官司徒·大司徒》中指出："以土均之法辨五物九等，制天下之地征，以作民职，以令地贡，以敛财赋，以均齐天下之政（征）。"具体是指，要按不同的农作物、土地类型合理制定土地税，从而使得赋税征收公平合理。夏朝和西周时期的赋税制度体现了税收公平思想的萌芽。

春秋战国时期，税收公平思想得到一定发展。由于分封制的经济基础井田制开始瓦解，原有赋税制度已经不适应生产力的发展，各国纷纷变法图新。春秋时期，管仲提出了"相地而衰征"(《国语·齐语》)的方案，他认为，如果征收赋税额仅根据土地数量，而不考虑好坏程度、距离远近情况等因素，就会造成赋税负担不合理的状况。因此综合考虑土地的地理条件进行征收，可以使纳税负担合理化，同时鼓励农民的生产积极性。战国时期，秦国商鞅变法提出了"赋税平"原则，认为"訾粟而税，则上壹而民平"(《商君书·垦令》)，即按照各地实际收获情况测算标准亩产量，再按照统一的税率计算赋税。

西晋时期的占课田制以劳动能力强弱作为课税标准，鲜明体现了税收公平思想。隋唐在北魏的基础上进一步发展，将赋税课征与劳动力条件紧密结合起来，体现出赋税合理负担的原则。对于土地分配制度，均田制主要是区分不同的劳动力条件，对丁男、妇女等授予不同数量的土地；对于赋役制度，唐代租庸调制与隋代租庸调制的标准有所变化，赋税征收较隋代减轻。这一制度的产生使赋税能够合理负担，提高了劳动者的积极性。

税收思想的进一步深化是唐德宗时的宰相杨炎提出的两税法，体现的税收原则有以下两点：一是收入原则，"量出以制入"，限制滥征，减轻人民的负担；二是公平原则，根据《旧唐书》记载的"人无丁中，以贫富为差"，意思是不分丁男、中男，一律按贫富即拥有土地和财产的多少来纳税。该制度考虑了贫富差别，均平税收负担，是税收公平思想的一大深化。

北宋时期，税收公平思想进一步发展。由于差役法弊端凸显，严重影响北宋初期的生产力提升，王安石废除旧法开始推行免役法。税收公平思想在免役法等政策方面得到较为充分的体现。免役法又称雇役法或募役法，将有产民户按财产的高下分为九等，各州县每年预计应用募役钱若干，按管内户等分摊，按户等输钱以免役。这种方法极大地减轻了农民的负担，提高了农民从事生产的积极性，提高了资源的配置效率，有助于促进经济较快发展和财政收入的增长，同时有助于均平税负。王安石还提出了“民不加赋而国用饶”的税收思想，认为如果国君善于理财，那么即使是税负不增加，也足够国家的开支之用。这在一定程度上体现了税收效率思想。

清朝的摊丁入地是中国古代税收史上的一次重大的具有时代意义的税制改革，通过摊派的方法使得赋役负担比以往朝代更加公平合理。它以人均拥有多少田地为标准来缴税，将税收负担与纳税能力相联系，改变了长期以来因单纯地按人头征税或者按土地多少分开征收而出现的赋役不均的现象，比以往朝代的做法更公平。摊丁入地废除了对人丁的征派，田赋（土地税）成为清政府唯一的正赋收入。它使得税源更加稳定，有利于激发劳动者的活力，同时简化了征收手续，注重提高税收行政效率，使财政收入更稳定。

中国古代的税收思想更加注重公平，在效率方面相对更注重行政效率，经济效率较少提及。清代以后，北洋政府时期整体上税制较为混乱，进入国民政府时期后开始进行整顿改革，在税制安排上积极引进现代税制。这一时期的代表人物主要有孙中山、周学熙、章炳麟等，以孙中山的税收思想贡献较为突出，主要体现在开征地价税，实现平均地权，引进所得税和遗产税，节制私人资本。

1949 年，我国出台了具有临时宪法性质的《中国人民政治协商会议共同纲领》，明确规定“国家的税收政策，应以保障革命战争的供给、照顾生产的恢复和发展及国家建设的需要为原则，简化税制，实行合理负担”。1950 年《全国税政实施要则》明确指出：“全国各地所实行的税政、税种、税目和税率极不一致，应迅速加以整理，在短期内逐步实施，达到全国税政的统一。”该要则彻底废除了国民政府统治时期的旧税制，统一税政，建立新税制，设置了 14 个税种。其立法精神在于：根据合理负担原则，适当地平衡城乡负担；迅速整理各地的税收制度，尽快建立统一税制。

新中国成立以后，三年的经济恢复期使我国经济结构发生改变，随之出现了“经济日渐繁荣，税收相对下降”的不合理现象。1953 年我国以“保证税收、简化手续”的税收原则为指导对工商税制进行修正。按照“合并税种，简化征收方法，改革不合理的工商税收制度”的指导思想，1973 年我国实施了新中国成立以来第三次大规模税制改革。此次改革历经“综合税”“行业税”和逐步试行工商税三个阶段，使我国在较长一段时间内实际只征收 9 种税，即工商税、工商所得税、关税、农（牧）业税、屠宰税、城市房地产税、车船使用牌照税、牲畜交易税、契税，税制基本成为单一税制，严重限制了税收经济杠杆作用的发挥。

1978 年，党的十一届三中全会开启了改革开放伟大进程，党对税收地位和作用的认识逐步深化。《中共中央关于制定国民经济和社会发展第七个五年计划的建议》提出："必须改革和完善财政税收体制，正确发挥财政政策的作用，保证国家有稳定而充足的财政收入，同时做到公平税负和鼓励竞争，以促进效益的提高和经济的稳定发展。"这一时期遵循的税收原则可以被概括为公平税负、鼓励竞争、促进效益和稳定经济发展。自1980年开始，我国通过全面调整工商税制、建立内外资企业所得税体系和个人所得税制等改革，初步建立了一套以流转税和所得税为主体，其他各税种相互配合的复合税制体系，一定程度上适应了中国经济体制改革初期的经济发展状况，也对后续的税制改革产生了持续性影响。

1992年，我国进入建设社会主义市场经济体制时期，确定了1994年税制改革的基本原则和主要内容。党的十四届三中全会通过的《中共中央关于建立社会主义市场经济体制若干问题的决定》，明确提出"统一税法、公平税负、简化税制和合理分权"的税收原则。这一税收原则的确定为我国建立社会主义市场经济体制而开展的税制改革提供了关键性思路。此后，我国的税制逐步简化和规范，实现了城乡统一和内外统一，宏观调控的作用进一步增强，同时实现了税收收入的快速增长，有力地支持了改革开放和各项事业的发展。

2012年，我国正式进入全面深化改革时期。党的十八大做出了关于全面深化改革的战略部署，我国从此进入了中国特色社会主义新时代。这一时期，以习近平同志为核心的党中央高度重视税收工作，做出一系列重大部署，指导税收改革发展取得不凡成就，实现全面提升，税收在国家治理中的基础性、支柱性和保障性作用进一步彰显。同时，在税收法定、税收征管等方面进行了制度改革。党的十八届三中全会通过的《中共中央关于全面深化改革若干重大问题的决定》中提出，财政是国家治理的基础和重要支柱，科学的财税体制是优化资源配置、维护市场统一、促进社会公平、实现国家长治久安的制度保障。建立现代财政制度，落实税收法定原则，深化税收制度改革，稳定税负，完善地方税体系，逐步提高直接税比重。推进增值税改革，适当简化税率。2012年至2022年期间我国各年度税收收入呈增长趋势。2022年全国税收收入突破16.66万亿元，较2012年增长65.62%。税收的增长主要得益于经济发展、税制改革和优化税收征管。十年间，我国连续实施积极的财政政策，税务系统配合财政部门实施减税降费、持续推进税制改革和税收征管体制改革，更好地发挥了税收在国家治理中的基础性、支柱性和保障性作用。

党的十八大以来，以习近平同志为核心的党中央对新时代税收改革发展做出了一系列指示批示，既有对税收职能、税收法治等税收基本问题的理论阐述，又有对税收改革、税收治理等重大问题的系统论断，明确了税收在国家治理中发挥基础性、支柱性和保障性作用的全新定位，为新时代税收治理现代化指明了方向，提供了根本遵循。2021

年，习近平在主持中央财经委员会第十次会议时强调，坚持以人民为中心的发展思想，在高质量发展中促进共同富裕，正确处理效率和公平的关系。2022年，习近平在党的二十大报告中明确指出："加强财政政策和货币政策协调配合，着力扩大内需，增强消费对经济发展的基础性作用和投资对优化供给结构的关键作用。健全现代预算制度，优化税制结构，完善财政转移支付体系。"这为全面推动财政税收工作高质量发展提供了根本遵循和有力指导。

二、西方税收原则理论概述

西方税收原则理论发端于17世纪，随着英国资本主义生产方式的出现，中世纪遗留下来的繁重课税和包税制已不能适应资本主义经济发展的需要，于是一些学者试图按照资本主义生产方式的要求来改造税收制度。最早对税收原则进行阐述的是英国古典政治经济学创始人威廉·配第。他在著作《赋税论》（1662）和《政治算术》（1672）中提出了"公平、便利、节省"三条原则（书中称为"税收标准"）。在公平原则上，威廉·配第在《赋税论》第三章中分别阐述了横向公平和纵向公平的观点。他指出，"不管赋税多么重，如果政府能一视同仁，按照合理的比例对每个人征税，那么相对于任何人来说都不会因负担了赋税而使自己的财富减少，人们的财富关系不变，每个人都保持了原有的地位、尊严和身份"，以及"使纳税人感到最为不满的，是对他们课征的税额高于对他们邻居课征的税额"，表达了税收横向公平的观点。他认为纳税能力不同，税收负担也应不同且适当，即税收纵向公平的观点。威廉·配第认为税收公平原则缺失将导致严重的后果，如"纳税人的报复"等。[①] 在便利和节省原则方面，威廉·配第认为征税的手续、程序和方法要简便，尽量给纳税人以便利，同时尽量节省征税费用。威廉·配第在《赋税论》中并没有明确表述税收原则，但他的税收思想为现代税收原则理论奠定了基石。

德国官房学派主要代表人物尤斯蒂进一步发展了税收原则思想。他的核心观点是税负不得妨碍纳税人的经济活动。他在所著的《财政学体系》中提到的税收原则包括：① 收入充分原则，臣民须纳租税；② 自发纳税原则，租税须从国家之本质而赋课之；③ 合理负担原则，租税须无害国家之繁荣及人民幸福；④ 平等课税，租税须平等赋课之；⑤ 费用最小原则；⑥ 征收便利原则，租税之征收须容易便利。

亚当·斯密是第一位将税收原则系统化并上升到理论高度的学者。他在所著的《国民财富的性质和原因的研究》中阐述了赋税的四大原则：平等、确实、便利和最少征收费用。这四项原则蕴含着现代税收原则理论中的公平原则和效率原则思想。在公平原则方面，斯密主张"一国国民，都须在可能范围内，按照各自能力的比例，即各自在国家

① 威廉·配第. 赋税论. 邱霞，原磊，译. 北京：华夏出版社，2006.

保护下享有收入的比例，缴纳国赋，维持政府”，即国民缴纳的税收应与其取得的利益相一致。在效率原则方面，斯密主张各种赋税征收的日期和方法必须给予纳税人最大的便利；同时，“一切赋税的征收，须设法使人民所付出的，尽可能等于国家收入的”，即尽可能节约税务机关的征收费用，以减少损失。总体而言，斯密对税收效率原则的观点主要集中在降低税收的征管费用、提高税收行政效率上。

法国古典经济学的完成者、政治经济学家西蒙·西斯蒙第进一步完善了亚当·斯密的税收原则理论，在斯密税收原则的基础上进行了补充。他提出，税收应该以收入为对象，而不该以资本和总产品为对象；不应该对纳税人的最低生活费用征税；税收不应该驱使财富流向国外。西斯蒙第的税收原则理论从经济发展的角度出发，强调不应因为征税而对经济活动产生扭曲，是税收经济效率原则的体现。德国19世纪新历史学派的主要代表阿道夫·瓦格纳在总结前人理论的基础上，进一步提出了四个方面九个原则，主要观点包括：税收收入要充分且有弹性；应尽量避免对财产和资本课税，以免阻碍经济的发展，课税目标的选择应尽量避免使市场经济机制的效率遭到破坏；征税的手续应尽量简便，尽量节省征税费用；税收应平等、普遍。[①] 瓦格纳的税收原则理论高度综合全面，集前人理论之大成，对资本主义税收理论发展产生了深刻的影响。

前人的观点启发了后来学者的研究，定量分析工具的逐步引入，对现代税收原则理论研究产生了重要的影响。英国剑桥学派的创始人马歇尔提出了“消费者剩余”“生产者剩余”等概念并将其应用到对税收的分析中。他认为恰当的税收能够提高社会效率，而不恰当的税收将造成效率的损失。自马歇尔开始，学界对税收效率的研究进入了定量研究的新阶段。

经济学家马斯格雷夫对所有经济学家提出的税收原则进行总结，并提出了自己主张的税收原则。他提出，税负分配应是公平的，税收的选择应尽量不干预有效的市场决策，将税收的“超额负担”减少到最低。税收征收的管理费用，应在其他政策目标的基础上尽量降低。[②] 马斯格雷夫从财政收入、公平和效率以及经济稳定增长等角度对税收原则进行了较为全面的总结。在20世纪的西方国家，先后出现了福利经济学派、凯恩斯学派、货币主义学派、供应学派等多种经济学流派，税收原则理论有了新的进展。

从中西方有代表性的税收原则理论中可以看到，在不同国家、不同时期、不同地理位置和不同社会经济条件下，面临的主要问题不同，税收制度安排应遵循的基本原则并不一致。并且，每一位学者提出的税收思想都有鲜明的时代烙印，如配第提出的税收原

① 阿道夫·瓦格纳. 财政学三论 // 理查德·马斯格雷夫，艾伦·皮考克. 财政理论史上的经典文献. 刘守刚，王晓丹，译. 上海：上海财经大学出版社，2015：15-33.

② 理查德·A. 马斯格雷夫，佩吉·B. 马斯格雷夫. 财政理论与实践. 邓子基，邓力平，译. 5版. 北京：中国财政经济出版社，2003.

则就是针对当时英国税制紊乱、税负过重、政府支出浩繁的状况。而且，税收原理要受到一定经济理论、经济思想和经济政策的制约。有什么样的经济理论和经济思想，就会有什么样的税收原则与之相适应。

现代经济社会生活中的税收职能以及履行税收职能过程中遇到的问题，决定了现代税收原则的具体内容。一般认为，为适应现代市场经济发展和现代国家社会政策需要，税收应遵循的基本原则主要有：收入原则、公平原则、效率原则和法定原则。

第二节 收 入 原 则

收入原则，又称财政原则，是指税收必须为国家筹集充足的财政资金，以满足国家职能活动需要。收入原则在税收原则理论中占据了重要位置。例如，我国唐代宰相、理财家杨炎提出的“量出以制入”原则，就是根据国家财政支出的需要，来安排和筹集税收收入。瓦格纳则把税收的收入原则放在四大税收原则之首，其内容主要强调国家的财政收入，要求国家必须保证税收取得的收入既要充裕（Adequate），又要富有弹性（Elastic），以满足各个时期不同情况下的国家需要。其中，充裕原则要求税收应能满足政府财政开支的需要；弹性原则要求税收应具有良好的增收机制，在财政支出需要增加时，税收收入能相应上升。

专栏 2-1 收入原则的起源

收入原则最早由阿道夫·瓦格纳提出。19世纪下半叶，资本主义由自由竞争开始走向垄断，资本日益集中，社会财富分配不公日益严重，资产阶级社会矛盾日益尖锐。于是，一些资产阶级学者从社会改良出发，主张运用政府权力来解决社会问题。德国社会政策学派的代表人物阿道夫·瓦格纳集前人税收原则研究之大成，在其所著的《财政学》一书中提出了税收四个方面九项原则[①]：

（1）财政原则。充分原则——税收收入应能满足国家财政需要，以避免产生赤字；弹性原则——税收收入要有弹性，有伸缩力，能随经济发展而增长。

（2）国民经济原则。以所得为税源的原则——应尽量避免对财产和资本课税，以免阻碍经济的发展；税种的选择原则——应尽量避免使市场经济机制的效率遭到破坏。

---

① 阿道夫·瓦格纳. 财政学三论 // 理查德·马斯格雷夫，艾伦·皮考克，财政理论史上的经典文献. 刘守刚，王晓丹，译. 上海：上海财经大学出版社，2015：15-33.

（3）社会正义原则。普遍原则——税收要普及于全体人民；平等的原则——税收负担应与纳税人的负担能力相适应，力求公平合理，一方面要采用累进税制，另一方面对最低生活费免税。

（4）税务行政原则。确定原则——纳税的时间、地点、方式、数量等应预先规定清楚；便利原则——手续应尽量简便，方便纳税人；节省原则——要尽量节省征税费用。

瓦格纳在继承和发展斯密关于税收的公平、效率原则的同时，明确提出了税收的收入原则。资本主义由自由竞争进入垄断时期后，政府的职能范围也发生了变化。政府职能不仅仅是管理社会安定和国防，还要执行社会政策。因此，政府必须有充裕的收入，税收要充分满足政府财政支出的需要。瓦格纳强调收入原则应考虑税收收入的充分和弹性问题，说明了税源和税种都要以保护税本为前提，在税收理论上是一大突破。

一、充裕原则

税收从来就是与国家的政治权力有本质联系的，是用来满足一般的社会公共需要的。国家（政府）为了满足社会公共需要，需有充裕的财政收入用以保障其各项职能的实现。因而，收入原则最基本的要求就是税收制度的设立必须有利于取得财政收入，能够充分满足一定时期财政支出的需要。

税收收入的充分是一个相对的概念，是相对于政府向社会提供公共产品和服务的财力需要而言的。同样数额的税收，相对于提供公共产品和服务规模较大的政府是不足的，而对于提供公共产品和服务规模较小的政府可能是充分的。因此，虽然财政收入额度取决于政府提供公共产品和服务的财力需要，但政府提供公共产品和服务的财力需要也受到财政收入的制约。税收收入的充裕还隐含着要求税收收入的稳定。税收收入要相对稳定，需将税收与国民生产总值或国民收入的比例稳定在一个适度的水平，不宜经常变动，以避免税收对经济正常秩序的冲击。

税收是政府筹集财政资金，提供公共产品与服务，满足社会公共需要的基本工具。政府征税应当遵循适度原则。税收收入适度，就是指政府征税，包括税制的建立和税收政策的运用，应兼顾需要与可能，做到取之有度。这里“需要”是指财政的需要，“可能”则是指税收负担的可能，即经济的承受能力。遵循适度原则，要求税收负担适中，税收收入既能满足正常的财政支出需要，又能与经济发展保持协调和同步。适度原则是从财政角度对税收的量的基本规定，是收入原则的根本体现。满足财政需要是税收的直接目标和首要职能，但是，适度原则并不排斥收入充裕的要求。拉弗曲线就是反映了这一原理，即税收收入并不总是与税负（率）成正比的，税负（率）越高，不等于收入越充裕，而可能是相反，即当税负（率）超过某个临界点后，实际所实现的税收收入可能反而下降，因为，税负过高会导致税源的萎缩。作为理论上的原则要求，从性质上说，适度就是兼顾财政的正常需要和经济的现实可能；从量上说，就是力求使宏观税负落在或接近拉弗曲线上的“最佳点”。

为取得充裕的税收收入，在进行税收制度设计时，政府一般应选择税基宽广、税源充沛的税种作为主体税种。因为主体税种的收入占整个税收收入的比重最大，对税收收入的影响力度也最大。实践证明，对于发展中国家来说，商品税对财政收入有突出的贡献：税基宽而稳定，税收收入会随着物价水平的变化而变化；征管措施容易到位，税源便于控制。但随着经济的发展，商品税的主体税的位置将逐渐被所得税所取代。同时，税率也应适当，过高的税率有时非但不能增加税收收入，还有可能减少税收收入。要保证国家（政府）财政收入的稳定增长，就要使税收同国民生产总值和国民收入保持相对稳定的比例关系。在征收管理中，各级税务部门要在遵守税法、强调效率、保证公平的前提下，努力做到该收的一分不漏，不该收的一分不要。

二、弹性原则

税收的收入原则要求税收收入要有弹性。这意味着，税收收入应能随着财政支出的需要进行变化调整。西方税收理论中，瓦格纳是税收弹性理论的最早提出者。瓦格纳认为，财政需要增大支出或租税以外的收入减少时，税收应能基于法律增加或自动增收。现代税收弹性理论，是在瓦格纳的税收弹性理论的基础上发展和完善的。税收有弹性是指税收收入应当能够随着国民经济的发展而不断增长，以满足日益增加的财政支出需要或者满足长期的公共产品和私人产品配置效率的要求。这就要求，一方面要在经济增长、征税对象和税收收入之间建立密切联系，确保税收随着经济增长而增长；另一方面，要根据政府财政支出的需要，适时适度地增减税种、税目、调整税率。

在市场机制下，一方面价值规律作为资源配置的基本手段，必然会使经济发展具有一定的周期性，经济运行必然伴随着繁荣和衰退的交替，它要求税收必须适应经济周期的变化；另一方面，商品经济的社会化大生产是千变万化的，但税法却是相对固定的，为了保持社会的稳定，不可能频繁地变动税率、开征新税，这就要求税制本身应具有弹性，以适应复杂多变的经济状况。

税收有弹性是指税收收入应当能够随着国民收入的增长而增长，以满足长期的公私产品组合效率的要求。在一定的资源和技术条件下，公共产品和私人产品之间总有一个适当的比例能够满足产品组合的效率。在短期中，对应于给定的资源和技术水平，只有唯一的一条生产可能性曲线。而在长期中，可供使用的资源和技术水平将发生变化，从而使生产可能性曲线向外扩展，此时，公共产品的最优供给规模也随之变化。随着时间的推移，可使用的资源和技术水平不断增加，生产可能性曲线向右上方推移。公共产品和私人产品之间的最优组合以及需要通过税收筹集的财政资金数额也随之变化。

专栏 2-2 税收弹性系数

通常使用税收弹性系数（Tax Elasticity）来衡量税收收入是否具有弹性。税收弹性系数一般被界定为税收收入的增长率与经济增长率之间的比率，它可以用下面的公式表示：

$$E_t=\frac{\Delta T/T}{\Delta Y/Y}$$

其中，E_t 表示税收弹性系数；T 表示税收收入；ΔT 表示税收收入增量；Y 表示国民收入；ΔY 表示国民收入增量。

税收弹性系数的大小，具体反映了一个国家的税收收入对经济变化的灵敏程度。一般而言，当 $0<E_t<1$ 时，为缺乏弹性，税收增长速度小于经济增长速度，这时税收收入的绝对量有可能还是在增加，但税收收入占国民收入的比例却在下降；当 $E_t=1$ 时，表示税收收入具有单位弹性，税收与经济同步增长；当 $E_t>1$ 时为富有弹性，税收增长速度大于经济增长速度。

好的税收制度应当使税收收入富有弹性，以便无须通过经常调整税基、变动税率或者开征新的税种，就可以使税收收入能与国民收入同步或更快地增长，从而满足不断增长的财政支出的需要。

第三节 公平原则

税收公平对于维持税收制度正常运转是不可或缺的，影响税制是否能正常地贯彻和执行。最早提出税收原则思想的威廉·配第将公平原则放在首位，系统阐述税收原则理论的亚当·斯密也将公平原则置于各原则之首。税收公平通常是指纳税人地位平等，税收负担在纳税人之间进行公平分配。现代各国宪法或税法中都明确规定了税收公平原则。税收公平不仅是一个经济问题，也是一个政治和社会问题。由于公平本身就是一个极为复杂的问题，在不同社会形态或同一社会形态在不同的国家，对于公平的理解和掌握的标准有所不同。如何做到税收公平？在税收思想史上，主要包括受益说和能力说两大理论，即受益原则和支付能力原则。

一、受益原则

受益原则，即纳税人应纳多少税或其税负应为多大，根据纳税人从政府提供的公共服务中享受利益的多少来确定。这种观点背后的依据是：政府为纳税人提供公共物品，纳税人从公共物品中获益，因此要向政府纳税。每个纳税人承担的税负只能以受益多少为依据，受益多者多负税，受益少者少负税，受益相同者负担相同的税收，受益不同者负担不同的税收。

受益原则的理论渊源可以追溯到近代西方思想家托马斯·霍布斯、亚当·斯密等人积极倡导的税收公平观。英国思想家托马斯·霍布斯探究了国家建立以及人民应当向政府纳税的原因，并率先提出了“税收利益说”。[①] 他将政治契约行为与商品契约行为相对应，认为人们转让自己的权利如同售出商品一样，应当获得相应的等价补偿，即国家对人民生命、财产安全的保障。利益说学者虽然都主张应以个人的受益作为赋税基础，但在具体受益衡量上存在着很大的分歧。霍布斯提出了衡量纳税人受益程度的两个标准，分别是个人拥有财产的数额和消费的数额。亚当·斯密是税收利益说的集大成者，他主张每一个国家的国民应当尽可能地按照各自能力的大小，即按他在国家保护下所获得的收入比例，对维持政府做出贡献。

由于从现实角度看政府活动给纳税人带来的利益难以准确计量，通过衡量每个纳税人所获得的政府利益来确定其应当缴纳的税收比较困难。因此，按照对公共产品的合理定价从而判断支付税额的多少，成为进一步深化受益原则理论的一个亟待解决的问题。

潘塔莱奥尼（Pantaleoni）在《公共支出的分配理论》一文中指出，政府从个人那里获得资源以提供公共产品，而资源从私人部门向政府的转移是否值得，应将政府预算收支结合起来考察，否则难以判定公共产品所产生的利益，以及是否值得个人以牺牲其他需要的满足为代价。意大利经济学家雨果·马佐拉（Ugo Mazzola）在 1890 年出版的《论财政科学》中，最早对公共产品价格的形成做出了系统表述。马佐拉认为，由于公共产品的性质使每个人消费公共产品的数量是不能分割和计算的，公共产品无法通过市场进行定价。他运用边际效用学说的效率准则分析，公共产品的共同消费性使得全体消费者只能消费同一数量的公共产品，但每个人对公共服务（公共产品）的消费感受是不一样的，每个人消费公共产品而获得的边际效用也不一样，因此为公共产品支付不一样的金额（税款），符合受益原则。但马佐拉企图像私人物品的买卖一样，让公共产品

---

① 霍布斯. 利维坦. 黎思复，黎廷弼，译. 北京：商务印书馆，1985.

的提供者（国家）与消费者（纳税人）之间进行等价交换。[①] 他认为公共产品定价的核心是，公共产品的支付价格应与公共产品的边际效用相等。边际效用价值论的引入解决了受益原则赋税的基本思路问题，但富有操作性的方法还没有找到。在马佐拉之后，部分学者陆续提出了公共产品定价问题的解决方案，维克赛尔、林达尔等都做出了重要贡献。萨缪尔森在其 1954 年、1955 年的《公共支出纯论》和《公共支出论图解》两篇论文中，发展和完善了林达尔的理论，建立了萨缪尔森模型。萨缪尔森运用一般均衡方法，解决了个人从公共产品所获得的边际效用与个人纳税所造成的边际负效用相等的问题，即在一般均衡意义上阐述了受益原则赋税问题。但这种赋税原则实际上已经考虑到了能力原则问题，由此可见仅仅依托受益原则理论是不够的。

专栏 2-3 维克赛尔的一致原则和林达尔均衡

维克赛尔（Wicksell）在其 1896 年出版的《财政理论考察，兼论瑞典的税收制度》中，提出公共产品的供应必须使个人效用最大化的基本原则，并认为公共产品所给予个人的边际效用，应与个人纳税所损失的财富的边际负效用相等。维克赛尔对公共产品供应中的政治程序问题做了研究，提出“一致原则”，将公共产品提供与赋税问题的决定权交给了政治程序，即通过政治程序，每个人投票显示他在课税与政府支出中的受益状况。具体而言，维克赛尔建立自愿交换模型，试图解决公共产品定价问题。他利用议会进行民主协商，通过投票的方式让所有参会代表共同进行税收决策。如果参会代表对某一税额投出赞成票，则表明这一税额在他可以接受的范围内，进而大致表明政府提供的公共产品的边际效用与纳税人因纳税而产生的边际损失相等。民主协商的方式让所有参与决策的“代表”都感觉到其获益和损失是相抵的，从而实现税收公平。“一致原则”可以保护社会中的每一个人免受未能带来利益的课税的侵害，这一点对每个人来说都是公平的。在现实中，出于执行的原因，维克赛尔将“一致原则”改为“接近一致与接近自动的原则”。

林达尔（Lindahl）把赋税理解为私人为享受公共产品所支付的价格，用模拟市场的方法分析了两个政治上平等的消费者共同分担公共产品的成本（税收）问题，得出了个人所支付的税收份额（即林达尔价格）等于每人所获得的公共产品边际效用的价值，并且两人税额总计等于公共产品提供的成本。具体而言，在甲乙两个人的林达尔均衡模型中，与私人物品市场上的情形类似，甲乙双方就公共物品的付费比例讨价还价，甲的

---

① Ugo Mazzola. The Formation of the Prices of Public Goods//R.A.Musgrave, A.T.Peacokeds. Classics in The Theory of Public Finance. New York: The Macmillan Company, 1958: 37-47.

需求曲线是乙的供给曲线，乙的需求曲线也是甲的供给曲线，两条需求曲线的交点，就决定了甲乙各自对公共物品的付费比例。林达尔还设想了一个多种公共支出规模及其相应的税收份额的报价拍卖过程，以揭示消费者对公共产品的真实偏好。

资料来源：① Knut Wicksell. Studies in the Theory of Public Finance//R.A.Musgrave, A.T.Peacokeds. Classics in The Theory of Public Finance. New York: The Macmillan Company, 1958: 72—117. ② 王福重.公共物品理论的发展及其对中国财政问题的认识意义.财贸经济，2000（9）：23-27.

不管是维克赛尔的政治程序、林达尔的拍卖，还是萨缪尔森的全知全能者的假设，都无法有效地揭示个人消费公共产品而获得的真实受益状况，从而难以阻止人们“免费搭车”，不能给人以遵守规则的有效激励。根据受益原则，纳税额度取决于个人的边际效用评价，这就给个人低估实际收益提供了空间。这意味着，该原则对免费搭车的策略行为无能为力。并且，受益原则忽略了政府的收入再分配目标，更多地聚焦公正地分摊公共产品的费用（纳税份额），即公共和私人部门活动资源的有效配置。因此，政府再分配目标的实现，需要引入另一种公平赋税原则——支付能力原则。

二、支付能力原则

支付能力原则（Ability-to-pay Approach），也被称为量能课税原则或按能力负担原则，是指按照纳税人的支付能力或者负担能力来分担税收。具体而言，支付能力原则分为横向公平和纵向公平。横向公平，亦称为“水平公平”，是指对社会经济条件相同的纳税人同等课税，换言之境况相同的人应缴纳相同的税收，或者是条件相同的人应当得到同等对待。纵向公平，又称“垂直公平”，即对社会经济条件不同的纳税人区别课税，换言之境况不同的人应当缴纳不同的税收。

支付能力原则是穆勒在极力反对受益原则的基础上提出的。[①] 该原则将公共支出的受益视为既定或不重要的，并且要求分析问题必须做出伦理方面的判断，最突出的特点是对分配正义的重视。支付能力原则的一项重要内容是解决支付能力的衡量问题。在西方税收思想史上，主要有两种衡量方法，主观支付能力原则和客观支付能力原则。

1. 主观支付能力原则

主观支付能力原则主要是税收牺牲说。税收牺牲说是指政府征税应当使纳税人在财产、收入和消费等方面所受损失或牺牲的痛苦感基本相同。约翰·穆勒提出“均等牺牲说”，他指出，作为一项政治原则，课税平等就意味着所做出的牺牲平等。这意味着，

---

① 穆勒将功利主义哲学引入税收公平的规范分析中，开创了牺牲相等的分析方法。

在分配每个人应为政府支出做出的贡献时，应使每个人因支付自己的份额而感到的不便，既不比别人多也不比别人少。他提出的均等牺牲说对学界产生了深远影响，后来逐渐由萨克斯、科恩·斯图亚特等人发展为绝对均等牺牲（Equal Absolute Sacrifice）、比例均等牺牲（Equal Proportional Sacrifice）和边际均等牺牲（Equal Marginal Sacrifice）三种理解。但关键需要衡量个人效用的多少。由于效用涉及个人偏好，同样的收入或财产，给每个人带来的效用是不一样的，仅仅从牺牲的效用入手，在现实中缺少可操作性。

专栏 2-4 牺牲相等思想

牺牲相等思想是根据每个人在课税过程中所牺牲的效用或边际效用的比较进行分析的，主要包括三种标准。

绝对均等牺牲标准，要求不同的纳税人因纳税牺牲的总效用量是相等的。具体是指不考虑纳税人的收入的高低以及边际效用的大小，其牺牲的总效用量应当相等。在绝对均等牺牲的条件下，税收负担在不同纳税人之间的分配取决于收入的边际效用。由于边际效用递减原理，高收入者货币的边际效用一般较低，低收入者的边际效用一般较高。因此要使因纳税而牺牲的效用额相同，高收入者应当负担相对更多的税收，低收入者应当负担相对较少的税收。

比例均等牺牲标准，要求纳税人因纳税而失去的总效用量与纳税前全部收入的总效用量之比人人相等。由于边际效用递减原理，要实现比例均等牺牲的目标，应当对高收入者征税的税率高，而低收入者征税的税率低，即实行累进税率以实现公平。

边际均等牺牲标准，也被称为最小牺牲标准，要求纳税人因纳税而造成的最后一个单位效用损失人人相等，或者说纳税人因缴纳最后一个单位税收而失去的效用量人人相等，不同的纳税人边际牺牲的效用相等时，全社会的纳税人因纳税而牺牲的效用总量最小。在边际效用递减的情况下，要实现最小均等牺牲的目标，就要求设计税制时将税负都加在那些收入较高、效用较低的高收入纳税人身上，即要求对全社会的较高收入阶层课征累进程度更高的累进税。

2. 客观支付能力原则

由于直到目前还没有找到准确衡量或者测度收入的效用以及损失的效用的方法，“效用”和“牺牲”的概念仍然属于心理学的范畴，因此主观层面的支付能力原则具有理论意义，但是很难付诸实践。其他经济学家也对此提出挑战，提出了“客观说”。其中具有代表性的是20世纪30年代塞利格曼提出的客观能力标准。他认为历史上出现了人丁、财产、消费或产品、所得四个征税标准，只有对所得征税最能做到所得多的多纳税，所得少的少纳税，使税收负担公平合理[①]。

“客观说”主要认为，应当以纳税人实际拥有财富的多少作为测度支付能力的标准。收入、财产和消费支出也可以作为度量纳税人社会经济条件和支付能力的标准，但是都有一定的局限性。

收入通常最能够决定一个人在一定时期内的消费能力和财产增加的能力。但是以收入为测度标准也存在一定的局限性。收入一般是以货币形式衡量的，但是除了货币收入之外，人们还往往具有实物收入，实物收入也应纳入课税范围；同时，纳税人可能会通过多种渠道取得收入，如利息收入、劳动收入和意外所得等，针对不同渠道来源的收入，在征税时应加以区分，从而保证公平。

财产也是衡量纳税人支付能力的合理尺度。纳税人可以通过财产来赚取收入，同时纳税人通过遗产的取得和获赠也能增强纳税人的支付能力，因此财产也可以作为衡量支付能力的指标。但是按财产征税也有局限性：一是数额相等的财产不一定会给纳税人带来相等的收益，财产多者未必收益就多，财产少者未必收益就少，因此不能仅依靠财产进行征税；二是度量财产的方式难以统一，在两个纳税人拥有相同金额的财产的情况下，如果一个纳税人只有财产，而另一个纳税人还同时拥有负债，那么对这两个纳税人征收相同的税款是不公平的。针对不同类型的财产如不动产和动产征收相同的税款也有失公平。

消费支出体现的是纳税人对经济资源的实际占有和使用。消费多的纳税能力强，而消费少的纳税能力弱。消费支出作为征税标准也具有不足之处。主要有：一是纳税人的消费倾向不同，高收入、高所得的人也可能会很少消费；二是按消费支出征税，政府征收税款可能具有一定的时滞性。同时对支出课税，必须具备纳税人的支出详细资料，征管难度较大。

专栏 2–5 共同富裕和公平原则

税收公平不仅是经济问题，也是一个重要的政治和社会问题，对于现代社会的发展也具有重要意义。富裕目标的实现离不开公平规则的构建，保障富裕的共同性更是需要以公平规则的构建为前提。因为，共同富裕所要求的共同性，其本质是社会收入、财富分配的公平性。因此，在共同富裕的道路上，需要税收公平的政策发挥作用。税收公平原则主要体现在对居民收入分配、间接税税负分配、财产分配的影响。我国在税收制度为共同富裕的推动方面也有很多了成就。如缩小收入差距，从收入再分配方面入手，进

① 塞利格曼．所得税论．杜俊东，译．北京：商务印书馆，1933.

行了个人所得税改革。2019年我国的个人所得税由之前的分类征管模式改为了综合与分类相结合的混合模式，七级超额累进税率有助于实现收入分配的“纵向公平”，一定程度上缩小了收入差距。另外，从第三次分配入手，推动了慈善捐赠。《中华人民共和国国民经济和社会发展第十四个五年规划和2035年远景目标纲要》中提出，要“发挥慈善等第三次分配作用，改善收入和财富分配格局”以及“促进慈善事业发展，完善财税等激励政策”，有助于减小贫富差距，促进共同富裕。

第四节 效率原则

税收的效率原则是指政府征税时，包括税制建立、税收政策运用和整个税收管理过程，都应当以尽量低的成本获取最大的税收收益。政府征税行为会不可避免地产生税收成本，而税收成本不仅包括税务部门产生的征管费用等直接成本，还包括纳税人缴纳税款时产生的遵从成本和扭曲社会资源有效配置等间接成本。同样，税收收益不仅包括税收带来的财政收入等直接受益，还包括通过充分发挥税收的调节作用而带来的对产业结构优化、资源配置合理和生态环境保护等促进作用，即带来间接收益。这里的效率通常有两层含义：一是经济效率，即征税应利于促进经济效率的提高，或者至少对经济效率的不利影响或超额负担最小；二是行政效率，即征税过程本身的效率，是指税收在征收和缴纳过程中耗费成本最小。充分贯彻税收的效率原则，有利于提高税务行政管理效率、资源的有效配置与经济的高效运行。

一、税收经济效率

税收的经济效率指最小化征税带来的社会福利损失（即超额负担）并最大化税收带来的经济收益。理解税收经济效率的内涵可以从完全竞争市场和不完全竞争市场两种条件分别考量。在完全竞争市场条件下，市场可以充分发挥作用，此时经济效率就是要求政府课税带来的市场资源配置效率损失最小化。在不完全竞争市场条件下，由于外部性等因素，市场存在失灵现象，难以自发合理配置资源，经济主体的行为也易扭曲。这种情况下税收经济效率要求政府利用税收矫正市场资源配置，使经济有效运行。

税收的经济效率可以概括为四个方面：第一，在征税时要保护税本，即不阻碍投资和不影响生产者的积极性，并要支持新兴产业和鼓励对外贸易。第二，正确选择征税对象和税源。第三，正确地设计税率。第四，税收的转嫁与归宿要顾及税收对经济的影响。另外，还要发挥税收对经济资源配置的作用。

（一）超额负担的定义

“税收超额负担”这一概念的首次出现是在马歇尔于1890年出版的《财政学原理》

一书中。该书首次提出“消费者剩余”“生产者剩余”与“税收超额负担”等概念，并第一次正式提出“中性税收”的思想。

超额负担（Excess Burden）是指福利损失超过所征收上来的税收收入。超额负担有时还被称为福利成本或无谓损失（Deadweight Loss）。[①] 这是因为税收改变了经济主体的决策行为，从而改变了私人经济部门原有的资源配置状况，从而使市场机制正常运作的效率受损。

如图 2-1 所示，在政府课税之前，供给曲线 S 和需求曲线 D 在 A 点达到平衡，此时均衡数量为 Q^*，均衡价格为 P^*。在政府课税之后，供给曲线向上平移，在 B 点达到新的平衡，此时均衡数量为 Q_1，消费者对于每一增量的产品愿意支付的价格至多为 P_D，生产者对于每一增量的产品要求的价格至少为 P_S，税收收入为 BCP_SP_D。消费者因为政府课税而形成的消费者剩余的净损失为 BAE，生产者因为政府课税而形成的生产者剩余的净损失为 EAC，消费者剩余和生产者剩余净损失之和为 BAC，就是政府课税所引起的福利损失，即超额负担。

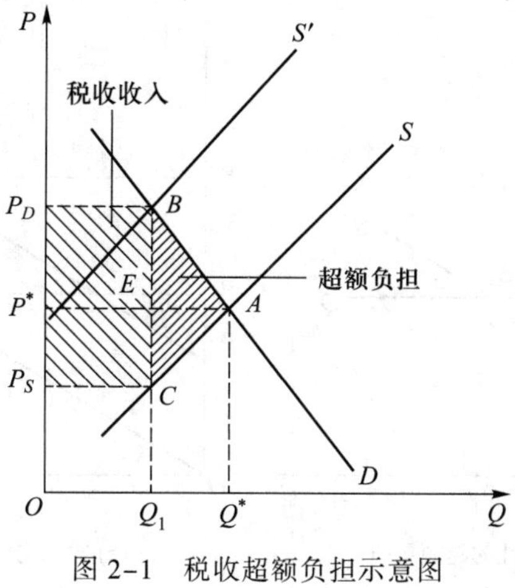

图 2-1 税收超额负担示意图

（二）超额负担的衡量

随着数学分析方法在经济领域的应用，西方学者对税收超额负担的研究也不断深入，不少学者都参与了这一理论的发展，试图测度超额负担并寻求一种税收制度使超额负担最小化。1927 年，24 岁的拉姆齐（F.P.Ramsey）建设性地提出逆弹性规则，证明在严格假定下对需求弹性低的商品课税可减少超额负担。希克斯和费雪等随后发现了对多种产品征税产生超额负担的计算方法，哈伯格（Harberger）第一次将这种计算方法直

① 哈维·S. 罗森，特德·盖亚. 财政学. 郭庆旺，赵志耘，译. 8 版. 北京：中国人民大学出版社，2009.

接应用在商品税上。他在《公司所得税的归宿》中提出了“三角形”超额负担理论，其中税收超额负担可以通过“三角形”的面积来表示（如图 2-1 中阴影部分三角形）；并推导得出了测定超额负担的计算公式。该公式表明，税收的超额负担与税率的平方和需求弹性成正比，即：

$$DWL=\frac{1}{2}\tau^2\times P^*Q^*\times\left|\frac{\eta_d\eta_s}{\eta_s-\eta_d}\right|$$

其中：DWL 表示税收超额负担；τ 表示税率；P^* 和 Q^* 分别表示征税前的均衡价格和均衡产量；η_d 和 η_s 分别表示需求曲线和供给曲线的价格弹性。

这一计算公式表明课税对象的需求弹性是影响政府征税产生超额负担大小的一个重要因素。图 2-2 显示了政府分别对需求完全有弹性和完全无弹性的商品课税时的超额负担。从图中可以清楚地看到，对需求完全无弹性的商品课征商品税，税收超额负担为零；而对需求完全有弹性的商品课征商品税，税收超额负担则相当大（见图 2-2（a）中的阴影部分），即商品需求弹性越大，政府对其课税产生的超额负担也越大。

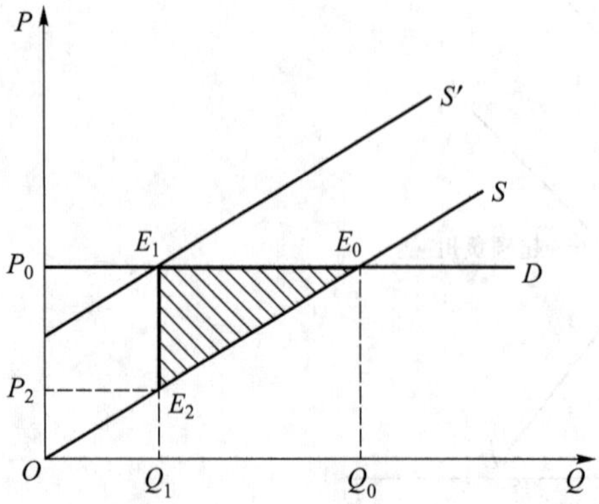

(a) 需求完全有弹性的超额负担

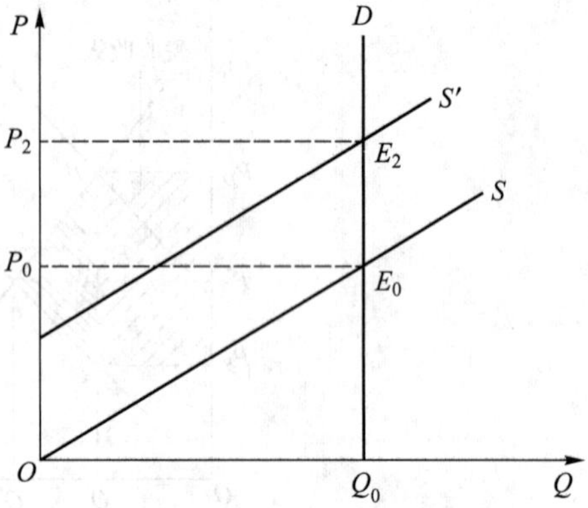

(b) 需求完全无弹性的超额负担

图 2-2 两种超额负担

超额负担的计算公式也存在着显而易见的局限性，该计算公式考虑的只是一个局部均衡模型，而没有考虑税收变化对除被征税产品和服务以外的其他产品和服务价格和数量的影响，因而其解释力也受到限制。尽管如此，从税收超额负担的计算公式中还是可以得出一些非常有用的结论：税收超额负担与税率的平方和需求弹性成正比——税率越高，税收超额负担就越重；被征税产品和服务的需求弹性越大，带来的税收超额负担就越大。

专栏 2–6　税收超额负担的度量：等价变化

假定消费者有 I 元的固定收入，并只花在两种商品上：小麦和玉米。小麦每千克价格为 P_b，玉米每千克价格为 P_c。在经济中，不存在税收或外部性、垄断等扭曲，商品的价格反映的是它们的边际社会成本。为了简化起见，假定边际社会成本不随产量的增减而变化。在图 2–3 中，横轴表示小麦的消费量，纵轴表示玉米的消费量。消费者的预算约束线为 AD，其斜率为 $-P_b/P_c$，横轴截距为 I/P_b。假定消费者想使其效用最大化，他在无差异曲线 i 之上选取一点，如 E_1 点，在该点上，他消费 B_1 千克小麦和 C_1 千克玉米。

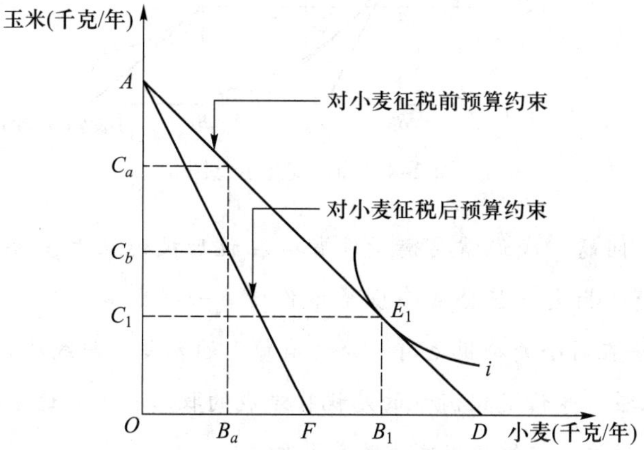

图 2–3　玉米和小麦预算示意图

现在假定政府按一定比例对小麦征税，税率为 t_b，这样消费者面临的价格就变为（$1+t_b$）P_b。（由于假定边际社会成本保持不变，故税前价格没有变化。）征税后，消费者的预算约束线改变。现在，他的预算约束线斜率为 $-[(1+t_b)P_b/P_c]$，横截距为 $I/[(1+t_b)P_b]$，如图 2–3 中的 AF 线所示。（由于玉米的价格仍然是 P_c，故 AF 线和 AD 线有相同的纵截距。）

给定任意水平的小麦消费量，AD 与 AF 之间的垂直距离表示的是，以玉米衡量的消费者的应纳税额。为了说明这一点，在横轴上任意选取小麦数量 B_a。在征税前，消费者可以消费 B_a 千克小麦和 C_a 千克玉米。但征税后，如果消费 B_a 千克小麦，那么他有能力购买玉米的最大数量为 C_b 千克，C_a 与 C_b 之间的差额（距离）就代表了以玉米千克数衡量的政府征收的税收数量。

图 2–4 表明，消费者的最优先选择是无差异曲线 ii 上的 E_2 点，在该点上，他的小麦消费量为 B_0，玉米消费量为 C_b，应纳税额是 AD 与 HI 之间的垂直距离，即 GE_2。消费者在 E_2 点的境况和 E_1 点的境况相比变差了。我们需要考虑，小麦税使消费者损失的

效用，是否超过政府筹措税收收入 GE_2 所必需的效用损失。换言之，是否还有其他办法，既能筹措到收入 GE_2，又能使消费者的效用损失减小。如果有，就说明对小麦征税有超额负担。

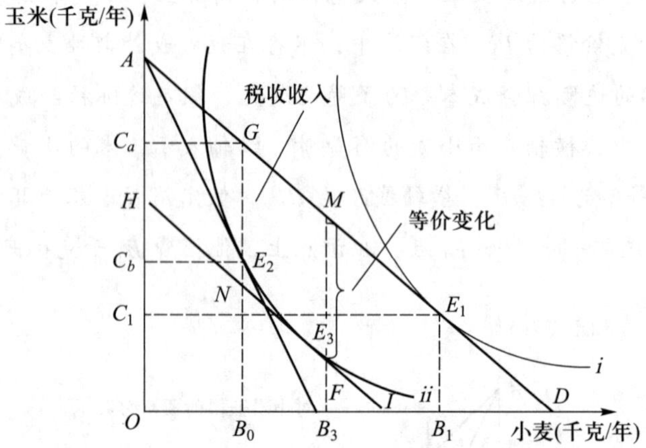

图 2-4　等价变化示意图

为了阐明这个问题，我们需要衡量消费者在税后被迫从无差异曲线 *i* 移到无差异曲线 *ii* 上，所蒙受的损失能折合成多少货币价值。一种衡量办法是等价变化（Equiva Lentvariation）——在对小麦征税之前，为使消费者的无差异曲线从 *i* 移动到 *ii*，必须从他那里拿走的收入量。等价变化衡量的是税收造成的收入损失，这笔收入减少额引起的效用减少程度，与税收引起的效用减少程度相同。

可以用图形描述等价变化。为找到等价变化，需要将 *AD* 向内移动，直到它与无差异曲线 *ii* 相切为止。*AD* 必须向内位移的量就是等价变化。在图 2-4 中，预算线 *HI* 与 *AD* 平行，并与无差异曲线 *ii* 相切。因此，*AD* 与 *HI* 之间的垂直距离 ME_3 就是等价变化。对于消费者来说，损失 ME_3 这么多收入，与缴纳小麦税所减少的收入是相同的。

等价变化 ME_3 大于小麦税收入 GE_2。其原因在于 ME_3 等于 ***GN***，因为两者都是平行线 ***AD*** 和 ***HI*** 之间的距离。因此，ME_3 大于 GE_2 的距离为 E_2N。这意味着，小麦税使消费者的境况变差，其程度超过了小麦税所产生的收入。在图 2-4 中，福利损失（用等价变化衡量）超过所征的税收的数量——超额负担是距离 E_2N。

资料来源：哈维·S. 罗森，特德·盖亚. 财政学. 郭庆旺，译. 10 版. 北京：中国人民大学出版社，2015.

二、税收行政效率

税收的行政效率，旨在考察税务行政管理的效率状况，是指国家在充分取得税收收入的基础上使税务费用最小化，其标准为税收成本占税收收入的比重最小，即税收的

“名义收入”（含税收成本）与“实际收入”（扣除税收成本）的差额为最小。

税收成本是指在税收征纳过程中所发生的各类费用支出。狭义的税收成本，即税收的征收费用，指税务机关为征税而花费的行政管理费用，比如税务机关的房屋建筑、设备购置和日常办公所需的费用；广义的税收成本，是除税务机关征税的行政管理费用之外，还包括纳税人在按照税法规定纳税过程中所支付的费用，即税收奉行费用或税收遵从成本，通常包括纳税人因纳税申报聘请税务师的费用、纳税申报的时间成本和交通费用等。相对于狭义的税收征收费用，这种包含税收奉行作用的广义税收成本更难计算，比如说度量纳税人的时间成本等无法用货币直接测度的“隐蔽成本”。

目前我国的税收成本仍比较高。要提高税务行政管理的效率，关键是要节约税收成本，其基本要求是以最小的税收成本取得最大的税收收入。提高税收效率的途径包括：充分运用税收大数据进行征收管理，向“以数治税”转型发展，将纳税人的信息电子化，节约征收费用，提高征收效率。进一步精简税制，使纳税人和税务机关都能够充分掌握理解，便于进行征收管理。许多国家的实践证明，精简税制有利于简化征管，同时降低纳税成本。过于复杂含糊的税法会加大纳税人遵从的难度，增加其奉行成本。尽可能简化征税流程，给纳税人以方便，降低税收奉行费用；尽可能将纳税人所花费的奉行费用转化为税务部门所支出的征收费用，增加税务支出的透明度，进而达到压缩税收成本的目的。

专栏 2–7 数字经济时代的税收行政效率

数字经济背景下，税源的隐蔽性与流动性日益增强，传统的税收征管方式难以适应数字经济的发展，对税收征管提出了更高的要求和挑战。2021 年 3 月，中共中央办公厅、国务院办公厅印发的《关于进一步深化税收征管改革的意见》提出，实现从“以票管税”向“以数治税”分类精准监管转变，为税收征管模式创新指明方向。“以数治税”征管模式可以通过以下几个方面促进税收行政效率的提高：首先，促进部门间协同合作，建设数据共享机制，打破部门间的信息壁垒。其次，充分利用税收大数据，为纳税人提供精准、个性化的税费服务，提供税费服务的效率和质量。最后，通过大数据实现精细化的税收监管，让税收风险管理更加精准高效。“以数治税”是税收征管制度和实践的创新，也是税收治理优势转化为国家治理效能的“税务贡献”。深入落实“以数治税”，推动税收治理数字化转型，是数字经济背景下加强税收征管、提高税收行政效率的重要途径。

资料来源：刘和祥 .“以数治税”税收征管模式的基本特征、基础逻辑与实现路径 . 税务研究，2022（10）：69–75.

第五节 法定原则

税收的法定原则是指国家征税必须要有法律依据。税收的法定原则是税法实践中最为重要、应用最为普遍的基本原则，对于保障纳税人的财产权利及自由，维护社会公共利益和市场经济秩序具有举足轻重的作用。

税收法定原则又称“税收法律主义”或“税收法定主义”。具体而言，税法主体的权力义务必须由法律加以规定，税法的各类构成要素皆必须且只能由法律予以明确规定；征纳主体的权利义务只以法律规定为依据。没有法律依据不得要求公民纳税，即“无代表不纳税”。国家（政府）为了实现其职能并对经济实行有效干预从而实现其公共权力，必须直接或间接地占有一部分社会财富，并参与一部分社会产品的分配与再分配过程，以作为其职能运转的经济基础。税收只有通过法律才能将其特征外化和表现出来。税收法定是税收得以产生并持续稳定发展的必要条件。

“税”和“法”两个概念不是天然并生的，两者的关系取决于国家强制力的来源和实现方式，当国家强制力受到法律制约、只能以法律的形式存在时，税与法之间才有必然的联系，法律才成为税收的唯一表现形式。在推行民主法治的社会中，税收法定原则以国民代议机关的同意为依据，界定税权的范围和力度，实现国家对税收活动的严格约束和对国民税收负担的妥当分配，防止征纳双方的税权滥用。税收法定原则在税法领域具有优先效力，落实税收法定原则具有重要的现实意义。它将政府课税权和纳税人筹划权限制在法律许可的合理范围内，防范政府和纳税人滥用权力，尊重和保障国家税收财产权和私人财产权，符合建设法治国家的需要。税收的法定原则主要包括课税要素法定原则和课税程序法定原则。

一、课税要素法定原则

课税要素法定原则要求课税要素必须且只能由立法机关在法律中加以规定，政府无权在无法律规定的情况下向私人征税。课税要素法定原则是指在税收立法方面，立法机关依据宪法的授权而保留自己专属的立法权力。具体而言，课税要素法定原则可以被分解为“立法机关保留原则”和“法律保留原则”。

“立法机关保留原则”是指立法机关严格保留课税要素的立法权，未经授权的行政机关不得在行政法规中对课税要素做出规定。“法律保留原则”是指法律的效力高于行政立法的效力。上述原则在我国主要表现为，税收立法权由最高权力机关——全国人民代表大会及其常务委员会所保留，各类税法及其课税要素均须有立法机关——全国人民代表大会及其常务委员会制定。

在税收体系中，凡构成课税要素、税收的课赋和征收程序的法律规定，应尽量明确，不可出现含混不清、模棱两可的情况，立法意图要充分表达，对各课税要素的相关规定都应确实明了。避免因税法中出现易产生歧义的事项、条款或概念而发生对税法解释的混乱与无法统一。同时，税收体系的基本内容不能出现空缺，保障执法机关的执行顺利，规范和限制税务执法机关的自由裁量权。

为了制定良好的税法，必须使得税法符合公平与效率的要求并具备合宪性，具体可以从以下方面衡量：

（1）规范性。马克思说，“法律是肯定的、明确的、普遍的规范”①。税法对征税双方以及一切单位和个人都具有普遍约束力，是权利义务分明、赏罚必信的行为规范。

（2）统一性。首先，税法在制定者的管辖权范围内是管束税收领域内一切事件的普遍一致的规范——统一税法、统一税种、统一税目税率、统一计税标准和征收办法等课税要素。其次，税法体系内部要和谐一致，在实体上不搞一税多法。最后，税法与其他法律如刑法、民法会计法和企业法等也应和谐一致。

（3）稳定性。税法作为征纳双方的一般行为规范和准则，一经制定公布就必须在一定时期内保持稳定。

专栏 2-8 法定原则在我国的应用：以环境保护税为例

2016 年 12 月 25 日，第十二届全国人大常委会第二十五次会议通过了《中华人民共和国环境保护税法》（简称《环境保护税法》），并于 2018 年 1 月 1 日起正式施行。《环境保护税法》是《中华人民共和国立法法》（简称《立法法》）对税收法定原则清晰、明确规定以后，全国人大常委会审议通过的首部单行税法，也是我国首部旨在推进生态文明建设的税种法。

环境保护税的前身是排污费。我国的排污收费制度确立于 1979 年，其法律依据是同年出台的《中华人民共和国环境保护法（试行）》，2003 年国务院发布的《排污费征收使用管理条例》进一步规定了排污费的征收、使用和管理。《环境保护税法》出台以后，排污费被废止。由“费”转“税”，完成了法律规范的位阶跃升，体现了税收法定原则的落实。

《环境保护税法》强调“保护和改善环境，减少污染物排放，推进生态文明建设”。这就意味着《环境保护税法》对税收法定原则的落实并没有局限于法律制定，同时也在强调税制改革所能创造的社会功效，如为环境保护提供稳定、安全的税法环境，形成良性的法治运行方式等。《环境保护税法》的通过意味着税收立法的社会治理功能得到认

① 马克思恩格斯全集 . 第一卷 . 北京：人民出版社，1995：176.

可。从法治发展的视角审视，这是税收法治和环境法治的进步，也是税收法定原则在环境治理中的进步和完善。

资料来源：刘金科，肖翊阳．中国环境保护税与绿色创新：杠杆效应还是挤出效应？经济研究，2022，57（1）：72-88.

二、课税程序法定原则

课税程序法定原则是指税务机关作为税收债权人及国家代表，在课税要素充分满足的条件下，应按照法律设定的程序，依法有效地履行职责。税收课征各环节——从登记、申报、计算、缴纳到检查和处罚——都应该有严格、系统且明确的法定程序作为保障。没有法律的依据，税务机关不仅没有减免税款的自由，也没有征收税款的自由；税务机关不得自行开征或停征税款，也不得自行减免或退补税款。

为遵循课税程序的法定原则，提高税务机关的征税效率与纳税人的纳税遵从度，在税法制定方面可以做出以下努力：

（1）逐步提高人民群众参与税法制定的程度，通过实际的运行机制实现税收治理层面党的领导、人民当家作主和依法治国的有机统一。坚持科学立法和民主立法。在制定不同层级的税收法律规范时，应当建立起不同程度的民意机制，将正当程序理念引入涉及纳税人实质利益的法规、规章和规范性文件的制定过程。

（2）确保税法的可行性，降低税务机关的行政成本与纳税主体的遵从成本。税法的制定应结合中国国情与文化环境，从实际出发进行反复论证，切不可盲目追求与国际接轨。

专栏 2-9 我国税收立法的现状

党的十八大以来，我国税收法治建设在立法、执法、司法、守法等各个领域均取得长足进步，其成就全球瞩目。党的十八届三中全会通过的《中共中央关于全面深化改革若干重大问题的决定》提出“落实税收法定原则”的目标，全国人大于2015年修改《立法法》，明确规定“税种的设立、税率的确定和税收征收管理等税收基本制度”只能制定法律。2018年党的十九届三中全会通过的《深化党和国家机构改革方案》、2019年党的十九届四中全会通过的《中共中央关于坚持和完善中国特色社会主义制度、推进国家治理体系和治理能力现代化若干重大问题的决定》、2021年中共中央办公厅、国务院办公厅印发的《关于进一步深化税收征管改革的意见》，为不同阶段税收法治建设的发展指明了方向。

现阶段，我国12部税收实体法相继完成制定或修订工作。税收实体法制定方面，2016年通过《环境保护税法》，2017年通过《烟叶税法》《船舶吨税法》，2018年通过《车辆购置税法》《耕地占用税法》，2019年通过《资源税法》，2020年通过《契税法》

《城市维护建设税法》，2021年通过《印花税法》；税收实体法修改方面，党的十八大以前制定的《企业所得税法》《个人所得税法》于2018年完成修正，《车船税法》于2019年完成修正；党的十八大以后制定的《环境保护税法》《船舶吨税法》于2018年进行了完善。增值税、消费税、关税等重要税种的立法正在加快推进，将为构建现代财税体制和落实税收法定原则迈出重要步伐。落实税收法定原则是一个持续的过程。税收立法不是一项“毕其功于一役”的任务，在完成立法后仍要不断完善。

税收法治建设的贯彻落实不仅促进了税法体系的完善，也对国家治理体系和治理能力现代化产生了深远影响。税收法治建设已经上升到一个全新的高度，在各个领域实现质的飞跃，为实现国家长治久安提供了坚实的社会基础。

本章小结

1. 中国古代的税收思想自夏朝开始产生。一般认为，为适应现代市场经济发展的要求，税收应遵循的基本原则主要有：收入原则、公平原则、效率原则和法定原则。对税收原则的深入理解，有助于我们把握在税收制度制定时需要考虑的因素，更加深刻地理解税收的职能。

2. 税收的收入原则是指税收必须为国家筹集充足的财政资金，以满足国家职能活动需要。其中，充裕原则要求税收应能满足政府财政开支的需要；弹性原则要求税收应具有良好的增收机制，在财政支出需要增加时，税收收入能相应上升。

3. 税收的公平原则对于维持税收制度正常运转不可或缺，影响税制是否能正常地贯彻和执行。税收公平不仅是一个经济问题，也是一个政治和社会问题。税收公平的基本要求是，条件相同的纳税人缴纳相同的税收，条件不同的纳税人缴纳不同的税收。

4. 税收的效率原则是指政府征税时，包括税制建立、税收政策运用和整个税收管理过程，都应当以尽量低的成本获取最大的税收收益。效率通常有两层含义：一是经济效率，即征税应有利于促进经济效率的提高，或者至少对经济效率的不利影响或超额负担最小；二是行政效率，即征税过程本身的效率，是指税收在征收和缴纳过程中耗费成本最小。

5. 超额负担，也称为福利成本或无谓损失。超额负担是指福利损失超过所征收上来的税收收入。

6. 税收的法定原则，是指国家征税必须要有法律依据。税收只有通过法律才能将其特征外化和表现出来。税收法定是税收得以产生并持续稳定发展的必要条件。

课后习题

1. 中国古代税收原则思想与西方税收思想各自有何特点？

2. 为什么税收收入要有弹性？

3. 衡量税收公平的标准有哪些？请分析“受益说”和“支付能力说”的差别。

4. 税收的超额负担越小越好吗？请结合实际分析。

5. 在税收制度设计中如何兼顾公平与效率？

拓展阅读

[1] 高培勇.“基础和支柱说”：演化脉络与前行态势——兼论现代财税体制的理论源流. 财贸经济，2021，42（4）：5–19.

[2] 刘尚希. 消费公平、起点公平与社会公平. 税务研究，2010（3）：14–17.

[3] 马海涛. 税制改革如何助力公平正义. 财政监督，2014（18）：5–7.

即测即评

扫描二维码，进行本章在线测试。

第三章

最优税收理论

本章导言

效率和公平作为税收的基本原则，在理论上和实践中都是对立统一的关系，两者既有一致性，也有矛盾性。因此，在理论分析中必须综合考量效率和公平两大原则，平衡两者之间的关系，实现社会福利的最大化。最优税收理论作为一种规范性的税收理论，通常从效率和公平等税收原则出发，以福利经济学的分析框架为基础，综合运用数理工具考察税收对各类经济主体的影响。其目的在于推导有效平衡经济效率和社会公平的税制应满足的一般条件，并得到在满足一定税收收入规模前提下的最优税收方案，从而对现实中的税收政策与税制改革提供参考和建议。本章主要对最优税收理论的研究目的及发展历程、最优商品税收与最优所得税收等展开讨论。

重要术语

拉姆齐规则　逆弹性规则　埃奇沃思模型　拉弗曲线　最优线性所得税

第一节　最优税收理论概述

最优税收理论（The Theory of Optimal Taxation），又称最适税收理论，旨在构建一种兼顾效率与公平的税收制度。具体地说，最优税收理论是基于事先确定的经济社会目标，在经济学数理模型的框架内，分析得出兼顾经济效率和社会公平的税制应满足的一般规则，并在此基础上寻找满足一定税收收入规模要求的最优税收方案，为税收政策制定与税收制度改革提供方向和建议的税收理论。

在社会主义市场经济条件下，效率和公平具有一致性。效率是公平的物质基础，经济不增长，税收“蛋糕”做不大，就难以进行有效的收入再分配。公平是效率的重要保障，社会主义税收取之于民、用之于民，如果经济增长不能惠及全体国民，经济增长将不可持续。税制设计应遵循公平和效率的原则，但是效率与公平之间也具有矛盾性。税制设计如果以税收负担和税后收入的分配公平为主要目标，那么税收便会导致一定的效率损失；反之，如果税制设计过分强调税收的经济效率，那么税负公平便很难得到保证。有鉴于此，在理论上需要合理平衡公平和效率之间的关系，将两者间的矛盾性对社会福利的负效应最小化，找出利大于弊的最优组合，这是研究最优税收理论的初衷和目的。

从方法论的角度讲，最优税收理论是数学中最优化方法应用于经济问题的结果，是在一定假设前提下求极值而得出的规则。最优税收的标准理论认为，合理的税收制度能够在一系列约束下实现社会福利的最大化。因此，分析最优税收首先要确定社会福利的函数形式。有关最优税收的文献通常将社会规划者或决策者视为功利主义者，即社会福利函数完全由社会成员的个体效用决定。在一般性的分析中，社会福利函数可以是个体效用的非线性函数。非线性的设定允许社会规划者赋予公平原则更高的权重，在决策中更加凸显公平原则的重要性。但是，多数研究基于简化分析过程的需要，假定社会规划者只关心社会成员个体效用的总和或均值；一些研究为进一步简化分析过程，还假定社会成员对消费和休闲具有相同的偏好。

确定目标函数即社会福利函数后，明确社会规划者在建立税收制度时面临的约束成为求解福利最大化问题的必要前提。弗兰克·拉姆齐（Frank Ramsey）在其早期的研究中提出了一个重要的约束条件：社会规划者仅通过对商品征税来筹集一定数量的税收。在该条件下，拉姆齐提出了一系列对商品课税影响深远的建议。然而，从深化最优税收理论的角度看，该假设通过排除其他可行的或可想象的税收工具来简化分析，约束条件过强，具有明显的局限性。更符合现实的约束条件应该允许社会规划者考虑所有可能的税收方案，包括非线性的和相互依存的商品税，各种类型的所得税、财产税，以及对社会成员的非经济特征课税。

放宽约束后，最优税收分析必须将个体间的纳税能力差异纳入考虑范围，而非仅考虑代表性个体的问题。举例而言，虽然“人头税”是一种理论上最符合效率原则的税收，但是社会成员间纳税能力的差异导致其税负具有明显的累退性，违反量能课税的公平原则，无法实现社会福利的最大化。因此，在税制设计中社会规划者必须考虑纳税人支付能力的异质性。如果规划者能够观察并量化纳税人内在能力（潜在收入能力）方面的差异，那么仍可选择征收一次总付税，此时只需将税额设置为与个体内在能力相匹配的增函数即可。在此情形下，个体的应纳税额独立于其做出的任何选择，即税收不会扭曲个体的经济激励，能够达到社会经济效率和分配公平的最佳平衡。遗憾的是，现实中个体的内在能力无法被直接观察和量化，因此该模型不具有落地的可行性。

詹姆斯·莫里斯（James Mirrlees）引领了新一轮关于最优税收的研究，他提出了一种数学化描述社会规划者问题的方法，用以分析无法准确观测到纳税人能力时的最优税收问题。在认识到个体之间的异质性、消费的边际效用递减和激励相容机制设计的重要性后，莫里斯确定了更贴近现实的政府在公平与效率间的权衡问题，并成为后续最优税收研究的经典框架。在莫里斯的框架中，最优税收问题变成了纳税人和社会规划者之间的不完全信息博弈问题。规划者希望对能力高的人征税，并向能力低的人提供补贴，同时需要确保税收制度不会诱使能力高的人“假装”能力低下。莫里斯框架的优势在于它允许社会规划者考虑所有可行的税收制度，放宽了约束条件，更贴近现实中的税收实践，但是其高度的复杂性也给分析增加了不少难度。

第二节 最优商品税收理论

最优商品税收理论试图在一套数理框架下，讨论如何在对商品课税时实现效率和公平的最佳平衡。本节首先介绍对商品征税会造成经济效率损失的原因并提出最优商品课税的目标；其次分析并得出最优商品课税的基本规则——拉姆齐规则；最后介绍最优商品课税基本规则的拓展和应用。

一、最优商品课税的目标

图 3-1 展示了某个商品的供给和需求曲线。在不对该商品征税的环境下，市场的均衡价格为 1.5 元，均衡数量为 100，均衡点可由图中的 *A* 点表示。假设政府对生产者开征每单位 0.5 元的商品税，此时供给曲线向上平移 0.5 元，需求曲线保持不变，均衡点由 *A* 点转移到 *B* 点，新的均衡价格（含税）为 1.8 元，新的均衡数量为 90。

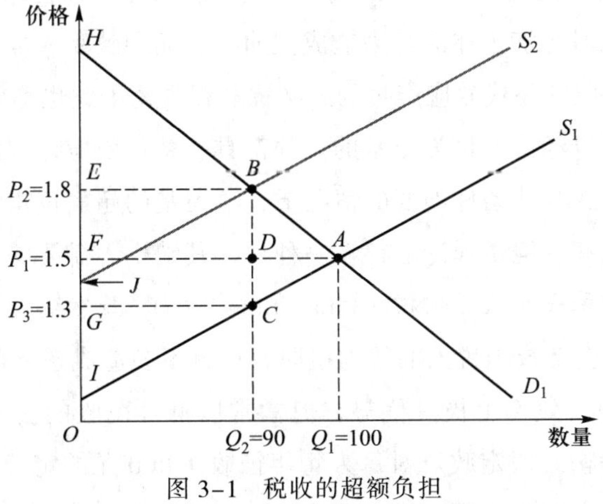

图 3-1 税收的超额负担

社会总盈余是衡量经济效率的关键指标，通过社会总盈余的变化可以反映商品课税带来的效率变化。在征税之前，消费者盈余是需求曲线 D_1、纵轴和 AF 组成的三角形

AFH 的面积，生产者盈余是供给曲线 S_1、纵轴和 *AF* 组成的三角形 *AFI* 的面积，因此社会总盈余作为消费者盈余和生产者盈余之和，应当等于需求曲线 D_1、供给曲线 S_1 和纵轴组成的三角形 *AHI* 的面积。在征税以后，消费者盈余变成需求曲线 D_1、纵轴和 *BE* 组成的三角形 *BHE* 的面积；生产者盈余变成供给曲线 S_2、纵轴和 *BE* 组成的三角形 *BEJ* 的面积，它也刚好与供给曲线 S_1、纵轴和 *CG* 组成的三角形 *CGI* 的面积相等。因此，总盈余与征税前相比减少了五边形 *ABEGC* 的面积。当然，其中的一部分并不是效率的损失，而是以税收收入的形式从私人部门转移到了公共部门，其大小等于单位税额与新均衡数量的乘积，即矩形 *BCGE* 的面积。但是，剩下的一部分盈余的减少，并没有转化成政府的税收收入，即图中三角形 *ABC* 的面积，这部分无谓效率损失被称为超额负担（Excess Burden）。

"税收楔子"（图中 *BC*）对价格机制的扭曲是商品课税产生超额负担的根本原因，正如图中 *B* 点处的消费者支付的价格等于 1.8 元，而此时 *C* 点处的生产者收到的价格等于 1.3 元，这违反了福利经济学第一基本定理的条件：消费者的边际替代率等于生产者的边际转换率。从帕累托改进的角度看：征税时市场的均衡数量是 90，此时消费者的边际效用（换算成货币价值等于 1.8 元）仍大于生产者的边际生产成本（1.3 元，不含税），客观上仍存在改进的机会，即把消费数量从 90 增加到 100。但是在生产者看来，此时的边际成本——不仅是生产成本（1.3 元）还包含税收成本（0.5 元）——等于 1.8 元，已经与市场价格相同，因此它不再有激励去扩大生产，全社会也就无法达到帕累托有效（最优）。

超额负担广泛存在于各种税收中。除商品课税外，对所得课税或对财产课税也会造成超额负担：前者可能会降低个人的劳动积极性（个人所得税）和企业的投资积极性（企业所得税）；后者可能会抑制人们的储蓄激励，从而导致社会总资本下降。因此，超额负担的定义是税收对经济主体的行为造成扭曲，从而导致私人部门福利损失超过税收收入的部分，是由税收的替代效应产生的经济福利损失，因此也称为"无谓损失"。

一般认为，所有以经济变量为税基的税种都具有替代效应，都会产生或大或小的超额负担。相对而言，在其他条件不变的情况下，窄税基的超额负担大于宽税基，高税率的超额负担大于低税率。但是理论上存在一种税，其纳税人需要支付的税额固定且与纳税人的行为无关，被称作一次总付税（Lump Sum Tax）。既然纳税人无法通过改变行为而规避税收，它就不会造成纳税人的行为扭曲，也就不会造成超额负担。

虽然一次总付税在效率上极具优势，但常常以牺牲税收的公平为代价，无法做到效率和公平之间的平衡。假定政府对每人每年征收 1 000 元的定额"人头税"，每个人的应纳税额与他的收入和消费等决策均无关，此时该"人头税"可视为一次总付税。毋庸置疑，这一税收具有完全的税收中性，实现了税收的效率最大化，但是其忽略了纳税人之间的异质性，违反了税收的公平原则。1 000 元的定额税给贫困家庭和富裕家庭所造成的经济负担迥然不同，税负占收入的比重随着收入的提高而降低，具有明显的累退性。历史上一个著名的案例是英国前首相撒切尔夫人推出的“社区费”。作为替代房地产税（又翻译成“差饷”）的地方公共服务筹资新模式，不同于与房产价值挂钩的房地产税，社区费的税额与家庭收入或房产的价值都无关，只与居住的社区有关，因此接近于人头税。社区费具有明显的纵向不公平，因此受到大量的质疑和抵触，被认为是导致撒切尔夫人下台的重要原因之一。她的继任者在上任第二年就废除了该税种。

专栏 3-1　撒切尔夫人与“人头税”

撒切尔夫人执政期间，英国环境部主导并发布了两份重要报告。这两份报告围绕撒切尔夫人的执政理念，深入探讨并逐步强调了人头税改革的重要性。1981 年，环境部发布的绿皮书《替代差饷的其他方案》（Alternatives to Domestic Rates）讨论了英国地方税体系中存在的问题。在关于人头税的讨论中，绿皮书从可行性、公平性、征管成本和财政管理等维度进行分析，认为“人头税对各级政府都适用”，“较低的税负，如每年人均 25～30 英镑可以筹集 10 到 12 亿英镑的税收”，“人头税和其他地方税种可以配合使用”，以及“较低税负的人头税不会产生太大的避税行为”。

1986 年，英国环境部公布了经过内阁会议批准的绿皮书《为地方政府买单》（Paying for Local Government）。这是继 1981 年绿皮书之后对人头税的进一步认可。书中指出了差饷存在的问题，比如地方财政收入更多来源于针对工商业房地产的差饷，来自居住性房地产的份额不足；拥有选举权、享受地方公共服务的居民未必支付差饷，这产生了不匹配现象也不利于强化地方政府的问责机制；中央对地方的转移支付隐藏了地方公共服务的实际成本，会刺激居民对公共服务的需求。绿皮书提出的改革的初步设想包括：针对工商业房地产的差饷在地方政府间统筹使用，使用人头税替代原有差饷，利用标准财政收支测算各地区的转移支付。当然，人头税在税收征管上会存在一定的问题，可能产生逃税。绿皮书对逃税问题没有回避，认为可以通过相关措施减少逃税行为。人头税被正式定名为“社区费”（Community Charge）。报告对人头税的总体评价是“人头税可以恰当地实现地方公共服务的收支关联”，“如果每个选民都缴纳人头税，那么选民都会认真思考税收的缴纳和使用问题”，“问责机制进一步强化，公共服务的效率会大大提高，地方不受约束的财政支出膨胀会得到抑制”。这份报告将人头税的优点作为一种理念呈现给纳税人，并希望为推动人头税改革奠定基础。

在撒切尔夫人的推动下，苏格兰于 1989 年 4 月率先开征人头税，英格兰和威尔士于 1990 年 4 月开征人头税。人头税在苏格兰实施伊始非常激进，如原本设计时设置了过渡期，期间用人头税逐渐替代差饷，但实施时取消了这一措施；原本规定可以由户主代缴，但实施时要求纳税人单独登记并缴税。此外，实施过程中的税率与预期出现偏差，实际税率高于预测水平。根据苏格兰事务大臣 Malcolm Rifkind 的预测，苏格兰9个行政区之一的爱丁堡税率为每人 313 英镑，税率较低的奥克尼群岛为每人 84 英镑。但在正式实施时，爱丁堡地区的实际税率提高到了 392 英镑，奥克尼群岛的实际税率达到了 148 英镑，苏格兰地区的实际税率相较于预测税率平均提高了约 16%。与苏格兰地区的情况一致，英格兰和威尔士的实际税率也高于预测税率，达到了 363 英镑。为了规避税负，不少纳税人拒绝纳税登记。人头税的实施引起了地方政府和民众的广泛反对，游行活动逐渐增加。伴随改革的实施，保守党的支持率迅速下跌。

1990 年 11 月，改革地区的反抗情绪愈发激烈，英国财政面临危机，撒切尔迫于压力下台，约翰·梅杰（John Major）成为新首相。随后，新的地方财政改革小组成立，以寻找人头税的替代方案。1992 年，新的《地方政府财政法案》（Local Government Finance Act）颁布。基于差饷同时考虑人头税特点的市政税成为新的地方税，并于1993 年开始实行。

早在 20 世纪初，以弗兰克·拉姆齐（Frank Ramsey）为代表的经济学家就开始思考最优商品课税的问题，即在产生固定税收收入的前提下，如何对经济中的不同商品以合适的税率课税，使得整个经济体的税收超额负担尽可能小。这个问题可以抽象为如下的数学形式：

$$\min_{\tau_1,\ \tau_2,\ \tau_3,\ \cdots,\ \tau_n} DWL_1(\tau_1)+DWL_2(\tau_2)+DWL_3(\tau_3)+\cdots+DWL_n(\tau_n)$$
$$\text{s.t.}\quad R_1+R_2+R_3+\cdots+R_n=\underline{R}$$

其中，1，2，…，n 代表市场上的所有商品，$DWL_i(\tau_i)$ 代表对商品 i 按照税率 τ_i 课税造成的超额负担，R_i 代表对商品 i 课税带来的税收收入，$\underline{R}$ 代表要实现的税收收入目标。政府可以选择的是不同商品的税率，即 τ_1，τ_2，τ_3，…，τ_n。

可以发现，在最优商品课税的早期讨论中，主要关注的是效率问题，并未考虑不同收入群体的消费结构差异可能导致的商品税在不同群体间的税负差异。因此在下文的分析中，我们也先从效率最优的角度切入，继而在此基础上加入对公平的考量。

二、最优商品课税的基本规则

上述分析得到一个具有一般性的推论：商品课税造成的超额负担与税收楔子的大小和均衡数量的变化有关。前者如图 3-1 所示，税额越大，供给曲线向上平移的距离越大，因而 BC 的长度越大，三角形 ABC 的面积也就越大，即税收造成的超额负担越大，但是要验证后者则需要比较相同税收在不同需求弹性下超额负担的大小。

如图 3-2 所示，左图的需求弹性较小，右图的需求弹性较大，二者的供给曲线相同。此时，政府对生产者征税，每单位税额等于图中 BC 的长度。由于左图的需求弹性小，价格上涨对消费者需求的影响较小，征税后市场均衡数量的降幅较小，因此税收造成的超额负担（三角形ABC 的面积）较小。右图的需求弹性大，同等程度的价格上涨对消费者需求的影响较大，市场均衡数量明显下降，相同的税收造成了更大的超额负担。因此，可以得到结论：相同的税收在需求弹性大的条件下造成的超额负担更大。当然，我们还可以比较在相同需求弹性和不同供给弹性下的情况，并得到相似的结论：相同的税收在供给弹性大的条件下造成的超额负担更大。

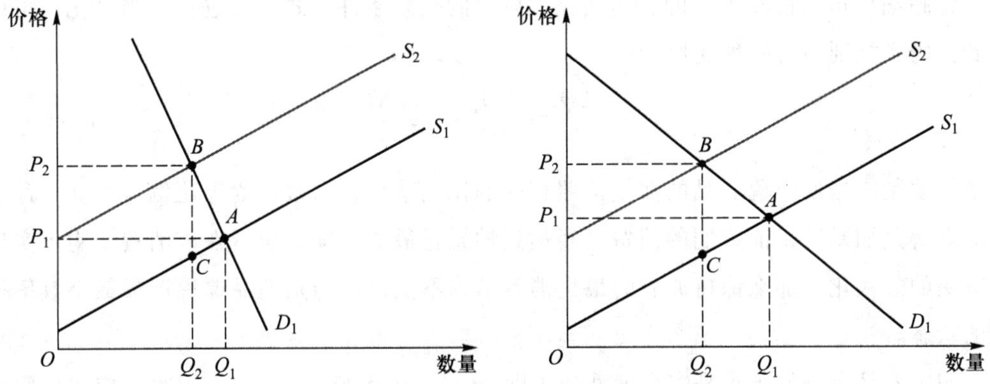

图 3-2　不同需求弹性的超额负担

事实上，可以通过数学推导（计算三角形ABC 的面积）得到超额负担的表达式：

$$DWL=\frac{1}{2}\left|\frac{\eta_s\eta_d}{\eta_s-\eta_d}\right|\tau^2PQ$$

其中，η_d 和 η_s 分别是需求弹性和供给弹性，τ 是商品的比例税率，Q 和 P 分别是商品的原均衡数量和价格。由于需求弹性 η_d 的方向是负的，公式中取绝对值。

超额负担的表达式带来两点重要的启示：第一，超额负担随着需求或供给弹性绝对值的提高而增大，即税收楔子导致的需求或供给数量变化越大经济体的效率损失越大，因此对商品课税须注意需求和供给数量的变化；第二，超额负担与税率的平方成正比，因此现行税率越高，提高单位税率造成的边际超额负担越大。换言之，商品课税造成的超额负担与市场现存的扭曲程度有关，如果市场扭曲的程度（通常与税率正相关）已经较高，此时继续提高商品税率将明显加剧效率的损失。第二点启示对税制设计具有重要的指导意义：一方面，在产生固定税收收入的前提下，应尽可能采取宽税基、低税率的方案，而非窄税基、高税率的方案；另一方面，正常情况下应尽可能保持税率跨时间的稳定性，避免某个时点税率的畸高。

根据数学上求解条件极值问题应满足的一阶条件，可以得到最优商品税率应满足：

$$\frac{MDWL_i}{MR_i}=\lambda.$$

分子 $MDWL_i$ 是对商品 i 提高税率造成的边际超额负担，分母 MR_i 是对商品 i 提高税率带来的额外税收收入。该条件表明，在既有约束下要实现最优税收目标，对任一商品继续提高税率造成的边际超额负担与产生的边际税收收入的比例在不同商品间应保持相等，这一结果被称为拉姆齐规则。拉姆齐规则认为对任一商品加征 1 元税收所带来的超额负担在所有商品间应当相等。假设通过商品 X 多产生 1 元税收所造成的边际超额负担大于通过商品 Y 多产生 1 元税收所造成的边际超额负担，那么可以在保持税收总收入不变的情况下，通过降低商品 X 的税率并提高商品 Y 的税率减少整个商品税税制的超额负担。

将超额负担和税收收入的表达式代入以上的一阶条件公式，并进行适当简化，可以得到拉姆齐规则的另一种变形：

$$\frac{\Delta Q_1}{Q_1}=\frac{\Delta Q_2}{Q_2}=\cdots=\frac{\Delta Q_n}{Q_n}$$

即整个税制应当使应税商品的数量按照相同的比例减少，这被称为等比例规则。一种直观的理解是如果征税前人们的消费已经达到帕累托最优，即消费者在该消费结构下实现了效用的最大化，那么保持原有的最优消费结构不变，应当是商品课税造成最小效率损失的状态。

假定商品市场的供给是完全弹性的（即 η_s 趋近于无穷大），此时税收造成的超额负担只表现为消费者盈余的减少，并忽略商品间的交叉弹性，可以推导出拉姆齐规则的简化形式：

$$\tau^*_1\eta_1=\tau^*_2\eta_2=\cdots=\tau^*_n\eta_n$$

其中，τ^*_i 是商品 i 的最优税率，η_i 是商品 i 的需求弹性。

该等式表明，政府对商品课税的税率应与该商品的需求弹性成反比，故称为逆弹性规则，即对需求弹性较大的商品征低税，对需求弹性较小的商品征高税。

三、最优商品课税规则的拓展和应用

拉姆齐规则对于最优商品课税的研究具有重大意义，也为寻找最优税制的探索提供了极具智慧的洞见。但是拉姆齐规则是在一系列严格假设条件下通过数学推导得出的结果，这样理想化的严格约束距离现实经济生活相去甚远。除此之外，拉姆齐规则设定的税收目标过于单一，效率最大化原则难以回应社会对税收提出的公平要求。

一方面，拉姆齐规则实现的仅是“次优”而非“最优”。试想一个理想的环境，在该环境下政府可以对所有商品征税，此时可以采用对所有商品（包括人们享受的闲暇）都以相同的税率征税而避免产生超额负担。在此情况下，经济主体无法通过任何行为调整规避税收（类似一次总付税），从而避免了税收导致的行为扭曲。但是，在现实环境下政府无法对人们的闲暇征税，而只能对人们“购买”的市场化商品课税，经济主体总是可以通过减少购买市场化商品和增加闲暇来规避商品税，这种行为的改变（或扭曲）产生了效率损失。

因此，只要实现对闲暇征税，就可以得到一个比只能对人们“购买”的市场化商品课税“更优”的结果。虽然在现实条件下，政府无法直接对闲暇课税，但是市场上如果存在闲暇消费的互补品，那么政府可以通过对这些互补品以高税率课税间接降低人们对闲暇的需求，抵消原本无法对闲暇课税所造成的行为扭曲，从而降低税制造成的超额负担。科利特（Corlett）和黑格（Hague）研究了包括闲暇在内的三类商品的情况，指出在不能对闲暇直接征税的前提下，应当对与闲暇存在替代关系的商品（如工作服、上下班通勤等劳动的互补品）以较低的税率征税，而对与闲暇存在互补关系的商品（如电视、电子游戏等）以较高的税率征税，此时税收的超额负担最小。

另一方面，拉姆齐规则只追求经济效率的最大化而忽略了对税负公平的考虑，严格遵循该规则可能产生明显不公平的结果。例如，生活必需品（如粮食、能源等）的需求弹性一般较小，而非必需品（如娱乐、奢侈品等）的需求弹性一般较大，当价格上涨时后者的消费可以明显下降，而前者的消费由于是必需的其数量很难降低。按照逆弹性规则的建议，政府应当对生活必需品征较高的税，而对非必需品征较低的税。从消费结构看，生活必需品消费占收入的比例通常随着收入的提高而降低（如在食物支出上表现为恩格尔系数的下降），因此对生活必需品征重税相当于对低收入群体征重税；相反，高收入群体反而因其必需品消费占比较低而无须承担较高的税负压力，同时还享受到了高弹性奢侈品消费的低税率优待。显然，这样的税制设计具有明显的累退性，有违纵向公平。

因此，当加入对税制公平的考量后，应对拉姆齐规则所建议的最优税率进行适当调整。例如，对主要由高收入群体消费的产品应以高于逆弹性规则要求的税率征税，而对主要由低收入群体消费的产品应以低于逆弹性规则要求的税率征税。调整的程度取决于追求效率与追求公平两个目标间的权重，以及不同收入群体的消费结构差异的大小。

由于商品税相对所得税对信息掌握和征管水平的要求较低，它常常作为发展中国家的主要税收来源。在一些发展中国家，另一个重要的公共政策是对主食消费品的价格补贴，如大米、小麦的价格补贴。这类补贴的发放方式表现为政府以市场价格从生产者那里购买商品，然后以低于市场的价格出售给消费者（政府弥补价格差额）。这类补贴大多是出于对公平的考量（补贴低收入者的生活成本），但正如税收会造成超额负担，补贴也会造成效率损失。税收导致超额负担的逻辑同样适用于补贴：任何使消费远离其最优结构的政府干预都会造成效率损失。与税收通常造成消费不足相反，价格补贴使人们过度消费受补贴的商品，扭曲消费行为。补贴后的价格低于社会的边际生产成本，因此这种人为制造的价格“便宜”会造成效率损失。最优商品税收的理论看似相当抽象，但如果能够被恰当地运用，辅之以实证分析方法，便可以为国家的税制优化提供富有经济学智慧的洞见和参考。

专栏 3-2 巴基斯坦的食品价格补贴

诺贝尔经济学奖得主安格斯·迪顿（Deaton）研究了几个发展中国家的商品。他利用消费者在大米、小麦和其他商品上遇到的价格变化来估计它们的需求弹性，并估计了由现有补贴或税收所造成的需求扭曲程度。他将这些信息综合在一起，从而得出最优补贴或税收的估计值。其中，他对巴基斯坦数据的分析特别有启发性。1984—1985 年，巴基斯坦政府对小麦和大米支付 40% 的补贴，以便消费者以相当于六折左右的优惠购买这些商品，而政府按 5% 的税率对油脂征税。经过估计得到，小麦的需求弹性较低，大约是 –0.64，而大米、油脂的需求弹性都较大，大米约为 –2.08，油脂约为 –2.33，也就是说后两类商品的价格每上涨 1%，需求就会下降 2% 以上，这意味着每 1% 的价格补贴会导致需求上涨 2% 以上。

使用类似于拉姆齐的框架，迪顿计算了提高税收或减少特定商品补贴的效率成本。他发现，减少小麦补贴的社会效益不大，减少对大米的补贴有较大的社会效益。这与我们得到的最优商品课税的逆弹性规则是类似的：减少对大米补贴的社会效益大于减少对小麦补贴的社会效益，因为大米的需求弹性比小麦的需求弹性大得多，造成大米价格补贴的扭曲更大。迪顿还发现，对油脂征税存在较高的效率成本，因为油脂同样是需求非常有弹性的商品，应当对其以尽量低的税率征税。因此迪顿建议进行改革以提高效率：减少对油脂的税收，同时通过减少对大米和小麦的补贴（特别是大米）来弥补税收损失。在不改变政府净收入的情况下，效率将得到提高。

迪顿还分析了对公平的考量是否会抵消改革税收和补贴带来的效率改善。他发现小麦被穷人大量消费，因此如果再分配问题很重要，就不应该减少对小麦的补贴。相比之下，所有收入水平的人都相当平均地消费大米，因此即使社会高度重视帮助穷人，大米补贴也应该结束。从帮助穷人的角度考虑，更应减少对油脂的征税，因为他发现穷人相对大量地消耗脂肪和食用油（以占消费的比重衡量）。

资料来源：Gruber，Jonathan. Public Finance and Public Policy. 5th ed. New York：Worth Publishers，2015.

第三节 最优所得税收理论

同最优商品课税侧重效率兼顾公平不同，最优所得课税的研究更加强调公平。在设计所得税制度时，政府不仅要在筹集税收收入的前提下尽量避免超额负担，还要把所得税的收入再分配功能放在更加显著的位置，即在追求社会收入公平分配目标的同时，使所得税造成的效率损失最小化。例如，多数国家的个人所得税都采用超额累进税率，即边际税率随着收入的增加而提高。另外，与商品课税中设定不同商品的最优税率不同，最优所得税设定的是不同收入群体的最优税率。

一、最优所得课税的目标

最优所得课税的目标是在筹集足够税收收入的前提下最大化社会福利，其中社会福利一般要兼顾收入总量和收入分配。理解这一目标可以从一套相对简单的分析框架——埃奇沃思模型（Edgeworth Model）入手。该模型假定政府的目标是在筹集足够税收收入的前提下最大化社会福利。社会福利函数是对社会福利的数学化描述，具有多种可能的形式，但为了简化分析过程，以下分析假定其满足功利主义函数，即社会福利是社会所有成员个体效用的加总。因此，最优所得课税问题可以表达为以下的最大化形式：

$$\max_{T(y)} \quad U_1+U_2+\cdots+U_N$$

$$\text{s.t.} \quad R_1+R_2+R_3+\cdots+R_N=\underline{R}$$

其中，1，2，…，N代表经济体中的所有个体，U_i代表个体i的效用，R_i代表对个体i课税带来的税收收入，$\underline{R}$代表要实现的税收收入目标，政府可以选择的是个人所得税的税制（也可包含对个体的补助）。

埃奇沃思模型假定经济体满足以下条件：

假设1：每个个体的效用函数相同，且仅取决于个体的收入；

假设2：效用函数的收入边际效用递减；

假设3：社会收入总额固定，收入再分配不会影响社会的总收入；

假设4：社会福利等于所有个体效用的总和（$V=U_1+U_2+\cdots+U_N$）。

在这些假设下，最优所得税应当使得每个人的税后收入（包含补贴后，下同）都相等，即都等于社会平均收入。政府的具体做法是对税前收入超过社会平均收入的部分以100%的税率征税，并用所得税收入补贴税前收入低于社会平均收入的个人，使其税后收入达到社会平均水平。

上述结论可由反证法推导得出。假设个体A和B的税后收入不等，且A高于B，那么政府是否可以通过再分配提高社会福利？答案是肯定的。政府可以对A多征1元的税，并将其补贴给B，由于经济体满足假设3，此时其他人的收入将保持不变。于是，社会福利是否增加取决于A的效用降幅和B的效用增幅孰大孰小。由于A的原税后收入高于B，根据假设2，A损失1元的效用下降应当小于B获得1元的效用上升。因此，只要社会中仍存在税后收入不相等的个体，政府总可以通过在高、低收入者间继续进行再分配实现社会福利的改善，直到所有个体的税后收入相等为止。

埃奇沃思模型为分析最优所得税提供了一个简洁清晰的分析框架，但是其假设条件严格，无法与现实社会衔接，因此模型的结论并不能作为最优所得税的可行方案。其中，社会总收入保持固定的假设与现实的差距最大。当政府通过所得税更平均地分配经济资源时，很可能因为抑制劳动或投资的积极性造成社会总收入的减少，从而在公平与效率间顾此失彼。具体的政策实践中，决策者也经常面临公平和效率选择的两难，这也是最优所得税分析的重点和难点。

以政府对劳动所得征税为例，更高的边际税率将在一定程度上抑制人们的劳动积极性，从而导致社会收入总额下降，使得政府难以在不损失效率的前提下“无成本”地进行收入再分配。以埃奇沃思的结论为例，当边际税率已经达到惊人的100%时，人们增加劳动时间并不能提高自己的净收入，相反减少劳动时间甚至不工作也能通过补贴而获得相同的净收入，这将导致人们的劳动积极性消失，经济总规模明显下降。显然，这样的所得税方案与最优目标相去甚远。

专栏 3–3　社会福利函数

自20世纪70年代新古典功利主义复兴以来，出现了许多形式的社会福利函数，包括功利主义的社会福利函数、精英者的社会福利函数、罗尔斯的社会福利函数、纳什的社会福利函数、阿马蒂亚·森的社会福利函数和福斯特的社会福利函数等。

功利主义的社会福利函数把社会福利看作所有社会成员的福利或效用的简单加总，任何社会成员的福利都被平等对待。功利主义的社会福利函数可表示为$W=U_1+U_2+\cdots+U_n$或$W=(U_1+U_2+\cdots+U_n)/n$。精英者的社会福利函数遵循最大最大（Maxmax）准则，即社会福利的目标是精英阶层（社会最富裕者）的福利最大，$W=\max\{U_1, U_2, \cdots, U_n\}$。罗尔斯的社会福利函数是把社会中效用最低的个体的福利作为社会福利，$W=\min\{U_1, U_2, \cdots, U_n\}$，遵循的决策原则是最大最小（Maxmin）准则，即社会福利的目标是追求最贫穷个体的福利最大化。纳什的社会福利函数定义为所有社会成员效用水平的乘积，即$W=U_1\times U_2\times\cdots\times U_n$。

柏格森和萨缪尔森把社会福利看成个体效用的函数，没有给出社会福利函数的具体形式和形成机制，保持了福利函数选择的灵活性。正是这种灵活性为后来的研究者提供了较大的发挥空间。当个体效用以收入为尺度时，柏格森—萨缪尔森把社会福利函数定义为个体收入的函数$W=V(y_1, y_2, \cdots, y_n)$，其中$y_1, y_2, \cdots, y_n$表示所有社会成员的收入向量。当效用函数是每个个体收入的一次齐次函数时，如果用社会福利与其理论最大值的比例（用E表示）作为社会公平程度的测度指标，则社会福利函数可表示成平均收入和公平程度的乘积，即$W=\bar{y}E$。1998年诺贝尔经济学奖得主阿马蒂亚·森把$1-G$（G为基尼系数）作为公平程度的测度指标，得到的社会福利函数是：$W_{gini}=\mu(1-G)$，μ表示平均收入。福斯特建议使用阿肯森指数（Atkinson Index，一种不平等测度指标），由于阿肯森指数和泰尔指数（Theil Index，另一种不平等测度指标）之间的关系，福斯特将社会福利函数直接表示为 $W_{Theil-L}=\mu e^{-T_L}$ 或者 $W_{Theil-T}=\mu e^{-T_T}$，其中，T_L 和 T_T 是两种泰尔指数。这几种社会福利函数的缺陷是它们都依赖于齐次性假设，不公平测度指数的选择具有随意性，缺乏判断这些不平等指数孰优孰劣的经济学标准。

综观以上福利函数的形式，无论是功利主义的社会福利函数、精英者的社会福利函数、罗尔斯的社会福利函数、纳什的社会福利函数，还是阿马蒂亚·森和福斯特的社会福利函数，都有各自的优点和缺陷。功利主义的社会福利函数仅考虑了个体效用的简单加总和平均，忽视了社会个体之间的差别。精英者的社会福利函数因仅考虑效率、忽视公平，受到广泛的批评。罗尔斯的社会福利函数强调最低收入者的福利，过分重视公平问题，因而可能导致社会缺乏激励机制、效率低下。阿马蒂亚·森和福斯特的社会福利函数属于同一类型，它们都是社会平均收入和收入差别的二元函数，只是衡量收入差别的指标不一样，然而两者对最低收入阶层的福利状况与收入分配的关系没有给予足够的重视。

资料来源：赵志君. 收入分配与社会福利函数. 数量经济技术经济研究，2011，28（9）：61-74.

二、最优所得课税的基本规则

最优所得课税应在保证一定收入规模的前提下，通过对不同收入群体设定合理的税率，以求最大化社会福利。当社会福利函数采取功利主义函数形式时，最优所得课税应满足如下条件：

$$\frac{MU_i}{MR_i}=\lambda$$

其中，MU_i 是提高个体 i 的边际税率造成的效用改变，MR_i 是提高个体 i 的边际税率带来的税收收入增加。

该条件表明，最优所得课税下多获得 1 元税收造成的边际效用下降在不同个体间相等。这一条件与最优商品课税的条件十分相似，只是 i 的含义从商品 i 变为个体 i，并把分子中的边际超额负担换成边际效用。为说明最优所得课税须满足该条件的原因，假定现行的所得税制度导致个体 i 多缴 1 元所得税造成的效用损失大于个体 j 多缴 1 元所得税造成的效用损失，那么政府可以通过降低个体 i 的税率并提高个体 j 的税率，在保证所得税收入规模不变的前提下，继续提高社会的总福利。这样的调整可以持续至所有个体的边际效用与边际收入之比 MU/MR 都相等。

与最优商品课税类似，最优所得课税仍然需要在理论与现实间寻求平衡。在商品税的情形下，最优税收应在逆弹性规则（对低弹性商品征收更高的税）和纵向公平原则（对低收入者的主要消费品征低税）之间进行权衡。在所得税的情形下，最优税收体现的则是另一种权衡：纵向公平与行为反应。

从纵向公平的角度看，同样增加1元收入（或消费）带来的边际效用对低收入者要远高于对高收入者，因此如果能保持社会总收入不变，那么增加对高收入者（低边际效用者）的税收而减少对低收入者（高边际效用者）的税收，可以提高社会总福利，这也是埃奇沃思模型的结论之一。

从行为反应的角度看，当任何一个群体面临的边际税率提高时，该群体会通过减少工作时间或工作努力来降低自身的税负，这会造成所得税的税基缩小，从而导致税收收入的减少。因此，当高收入者已经面临较高的边际税率时，继续提高该群体的税率带来的税收增加是有限的，此时要满足税收收入的需要，只能提高对中、低收入者的税收，结果是中、低收入者的效用增加不明显，而高收入者的效用减少显著。

所得税税率的提高对税收收入具有两方面的影响：一方面，在给定社会总收入的情况下，税率提高会增加税收收入；另一方面，所得税率提高会削弱个体的劳动积极性，从而导致税基缩小。一般认为，当现行税率较低时，第一个效应较为显著，此时提高税率能增加税收收入；当现行税率已经较高时，第二个效应则会占主导，此时提高税率反而可能导致税收收入的下降。供给学派的阿瑟·拉弗对上述规律进行提炼分析，揭示了税率与税收收入、税收与经济产出之间的辩证关系。图3-3中的曲线描绘了拉弗的这一发现，这就是著名的拉弗曲线。当税率是0%或100%时，所得税都不能产生税收收入。当税率从0开始上升时，税收收入增加，在税率等于τ^*处达到最大值，此时继续提高税率会导致税收收入减少，并最终在税率等于100%时重新回到0。因此，τ^*的左侧被称作“正确的一侧”，而右侧被称作“错误的一侧”，当经济处于拉弗曲线最高点的右侧时，政府可以通过降低税率来提高税收收入。这成为20世纪80年代美国供给学派倡导大规模减税的重要理论基础。

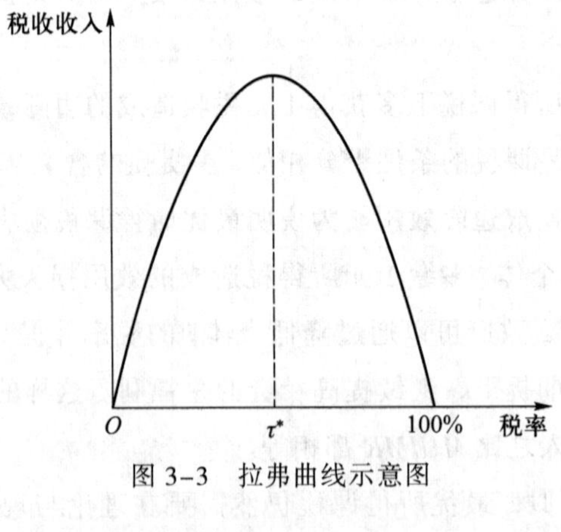

图3-3 拉弗曲线示意图

拉弗曲线为面向高收入群体的所得税政策制定提供了重要启示。即使社会福利不考虑所得税导致的高收入群体的效用下降，采用罗尔斯福利函数（社会福利等于社会中境况最差的个体的效用），按照埃奇沃思模型建议的按100%的税率对高收入群体征收所得税也是不可取的。原因在于不考虑高收入群体的效用变化时，对该群体征税的目标变得单一——增加税收收入。然而根据拉弗曲线，对该群体以100%的税率征税显然不能实现税收收入的最大化。换言之，对高收入群体以过高的税率征收所得税反而不利于政府获得更多收入进行收入再分配，在损失效率的同时也无法实现社会公平。

三、最优所得课税规则的拓展和应用

埃奇沃思模型之所以得出税后收入完全均等的结果，是因其假设收入再分配的代价为零。但是在现实中，最优所得税——使社会福利最大化的所得税制——必须考虑实现更加公平的分配所付出的代价（超额负担）。如果把劳动的供给弹性考虑进来，埃奇沃思模型的结论会有什么变化？

（一）线性所得税

为了回答这一问题，斯特恩（Stern，1987）将个人在收入与闲暇之间的选择加入埃奇沃思模型，并假设所得税是线性的，即满足以下的线性方程：

$$T=-a+t\times Y$$

其中，T 是应纳税额（如方向为负则代表补助），a 代表政府给予无收入个人的补助，t 是所得税的边际税率，Y 是税前收入。

假定 a=2 000元，t=0.5，那么一个收入2 000元的个人可以得到1 000元补助，一个收入5 000元的个人要缴税500元，而一个收入10 000元的个人则要缴税3 000元。可见，当 a>0 即政府向无收入的个人发放补助时，平均税率（应纳税额 ÷ 税前收入）会随着收入的增加而提高，此时的税负分布是累进的。因此，所得税的累进性并不意味着边际税率必须是累进的，简单的固定边际税率加上定额补助的组合就能实现税收的累进性。累进的程度取决于 a 和 t 的取值，t 值越大，高收入者的平均税率就越高。但是，更高的边际税率也会导致更大的超额负担，此时主要表现为高收入者的劳动积极性和税前收入下降。因此，斯特恩模型力图找到 a 和 t 的最佳组合，即在保证既定税收收入的前提下，寻找使得社会福利最大化的补助标准和边际税率。

斯特恩发现，假定劳动的供给弹性处于中等水平，若要满足税收收入占到社会总收入20%的目标，最优的边际税率 t 大约为19%，此时社会福利实现最大化。显然，这样的边际税率比埃奇沃思模型中的100%要小得多。这意味着，哪怕只考虑适中的行为反应，最优边际税率也必须大幅下调。

斯特恩还证明，在其他条件相同的情况下，劳动供给弹性越大，最优边际税率越低。上述结论符合预期，因为收入再分配的代价是它产生的行为扭曲，劳动供给弹性越大，意味着同样的边际税率对劳动供给的负面影响越大，即再分配的代价越大。因此在劳动供给弹性较大时，为了实现社会福利的最大化，再分配的规模应当适当压缩。斯特恩还分析了不同的社会福利函数如何影响结论，即社会对低收入和高收入群体赋予不同的权重时最优税收的变化。更为注重公平的社会偏好会赋予低收入群体更大的权重，一个极端的例子是罗尔斯的社会福利函数，也就是社会追求境况最差的个体的效用最大化。他发现，最大最小准则要求的最优边际税率在 80% 左右，仍明显低于埃奇沃思模型中的 100% 的边际税率。原因我们之前已经分析过，100% 的边际税率造成政府无法从高收入群体中汲取足够的税收收入，反而削弱了政府进行再分配的能力，从而难以实现最低收入个体的效用最大化。

（二）非线性所得税

斯特恩的分析具有一个明显的局限性，即所得税的边际税率是单一的，而在现实中，政府可以针对不同的收入区间设定不同的边际税率，如常见的超额累进税率，就是指随着收入的档位提高边际税率呈现阶梯式的提高。因此，不少学者试着研究在更一般的设定（非线性所得税）下最优所得税的结果会发生何种变化。其中，詹姆斯·莫里斯（James Mirrlees）的研究具有很大的影响力。

在莫里斯（1971）的模型中，个人在其赚取收入的天赋方面存在差异。政府可以观察到每个人由天赋和努力带来的收入，但是不能分别观察到天赋和努力。一个人的天赋被认为是给定的，而努力是其自身选择的结果。如果政府可以对个人的天赋征税，那么由于个人无法通过改变自身行为而规避税收，就使得其成为实质上的一次总付税，与此同时，政府还可以通过设定累进税率加强所得税的再分配功能。但是，现实中政府无法直接观察个人的天赋，只能对间接反映个人天赋的收入征税，这将影响个人的劳动积极性，扭曲个体行为。因此，在莫里斯的框架下，最优税收问题变成了纳税人和政府之间不完全信息博弈的问题。政府希望对高天赋者征税，并给低天赋者补助，但同时又需要确保税收制度不会诱使高天赋者假装自己是低天赋者。根据博弈论中的“显示原理”，机制设计合理的政策可以激励人们自愿“显示”他们的天赋类型（或称“激励相容”），从而实现最优资源分配的状态。换句话说，尽管政府希望对高天赋群体征收更多的税收，但是仍须确保税收制度为高天赋纳税人提供足够的激励，使他们继续以与其天赋相符的高水平参与生产。

既要保护高天赋者的劳动积极性，又要对他们的所得征收较高的税收，前者需要尽可能降低他们的边际所得税率（能取得的最高收入附近的税率），而后者需要提高他们的平均所得税率。这在线性所得税制下是无法做到的，因为线性所得税的平均税率和边际税率总是相等的。在莫里斯的模型中，边际税率可以随着所得变化，使其成为平衡公平与效率的关键设计。若在中等收入水平下（如月收入 1 万元）提高边际税率，通常情况下可以带来更多的税收，但是也具有明显的效率成本，因为税率提高抑制了中等收入人群的劳动积极性。但是，对于赚取高收入（如月收入 5 万元）的个人来说，中等收入的边际税率提高是无扭曲的，因为他不会把月收入降低到中等收入（如月收入 1 万元）以下来规避税收。这样的边际税率调整提高了高收入者的平均税率，却没有提高他们的边际税率，可以实现从高收入群体中筹集更多税收用于再分配的目标。以上分析表明，改变边际税率表应权衡成本和收益。其他条件不变时，当边际受影响的个体较少而非边际受影响的个体较多时，提高边际税率主要表现为平均税率的提高而非行为反应的扭曲，能够实现以较小的效率成本促进收入公平。因此，为了在公平和效率之间取得平衡，边际税率表必须根据社会中个人天赋（能力）的分布形状进行调整。

莫里斯非线性模型推导出了一个与现实直觉相左的结论——最高边际税率应当为零。论证如下：假设在一个经济体中，赚取最高收入 Y 的个人面临正的边际税率。此时保持其他边际税率不变，只把超过 Y 的这部分收入的边际税率降到零。这样的税制设计有两大优势：第一，不会造成所得税收入的下降，因为 Y 已经是旧税制下社会的最高收入，而低于 Y 的收入所面临的边际税率并未改变；第二，降低最高收入者的边际税率可以提升其劳动积极性，从而降低所得税制的效率成本。因此，莫里斯认为对最高收入者征收正的边际税并不是最优选择。但是，这个"引人注目和有争议"的结果常常被认为没有现实意义。严格地说，这个结果只适用于收入分配最顶端的一个人，而目前还不清楚所谓的"最高收入者"是否总是存在。正如有的学者所指出的："对于解决高收入最优税率问题，无界分布比有界分布更有意义。"

社会中个人天赋（能力）分布的形状是决定最优边际税率表的关键因素之一。早期的相关研究所假设的分布形状往往导致较为平坦的边际税率，莫里斯的研究与其不谋而合，他认为："结果中最引人注目的特征是税率表接近线性。"这一与直觉不太相符的结论表明，最优税收的边际税率很可能不是累进的，而可以通过向所有个体发放等额的补助实现平均税率的累进性，即接近线性所得税。如果每个人的边际税率均为 50%，并获得 0.5 万元的补助，则收入为 1 万元的个人不用交所得税，收入为 2 万元的个人的平均税率为 25%，收入为 100 万元的个人的平均税率为 49.5%。这促使政府重新审视和评估利用超额累进所得税制来实现再分配的做法。

包括莫里斯的研究在内的前期的最优所得课税研究局限于某一时间节点上的静态税制设计，对长期的、动态的税制问题涉及较少。近些年关于最优所得课税的研究加入了随机动态问题，并不断探索更创新、更复杂的税收政策设计。主要的发现包括除了特殊情况外动态经济中的最优所得课税除了要考察个人的收入历史，还应综合考虑不同类型税收间的相互作用，如资本所得税和劳动所得税的配合。

专栏 3-4 专访詹姆斯·莫里斯

詹姆斯·莫里斯（James Mirrlees），1936 年生于苏格兰的明尼加夫，与亚当·斯密是同乡，激励理论的奠基者，因在信息经济学领域的重大贡献而获得 1996 年诺贝尔经济学奖。

中国经济报告：能否简单介绍下你获得诺贝尔经济学奖的理论？

詹姆斯·莫里斯：我获得诺贝尔经济学奖的理论主要是税收领域的研究。假设你认为收入均等是一个好主意，那么你可以通过征收高额的税收来实现收入均等，但显然结果是每个人都不想好好工作。我和我的合作者所研究的就是激励出了什么问题。一个解释的角度是信息不对称。举个简单的例子，我们把各主体之间的各种交易活动都看成契约，如果你与别人签订一项契约，约定你现在付款，并让对方在几年之后将交易的物品给你，那么显然，问题不是你不确定能否相信对方，而是你不确定对方在几年之后是否有能力完成交易。政府和纳税人之间就存在这个问题。政府希望征收某个特定税种，最理想的做法是根据纳税人的赚钱能力征税。根据纳税人实际收入征税并不完全是一个糟糕的主意，但如果政府开始这样做，你会发现人们在赚钱方面会表现得比原来差。也就是说，这种税收体系下的政府和个人的契约出现了激励问题。在决定税收体系时，政府必须考虑自己对人们的实际能力不具有完全信息。政府所能获得的信息是人们将做什么而不是能做什么。所以我针对这个问题构建了一个数学模型，称之为“最优所得税模型”。该模型旨在尽可能简洁、准确地描述经济中存在的激励问题。后来我求出了模型的最优解。

中国经济报告：如何理解最优所得税模型的政策含义？

詹姆斯·莫里斯：一些学者说最优所得税模型中有一些假设条件明显与实际情况不相符，比如边际税率有时接近100%，但我认为这些研究可以帮助我们更深刻地理解最优税收模型的运行模式以及对现实税收制度的借鉴意义。也许有的模型的结果并不是政府想要的，但模型给出了如何实现扭曲程度最小的公平税收和转移支付体系的条件。政策制定者当然不能期望最优税收理论的研究者告诉他们在哪个收入水平采用多少税率。最优税收模型作为一个简化的模型，所反映的是最优税收政策安排的框架。

中国经济报告：个人所得税改革是财税改革的一个关键环节，而这项改革如何操作在各个国家争议都很大。你对个人所得税的征收有何建议？

詹姆斯·莫里斯：简而言之，个人所得税的税率结构应该更加简化。个人所得税应该和当前的福利政策结合起来，使不同的人群根据收入等特征获得合理的支持。此外，55—70岁的退休人群以及学龄儿童的家长对工作的激励特别敏感，税收和福利体制应该强化对这类人群的激励。

资料来源：吴思，李大巍．最优税收与分配公正——专访1996年诺贝尔经济学奖获得者詹姆斯·莫里斯．中国经济报告，2017（1）：40-43.

最优税收理论在讨论何为最理想的税收政策时，主要抓住了效率和公平这两个重要的目标。效率与公平之间是既对立又统一的关系，两者之间的对立性主要体现在以效率最大化为目标的税制往往是有违公平的（如根据逆弹性规则对必需品按高税率征收），而一味追求公平的税制（如埃奇沃思模型所建议的所得税制）又常常造成巨大的效率损失。但是，两者之间也具有统一性：一方面，只有提高税收效率，促进税基持续扩大，致力于税收公平的相关功能才有物质基础；另一方面，只有维护税收公平，防止社会两极分化，高效率的税收和经济发展才有基本保障。最优税收理论提供了一个内部自洽的分析框架：在保证一定税收收入的前提下，寻找能最大化社会福利的税收工具，且社会福利函数可以把公平的目标包含其中。这一分析框架为理论上兼顾税收效率和公平两个维度以及讨论税收对效率和公平的影响提供了便利，为建立可量化的两者关系提供了可行的途径。最优税收理论从严格的数理分析中得到了与传统论断不同的新结论，深化了关于税制设计的研究，丰富了税收学的理论体系。举例而言，传统观点认为，对不同商品课税时采用相同的比例税率，是一种“中性税收”，可以将效率损失降到最低。然而，最优商品课税理论指出，由于存在无法被课税的“商品”，比如人们的闲暇，因此对可征税商品采用相同的比例税率课税并非“中性”，也不是效率损失最小化的“次优”方案。拉姆齐规则建议，应当保证单位税收收入造成的边际超额负担尽可能小，因此当不同商品的供求对税收的反应（弹性）存在差异时，采用差别税率反而是更优的方案。后续的研究又将不同收入群体的消费结构差异纳入分析，希望在拉姆齐规则追求效率的基础上尽可能地兼顾公平。再比如，传统观点建议为了尽可能地发挥所得税的收入再分配功能，应当采用超额累进税率，即收入越高面临的边际税率越高。然而，最优所得税理论认为，应当在更高的边际税率所产生的再分配效果与其造成的超额负担和税基缩小间取得平衡，一味地提高最高边际税率，可能导致明显的税基缩小、税收减少，进而削弱政府的收入再分配能力和低收入群体的福利水平。

最优税收理论以其清晰严谨的数理框架体系促进了税收政策分析的精确性，在理论层面具有重要的积极意义。但是，它通过严苛假定追求数量分析的精确性和简单化的同时也牺牲了理论的现实可行性，比如假定政府对信息的掌握是较充分的、税收的征管成本是可忽略或不变的、政府各部门都以社会福利最大化为目标、公众对各类税收的接纳程度是相似的等。显然，这些假定与现实存在差距。发展中国家在信息获取、征管成本、政府效率等方面的问题十分突出，因此不能机械地套用最优税收理论来指导自身的税制设计和税制改革。当然，随着新数学方法的运用和计算能力的提高，最优税收理论仍在不断地发展，最新的研究试图放松一些与现实差距较大的假定并加入更多的市场和非市场摩擦，尽力缩小理论与现实间的差距，从而提高理论的可操作性。

专栏 3–5 最优税收理论的局限性

西方最优税收理论与所有的理论一样，其学术意义在于发现了人们传统思维以外的观点，纠正了某些曾被视为普遍真理的原则，促使人们在进行决策时更加理性，考虑更周全。正确的决策要考虑所有可能出现的情况，根据每一种情况，选择因时制宜、因地制宜、因人制宜的最优方法。最优商品税理论揭示的等比例规则和逆弹性规则表明，统一、简单、单一的比例税率并不是最理想的税制设计，这促使人们思考如何使商品税达到更高效率，并使得人们认识到在特定情形下采用差别税率的合理性。最优商品税理论还表明，在可行的情况下，应当对需求较缺乏弹性的商品课以较重的税收以减少税收的额外负担，但是如果这些商品主要由低收入者所消费，那么出于公平考虑，应当对其以较低的税率课税。可以进一步推论，对那些需求弹性低的奢侈品（如钻石之类）课征较高的税收，能满足效率和公平两方面的要求。

最优所得税理论的最重要的意义在于告诉人们必须格外慎重地看待“公平意味着递增的边际所得税税率”这样的传统原则。最优所得税必须在较高的边际税率所产生的公平收益和较高的边际税率所导致的效率损失之间进行权衡。

但是，最优税收理论的所有观点和结论都是理想假设条件下的结果，观点和结论本身具有特殊性，因此不能简单地将其中某些结论或观点作为普遍的税制改革原则。政策的实施要充分考虑信息和行政问题，当理论上最优税收的实行所需要的信息获取和行政成本过高时，就没有实施的可行性，最优的但没有实施可行性的税制远不如不是最优的但具有可行性的税制。税制改革原则不仅要从理论分析中汲取养分，以便深化对税制公平和效率协调的重点和难点的认识，更要充分考虑改革的政治目的、经济发展情况、文化特征和社会机制，从国情中把握主要矛盾和要解决的主要问题，即从中国现阶段实际国情和最大多数人民的最大福利出发进行概括和总结，以推进税制不断完善。

资料来源：杨斌. 对西方最优税收理论之实践价值的质疑. 管理世界，2005（8）：23–32.

本章小结

1. 超额负担是指税收对经济主体的行为造成扭曲，从而导致私人部门福利损失超过税收收入的部分。

2. 商品课税造成的超额负担的大小与需求弹性（绝对值）和供给弹性成正比，并与税率的平方成正比。

3. 拉姆齐规则建议，对任一商品继续提高税率造成的边际超额负担与产生的边际税收收入的比例在不同商品间应保持相等。

4．逆弹性规则建议，政府对商品课税的税率应与该商品的需求弹性成反比，即对需求弹性较大的商品按较低的税率课税，对需求弹性较小的商品按较高的税率课税。

5．埃奇沃思模型在假定社会收入总额固定的前提下，建议采用100%的边际所得税率进行收入再分配，但是考虑弹性劳动供给后，斯特恩发现线性所得税的最优边际税率应远低于100%。

6．莫里斯对最优所得课税的研究结果不支持超额累进税率，而认为最优边际税率表的一个关键决定因素是社会中个人天赋（能力）分布的形状，且早期的相关研究所假设的分布形状往往得到较为平坦的最优边际税率。

7．应正确看待最优税收理论的意义和局限性，不能机械地将该理论套用到税收政策的实践中。

课后习题

1．简述最优商品课税的基本规则。

2．讨论超额累进个人所得税的优缺点。

3．讨论“宽税基、低税率”原则对我国税收改革的启示。

拓展阅读

[1] 杨斌．对西方最优税收理论之实践价值的质疑．管理世界，2005（8）：23-32.

[2] 赵志君．收入分配与社会福利函数．数量经济技术经济研究，2011，28（9）：61-74.

[3] Mankiw G N，Weinzierl M，Yagan D．Optimal Taxation in Theory and Practice．The Journal of Economic Perspectives，2009，23（4）：147-74.

[4] Mirrlees J A．An Exploration in The Theory of Optimum Income Taxation．Review of Economic Studies，1971，38（2）：175-208.

即测即评

扫描二维码，进行本章在线测试。

第四章

税收负担转嫁与归宿

本章导言

在探讨税收的经济影响时，一个核心问题是：税收最终由谁负担？这个问题探讨的是税收负担的归宿，它涉及税收政策如何在经济体中传导，并最终影响个人、家庭和企业。要回答这个问题，我们首先需要理解税收负担的转嫁机制——税收是如何从法律上的纳税人转移到实际承担税负的一方的。税收的归宿并不直观。例如，虽然某些税种直接征收于特定的商品或服务，但这并不意味着销售这些商品或服务的企业就是最终承担税负的一方。市场力量，如供求关系的弹性，将在很大程度上决定税负的实际分配。那么，当市场条件改变时，税收负担又会如何转移？在不同的市场结构中，税收负担的转移和归宿又有何差异？为了探究这些问题，本章将从经济原理角度出发来揭示税收归宿的转嫁过程。这包括讨论在局部均衡市场和完全竞争市场条件下税收负担如何转移，以及在这些条件不再成立时，税收归宿将如何受到影响。通过这种方式，我们不仅能更深入地理解税收政策的直接效应，还能洞察其间接效应如何在经济体中传导，从而影响最终的税收负担者。

重要术语

税收负担　税负转嫁　一般均衡

第一节　税负转嫁与税收归宿的内涵

众所周知，烟酒的价格高主要是其价格中税的比重很大，烟酒税是对烟酒厂商和销售者课征的，但厂商和销售者可以通过一定的方式将他们负担的税收转移给消费者，即吸烟和喝酒的人群，这就是税负转嫁现象。概括地说：税负转嫁是指商品交换过程中，纳税人通过提高销售价格或压低购进价格的方法将税负转移给购买者或供应者的一种经济现象。具体转移的程度取决于税收导致价格变化的程度。

以酒为例，假设一瓶酒在征税前的售价为 4 元，按税法规定在零售环节，每销售一瓶酒要纳 1 元的税，这 1 元的税负可能会因为价格的不同而由不同的人承担。若售价仍是 4 元，那么不管买者是谁，1 元的税由卖者来负担。如果由于征税的缘故，卖者把售价提高到 5 元，1 元的税由买者负担。假如售价提高到 4.5 元，这时买卖双方都负担了一部分税，买者负担 0.5 元，卖者负担 0.5 元。通过这样一个简单的例子，我们可以看出，税负是在运动着的，总是要由纳税人或其他人来负担。

税收归宿是税收分配和再分配的结果。深入了解税收归宿对政府和企业都具有重要意义。

对于政府，其核心不仅是识别谁实际承担了税收，更重要的是这有助于建立更为合理的税制。例如，政府对汽车制造商征收销售税，但这并不意味政府想把汽车销售税的负担加到制造商头上。如果政府想对汽车制造商征税，完全可以利用企业所得税对其利润进行征税。实际上，政府完全预料到制造商们会通过提高汽车销售价格的方式将汽车销售税转嫁到消费者身上，或者政府的真实目的就在于要汽车消费者来负担这一税收。政府之所以对制造的汽车销售额征税，只是因为制造商的汽车销售额是一个方便的征税点。在我国，流转税容易进行转嫁，而政府选择流转税作为主体税种，这是因为流转税比所得税更容易取得税收收入。

对企业而言，研究税负转嫁与税收归宿强调的是经济意义。所有企业或者经销商都希望把税负转嫁给别人，尽管这一想法有可能得到实现，但事实不一定那么如愿。税负转嫁是一个复杂的过程，具有深奥的经济内涵，只有真正理解其内在机制的人，才可能成功实现税负转嫁。

一、税收负担的经济归宿

阿特金森和斯蒂格利茨在其经典教科书《公共经济学讲义》提到，公共经济学分析得出的最有价值的见解之一，乃是实际负税人不一定是被征税者，确定一种税收或公共项目的真实归宿是公共经济学最困难也是最重要的任务之一。税收归宿是指税收负担的最后归着点，即税收负担运动的最终归着环节，表明全部税负由谁承担。国家对纳税人课税，其税负的运动结果有三种情况：一是纳税人将所缴纳的税款，通过转嫁使税负最终落在负税人身上；二是税负无法转嫁而由纳税人自己承担；三是转嫁一部分，纳税人自己承担一部分。不管出现何种情形，税负总是要由一定的人来承担，归着于一定的人身上。

税负归宿有法定归宿与经济归宿之分。法定归宿是指税法规定的纳税人承担的税负，表明了谁在法律上对政府的税收负有责任。而经济归宿则是指税负实际上由其他非法定纳税人承担，反映了政府征税对个人实际收入变化的影响。正是由于税负转嫁的存在使得税收归宿中的法定归宿与经济归宿不同。从法律上的归宿过渡到经济上的归宿，可能只要一次转嫁就能完成，也可能要经多次转嫁才能完成。特殊情况是，法律上的归宿即是经济上的归宿，在这种情况下，税负转嫁则没有发生。因此，税的法律归宿始终只有一个，而经济归宿则可能是一个、两个甚至更多。税收究竟由谁负担的问题，看起来似乎简单，其实不然。区分税收的法定归宿与经济归宿的不同，有助于理解纳税人法律责任与税收真实负担之间的差异。

当税收由完全竞争市场的厂商缴纳时，其会通过提高价格来弥补一部分的税收负担，因此厂商的收入不会等量减少其缴纳税收的幅度。当税收由完全竞争市场的消费者缴纳时，其不会愿意为征税商品支付全部的税收，因此价格便会下跌，以弥补消费者一部分的法定税收负担。从技术上来说，我们可以定义消费者税收负担为：

消费者税收负担 =（税后价格 – 税前价）+ 消费者为每单位商品支付的税收

对于厂商来说，税收负担为：

厂商税收负担 =（税前价 – 税后价格）+ 厂商为每单位商品支付的税收

例如，假设明天政府对每升汽油征税 0.5 元，且由厂商支付。由于该项税收，汽油厂商生产的汽油能够获得少于每升 0.5 元的税收负担吗？

为了回答这个问题，我们需要考虑成品油消费税对汽油市场的影响。这一结果如图 4–1（a）所示。图中纵轴表示每升汽油的价格，横轴表示汽油的升数（以 1 亿为单位）。供给曲线表示的是厂商在任一价格下，所愿意出售的商品数量。在竞争市场上，供给曲线由企业的边际成本决定：只要市场价格等于或高于产生该产品的边际成本，厂商便愿意在此价格下出售任意的数量。在图 4–1 中，市场初始在 *A* 点处达到均衡：市场

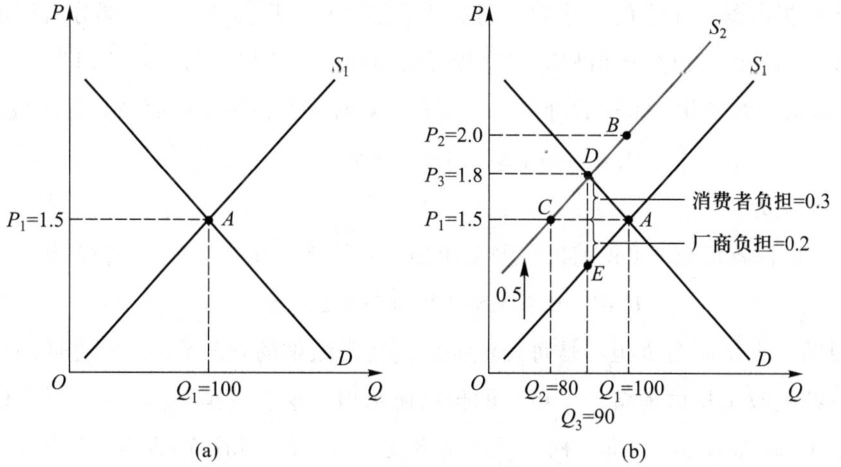

图 4–1　法定负担并不是实际的负担

价格为 1.5 元（P_1），厂商将出售 100 亿升（Q_1）的汽油。厂商之所以愿意在 1.5 元的价格下出售 100 亿升的汽油是因为 1.5 元是厂商产生这些数量汽油的边际成本。

图 4-1（b）给出了对汽油厂商征收每升 0.5 元汽油税的影响情况。对这些厂商而言，这相当于每升汽油增加 0.5 元的边际成本。由于企业必须同时支付原先的边际成本和 0.5 元的税收，因此他们现在要求增加 0.5 元的价格来生产每一产量。例如，企业在税后需要仍然提供 100 亿升初始均衡的汽油数量，其现在将要求 P_2=2.0 元的价格（比初始 1.5 元均衡价格高 0.5 元，即点 B）。由于税收的作用类似于增加边际成本，所以，供给曲线从 S_1 向上移动 0.5 元至 S_2，并且汽油的供给量下降。

在初始均衡价格 1.5 元处，现在存在超额的汽油需求。消费者想要在 1.5 元的价格下消费原来的汽油 100 亿升，由于新税的实施，厂商仅愿意提供 80 亿升（点 C）的汽油。在 1.5 元的价格下：Q_1（点 A）减 Q_2（点 C），得到 20 亿升汽油的短缺。因此，消费者为了能得到现在厂商提供的更少汽油产量，必须提高价格。价格将会持续上升直到市场到达价格为 1.8 元（P_3）和产量为 90 亿升（Q_3）的新均衡（点 D）为止。现在的市场价格比初始的价格贵了 0.3 元。

税收对汽油市场参与者有两种作用。首先，其改变了消费者支付和厂商获得的 1 升汽油的市场价格，该价格从 1.5 元上升至 1.8 元。其次，厂商现在必须为其每出售 1 升汽油给政府多支付 0.5 元的税收。

从厂商的角度来看，0.5 元税收所带来的痛苦由现在的市场价格比初始均衡价格高 0.3 元所抵消。因此，厂商仅需支付 0.2 元的税收，即没被价格增长所抵消的部分。从消费者的角度来看，他们将会因为为每 1 升汽油多支付了 0.3 元而感到痛苦。即使是厂商而非消费者给政府缴纳 0.5 元的税款，消费者还是承担了更多的税收（0.3 元相对于厂商的 0.2 元）。价格的上升从厂商转移了大部分的税收负担给消费者。

这些负担由图 4-1 中的标注为"消费者负担"和"厂商负担"的部分所展示。使用之前的公式，我们可以计算出相应的消费者负担和厂商负担。消费者负担为：

$$\text{消费者税收负担} = (\text{税后价格} - \text{税前价}) + \text{消费者为每单位商品支付的税收}$$
$$= P_3 - P_1 + 0 = 1.8 - 1.5 = 0.3\ (\text{元})$$

厂商负担为：

$$\text{厂商税收负担} = (\text{税前价} - \text{税后价格}) + \text{厂商为每单位商品支付的税收}$$
$$= P_1 - P_3 + 0.5 = 1.5 - 1.8 + 0.5 = 0.2\ (\text{元})$$

主要的一点是厂商负担不是每升汽油他们所需缴纳的 0.5 元，而是更低的价格，这是因为一些税收负担由消费者以更高的价格所承担。这些负担总额为 0.5 元，这称为总税收楔子（Tax Wedge），即一次交易消费者支付的 1.8 元和厂商税后获得的 1.3 元之间的差额。

二、税收归宿的无关性

税收归宿的第二个基本结论是市场中被征税的一方与税收负担的分配无关：无论是厂商还是消费者被征税，税收的经济归宿都保持不变。由前面的结论和图 4–2 可知，无论 0.5 元的税收征收在厂商或消费者身上，最终消费者总会承担 0.3 元的税收，而厂商则承担 0.2 元。

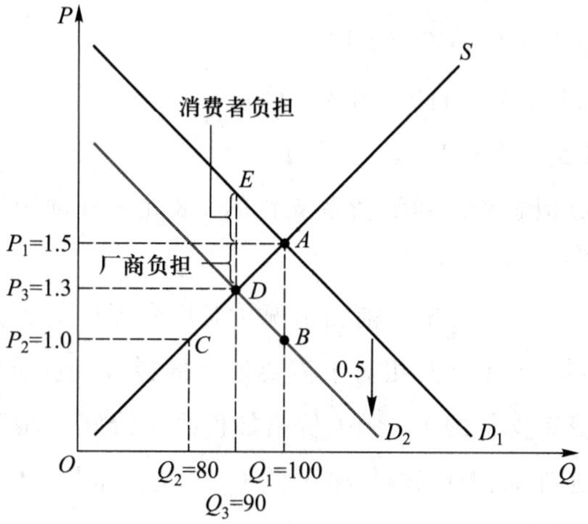

图 4–2　市场方是无关的

还是考虑之前的例子，图 4–2 是对消费者消费的每升汽油征收 0.5 元税收的影响情况。需求曲线表示的是消费者为任意数量产品所愿意支付的价格。需求曲线上的每一点表示消费者在任意市场价格下的需求量。由于消费者必须为每一数量的消费支付市场价格加上 0.5 元的税收，他们现在不愿意为每一数量支付 0.5 元。因此，税收降低了消费者的支付意愿（与征税前相比），需求曲线从 D_1 向下移动 0.5 元至 D_2。在征税前，消费者愿意在点 A 为消费 100 亿升汽油支付每升 P_1=1.5 元的价格。现在由于他们必须为每一升汽油支付 0.5 元的税收，因此，其仅愿意为消费 100 亿升汽油支付每升 1.0 元的价格。

在原来的 1.50 元市场价格下，现在存在超额的汽油供给：厂商愿意出售原先的汽油数量（100 亿升，点 A），而消费者仅愿意在该价格下购买 80 亿升的汽油。这一超额供给为需求曲线移动后原先均衡价格 1.5 元下的汽油供给量差 Q_1–Q_2=20（亿升）。因此，厂商降低价格以便销售超额供给，直到价格降至点 D 的 1.3 元以及均衡供给量为 90 亿升（Q_3）汽油为止。此时的市场价格比征税前下降了 0.2 元。

由前面的例子可以看出，税收对汽油市场参与者有两种作用。首先，其改变了消费者支付和厂商获得的 1 升汽油的市场价格，该价格从 1.5 元下降至 1.3 元，下降了 0.2

元。其次，消费者现在必须为其每消费 1 升汽油给政府支付 0.5 元的税款。均衡价格 1.3 元，加上 0.5 元的税收等于点 E 的 1.8 元便为消费者的成本（价格加税收）。

从消费者的角度来看，0.5 元税收所带来的痛苦由现在的市场价格比初始均衡价格低 0.2 元所抵消。从厂商的角度来看，他们将会因为为每 1 升汽油出售而少收 0.2 元感到一定的痛苦。即使是消费者而非厂商给政府缴纳 0.5 元的税款，两者还是承担了一定的税收负担，因为价格的下降从消费者转移了一部分的税收负担给厂商。

这些负担由图 4-2 中标注为“消费者负担”和“厂商负担”的部分所示。使用公式可以计算出相应的消费者负担和厂商负担：

消费者：$P_3-P_1+0.5=1.3-1.5+0.5=0.3$（元）

厂商：$P_1-P_3+0=1.5-1.3=0.2$（元）

消费者和厂商的负担总和，即消费者支付的 1.8 元和厂商税后获得的 1.3 元之间的差额为 0.5 元的税收楔子。

我们注意到，这里的税收负担与前面情况（对厂商征税）的负担数值相等。消费者现在必须在加油站支付 0.5 元，而相对于需要加上的税收其面临的价格更低（1.3 元）。将两者加在一起，消费者支付的 1.8 元（价格加税收）恰好与前面情况的相同。厂商现在不用支付税收，但他们面临的汽油价格更低（1.3 元，而非 1.5 元），所以他们最终获得的价格 1.3 元也与之前的一样。

虽然征税后的市场价格仅有一个，但是，经济学家在税收归宿模型中探讨的价格却有两个。第一个价格是总价格（Gross Price），即不用向政府纳税的一方支付或收取的价格，其与市场价格一样。第二个价格是税后价格（After-tax Price），即需要向政府纳税的一方支付或收取的价格，其可以低于纳税额（厂商纳税）或者高于纳税额（消费者纳税）。

当向厂商征收汽油税时，如图 4-1 所示，消费者支付的总价格为 1.8 元，而厂商获得的税后价格为 1.8-0.5=1.3（元）。当向消费者征收汽油税时，如图 4-2 所示，厂商获得的总价格为 1.3 元，而消费者支付的税后价格为 1.3+0.5=1.8（元）。税后价格等于总价格加上税收（如果向消费者纳税）或者减去税收（如果向厂商纳税）。

三、税收归宿的弹性

在市场经济条件下，商品的价格和销售量由需求弹性和供给弹性共同决定。而税收事实上是针对厂商和消费者之间的交易进行征税，因此征税必然会影响商品的价格和销量，进而影响商品的供求弹性。

需求弹性表明商品或生产要素的需求量对价格变动的反应程度，即需求量变化的百分比除以价格变化的百分比。用公式表示如下：

$$E_d=(\Delta Q/Q)\div(\Delta P/P)$$

其中，E_d 表示商品的需求弹性；P 表示商品的价格；Q 表示对商品的需求量。

供给弹性表明商品或生产要素的供给量对价格变动的反应程度，即供给量变化的百分比除以价格变化的百分比。用公式表示如下：

$$E_s=(\Delta Q/Q)\div(\Delta P/P)$$

其中，E_s 表示商品的供给弹性；P 表示商品的价格；Q 表示对商品的供给量。

在市场经济环境中，商品的价格及销售量取决于商品的需求弹性与供给弹性。在极端情况下，如果需求完全缺乏弹性或供给完全具有弹性，消费者将承担消费税的全部税收。反之，如果供给完全缺乏弹性或需求完全具有弹性，供给者将承担消费税的全部税收。在一般情况下，税收归宿取决于供给弹性与需求弹性的对比状况。当商品供给弹性大于需求弹性时，即 $E_s>E_d$，税收更多倾向由消费者承担；当商品供给弹性小于需求弹性时，即 $E_s<E_d$，税收更多倾向由厂商承担。

一般情况下，政府征税总会提高消费者要支付的价格，而降低厂商得到的价格，厂商和消费者双方税收负担的程度取决于供给弹性和需求弹性的力量对比。假设其他条件不变，需求弹性越大，消费者负担的税收越少；同样，供给弹性越大，厂商负担的税收越少。

在前面的例子中，我们描述了消费者比厂商承担更多税收的情况。然而，这仅是全部可能情况中的一种。厂商和消费者的税收归宿最终由其用以反映供给或需求数量与价格变动关系的需求弹性和供给弹性所决定。

（一）需求弹性

1．完全无弹性需求

再考虑向汽油厂商征收每升 0.5 元税的情形，但这次我们假定消费者具有完全无弹性的汽油需求曲线。如图 4-3 所示，在初始均衡点，100 亿升汽油的每升价格为 P_1（1.5 元）。当向厂商征收时，他们还是将这 0.5 元等同于边际成本的上升，即提高了他们要求提供任意产量的价格；因此供给下跌，供给曲线从 S_1 移动至 S_2。新的市场均衡价格为 2.0 元（P_2），比原先的价格（P_1）高 0.5 元。当需求曲线完全无弹性时，税收负担为：

消费者税收负担 =（税后价格 − 税前价）+ 消费者为每单位商品支付的税收

$= P_2-P_1=2.0-1.5=0.5$（元）

厂商税收负担 =（税前价 − 税后价格）+ 厂商为每单位商品支付的税收

$= P_1-P_2+0.5=1.5-2.0+0.5=0$（元）

当需求曲线完全无弹性时，厂商完全不承担税收，而消费者承担了全部的税收。这种现象称为税收向消费者的完全转嫁。

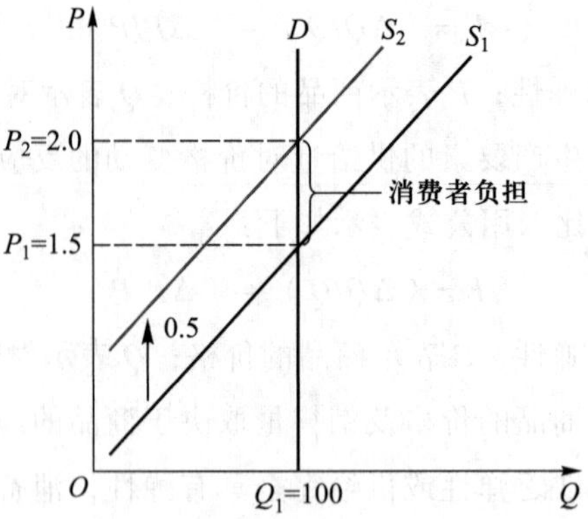

图 4-3 完全无弹性需求的情况

2. 完全弹性需求

与之前结论相反，消费者完全弹性的汽油需求曲线的情形如图 4-4 所示。最初，市场的均衡价格为 P_1=1.5 元，数量为 Q_1=100 亿升汽油。在该例子中，当 0.5 元的税收导致供给曲线从 S_1 移动至 S_2 时，均衡价格还是为 P_1（1.5 元），但是数量却下降为 Q_2（80 亿升）。当需求曲线完全弹性时，税收负担为：

消费者：$P_1-P_1=1.5-1.5=0$（元）

厂商：$P_1-P_1+0.5=1.5-1.5+0.5=0.5$（元）

在该例子中，消费者完全不承担税收，而厂商承担了全部的税收。

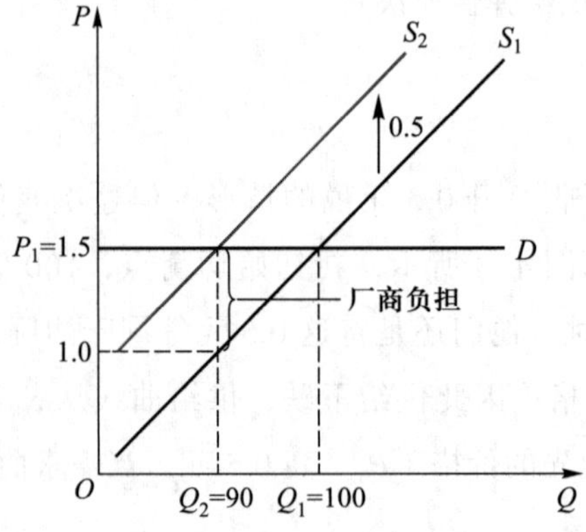

图 4-4 完全弹性需求的情况

3. 一般观点

这些极端例子给出了关于税收归宿的一些一般观点：无弹性需求的一方承担税收；完全弹性需求的一方不承担税收。产品的需求曲线更加有弹性（需求曲线的价格弹性绝对值更高）表明，该产品存在大量替代品。例如，快餐的需求曲线相当有弹性，因为高质量的餐馆以及家庭烹饪都能够极其容易地替代快餐。因此，如果政府对快餐征税，快餐店将很难通过提高价格的方法来向快餐消费者转移税收。如果他们确实这么做了，消费者将会用上述的任何一种方式来代替快餐。因此，由于快餐的需求曲线富有弹性，厂商（餐馆）承担了大部分的税收负担。

对于无弹性的产品而言，税收负担基本上由消费者来承担。例如，由于胰岛素对糖尿病患者的健康极其重要，因此其需求是高度无弹性的。如果政府对胰岛素的厂商征税，由于没有可行的替代品使得消费者无法因为高价而转向其他市场，因此厂商可以很容易地通过提高价格来转嫁大部分的税收。

（二）供给弹性

供给弹性也会影响税收负担的分配，当供给方能够为其资源找到更多的用途时，供给曲线的弹性越高。在短期，钢铁制造商的供给基本是无弹性的，因为钢铁的市场投入如厂房和昂贵的设备基本没有其他的用途，生产钢铁的厂房不能轻易转变用以生产塑料管或木材家具。因此，钢铁的供给曲线基本是无弹性的（垂直的）。而与之相比，街边小贩的供给（如卖手表、钱包、围巾等）则相当有弹性。由于个体仅需投入极低就可以从事上述物品的销售，如果对其征税，他们更容易转移至其他活动。因此，街边小贩的供给曲线就非常有弹性（水平的）。

在任意给定的需求曲线（假定需求曲线不是完全弹性的）下对比钢铁的税收归宿（对钢铁厂商征税）和街边小贩的税收归宿（对街边小贩征税）。图 4-5（a）给出了向钢铁厂商征税的情况。钢铁生产初始均衡点为 A。由于受到固定成本的影响，钢铁厂商仅能稍微减少钢铁的产量。因此，即使钢铁厂商需要为其每生产的 1 单位钢铁向政府支付 0.5 元的税收，其还是想要生产相同的产量。因此，钢铁的供给曲线从 S_1 移至 S_2。价格仅稍微从 P_1 上升至 P_2，产量仅稍微从 Q_1 下降至 Q_2；新的均衡点为 B。由于价格仅稍微上涨，因此其不能为钢铁厂商所缴纳的税收归宿多大的弥补。钢铁厂商因此承担了大部分的税收，而钢铁的消费者仅承担了较少的部分（他们不必支付较高的价格）。

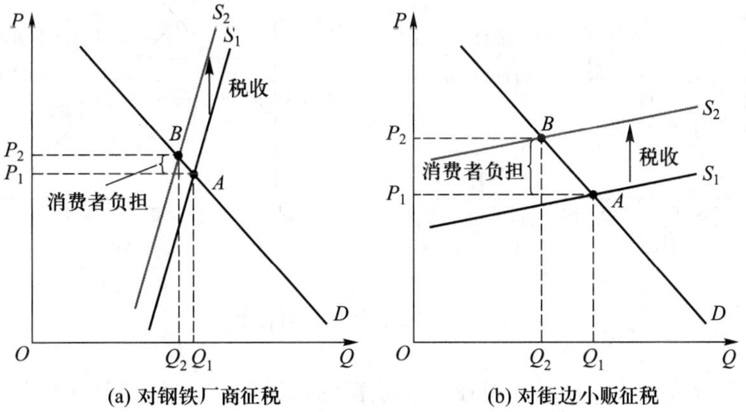

图 4-5　供给的弹性对归宿的影响

图 4-5（b）给出了向街边小贩征收同等税收的影响情况。这些小贩对其生产决策中生产成本的变动非常敏感，因此，其供给曲线非常具有弹性。他们在初始价格 P_1 下愿意提供的产量为 Q_1。如果支付对其出售的每单位产品征收 0.5 元的税，那么许多小贩便会从当前的街边行业退出并转向其他更具利润的行业。供给曲线因此从 S_1 移至 S_2，价格从 P_1 上升至 P_2，数量则从 Q_1 下降至 Q_2（点 B）。街边小贩的大举涨价将会抵消其所缴纳的大部分税收，因此他们几乎不受税收负担的影响。然而，购买街边小贩产品的消费者将会面临更高的价格，因此他们承担了大部分的税收。因此，供给和需求弹性共同遵循相同的法则。有弹性的一方可以避免税收，而无弹性的一方则只能承担税收。

四、税收归宿的对称性

税收归宿是对称的吗？或者说减税和增税的税收归宿是一样的吗？为了回答这个问题，我们需要考虑成品油消费税增税与减税对汽油市场的影响。

（一）增税的情况

图 4-6（a）给出了对汽油厂商征收每升 0.5 元汽油税的影响情况。对这些厂商而言，这相当于每升汽油增加 0.5 元的边际成本。由于厂商必须同时支付原先的边际成本和 0.5 元的税收，因此他们现在要求增加 0.5 元的价格来生产每一产量。例如，厂商在税后需要仍然提供 100 亿升初始均衡的汽油数量，其现在将要求 P_2=2.0 元的价格（比初始 1.5 元均衡价格高 0.5 元，即点 B）。由于税收的作用类似于增加边际成本，所以，供给曲线从 S_1 移动至 S_2，并且汽油的供给量下降。

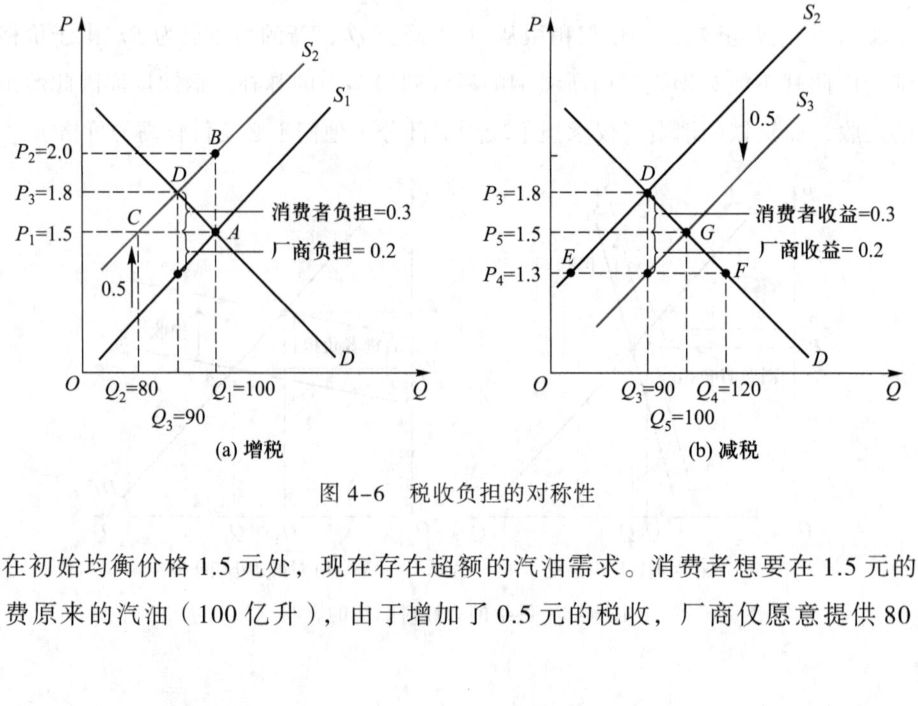

图 4-6 税收负担的对称性

在初始均衡价格 1.5 元处，现在存在超额的汽油需求。消费者想要在 1.5 元的价格下消费原来的汽油（100 亿升），由于增加了 0.5 元的税收，厂商仅愿意提供 80 亿升

（点 C）的汽油。在 1.5 元的价格下：点 A 减点 C 对应的产量，获 20 亿升汽油的短缺。因此，消费者必须为了能达到现在厂商提供的更少汽油产量而提高价格。价格将会持续上升直到市场以价格为 1.8 元（P_3）和产量为 90 亿升（Q_3）的新均衡价格（点 D）为止。现在的市场价格比初始的价格贵了 0.3 元。

税收对汽油市场参与者有两种作用。首先，其改变了消费者支付和厂商获得的 1 升汽油的市场价格；该价格从 1.5 元上升至 1.8 元。其次，厂商现在必须为其每出售 1 升汽油给政府多缴纳 0.5 元的税收。

从厂商的角度来看，0.5 元税收所带来的痛苦由现在的市场价格比初始均衡价格高 0.3 元所抵消。因此，厂商仅需支付 0.2 元的税收，即没被价格增长所抵消的部分。从消费者的角度来看，他们将会因为为每 1 升汽油多支付了 0.3 元而感到痛苦。即使是厂商而非消费者给政府缴纳 0.5 元的税款，消费者还是承担了更多的税收（0.3 元相对于厂商的 0.2 元价格）。价格的上升从厂商转移了大部分的税收负担给消费者。

（二）减税的情况

图 4-6（b）给出了对汽油厂商减少每升 0.5 元汽油税的影响情况。对这些厂商而言，这相当于每升汽油减少了 0.5 元的边际成本。企业在原先的边际成本基础上减少了 0.5 元的税收，因此他们现在可以低于原来的价格 0.5 元来生产每 1 升汽油。例如，厂商在税后仍然提供 80 亿升均衡的汽油数量，现在的价格为 P_4=1.3 元（比初始 1.8 元均衡价格低 0.5 元，即点 E）。由于减少税收的作用类似于减少边际成本，所以，供给曲线从 S_2 移动至 S_3，并且汽油的需求量增加。

在减税价格 1.3 元处存在超额的汽油需求。由于减税的实施，消费者愿意消费 120 亿升（点 F）的汽油。在 1.3 元的价格下：点 F 减点 E 对应的产量，获 40 亿升汽油的超额需求。因此，厂商必须为了能达到现在消费者需求的更多汽油产量而提高价格。价格将会持续上升直到市场以价格为 1.5 元（P_5）和产量为 100 亿升（Q_5）的新均衡价格（点 G）为止。现在的市场价格比初始的价格低了 0.3 元。

减税对汽油市场参与者有两种作用。首先，其改变了消费者支付和厂商获得的 1 升汽油的市场价格该价格从 1.8 元下降至 1.5 元。其次，厂商现在每出售 1 升汽油得到减税 0.5 元。

从厂商的角度来看，0.5 元减税所带来的收益由现在的市场价格比初始均衡价格低 0.3 元所抵消。因此，厂商仅得到 0.2 元的收益。从消费者的角度来看，他们为每 1 升汽油少支付了 0.3 元。即使是厂商而非消费者给政府得到 0.5 元的减税，消费者还是得到了更多的收益（0.3 元相对于厂商的 0.2 元）。价格的下降从厂商转移了大部分的税收收益给消费者。

在增税 0.5 元时，消费者多支付 0.3 元，厂商多支付 0.2 元；而减税 0.5 元时，消费者的收益增加 0.3 元，厂商的收益增加 0.2 元。因此，我们说减税和增税的税收负担是对称的。

第二节 税收归宿的局部均衡分析

局部均衡分析，是指假设其他条件不变，分析一种商品或一种生产要素的供给和需求达到均衡时的价格决定。西方学者认为，对税负归宿的局部均衡分析，只需要研究课税商品市场而不需要考虑其他市场的变化，并且认为在课税的情况下，消费者对课税商品付出的价格与供给者所能接受的价格是不同的。据此，他们根据商品的价格决定于供给和需求这一经典经济理论，在税负归宿的局部均衡模型中，一方面考虑对消费者进行征税，观察加入税收后商品的价格和销售量的变化；另一方面考虑对供给者征税，观察加入税收后商品的价格和销售量的变化。由于征税对象分为商品和生产要素，因此本节论述了对商品和生产要素分别征税的情况。

一、商品市场的税收归宿

商品税是市场经济中最普遍也是最常见的一种课税方式，对商品课税主要分为从量征收和从价征收两种方式。

（一）从量税

从量税是按照商品的销售量进行课税的税收。它可以避免物价变动对税收的影响，保持税收稳定性，有助于宏观部门利用税收杠杆调节资源环境和进出口。缺点是在物价上涨时期，税收不能和商品销售额同步增加。例如，我国对啤酒征收从量税，下文就以啤酒为例分析从量税对需求和供给的影响。由于啤酒的价格是由供求决定的，假定政府对每升啤酒征税 T，并规定消费者为纳税人。征税前啤酒的需求量和价格分别为 Q_0 和 P_0。

假定课税商品市场完全是竞争性市场，并且纳税人是消费者。以横轴 Q 代表课税商品啤酒的数量，以纵轴 P 代表它的价格，D 表示啤酒在征税前的需求曲线。如图 4-7 所示，对供给者征税后，需求曲线由 D 移至 D'，D' 代表征收 T 单位税后新的需求曲线，S 代表征税前后均无变化的供给曲线，征税前的均衡价格和产量分别为 P_0 和 Q_0，征税后的均衡价格和产量分别为 P_1 和 Q_1。

如图 4-7 所示，征税后啤酒的销售量由 Q_0 下降为 Q_1，啤酒价格也从 P_0 下降到 P_1，在新的均衡点 E_1 处，消费者所能接受的最大价格为 P_2，而供给者所能接受的最低价格为 P_1，因此政府征税所能得到的税收由消费者和供给者共同承担，即消费者价格上升的部分（P_2-P_0）和供给者价格下降的部分（P_0-P_1）相加。政府税收等于新均衡点 E_1 对应的销售量 Q_1 和征税 T 相乘，在图中表示为 $P_2P_1E_1A$ 的几何面积。

对消费者来说，对其征税使得供给曲线由原来的 S 移至 S'（见图 4-8），D 代表征税前后的需求曲线。征税前的均衡价格和产量分别为 P_0 和 Q_0，征税后的均衡价格和产量分别为 P_1 和 Q_1。

如图 4-8 所示，征税后啤酒的销售量由 Q_0 下降为 Q_1，啤酒价格从 P_0 上升到 P_1，在新的均衡点 E_1 处，消费者所能接受的最大价格为 P_1，而供给者所能接受的最低价格为 P_2，因此政府征税所能得到的税收依然由消费者和供给者共同承担，即消费者价格上升的部分（P_1-P_0）和供给者价格下降的部分（P_0-P_2）相加。政府税收等于新均衡处的销售量 Q_1 和征税 T 相乘，在图中表示为 $P_1P_2BE_1$ 的几何面积。

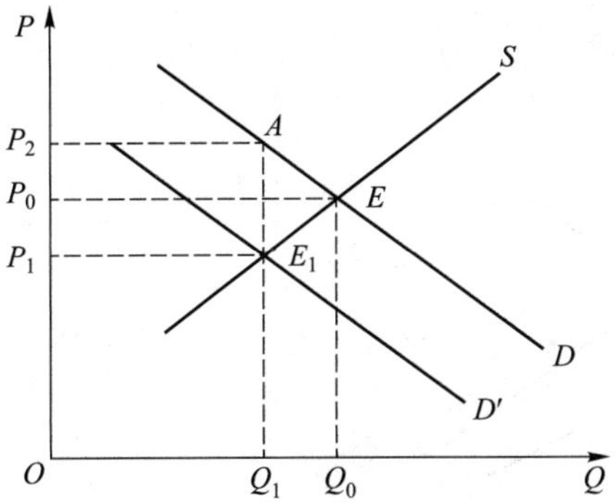

图 4-7　征收从量税的供需变化

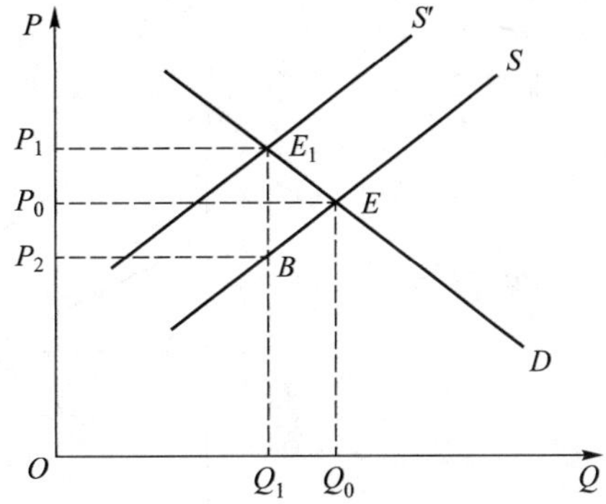

图 4-8　从量税的税收归宿

由以上分析可知，不管政府对哪一方征税，从量税的税收归宿都落到消费者和供给者身上，双方税收负担的大小，取决于需求弹性和供给弹性的力量对比。下面讨论两种极端情况：

当消费者能接受的价格等于 P_0 时，供给弹性为零，此时的税收完全由供给者负担。如图 4-9 所示。

当供给者能接受的价格等于 P_0 时，供给弹性无穷大，此时的税收完全由消费者负担。如图 4-10 所示。

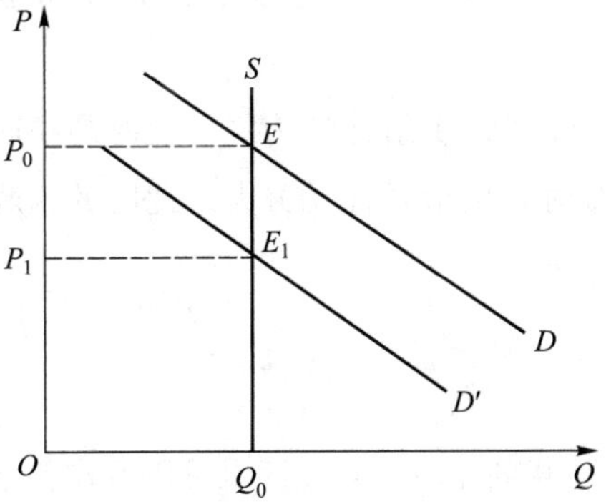

图 4-9　供给弹性为零的税收归宿

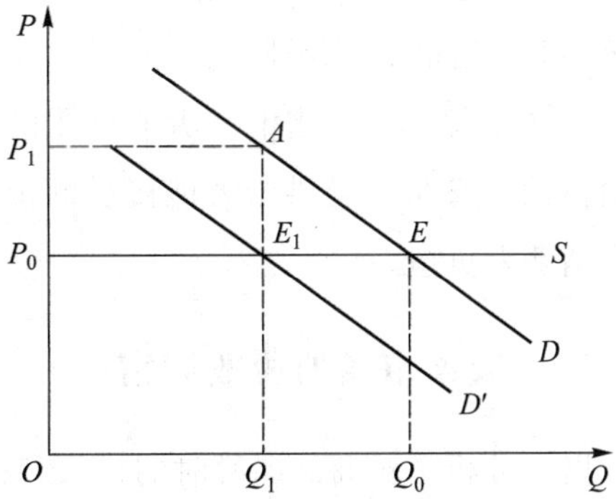

图 4-10　供给弹性无穷大的税收归宿

（二）从价税

从价税是指以商品价格为税基，按照一定的比例征税。与从量税相比，从价税在商品课税中更常见。

对从价税的税收归宿分析与对从量税的税收归宿分析类似。对于供给者而言，征税使得需求曲线由 D 移至 D'。在政府对商品征税采取从价计征的情况下，商品价格越高，纳税越多，因而新需求曲线 D' 的位置虽然也比原需求曲线低，但与从量税 D 到 D' 距离相等不同的是，从价税使需求曲线的每一点，按同一比例下移，即新需求曲线的斜率发生了变化。如图 4-11 所示。

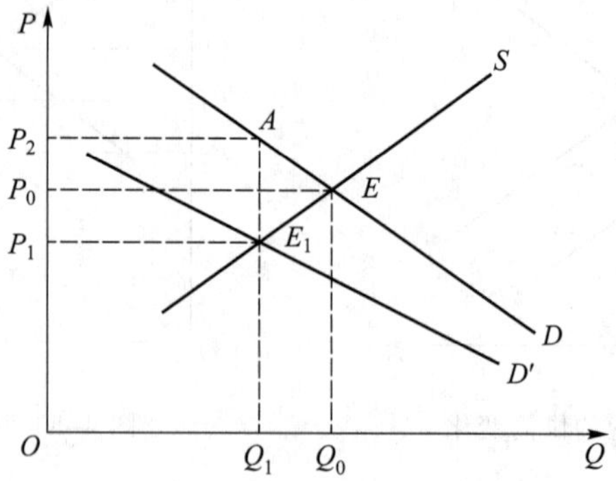

图 4-11 从价计征情况下的税收归宿

征税前课税商品市场均衡时的价格和销售量分别为 P_0 和 Q_0，在按照 20% 的税率征收从价税后，在新的均衡点 E_1 处，消费者所能接受的价格由 P_0 上升到 P_2，供给者所能接受的价格由 P_0 下降到 P_1，但是与从量征收方式不同的是，由于从价征收，使得需求曲线上的每一点按照同一比例下移，此处每一点相应地降低 20%，因此政府税收由消费者和供给者共同承担，即消费者价格上升的部分（P_2-P_0）和供给者价格下降的部分（P_0-P_1）相加。政府税收等于新均衡点 E_1 对应的销售量 Q_1 和征 20% 比例税相乘，在图中表示为 $P_2P_1E_1A$ 的几何面积。相应的，对需求方而言，征税使供给曲线左移，分析与从量税的分析类似，这里不再赘述。

与从量税一样，当消费者能接受的价格等于 P_0 时，供给弹性为零，此时的税收完全由供给者负担。当供给者能接受的价格等于 P_0 时，供给弹性无穷大，此时的税收完全由消费者负担。

二、要素市场的税收归宿

以上分析了对商品课税时的税收归宿问题，但事实上，生产要素也可以看作要素市场上的一种商品，要素市场均衡时的价格和产量也遵循商品市场中的价格决定机制。因此，对于生产要素课税的分析类似于对商品课税的分析。例如，在西方国家，社会保障税（工薪税）就是对劳动要素课征的一种要素税。虽然税法规定雇主和雇工各承担一半税负，但税负的法定归宿和经济归宿具有不同的含义。如同上述分析所示，税负的经济归宿取决于供求弹性，因而征收要素税，其经济归宿也必须决定于生产要素的供求弹性，而同法律规定向谁课征无关。即便法律规定工薪税全部由雇主承担，劳动要素弹性对工薪税的归宿仍然起着重要作用。有人估算美国全部劳动的供给弹性几乎为零，因而工薪税基本上落在雇员身上。

例如，考虑图 4–12 所示的劳动力市场。横轴表示劳动力供给时间 H；纵轴表示市场工资 W。向下倾斜的是劳动力需求曲线 D_1，向上倾斜的是劳动力供给曲线 S_1。税前市场处于均衡状态，点 A 的均衡工资 W_1 为 7.25 元 / 小时。

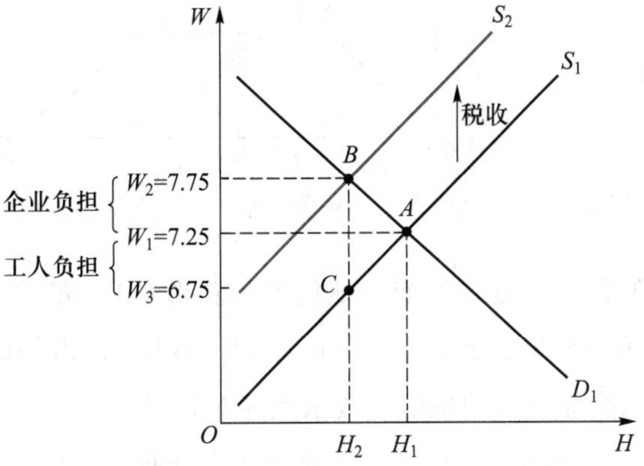

图 4–12 劳动要素市场税收归宿——工人支付税款

假设政府对全体工人征收每小时 1 元的工薪税。该税降低了每一劳动力数量的 1 元劳动收入。因此，个体需要为其提供任意单位的劳动力要求增加 1 元的工资收入，从而导致图 4–12 的供给曲线从 S_1 移至 S_2。由于需求还是保持在初始水平，这种变动导致更高的 7.75 元 / 小时 W_2 市场均衡工资。税收归宿由工人（供给者）和企业（需求者）根据自己的需求和供给弹性分担。如果这些弹性相同，分担也会相同：工人和企业各自负担 1 元税收中的 0.5 元，如纵轴所示。企业支付 0.5 元后的更高工资为 7.75 元 / 小时，然而，工人虽然获得了更高工资（7.75 元 / 小时），但由于工人必须支付 1 元 / 小时的税收，他们获得的税后工资实际为 6.75 元 / 小时。也就是说，市场的总工资上升为 7.75 元 / 小时，而工人的税后工资却下降为 6.75 元 / 小时。

决定工人和企业的税收负担最重要的因素是总税契和需求与供给弹性，而不是谁向政府支付税款。图 4–13 给出的是当例子中的工薪税仅由企业而不是工人支付时对劳动力市场的影响。在该种情形下，供给曲线还是处于 S_1 不变，且由于企业的税收类似于增加劳动价格，劳动力的需求会下降，并导致需求曲线移至 D_2。市场工资将从 7.75 元 / 小时下降 1 元至 6.75 元 / 小时，新的均衡点为 C，而税收负担不变。企业与前述情况一致，承担 0.5 元的税收。然而，企业此时不是支付 0.5 元的更高工资，其现在支付的是低于 7.25 元 / 小时初始均衡工资 0.5 元的工资（6.75 元 / 小时）。此外，企业现在必须向政府支付 1 元的税款，因此，他们实际支付的工资为 7.75 元 / 小时。

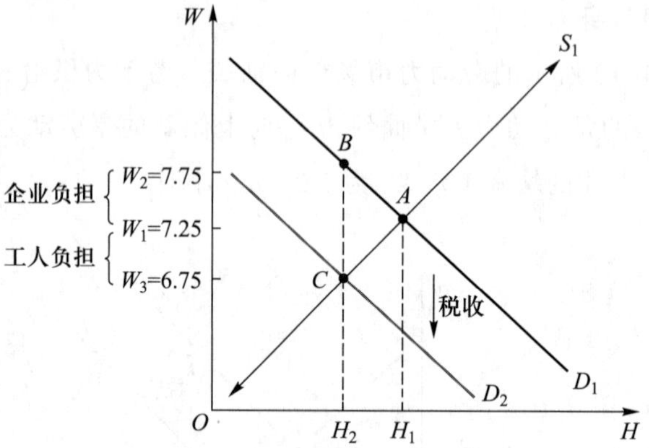

图 4-13 劳动要素市场税收归宿——企业支付税款

工人承担 0.5 元的负担不变；然而，他们不是获得 0.5 元的更高工资并向政府支付 1 元的税收，而是获得 0.5 元的更低工资（6.75 元 / 小时），市场的总工资已经下降为 6.75 元 / 小时，但是，企业支付的税后工资依然为 7.75 元 / 小时。

工薪税的税收归宿分析表明，向工人和企业各自征收一半的工薪税与直接向工人或企业征收工薪税没有差异。税收归宿的第二法则告诉我们，决定工薪税负担的重要因素在于税收的总量（总税契）而不是税收如何在工人和企业之间分配。

总结来说，不管是对商品课税还是对生产要素课税，都有两大特点：一是税收归宿与课税主体无关；二是税收归宿取决于课税商品或生产要素的供给弹性和需求弹性的大小。

三、垄断市场的税收归宿

垄断者也如竞争厂商那样最大化自己的利润：他们生产一种产品或服务直至下一单位产出的边际成本等于边际收益为止。对于竞争厂商来说，下一单位产出的边际收益就是市场价格，因此，他们设定边际成本等于价格。然而，由于垄断者是价格制定者而不是价格接受者，因此，其边际收益不是市场决定的价格而是垄断者自身选择的价格。在分析垄断市场税收归宿时，我们假设垄断者向全体消费者收取相同的价格（我们不考虑垄断者价格歧视的例子）。

图 4-14（a）给出了垄断市场均衡决定的过程。垄断卖方面临着向上倾斜的供给曲线和向下倾斜的需求曲线。对垄断者来说，需要决定是否生产和出售下一单位产品两方面的问题。首要的是垄断者从下一单位产品的生产和出售中所获得的价格。其次是为了出售下一单位产品，由于向下倾斜的需求曲线，（非价格歧视的）垄断者必须降低价格。消费者仅会在下一单位产品的价格低于前一单位时才购买它。然而，由于垄断者向全体消费者收取相同的价格，他必须降低所有前一单位产品的价格。因此，作为价格制定者，垄断者面临着这样的权衡：在给定价格下额外的销售能够增加收益，而这会迫使垄断者降低所有已存在产品的价格以便在更高的产出下达到均衡，进而降低了收益。

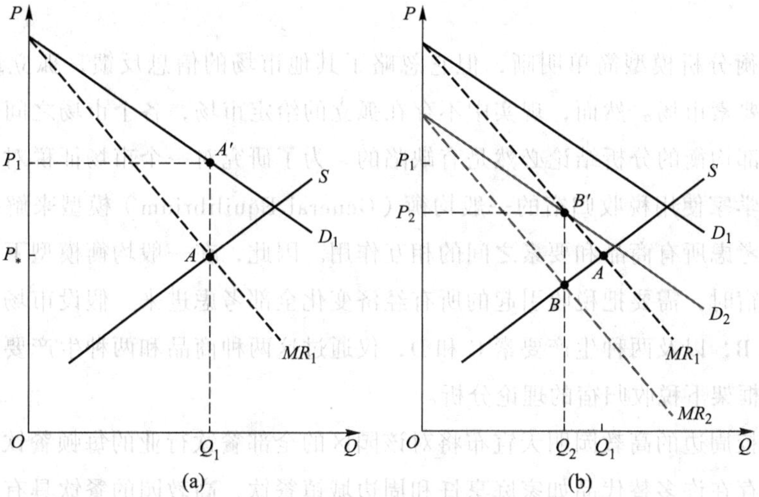

图 4-14 垄断市场中的税收归宿

图 4-14 给出了垄断市场均衡的情形。垄断者将其产量设定在边际收益曲线 MR_1 与供给曲线相交的地方（在 Q_1 处），然后使用需求曲线设定该产量下的价格（在 P_1 处）。如图 4-14（b）所示，如果对该市场上的消费者征税，需求曲线从 D_1 移至 D_2，使得边际收益曲线从 MR_1 移至 MR_2。新的均衡产量为 Q_2，新的价格为 P_2。

这种价格决策的结论是垄断者的边际收益曲线 MR_1，永远低于需求曲线 D_1。垄断者之所以从额外销售所获得的边际收益低于给定数量（需求曲线）下消费者的支付意愿，是因为其包括了所有其他产出低价格所带来的负效应。在这个例子中，垄断者选择生产 Q_1 产量，该产量下（点 A）边际收益等于边际成本。由需求曲线 D_1 所示，消费者愿意为产量 Q_1 支付的价格为 P_1。因此，垄断者的产量为 Q_1 和价格为 P_1。即使垄断者制定价格，其还是必须遵循需求曲线。例如，垄断者不能生产 Q_1 产量却制定 P_2 价格，这是因为在 P_2 的价格下，消费者的需求量是 Q_2，小于 Q_1。

如图 4-14（b）所示，考虑垄断市场下政府对消费者征税的情形。该税收降低了消费者对垄断者产品给定价格下的支付意愿，这导致需求曲线移至 D_2。这种支付意愿的减少也导致边际收益曲线移至 MR_2。新均衡为更低产出的 Q_2 和更低价格的 P_2。与竞争厂商一样，垄断者也承担了一部分的税收：消费者向政府纳税，垄断者获得更低的市场价格（P_2），因此他承担了税收负担。税收归宿的基本结论也同样适用于垄断市场。向哪一方征收并没有关系：即使垄断者拥有市场势力，对市场的任何一方征收都会导致相同的税收负担分配结果。因此，垄断者不能“使用其市场势力”来规避税收归宿基本结论的影响。

第三节 税收归宿的一般均衡分析

局部均衡分析模型简单明晰，但它忽略了其他市场的信息反馈，孤立地研究某一商品市场或要素市场。然而，现实中不存在孤立的给定市场，各个市场之间存在广泛联系。因而局部均衡的分析结论必然是有缺陷的。为了研究对一个市场征税对相关市场的影响，经济学家使用税收归宿的一般均衡（General Equilibrium）模型来解决。一般均衡分析需要考虑所有商品和要素之间的相互作用。因此，在一般均衡模型下，分析某种税的税收归宿时，需要把税收引起的所有经济变化全部考虑进来。假设市场上只存在两种商品 A 和 B，以及两种生产要素 C 和 D，仅通过这两种商品和两种生产要素就可以得出一般均衡框架下税收归宿的理论分析。

假设学校周边的高教园明天宣布将对该园区的全部餐饮行业的每顿餐饮征收 1 元的税收。由于存在许多替代品如家庭烹饪和周边城镇餐饮，高教园的餐饮具有很大的价格弹性。为了简化分析，我们假设高教园的餐饮需求具有完全弹性。

该假设下，餐饮税收的影响如图 4-15 所示。高教园的餐饮市场最初在点 A 达到均衡：价格为 20 元 / 份（P_1），每天的销售量是 1 000 份（Q_1）。征收餐饮税相当于增加

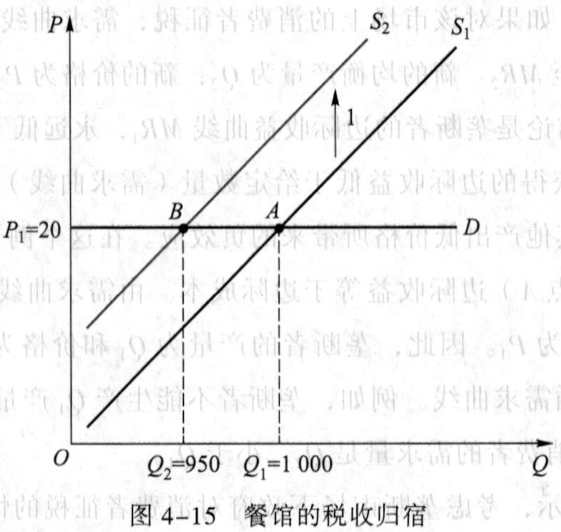

图 4-15 餐馆的税收归宿

了餐馆的边际成本并导致供给曲线从 S_1 移至 S_2，此时的销售量下降为每天 950 份食物（Q_2）。我们注意到，该税对餐馆的价格没有影响。由于需求是完全弹性的，任何提高消费者消费价格的行为都会完全失去市场。因此，餐馆完全承担了税收负担，而消费者不用缴税。

在标准的微观经济模型中，企业不是自我运作的实体，而是一种整合资本与劳动力以生产产品的技术。在餐馆的例子中，资本可理解为财务资本，即购买实物资本投入的金钱，如厂房、烤箱、桌子等；劳动力方面指的是工人为餐馆提供的劳动时间。当说 1 元的高教园餐饮税由餐馆承担，指的是由餐馆用来生产食物的要素（劳动力和资本）承担。为了准确识别谁承担了餐饮税，我们必须追溯一步，分析这些生产要素承担的餐饮税比重各是多少？

图 4-16（a）首先给出了高教园餐馆雇佣的劳动力市场状况。在该市场上，由于工人可以在高教园的其他餐馆或附近城镇的餐馆找到另一份工作，因此劳动力供给是具有弹性的。为了简化，我们假设高教园的劳动供给是完全弹性的。在初始市场均衡处（点 A），工资是每小时 8 元（W_1），劳动数量是每年 1 000 小时（H_1）。当新税生效时，餐馆承担了全部的税收负担（由于餐馆食物的劳动力供给是完全弹性的），他们会降低对工人的需求。当餐馆的食物被征税时，其对 1 小时劳动力的支付意愿也会下降，从而导致工人现在更不值钱了。高教园餐馆劳动力市场的需求曲线从 D_1 移至 D_2，当由于劳动供给是完全弹性的，工资并不会下降，且工人不用承担税收。如果餐馆的所有者尝试着给工人支付低于 W_1 的工资，工人们可以轻松地去其他地方工作。

现在考虑图 4-16（b）高教园餐馆雇佣的资本市场状况的情形。在短期，由于资本投入者不能随时退出，对高教园餐馆的投资使得他们已经花费于炉灶、桌子和房子的金钱无法取回。原则上，资本所有者可以转售这些产品，如椅子、桌子和房子，然而实际上资本所有者仅能获得一部分的购买价格。因此，虽然实际上资本的供给不是完全弹性的，为了方便，我们可以假定图 4-16（b）的资本供给是完全无弹性的。

该资本市场的初始均衡在点 A：资本收益率为 10%（r_1）以及餐馆的投资是 5 000 万元。当税收完全由餐馆承担，其会像减少劳动需求那样减少资本需求。当餐馆的食品被征税时，资本也会更没有价值，因此，餐馆仅会使用那些愿意接受较低收益率的资本。减少的需求体现在需求曲线从 D_1 移至 D_2；新的均衡点为 B，此时，资本收益率降低为 8%（r_2）。由于资本供给在短期是无弹性的，资本所有者将会通过较低的餐馆投资资本收益率承担餐饮税。因此，当高教园对餐馆的食物征税时，它的归宿将最终由高教园餐馆的投资者承担。这种对其他市场的承担溢出就是一个税收归宿一般均衡的例子。

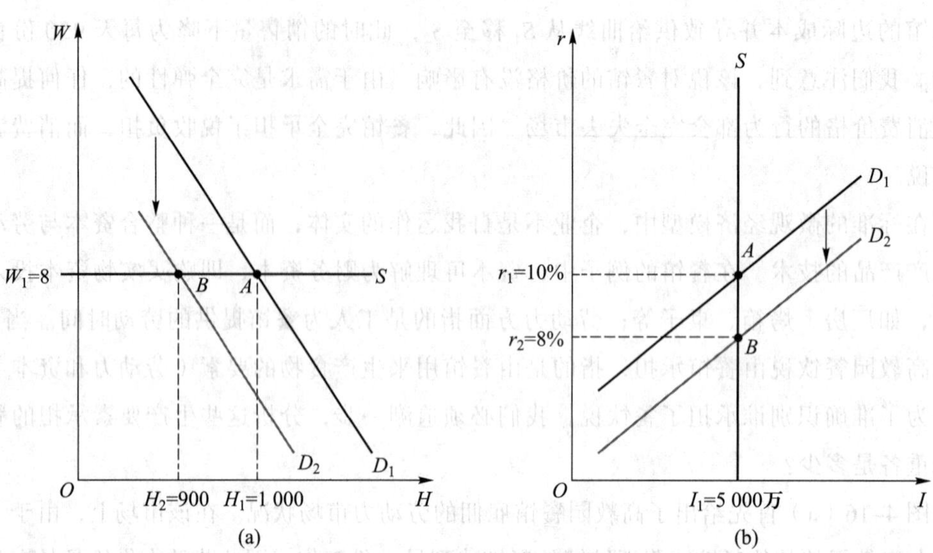

图 4–16 对劳动和资本征税的高教园餐馆资本和劳动的税收归宿

一、一般均衡归宿分析应考虑的问题

一般均衡归宿是一个“遵循税收负担”的游戏：分析不能止于被征税市场的影响，而是应扩展到其他相关市场，直至找到最终承担税收负担的个体。这一考虑一般均衡分析的过程产生了三个有趣的问题。

（一）税收负担的时间效应：短期与长期

在我们所做的假设下，我们得到了关于高教园餐饮税税收负担的一般均衡分析。这些假设在分析短期（1 年）餐馆税时可能是有效的。然而，在长期（如超过 10 年）这些假设将会是无效的。随着时间的推移，投资于高教园餐馆的资本不再是无弹性的，投资者可以关闭或卖出餐馆，收回金钱并投资于别处。事实上，长期资本供给很可能是富有弹性的，这是因为高教园有很多投资替代品。因此，长期资本所有者不再承担任何税收。

最具弹性的需求或供给市场参与者能够规避税收的法则永远都是“遵循税收负担”游戏的指引。我们看到，长期内资本供给是富有弹性的。劳动力供给在短期已经富有弹性，由于具有餐饮相关技能的工人可以离开高教园，去其他那些没有被征税、能够提供更高工资的城镇餐馆工作，因此劳动力供给在长期应该更具弹性。这一发现给我们出了一个难题：如果劳动力和资本在长期都不承担税收，那么究竟是谁承担了税收呢？

在餐馆的生产过程中还有一种无弹性的要素：餐馆建立所使用的土地。土地是固定供给的，因此从定义上来看是无弹性的。当劳动力和资本规避税收时，税收负担直接落在了高教园土地使用者的身上。由于工人不愿意接受高教园更低工资的工作，且资本使用者不愿意接受更低的收益率，唯一保证餐馆能够营业的方法就是降低他们支付的地租。因此，那些在短期和长期都是需求或供给无弹性的要素在长期中将会承担税收。

（二）税收范围对税收归宿的影响

税收归宿也会影响征税产品市场的份额。我们可以对比对高教园餐饮业征税与对整个北京市全部餐馆征税。高教园的食物需求可能富有弹性，而北京市全部餐馆的食物需求弹性则较小，这是由于此时寻找替代品更加不容易。虽然个人可以选择在家吃饭，但是要找到餐馆的替代品并不容易，除非你住在北京通州，方便去河北就餐。由于需求弹性较小，餐馆消费者将承担一部分税收负担。

在短期内，不由消费者承担的税收负担将在劳动力和资本间分配。然而，劳动力承担的归宿发生变化：因为工人不能像原来仅在高教园餐馆征税时那样容易地找到其他餐馆的工作（在上个例子中，他们可以在高教园的周边工作来规避高教园的税收负担）。由于相对于高教园餐馆，此时，整个北京市的餐饮业劳动力供给的弹性较低，劳动力会承担一部分的餐饮税，餐馆可以根据此项税收支付较少的工资，这是因为工人具有更少的工作选择。与之前一致，在短期资本是无弹性的，因此其也会承担一部分的税收负担。

因此，北京市全部餐馆的短期税收负担，将会由消费者、劳动力和资本三者承担，而不是完全由资本承担。各自具体承担的比例依赖于这些市场各自的需求弹性和供给弹性。一般均衡税收分析的目的，是让税收负担在所有相关方中得到全面的分配。当需求或供给不是完全弹性或完全无弹性时，税收负担就会涉及很多方。征税范围对税收归宿分析很重要，因为弹性与征管范围有关：相对于征税范围狭窄，征税范围越广税收越难规避，因此，厂商和消费者对税收的反应也会更小和更无弹性。

（三）产品市场间的溢出效应

虽然到目前为止的讨论仅集中在餐饮市场的消费者和厂商，税收归宿也会对其他产品市场产生影响。当消费者承担产品税收时，这种负担就会通过改变他们的预算约束来影响他们对其他产品的消费。这种对其他产品市场的溢出效应意味着一个市场的税收也会对其他市场的消费者和厂商带来负担或收益。

考虑北京市餐饮业税收的例子。该税通过提高消费者的税后价格来减少餐馆食品的需求。这种更高的税后价格也会对其他产品市场产生以下三种效应：

（1）消费者收入减少，因此可能购买更少的其他所有产品（收入效应）。

（2）消费者可能增加对其他餐饮替代品的消费，这是因为现在它们相比于被征税的餐饮更加便宜（替代效应）。

（3）消费者可能减少消费其他餐饮互补品的产品或服务，这是因为他们消费更少的餐饮（互补效应）。

一个完整的一般均衡税收分析必须考虑对所有其他市场的影响。追寻税收负担意味着不仅要在一个市场内进行，而且还要在不同市场间进行横向追寻，并在此基础上在这些市场内进行纵向追寻。例如，餐馆的税收提高了对电影的需求（需求曲线右移），这会导致常看电影的人支付更高的价格（因此，电影消费者承担了一部分的餐饮税收），电影业的从业者获得更高的工资，从而为投资于电影部门的资本带来更高的回报。事实上，一个完整的一般均衡分析也必须提供溢出效应的研究。一项税收导致的任何地区资本或劳动力的转移会增加其他地区的资本或劳动力供给，并降低其他地区的资本或劳动力的收益。

二、税收归宿的一般均衡理论模型

该模型假定在完全竞争的市场经济下，经济中只存在 A、B 两种商品和 C、D 两种生产要素；生产要素总量固定且在两部门之间可以自由流动；要素之间替代的难易程度不同；消费者的偏好相同；不同部门拥有不同的生产技术，但任何一个部门都是规模报酬不变的。基于以上假定，可以分析在一般均衡模型下的税收归宿问题。

在上述假定下，存在 9 种可能的税种：对 A 或 B 中使用的 C 或 D 征税，这 4 个税种统称为部分要素税；对 A 和 B 的消费征税，这两个税种统称一般商品税；对生产要素 C 和 D 的使用征税，这两个税种统称一般要素税；还有一般所得税，即对提供要素 C 和 D 的所有者征税。在这 9 个税种中，某些税种之间的组合的影响与另外某些税种的影响是等价的，称之为税收等价关系。

对商品 A 或 B 使用的要素 C 和 D 以某一固定的税率征税，在效果上与以相同的税率对 A 或 B 进行征税是一样的，因为要素价格的上升会导致商品成本增加进而导致价格上升；对商品 A 和 B 使用的要素 C 或 D 以某一固定的税率征税，在效果上与以相同的税率对 C 或 D 进行征税是一样的；对要素 C 和 D 以某一固定的税率征税，在效果上与以相同的税率征收一般所得税是一样的；对商品 A 和 B 以某一固定的税率征税，在效果上与以相同的税率征收一般所得税是一样的。

（一）商品税归宿的一般均衡分析

假设对商品 A 进行征税，会使 A 的价格升高，从而消费者会寻求替代品 B，相应的对 B 的需求就会上升，进而 B 的价格也会上升，因此政府对商品 A 的课税不仅使税负落到 A 的消费者身上，而且也会部分落在 B 的消费者身上。

由于对 A 的消费减少，用于生产 A 的要素 C 和 D 便会产生大量剩余，必然会流向 B 的生产，但是由于 A 和 B 的生产所使用的要素 C 和 D 的比例不同，在两种要素流向 B 的生产部门时，二者的相对价格会发生改变。假如，生产 A 的过程中密集地使用要素

C，那么，需要由商品 B 吸收的要素 C 相对就比较多，只有当 C 的相对价格下降时，商品 B 才能完成这种吸收。因此，当新的均衡状态达到之后，要素 C 的境况相对变差。一般来说，对于某种商品进行征税，会使生产该商品的密集要素的情况变得更差，相对价格变得更低，其情况变差的程度取决于两种商品使用该要素的比例。同时，商品 A 的需求弹性的大小也决定了要素 C 的变化情况，A 的需求弹性越大，征税使得要素 C 的挤出更多，从而使 C 的情况变得更糟。

（二）部分要素税的一般均衡分析

如果政府选择对某一产品的特定生产要素进行征税，会产生替代效应和产出效应。现假设政府对生产 A 商品的要素 C 进行征税，分析结果如下：

一方面，由于对要素 C 进行征税，会使要素 C 的价格上升，从而会减少要素 C 的使用，增加对要素 D 的使用，这就是要素的替代效应。也就是说，生产 A 商品的厂商会倾向于用 D 替代 C，其结果必然是投入于 A 商品的要素 C 的相对价格变低。随着生产要素从 C 向 D 转移，这种替代效应也会发生在商品 B 上。

另一方面，对生产 A 商品的要素 C 进行征税，会使商品 A 的价格上升，从而降低对商品 A 的需求，从商品 A 中释放出来的要素 C 和 D 便会应用到商品 B 的生产上，这种叫作产出效应。若商品 A 密集地使用要素 C，则对商品 A 需求量的下降会释放出更多的 C 为 B 所用，因此 C 的相对价格会降低。因此，产出效应和替代效应的作用方向一致。

总之，政府选择对某行业中的某种生产要素征税，不仅该部门的这种要素要承担税负，其他部门的该要素也要承担，甚至可能承担高于政府实际征收的税额。只要要素在不同部门间可以流动，对其中一个部门中某个要素的课税最终会影响两个部门的两种要素的收益。政府征税对商品和要素的影响，主要取决于该要素在生产该商品中使用的密集程度以及商品的需求弹性。综合分析以上原因，可以得出政府征税对税收归宿的影响。

本章小结

1. 法定纳税人和实际税负者可能不同。虽然法律指定了应该支付税款的人，但实际上税收可能会通过价格调整被转嫁给其他人，如消费者或其他商家。

2. 税负的分配与税收对象无关。不论税收最初是从供应商还是消费者那里收取，税收的最终负担通常由市场供需的弹性来决定。

3. 弹性越大，税负越少。在市场上，无论是供应者还是需求者，弹性越大的一方可以更有效地避免税收负担，意味着他们可以通过调整价格来减少自己的税收负担。

4. 增税与减税效果对称。增加税负和减少税负对市场参与者的影响是对称的。这意味着税收的增减会以相反的方式影响经济主体。

5. 随着市场实际情况的复杂性增加，如引入市场不完全竞争、一般均衡等因素，对税收归宿的分析也会变得更加复杂。这要求政策制定者和经济学家在设计税收政策时，需要考虑这些因素，以确保税收系统的公平性和有效性。

课后习题

1. 为什么说税收的法定负担者不是真正承担税收的人？

2. 如何理解弹性大的供给或需求方承担更多的税收？

3. 试用一般均衡模型分析减税降费的效应。

4. 试用税负转嫁理论分析某些咖啡店借“营改增”提价。

拓展阅读

[1] Oates E W, Schwab M R. The Window Tax: A Case Study in Excess Burden. Journal of Economic Perspectives, 2015, 29 (1): 163-180.

[2] Ramsey, Frank P. A Contribution to The Theory of Taxation. The Economic Journal, 1927, 37 (145): 47-61.

[3] Benzarti R, Carloni D, Harju J, et al. What Goes Up May Not Come Down: Asymmetric Incidence of Value-Added Taxes. Journal of Political Economy, 2020, 128 (12).

[4] Jonathan Gruber. Public Finance and Public Policy. 5th ed. Worth Publishers, 2015. Chapter 19.

即测即评

扫描二维码，进行本章在线测试。

第五章

宏观税负

本章导言

宏观税负是国家整体税费负担水平的重要指标，反映了一国政府在收入分配中所占的份额。本章一是介绍宏观税负的基本含义，并结合现实数据介绍了中国宏观税负的测算口径与方法。二是结合最优宏观税负理论，理解宏观税负和微观税负的结构，对我国当下减税降费政策的成效进行介绍。

重要术语

宏观税负　宏观税负的测算口径　最优宏观税负

第一节　宏观税负概述

一、宏观税负的含义

宏观税负是国家整体税费负担水平的重要指标，反映一国政府从收入分配中拿走的份额和政府财政能力的强弱。探究宏观税负的水平以及随时间的变化特征，有助于了解微观主体面临的宏观税费环境，为宏观财税政策的制定和调整提供参考。

一个国家的宏观税负受到多方因素的影响，最优的宏观税负取决于发展目标、发展阶段和经济社会结构等因素，并无统一标准。宏观税负的影响不能简单视之：一方面，宏观税负越高，企业生产和投资的积极性就越会受到影响，从而影响经济总产出和民生福祉水平；另一方面，宏观税负越高意味着政府的财政收入更多，财政支出能力也就更强，提供公共品能力的增加，从而有效增进民生福祉、促进公平。总之，宏观税负要综合考虑一国经济发展水平、财政政策目标和现实财政约束。

二、宏观税负的测算口径与方法

宏观税负指标可以按照大、中、小三种统计口径来衡量。三种口径的计算公式如下所示：

$$\text{小口径} = \frac{\text{税收收入}}{\text{GDP}}$$

$$\text{中口径} = \frac{\text{财政收入}}{\text{GDP}} \text{或} \frac{\text{财政收入} + \text{社会保障基金收入}}{\text{GDP}}$$

$$\text{大口径} = \frac{\text{全部政府收入}}{\text{GDP}}$$

其中，中口径指标包括两个测度方法：一是财政收入（一般公共预算收入）占 GDP 的比重，二是进一步加入社会保障基金收入后再除以 GDP。

在这三个口径之中，如果以全面衡量政府分配收入能力为目标，大口径的宏观税负更为契合。这一口径与国际货币基金组织（IMF）2001 年制定的《政府财政统计手册》的口径最为接近，是当前世界主要经济体通行的政府财政统计标准。

与其他两种口径指标有明确的分子不同，大口径宏观税负的测量还存在一些值得特别关注之处。按照 IMF 的统计口径，广义的政府收入包括一般公共预算收入、社会保障基金收入、扣除国有土地使用权出让收入之后的政府性基金收入和国有资本经营预算收入。这和我国政府收入的“四本预算”对应。然而，因为它们之间存在交叉重复部分，不能将四本预算的收入简单相加，需要做相应扣除。不同的扣除方法，可能造成宏观税负测算结果的重大差异。

在政府收入的测算中，有三类收入需要特别关注。第一是交叉重复的收入，包含社会保障基金的补助收入，以及一般公共预算、政府性基金预算、国有资本经营预算中的结转收入和调入收入。其中，社会保障基金的补助收入体量相对较大。第二是债券收入，不能完全算成当期政府收入。第三是涉及政府资产变化或资产收益的收入，如土地出让收入。根据 IMF《政府财政统计手册》的定义，政府收入是指增加政府权益或净值的交易。国有土地出让只是政府土地资产的减少和货币资金的增加，并没有增加政府的权益或净资产，因而不计作政府收入。而且从 GDP 核算角度来看，土地出让收入本质上是一种价值转移，原则上没有增加 GDP。但是在我国，土地出让收入又的确是地方财政的重要来源。因此，一些学者认为不考虑土地出让金就不能很好地反映当年政府收入的实际情况。也有学者进一步提出土地出让金并不完全由政府支配，只有扣除成本补偿性费用后的净收益才是政府可用财力。

此外，还有学者提出需要将分母变成可供分配的财富，但是由于财富计算过于复杂，学术界也未形成共识，因此目前仍主要以 GDP 为分母来测算宏观税负。

总之，如果以全面衡量政府分配能力为目标，大口径宏观税负具有一定的通用属性，在我国当前制度背景下考虑多方因素后，将扣除交叉重复收入和债券收入、计入土地出让收入但扣除相关成本补偿性费用的全部政府收入作为分子，将 GDP 作为分母计算而得的大口径宏观税负，是整体上较为合理的一种算法。

专栏 5-1 不同测算方法下的大口径宏观税负差异

大口径政府收入测算方法的不同会导致不同的宏观税负测算结果。例如，李炜光、臧建文（2017）考虑了包括土地出让金在内的政府基金收入以及包括国有资本经营预算收入在内的国有企业利润，但没有剔除重复项，发现中国大口径宏观税负在 2010—2015 年为 37%~40%，略高于同期发达国家，进而提出了中国面临“死亡税率”的说法。

陈彦斌、陈惟（2017）按照国际可比口径，剔除了四项财政预算收入中存在的三类重复部分，发现中国宏观税负与主要发达国家和发展中国家相比并不高，大口径宏观税负在 2012—2016 年维持在 32%~35%。

李永刚（2012）、国家发改委经济研究所课题组（2014）也按照国际可比口径，发现中国的宏观税负普遍低于大部分发达国家。吕冰洋等（2020）在计算宏观税负时，除了剔除了四本预算中重复的部分，还扣除了土地出让时的成本补偿性费用，计算得到 2017 年大口径宏观税负为 28.9%。

另外，董根泰（2014）还考虑了宏观税负分母 GDP 的不同测算，基于调整三个因素后测算出的 GDP，发现宏观税负增加不少，尤其是大口径税负在 2010 年已达到 41.1%。

那么，在不同测算口径下中国的宏观税负到底怎样呢？图 5-1 报告了我国 1990—2020 年不同口径下的宏观税负水平。其中，中口径指标包括两个测度方法：一是财政收入（一般公共预算收入）占 GDP 的比重，二是进一步加入社会保障基金收入后再除以 GDP（未扣除财政收入补贴）。① 大口径指标采用了 IMF 口径，用官方的广义政府收入作为分子。② 可以看到，小口径和中大口径的计算结果差别较大。以 2019 年为例，小口径下的宏观税负水平为 16.0%，而中口径的测量则为 19.3% 和 27.8%，大口径的宏观税负水平是 27.4%。

时间趋势上，各个口径宏观税负的变化趋势基本一致，而且它们的变化趋势与税收政策改革密切相关。其中，1994 年分税制改革后，宏观税负开始持续上升（1995 年或 1996 年是拐点）。宏观税负在 2012—2015 年出现反转，开始下降，这与近年来的大

① 这里没有剔除社会保障基金内的财政收入补助，因为这个收入在 2007 年之前不可得。

② 我国 2010 年才正式形成“四本预算”预算管理体制，所以大口径宏观税负 2010 以后才有信息。

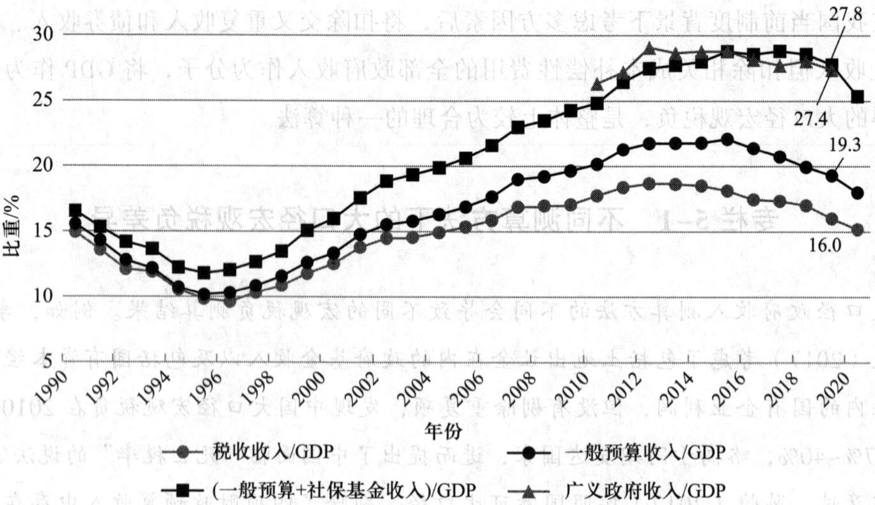

图 5-1 大中小口径下的中国宏观税负水平

资料来源：各年度《中国统计年鉴》。

规模减税降费有关。其中，小口径宏观税负的拐点在 2012 年，而中、大口径的拐点在 2015 年左右。

小口径及两个中口径之间的差距随时间明显扩大，说明非税收入以及社保收入（包含财政补贴）对宏观税负的贡献在逐渐增强。2016 年，非税收入对大口径税负的贡献率达到 14%，之后开始缩减；而社保收入的贡献率在 2019 年达到最高的 31%，2019 年之后因为社保缴费大幅调整开始下降。

表 5-1 进一步给出了我国 2010—2019 年两种常见大口径测量的结果，即 IMF 口径（图 5-1 中呈现）和考虑土地出让净收益的口径。首先，不同大口径测算方法下的中国宏观税负水平在这十年都不超过 30.5%，低于同期高收入国家（40%）和中等收入国家（31%）的平均水平。其次，中国的大口径宏观税负水平在 2010—2019 年总体稳定，且在 2012 年或 2015 后呈现出下降趋势。考虑土地出让净收益之后的宏观税负比 IMF 口径的宏观税负略高，不过两者的差距不大。

表 5-1 基于不同大口径方法测算的宏观税负

年份	四本预算合计（亿元）	广义政府收入（IMF 口径；亿元）	土地出让金（亿元）	土地成本性支出（亿元）	宏观税负 = 列 3/GDP（IMF 口径）	宏观税负 =（列 3+4−5）/GDP（考虑土地出让净收益的口径）
（1）	（2）	（3）	（4）	（5）	（6）	（7）
2010	137 953	108 492	28 198	13 277	26.3%	29.9%
2011	172 359	132 681	31 140	20 591	27.2%	29.4%

续表

年份	四本预算合计（亿元）	广义政府收入（IMF 口径；亿元）	土地出让金（亿元）	土地成本性支出（亿元）	宏观税负 = 列 3/GDP（IMF 口径）	宏观税负 =（列 3+4−5）/GDP（考虑土地出让净收益的口径）
（1）	（2）	（3）	（4）	（5）	（6）	（7）
2012	187 772	156 578	26 692	19 859	29.1%	30.3%
2013	219 123	169 952	39 142	30 359	28.7%	30.1%
2014	236 946	185 211	40 480	30 313	28.8%	30.4%
2015	243 522	198 480	30 784	23 978	28.8%	29.8%
2016	258 963	210 065	35 640	28 763	28.1%	29.1%
2017	295 089	230 540	49 997	39 641	27.7%	29.0%
2018	340 741	257 770	62 911	53 371	28.0%	29.1%
2019	362 032	270 149	70 679	58 210	27.4%	28.6%

注：广义政府收入 2013—2019 年数据源自政府公开的数据，2010—2012 年与财政部公布的计算口径一致，在四本预算收入的基础上，剔除了土地出让金和社保补助资金、财政结转资金、政府性基金调出资金等重复计算的资金。其他数据均来自《中国财政年鉴》。2015 年之后（含）的土地成本性支出根据地方国有土地使用权出让金支出和 2014 年成本性支出占比推算。

三、宏观税负的实质：政府和市场的边界

宏观税负高低一定程度上体现和决定了资源更多由政府配置还是市场配置，政府的"有形之手"和市场的"无形之手"都可以提升社会福利，政府通过财政收支提供公众服务并缓解经济活动中的外部性以提高生产效率、促进社会公平，市场通过优化资源配置提高社会效率，二者相辅相成。因此，厘清政府和市场的边界，科学界定政府职能是确定宏观税负的逻辑起点。政府和市场配置资源以提升社会福利最大化的效能决定了最优税负水平，宏观税负是否处于最优水平取决于财政收支是否有利于提高社会总福利，包括提高效率和促进社会公平。

例如，政府对企业征税会影响企业的投资和生产决策，但政府发展型支出（如基础设施投资、创新支持等）可以克服市场难以解决的外部性和协调失灵等问题，提高社会福利。所以最优税负水平取决于政府进行发展型支出和企业在市场配置资源的社会效益比较。一方面，从社会福利最大化的视角，政府应该最大程度降低税收对社会福利的负面影响，最大程度提高发展型支出的社会效益。另一方面，企业之间的税负不平等值得高度关注，促进不同行业之间、地区之间企业的税负公平是促进企业高质量发展的重要保证。

再如，政府对居民征税会减少居民可支配的资源，但政府民生型支出（如教育、医

疗、养老等以及应对疫情等重大冲击的支出）能够提高居民福利水平，促进社会公平，提高社会总福利。从理论上讲，最优税收规模应当达到这样一种状态：征税的边际负效应与公共产品的边际正效应相等。从社会福利最大化的视角，政府应最大程度降低税收对居民福利的负面影响，最大程度提高民生型支出的社会效益，促进社会公平。“以人民为中心”的发展思想要求财政支出能最大程度提高居民福利，以居民福利最大化为目标。随着收入水平的提高，居民教育、医疗、养老等公共物品的需求越来越高，政府在民生型公共资源配置中的作用将增强。

四、宏观税负的影响因素和最优宏观税负

宏观税负是衡量国家税收总体负担水平的重要指标，是企业部门和居民部门向政府让渡资源多寡的度量，反映一个国家能够把多少资源用于公共支出。为了促进社会福利最大化，一个国家的最优宏观税负取决于发展目标、发展阶段和经济社会结构等。因国情不同而不同，不存在一个绝对的最优宏观税负水平。

第一，一个国家的发展目标受到文化传统、政治结构和经济社会结构等诸多方面因素影响，是一个社会的公共选择问题。就中国而言，“以人民为中心”的发展思想要求财政收支需要切实回应人民群众的各类需要。当前社会的主要矛盾是人民日益增长的美好生活需要和不平衡不充分的发展之间的矛盾，因此未来财政收支的目标就需要更加注重社会公平，更加注重经济社会的平衡和充分发展。“十四五”时期以推动高质量发展为主题，创新是经济高质量发展的第一驱动力，未来财政收支要更加注重对创新的引领作用。这些发展目标都会影响对政府职能和作用的要求，进而影响最优的宏观税负。

第二，不同经济社会发展阶段所要求的最优税负水平和支出结构存在差异。在经济发展初期，市场不完善和基础设施不足是制约经济社会发展的主要因素，发展型支出社会效益更高。随着经济发展逐渐成熟，民生型支出的社会效益更高，能够满足居民更高层次的需求。不同发展阶段财政支出需求不同，其最优宏观税负也不同，一般而言，宏观税负水平与经济发展水平呈正相关：经济发展水平越高，对民生型支出的需求越高，宏观税负水平越高。

第三，不同经济社会结构下最优税负水平和支出结构也存在差异。产业结构、城乡结构、区域结构和收入分配结构对一个国家的财政收支都有影响，例如，在工业化和城市化快速推进过程中，对基础设施的需求比较高，发展型支出的社会效率也很高；但在工业化中后期，基础设施投资的社会效益将不断递减，发展型支出占比将下降。在未来，中国面临人口结构老龄化问题，将导致医疗、健康、养老等民生型支出需求大幅度上升，宏观税负也需要做出相应调整。

第二节　宏观税负与微观税负的结构

一、宏观税负与微观税负的结构分析

首先，从宏观层面分析宏观税负的具体结构，可以从宏观数据出发，来分析企业缴纳的主要税费的结构，以国内生产总值（GDP）为基础，可以将企业税费划分为企业所得税、增值税、消费税、社保缴费（五险一金）和其他税费，通过它们占 GDP 的比重来考察宏观税负结构。

其中，其他税费 = 其他税种 + 教育附加等专项收入 + 政府行政事业收费。其他税种包括资源税、城市维护建设税、城镇土地使用税、烟叶税、耕地占用税、车船税、船舶吨税、房产税和其他税收收入。

另外，社保缴费需要剔除财政补贴以及居民保险，但一般包含个人缴费，因为我国公开数据中一般不区分企业缴费和个人缴费。鉴于企业缴纳和个人缴纳的比例相对固定，因此整体社保缴费收入的占比反映的是企业社保负担的趋势。

通过分析这些比例，可以获知从宏观层面上，各类税费的占比情况和演变趋势，从而进一步认识宏观税负的内涵，并为宏观财政政策提供参考。从宏观层面来看，增值税和企业所得税是我国当前最重要的两个税种，除此之外社保缴费也是十分重要的项目，尤其是近年来的增长较为迅速。

专栏 5-2　中国宏观税负结构的演变趋势

图 5-2 统计了中国 1994—2019 年的宏观税负结构。在企业缴纳的税费中，增值税和社保缴费是目前最主要的两个税费种类，其他税费位居第三，略高于企业所得税。从时间趋势来看，社保缴费负担的增长最为明显，在 2019 年之前保持持续增长，尤其是在 2010 年后有所提速，占 GDP 比重从 2006 年的 3.2% 增加到了 2018 年的 4.9%。增值税、营业税和消费税是典型的流转税，以三者之和衡量的流转税毫无疑问一直是税收主体，在 2012 年之前呈现增长趋势，占 GDP 比重从 1995 年的 6.5% 上升到 2009 年的 9.3%；2012 年之后有所下降，至 2019 年下降为 7.6%。企业所得税虽然一直备受关注，但是其比重从 2009 年之后就开始位居第三，2019 年占 GDP 的比重为 3.8%。其他税费在 2007 年之后也有明显增长，不过到 2015 年之后明显缩减，在 2019 年占 GDP 的比重达到 2.6%，位居第四。

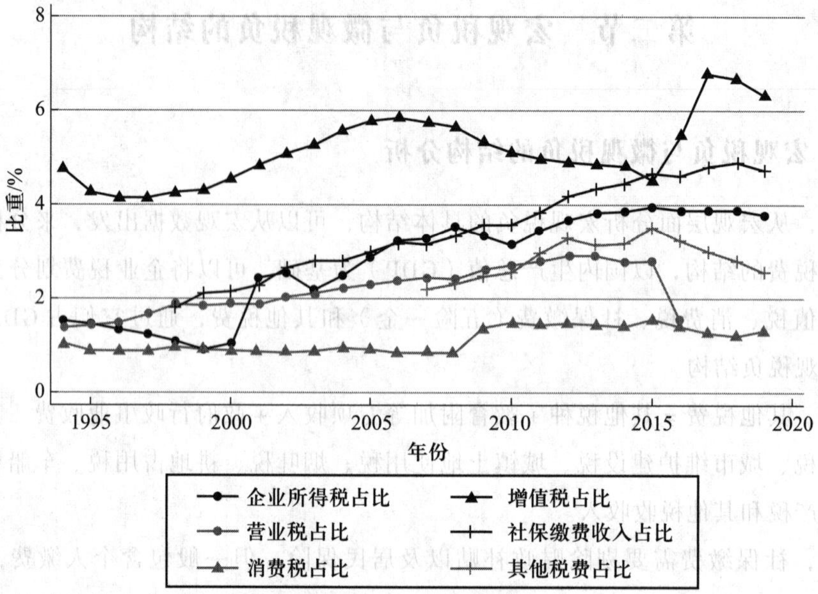

图 5-2 中国税费结构[①]

资料来源：《中国财政年鉴》。

其次，介绍企业层面的微观税负结构的分析方法。为分析企业实际承担的税费结构，切实反映企业现金流量的变化和政府参与企业收入分配的程度，一般将相关税费占销售收入比重作为衡量企业税费负担的指标。为分析具体结构，可以对企业面临的税费种类按照如下标准进行划分：

（1）企业承担的税收负担。税收负担的计算口径为：

$$税 = 所得税 + 增值税 + 消费税 - 出口退税 + 其他税种$$

其中，其他税种一般包括城市建设维护税、资源税、土地增值税、房产税、车船税、土地使用税、印花税、耕地占用税、契税和车辆购置税。

（2）企业承担的费用负担。费用负担又可划分为社保费用负担和其他费用负担（即政府行政事业收费）。其中，政府行政事业收费一般包括教育费附加（包括地方教育费附加）、文化事业建设费、水资源费、水利建设基金和已纳残疾人就业保障金等。

通过分析这些科目占企业营业收入的比重，可以获知企业等微观主体层面面临的税费负担。

① 注：其他税费中的较多信息在 2007 年之前不可得，因此此处只展示了该变量 2007 年之后的趋势。

专栏 5-3 我国宏观税负与经济周期的相关性

先关注小口径的宏观税负，即不考虑非税收入和社保费的税收收入的顺逆周期性。首先，基于经典的 HP 滤波法来计算得到 GDP 对数和税率的周期性波动成分，其次计算两个波动项的相关系数，分析税负的顺逆周期性。

表 5-2 的第（1）行给出了相关性数值和 p 值，显示 1994—2018 年我国小口径宏观税负和 GDP 波动没有显著相关性，意味着平均而言没有明显的顺逆周期性。但是税负的顺逆周期性在不同时间段有明显不同：在 1994—2002 年，GDP 与税负波动项在 5% 的水平上显著负相关，说明税收会放大经济周期的影响。在 2003—2018 年，GDP 与税负波动项在 1% 的水平上正相关，说明税收有助于减弱经济周期的影响，帮助企业应对周期性冲击。可以看到，我国税收总体的周期调节功能在 2003 年后有明显改善。表 5-2 的第（2）行显示，考虑了非税收入的一般预算收入，和税收收入的周期性完全一致，这与财政收入中税收收入占主导相关。同时第（3）行显示非税收入的顺逆周期性和税收收入不同：2003 年之前和 GDP 波动显著正相关，和税收收入的顺逆周期性正好相反；而 2003 年之后和 GDP 波动则没有显著相关性。因此非税收入的周期调节功能在 2003 年之后反而减弱。

表 5-2 税费比率与经济波动的相关性

项目	行数	1994—2018 年	1994—2002 年	2003—2018 年
宏观税负 1（税收收入）税率波动与实际 GDP 波动相关系数	（1）	0.123 （0.558）	−0.671** （0.048）	0.683*** （0.004）
宏观税负 2（财政收入占 GDP 比重）波动与实际 GDP 波动相关系数	（2）	0.259 （0.216）	−0.612* （0.080）	0.666*** （0.005）
非税收入波动与实际 GDP 波动相关系数	（3）	0.351* （0.086）	0.677** （0.045）	0.309 （0.245）
项目	行数	1998—2018	1998—2005	2006—2018
社保缴费费率（占 GDP 比重）占实际 GDP 波动相关性	（4）	−0.352 （0.118）	−0.560 （0.149）	−0.248 （0.415）
宏观税率 3（财政收入 + 社保缴纳收入占 GDP 比重）波动与实际 GDP 波动相关系数	（5）	0.389* （0.081）	−0.549 （0.158）	0.6219** （0.023）
项目	行数	1994—2015 年	1994—2002 年	2003—2015 年
增值税税率（占工业批发增加值比重）波动与实际 GDP 波动相关系数	（6）	−0.406* （0.061）	−0.402 （0.284）	−0.606** （0.028）
项目	行数	1994—2018 年	1994—2002 年	2003—2018 年
企业所得税税率（/GDP）波动与实际 GDP 波动相关系数	（7）	0.011 （0.960）	−0.181 （0.642）	0.209 （0.438）

注：* 代表在 10% 水平上显著，** 代表在 5% 水平上显著，*** 代表在 1% 水平上显著。

第（4）行考虑社保缴费收入，社保缴费没有显著的顺逆周期性，不能帮助企业应对经济周期的影响。第（5）行中，将社保缴费和财政收入相加，发现这一口径的宏观税负和财政收入的周期性类似，2003 年前后有所差别，2003 年之后周期调节功能有所改善，呈现出显著的逆周期调节性。

增值税是流转税的主体税种，预期其自动稳定器功能较弱，因此和经济周期的正向关系比较弱，第（6）行证实了这一点。考虑以工业和批发业工业增加值为基准的增值税税率，同时只考虑大规模推行“营改增”（2016 年）之前的周期。结果显示，1994—2015 年增值税税率波动与 GDP 波动在 10% 的水平上显著负相关，而且这一关系在 2003 年之后变得更强，说明我国增值税税收不利于帮助企业应对经济周期，反而扩大了经济周期的影响。这与之前看到的 2003 年之后宏观企业税负和经济周期的正相关关系形成了鲜明的对比。

最后，分析企业所得税的顺逆周期性。第（7）行结果显示，宏观层面企业所得税占 GDP 比重的顺逆周期性不显著，不过其相关系数方向显示，2003 年之后相关关系为正，有助于缓解经济周期的影响。

二、中国宏观税负相关实践：大规模减税降费及其效果

当前与中国宏观税负密切相关的一个背景是，近年来我国实行了大规模实质性减税降费，那么其效果如何呢？关于减税降费的效果，我们从增值税、社保费和所得税三个角度出发，对这些问题进行回应，从而有助于进一步认识中国的宏观税负问题。

（一）增值税减税的效果

增值税在中国税制中扮演着重要的角色。随着我国在 2009 年全面推行“增值税转型”改革、2012 年以来在全国逐步推开“营改增”以及 2019 年为实现更大规模的减税降费而深化增值税改革，增值税税负逐渐下降。

1. 增值税改革如何影响企业行为

（1）增值税改革对企业投资行为的影响。减税可以通过降低投资成本等直接渠道和改善企业现金流或估值等间接渠道促进投资。除了对投资总量的影响外，更重要的是减税还可能影响投资结构，比如增值税税率的降低将减少企业的资金约束，使企业转向生产性投资，在短期内可以刺激企业的固定资产投资，在长期内可以提升供给效率。

（2）增值税改革对企业市场经营行为的影响。税改的最终目标并不仅仅在于减轻企业的税收负担，而是理顺产业间的投入产出关系，促进产业间的分工和协作，提升专业化生产的水平，最终实现我国产业的转型和升级。一方面，“营改增”以及降低增值税率在具备产业互联的企业中产生了明显的减税效应和分工效应，有助于提升产业分工效率。另一方面，企业的进入与退出是产业循环和市场循环的重要环节。新设企业往往使用更为先进的生产技术，有利于加强市场竞争，优化资源配置，调节经济结构。增值税

税率降低和扩大增值税进项抵扣范围能够显著激励企业进入，这同样也有助于优化资源配置。

（3）增值税税率对企业生产率的影响。税收是约束企业生产经营的重要宏观变量。从企业内部的技术研发活动来看，税收负担降低了企业经营利润率与研发项目的税后投资回报率，面对高风险与低回报并存的困境，企业所有者与经理人的理性决策是停止创新活动或削减研发支出，采取较为保守的经营策略。较重的增值税负担会扭曲企业面对的价格信号与边际决策，从而抑制研发创新活动。从企业间资源配置层面来看，多档税率会降低增值税效率，宽税基和简化的税率档次是更优选择。增值税多档税率会导致抵扣链条出现“低征高扣”和“高征低扣”现象，扭曲中间投入价格，由此造成的资源误置会带来全要素生产率损失。增值税减税有助于缓解这些问题，并提升企业生产率。

2. 增值税减税如何影响主要受益者

增值税税率下调对企业的直接影响是企业增值税税负水平的变化。不考虑商品服务价格变化会导致供需关系变化时，根据税收归宿理论，在完全竞争的市场中，只有在需求完全有弹性、供给完全无弹性的极端情况下，增值税减税的幅度才与价格降低的幅度相同，减税红利由最终消费者获得，不影响交易链条中间环节企业的损益。增值税是典型的流转税，通常情况下，税收负担可以通过价格机制转嫁，因此增值税税率下调导致的企业实际税收负担变化取决于税收转嫁和归宿的情况。当只有生产者和消费者两个部门的情形下，税收负担归宿的分析已经非常成熟，税收归宿依赖于供给和需求的相对价格弹性，议价能力越强的一方承担更少的税收负担，税收造成的超额负担取决于税收对均衡数量的影响程度。当生产者部门是一条产业链的情形下，增值税减税将会对交易链条中各企业的财务状况产生不同程度的影响，税收负担的分配取决于上下游企业之间的议价能力。当产业链上的上下游企业非合作定价时，对税收反应最不敏感的环节将承担更多的税收负担或享受更少的减税好处。对于处于交易链条中间的企业，可能因议价能力较弱、供需弹性均较小等原因，既无法完全向下游企业转嫁销项税负，又要承担上游企业向其转嫁的进项税负，而那些议价能力强、核心竞争力强的企业将分享更多的增长红利。

（二）社保费降费的效果

社会保险是民生安全网和社会稳定器。2015 年以来，世界经济复苏乏力，我国经济下行压力加大。为减轻企业负担，激发市场活力，我国先后 5 次降低或阶段性降低社会保险费率。为应对新冠疫情对经济社会发展的负面影响、鼓励企业复工复产，社会保险费再次“叠加”实施阶段性减免。从本质上讲，社会保险降费的过程就是降低“税收楔子”的过程。国际上将国家强制要求缴纳的社保缴费和个人所得税统称为劳动税收楔子（Labor Tax Wedge），其法定税（费）率的高低直接影响企业雇佣职工的积极性。高费率加重企业负担且无法保障大批劳动者权益，因此企业采取一系列措施以规避缴费，如低报正式员工人数或员工工资，使大批劳动者和工资收入处于“地下”状态，扰乱劳动力市场秩序。另外，收窄费基导致社保基金收入紧张，进一步加剧提高费率的压力。养老保险缴费比例较高将导致更多企业采取各种方式逃避缴费，进而影响社会保障体系的顺利运行。

从企业社保成本对劳动力市场和实体经济发展的影响来看，社保成本将导致员工工资的减少，企业法定缴纳的社会保险成本实际被大部分转嫁到员工工资上。企业缴费比例的上升将挤出员工工资与福利、减少企业雇佣人数。因此社保负担下降有助于扩大就业，保障劳动者的权益。

从企业投资行为来看，社保费负担调整有利于降低企业生产经营成本，对企业投资增长和创新产生了显著的正向激励作用。降低企业社保成本政策的有效落实，还会刺激企业扩大投资，促进地区经济发展，尤其在当前人口老龄化加剧的背景下，社保负担下降既降低了企业的人力成本，注入了内生动力，也有助于提高企业参保缴费的积极性，为社会保险费扩面征缴打下了良好基础。当然考虑到目前我国经济基本面难以支持社保费的长期减免，对阶段性社保费减免政策的长期扩展应持谨慎态度。

（三）所得税改革的效果

近年来我国还推行了一系列企业所得税减税政策，尤其是针对小微企业，出台了不少减税或优惠举措。对于政策效益，在宏观经济效应方面，小微企业的税收优惠政策在增加就业、促进经济发展方面起到了显著促进的作用。在微观层面，获得政府税收优惠能够有效降低企业税收负担，提高企业利润、就业率以及创新投入，可以为企业带来持续的业绩增长以及固定资产的再投资，这些都有助于小微企业进一步发展壮大，提供公平的竞争环境。

本章小结

1. 宏观税负是国家整体税费负担水平的重要指标，反映一国政府从收入分配中拿走的份额和政府财政能力的强弱。

2. 宏观税负指标可以按照大、中、小三种统计口径来衡量。三种口径的计算公式如下所示：

$$小口径=\frac{税收收入}{GDP}$$

$$中口径=\frac{财政收入}{GDP}或\frac{财政收入+社会保障基金收入}{GDP}$$

$$大口径=\frac{全部政府收入}{GDP}$$

3．宏观税负是衡量国家税收总体负担水平的重要指标，是企业部门和居民部门向政府让渡资源多寡的度量，反映一个国家能够把多少资源用于公共支出。为了促进社会福利最大化，一个国家的最优税负取决于发展目标、发展阶段和经济社会结构等，因国情不同而不同。

课后习题

1．宏观税收负担的概念是什么？宏观税负的高低反映了什么问题？

2．宏观税收负担的大口径、中口径和小口径分别是怎样计算的？

3．宏观税收负担的影响因素有哪些？

拓展阅读

[1] 高培勇．我国宏观税负水平的理论分析——基于“政府履职必要成本”．税务研究，2023（2）：5-16.

[2] 马海涛，姚东旻，孙榕．我国减税降费的理论内涵、演进逻辑及基本特征．财经问题研究，2023（2）：14-24.

[3] 吴斌珍，李艳，孙鲲鹏．中国的宏观税负分析．比较，2021（4）．第4辑．

即测即评

扫描二维码，进行本章在线测试。

第六章

税制结构

本章导言

税制结构是税收制度的基本特征之一，受到政治、经济、社会、文化、财政等诸多因素的影响，并且深刻影响税收功能作用的发挥。通过了解税制结构，可以更深入地理解不同税种的功能作用以及税种组合的综合效果。从世界实践来看，一国（地区）的税制结构并非一成不变，而且发达国家和发展中国家的税制结构存在较为明显的差异。我国现代化税制体系建设同样涉及税制结构这一主题，党的二十大报告关于构建高水平社会主义市场经济体制的举措中就包含了“优化税制结构”。本章主要介绍税制结构的概念和类型、税制结构的影响因素、我国税制结构的演进以及税制结构的国际比较情况。

重要术语

税制结构　复合税制　单一税制

第一节　税制结构概述

税制结构是指在一国（地区）税收制度框架下，由该国（地区）的政治、社会、经济等因素综合决定的各个税种之间的整体布局。它反映了一国（地区）税制基本特征的重要方面。不同税种之间相互配合、相互补充、相互协调，形成各具特色的税制结构差异。

一、单一税制与复合税制

根据开征税种的多少，可以将税制结构分为单一税制与复合税制。从历史实践来看，单一税制的实施时间相对较早、较短，应用范围相对较窄，而复合税制则成为世界税制实践的主流选择。

（一）单一税制

单一税制是对单一类型的课税对象进行征税或开征单一税种的税收制度。单一税制主要存在于世界税制实践的初期。很多国家早期都尝试过原始的直接税制度，如土地税、财产税和人头税，但是这些税种通常为临时性的，征收方式较为粗暴，为特定目的筹集资金的征税动机非常明确。

在16—18世纪，理论界开始提出单一税制论：法国重农学派提出单一土地税论，英国重商主义学者提出单一消费税论，法国重商学派提出单一所得税论，法国学者提出单一财产税论。尽管学者们在理论上对单一税制进行了较为充分、深入的论证设计，在现实中单一税制仍然较难实施。但是理论界关于单一税的讨论并未停止，目前比较受关注的是美国的单一税（Flat Tax）观点，主张将美国联邦政府征收的多个税种（个人所得税、企业所得税、消费税、社会保障税等）合并为一个税种以简化税制。但是这并不意味着美国实施单一税制，因为在该方案下，美国州级政府和地方政府仍征收原来的各类税种。①

单一税制的特点是课税要素单一，征收方便，征管成本低，税制简单，在短期内能够较快筹集一定财政资金。但是其税基较窄、税负不平衡、税源和税收收入缺乏可持续性等问题也极为突出，无法充分发挥税收在调节经济和收入再分配方面的作用。

（二）复合税制

不同于单一税制，复合税制是对多种类型课税对象征税，由多个税种相互作用、共同组成的税收制度，也是世界各国（地区）的普遍实践。但是在不同历史发展时期和不同国家（地区），复合税制的层次性、复杂性、税种布局等也存在明显差异。与单一税制相比，复合税制的突出优点在于：课税对象更为丰富，税源充足，税制体系更为完整，税收的功能性作用更加突出。同时，复合税制对税制设计的科学性提出更高的要求。如何充分发挥单个税种的优势，并协调不同税种之间的功能作用，实现整体税制最优化，成为当前世界各国（地区）税制建设面临的共同难题。

二、复合税制的具体类型

在复合税制下，存在更加丰富的税制结构实践。比较常见的是根据税收收入主体税种性质划分的税制结构类型。例如，以所得税为主体的税制结构、以货物与劳务税为主

---

① 另外，在俄罗斯、牙买加、保加利亚等国家，曾经或者目前在所得税领域实施单一比例税率，即个人所得税和企业所得税实施同一个比例税率，常被简称为单一税，但这只是单一所得税，并非整体税制层面的单一税制。

体的税制结构、所得税和货物与劳务税并重的双主体税制结构；或如以直接税为主体的税制结构、以间接税为主体的税制结构、直接税与间接税并重的双主体税制结构。

（一）以所得税为主体的税制结构

以所得税为主体的税制结构，通常可以将社会保障税（费）一并纳入，以此来衡量对所得征收的税收收入在整体税收收入的比重和地位作用。之所以这么处理，是因为社会保障税（费）在整个税制中的地位不容忽视。[①] 在一些发达国家如法国、德国、日本等，社会保障税（费）即为该国第一大税种。通常来说，以所得税为主体的税制结构，较少以企业所得税为主体。进一步细化对所得征税的税种结构，一些国家（如很多发达国家）的个人所得税地位更加突出，一些国家的社会保障税（费）的地位更加突出，一些国家个人所得税与社会保障税（费）的地位均较为重要。以所得税为主体的税制结构，有利于更充分地发挥所得税调节收入再分配差距、为社会保障筹集财政资金的功能作用。值得注意的是，伴随增值税在全球的广泛普及和深度实践，很多以所得税为主体的国家，其增值税收入占比也并不低，增值税在整个税制中发挥着不可忽视的作用。

（二）以货物与劳务税为主体的税制结构

目前，以货物与劳务税为主体的税制结构主要存在于发展中国家。全球超过 3/4 的国家（地区）已经开征增值税或类似税种，因此在货物与劳务税的税种结构中，通常以增值税或类似税种为主体。相较于其他税种，增值税的中性特征较为明显，较少对经济产生扭曲。但是，很多国家实施的增值税制度仍不完整、不全面，在很大程度上限制了增值税中性优势的发挥。在很多国家，货物与劳务税中的消费税在组织财政收入和调节消费行为方面发挥着重要作用。一般来说，以货物与劳务税为主体的税制结构，更有利于发挥增值税在筹集财政资金、减少经济扭曲方面的功能作用。

（三）所得税和货物与劳务税并重的双主体税制结构

在一些国家的税收收入中，所得税和货物与劳务税的收入占比较为接近，并且这两类税收都在整个税制中处于重要地位，可以称之为双主体税制结构。一些新兴经济体，如巴西、南非，呈现出双主体的税制结构。实践中，存在所得税占比略高于货物与劳务税占比，或者货物与劳务税占比略高于所得税占比等情形。随着经济社会环境的变化以及税制改革的推进，在一些国家增值税或类似税种的地位显著提升，税制结构就可能由以所得税为主体转变为双主体结构。

---

① 尽管社会保障税（费）在性质上具有专款专用性质，不同于个人所得税，但是从社会保障税（费）的征税对象来看，仍可将其归属为对所得征税这一大类。

第二节 税制结构的影响因素

一、政治社会因素

政治体制对税收制度的影响，会体现在税制结构方面。例如，在封建制度下，征税是为了给统治者筹集资金，因此具有随意性、临时性，税制构成较为简单、分散，常采用原始的土地税、财产税、人头税等，税制结构也有别于现代税制结构。再如，在中央高度集权的政治体制下，通常税收管理体制也呈现出中央集权的特征，主要税种由中央政府征收；地方主体税种较少，税收收入规模偏低。而在联邦制的国家中，税收管理体制具有明显的分权特征，地方政府拥有更多的征税权限。在这两种不同的税收管理体制下，税制结构也会存在一定差异。

不同政治体制下的社会因素，通过影响一个国家的征税理念，从而影响税制结构的特点。例如，在资本主义国家，税收政策经常是政党争取选民选票的主要工具，因此个人所得税、社会保障税、财产税等与个人息息相关的税种在这类国家更受关注，税制结构体现出以直接税为主体的特征。

社会制度方面的国别差异，也会进一步传导至税制结构方面。收入分配问题是社会制度的重要内容，而税收制度与收入再分配调节密切相关。例如，北欧五国社会福利制度的实施，就在很大程度依赖于税收制度的支持，进而反映在税制结构方面。

二、经济制度因素

在经济制度方面，所有制性质、经济发展水平和经济结构以及宏观经济调控政策，都会深入影响一国的税制结构。

首先，所有制性质通过影响生产力和生产关系，从而对税源和税制结构产生影响。不同类型所有制性质下的经济制度，其差异同样体现在对所得税、货物与劳务税、财产税等不同类别税收的偏好方面。例如，在以私有制为主体的经济制度下，对私有经济征税，税制结构可能更倾向于将个人所得税、财产税作为主体。而在公有制为主体的经济制度下，税制结构可能更倾向于以货物与劳务税为主体。

其次，从世界多国税制实践来看，经济发展水平和经济结构会直接影响税制结构。在过去经济发展水平较低的阶段，以农业经济为主的背景下，税制结构多以原始直接税为主。当经济发展到一定水平表现出商业经济特征时，税制结构也随之调整为以货物与劳务税或以所得税为主体。为了更好地适应经济制度的变化，税收制度的不断调整也会同步反映在税制结构的变化上面。

最后，在当今世界，一国宏观经济调控政策通常包括税收政策，由此会影响税制结构的变化。例如，在20世纪末21世纪初，为了吸引资本流入，很多国家纷纷降低企业所得税税率，这一现象也被称为国际税收竞争。在此背景下，企业所得税收入在税收收入中的比重有所下降，税制结构中企业所得税的地位也有所下降，但是在不同税制结构的国家中，其变化影响也存在差异。

三、财政制度因素

在一国财政制度中，财政收入的构成也会对一国税制结构的选择产生重要影响。例如，在一些石油产出大国，财政收入主要依赖于石油出口而非征税，因此税制结构明显不同于其他国家。另外，从筹集财政收入的角度来看，以货物与劳务税为主体的税制结构，较少受限于税收征管能力，并且纳税人的税负感知程度更低，因此在筹集财政资金方面具有突出优势，很多发展中国家的税制结构呈现以货物与劳务税为主体的特征。

具体到税收制度本身，税收政策目标、税收征管水平等都会直接影响税制结构。税收政策的制定，通常面临效率与公平的平衡与选择。如果一国税制更加追求征税效率，可能就会更注重货物与劳务税的征收；如果一国税制更加重视税制的公平，可能就会更加重视所得税的作用，这些都会体现在税制结构方面。税收征管水平也是影响税制结构的重要因素。相较于货物与劳务税制度，所得税制度通常要求更高的征管能力和水平。很多税收征管水平较低的发展中国家，就表现为以货物与劳务税为主体的税制结构特征。在一些更为特殊的国家和地区如巴哈马等国际避税地，并未开征所得税，这类国家（地区）的税制结构就呈现出更为独特的形式，即货物与劳务税占绝对主体地位。

综合而言，税制结构并非由单一因素决定，而是受到政治、经济、社会、文化、财政等诸多因素的影响。通常情况下一国的税制结构相对比较稳定，但是税制结构并非一成不变，而是表现为绝对动态和相对静态的统一。伴随着一国税制改革，税制结构可能也会发生一定变化。

第三节 税制结构的比较

一、我国税制结构的演进

（一）新中国成立至1994年分税制改革之前

1950年《全国税政实施要则》的颁布，确立了新中国的税收制度。这一时期的税收制度具有明显的工商税制特征，流转税在整个税制中占据绝对的主体地位。1958年至1977年时期的流转税占工商税收总额的80%以上，同一时期集体企业交纳的工商所得税仅为10%左右。[①]

随着改革开放的推进，为顺应新的经济社会环境，我国开始重视所得税制的建设，在20世纪80年代初期颁布《中华人民共和国中外合资经营企业所得税法》《中华人民共和国个人所得税法》和《中华人民共和国外国企业所得税法》[②]，实施两步“利改税”。1984年所得税收入在税收总收入比重在35%左右，产品税、增值税、营业税、盐税收入占比在57%左右[③]，税制结构中流转税的比重明显下降，但是仍表现为流转税为主体的税制结构。随着1985—1993年的税制调整，所得税收入占比下降了一半左右，税制结构中流转税再次处于绝对主导地位。

（二）1994年分税制改革至2011年

1994年实施的税制改革对税收制度体系进行了全面调整重塑，为我国现行税制体系奠定了重要根基。税制体系的调整，对我国税制结构产生了直接且深远的影响，我国税制结构更多体现出社会主义市场经济体制的重要特征。随着税制改革的不断深化，1994年至2011年我国流转税收入占比由67.6%降至50.0%，所得税占比由15.4%提高到25.4%[④]，税制结构发生了较为显著的变化。

（三）2012年至今

2012年以后特别是党的十八大召开以来，我国在加快财税体制改革方面实施了系列举措，逐步推进现代税制建设。党的十八届三中全会提出逐步提高直接税比重。2012—2020年，流转税占比逐步降低，由2012年的49.7%降低为2020年的44.6%，所得税占比由25.3%增加为31.1%。[⑤]“十四五”规划提出要完善现代税收制度，其中就包括“优化税制结构，健全直接税体系，适当提高直接税比重”，为我国进一步优化税制结构指明方向。党的二十大报告明确提出：“健全现代预算制度，优化税制结构，完善财政转移支付体系。”

---

① 许文.我国税制结构演变及未来改革路径.中国财经报，2021-7-27.这里的所得税不包含社会保险费。

②《中华人民共和国中外合资经营企业所得税法》和《中华人民共和国外国企业所得税法》已于1991年7月1日废止，现相关法律遵照《中华人民共和国企业所得税法》。

③ 许文.我国税制结构演变及未来改革路径.中国财经报，2021-7-27.这里的所得税不包含社会保险费。

④ 许文.我国税制结构演变及未来改革路径.中国财经报，2021-7-27.这里的所得税不包含社会保障费。

⑤ 许文.我国税制结构演变及未来改革路径.中国财经报，2021-7-27.这里的所得税不包含社会保障费。

专栏 6-1 党的二十大报告（节选）

（一）构建高水平社会主义市场经济体制。坚持和完善社会主义基本经济制度，毫不动摇巩固和发展公有制经济，毫不动摇鼓励、支持、引导非公有制经济发展，充分发挥市场在资源配置中的决定性作用，更好发挥政府作用。深化国资国企改革，加快国有经济布局优化和结构调整，推动国有资本和国有企业做强做优做大，提升企业核心竞争力。优化民营企业发展环境，依法保护民营企业产权和企业家权益，促进民营经济发展壮大。完善中国特色现代企业制度，弘扬企业家精神，加快建设世界一流企业。支持中小微企业发展。深化简政放权、放管结合、优化服务改革。构建全国统一大市场，深化要素市场化改革，建设高标准市场体系。完善产权保护、市场准入、公平竞争、社会信用等市场经济基础制度，优化营商环境。健全宏观经济治理体系，发挥国家发展规划的战略导向作用，加强财政政策和货币政策协调配合，着力扩大内需，增强消费对经济发展的基础性作用和投资对优化供给结构的关键作用。健全现代预算制度，优化税制结构，完善财政转移支付体系。深化金融体制改革，建设现代中央银行制度，加强和完善现代金融监管，强化金融稳定保障体系，依法将各类金融活动全部纳入监管，守住不发生系统性风险底线。健全资本市场功能，提高直接融资比重。加强反垄断和反不正当竞争，破除地方保护和行政性垄断，依法规范和引导资本健康发展。

二、税制结构的横向比较

关于各国（地区）税收分类的数据，可以从经济合作与发展组织（OECD）的全球税收收入统计数据库和国际货币基金组织（IMF）的政府收入统计年鉴获取。需要注意的是，这两个数据库对税收类别的统计存在一定差异，主要体现在 OECD 将社会保障税（费）作为其中一种税收分类纳入总税收收入，而 IMF 将社会保障税（费）归为非税收入。出现这种差异主要是因为在实践中不同国家（地区）对社会保障税（费）的性质认定存在差异：一些国家（地区），尤其是发达国家通常将其认定为税收；一些国家（地区）将其称之为社会保障费或者社会保障缴款，如我国。以下结合 OECD 全球税收收入统计数据，具体对比发达国家代表（OECD 成员）以及发展中国家（地区）的税制结构特征。

（一）OECD 成员税制结构特征

OECD 将税收收入分为六大类。第一大类是对所得、利润和资本利得征收的税收，即所得税，主要对应于个人所得税、企业所得税、资本利得税。第二大类是社会保障缴款，即社会保障税（费）。第三大类是工薪税。第四大类是财产税类。第五大类是货物与劳务税。第六大类是其他税种。表 6-1 列示了 2021 年 OECD38 个成员的税收收入构成情况。

表 6-1　2021 年 OECD 成员不同类型税收收入占比　　单位：%

国家	所得税	社会保障缴款	工薪税	财产税	货物与劳务税	其他税
澳大利亚	61.5	0.0	4.3	10.9	23.3	0.0
奥地利	29.5	35.4	6.5	1.5	26.7	0.4
比利时	35.7	30.6	0.0	8.4	25.2	0.0
加拿大	51.0	14.0	2.2	11.3	21.4	0.1
智利	38.3	5.3	0.0	4.9	53.1	-1.5
哥伦比亚	31.9	10.0	1.7	8.7	43.3	4.4
哥斯达黎加	20.6	36.0	5.7	2.1	34.8	0.8
捷克	20.8	47.3	0.0	0.6	31.3	0.0
丹麦	66.4	0.1	0.5	3.9	29.0	0.0
爱沙尼亚	24.9	34.7	0.0	0.6	39.8	0.0
芬兰	36.1	27.9	0.0	3.5	32.4	0.1
法国	26.6	32.8	4.1	8.5	27.1	1.0
德国	32.6	37.6	0.0	3.2	26.6	0.0
希腊	20.7	32.8	0.0	7.4	39.2	0.0
匈牙利	16.2	31.0	3.2	2.6	47.1	-0.1
冰岛	50.0	8.5	0.8	5.9	33.6	1.2
爱尔兰	49.8	15.2	0.9	5.4	28.7	0.0
以色列	35.6	15.5	3.1	12.1	33.7	0.0
意大利	31.8	31.2	0.0	5.8	28.2	2.9
日本	31.9	39.2	0.0	7.9	20.8	0.3
韩国	33.2	26.2	0.3	15.1	23.1	2.1
拉脱维亚	22.4	31.1	0.0	2.9	43.6	0.0
立陶宛	29.8	31.8	0.0	0.9	37.4	0.0
卢森堡	38.1	27.5	0.0	10.5	23.8	0.1
墨西哥	42.7	13.7	2.6	2.0	37.0	1.8

续表

国家	所得税	社会保障缴款	工薪税	财产税	货物与劳务税	其他税
荷兰	31.6	33.0	0.0	4.1	30.9	0.3
新西兰	58.6	0.0	0.0	5.5	35.9	0.0
挪威	49.0	22.5	0.1	3.0	25.4	0.0
波兰	21.7	35.3	1.5	3.5	37.9	0.1
葡萄牙	26.6	29.5	0.0	4.3	39.0	0.6
斯洛伐克	21.7	43.0	0.0	1.3	34.0	0.0
斯洛文尼亚	20.9	43.2	0.1	1.6	34.2	0.0
西班牙	29.8	35.5	0.0	7.2	27.4	0.0
瑞典	36.9	20.9	12.0	2.2	27.9	0.1
瑞士	47.7	24.2	0.0	8.0	19.6	0.5
土耳其	24.0	28.6	0.0	4.2	42.1	1.0
英国	37.6	19.9	0.4	11.5	30.6	0.0
美国	49.0	22.9	0.1	11.6	16.6	0.0
OECD 成员平均值	35.1	25.6	1.3	5.6	31.9	0.4

注："0.0" 并不意味着一定为零，也可能存在占比很低四舍五入为 "0.0" 的情形。由于四舍五入，一些国家和 OECD 成员平均值各类税收收入占比的加总值可能会略微高于或低于 100%。

资料来源：OECD 全球税收收入统计数据库。

从 OECD 成员 2021 年的平均值来看，所得税收入占比平均为 35.1%，社会保障税（费）收入占比平均为 25.6%，工薪税收入占比为 1.3%，财产税类收入占比为 5.6%，货物与劳务税收入占比为 31.9%，其他税种收入占比为 0.4%。OECD 成员呈现出以所得税、社会保障税（费）和货物与劳务税为主体，以财产税为辅助的 "3+1" 型现代税制结构特征。尽管所得税与社会保障税（费）收入占比的平均值之和达到了 60%，但是货物与劳务税收入占比的平均值也超过了 30%。约 55% 的 OECD 成员，货物与劳务税收入占比达到 30% 以上，其中，智利、哥伦比亚、匈牙利、拉脱维亚、土耳其 5 国的货物与劳务税收入占比达到 40% 以上。总体而言，以 OECD 成员为代表的发达国家，具有较为明显的以所得税（含社会保障税 / 费[①]）为主体的税制结构特征，同时货物与劳务税在税制结构中的地位不容忽视。

① 一些国家的工薪税也具有社会保障税的特征，如果进一步纳入工薪税，所得税（含社会保障税 / 费、工薪税）的收入占比会更高，主体地位会更加突出。

在 OECD 成员内部，税制结构主要表现为两种类型。第一种类型是典型的以所得税（含社会保障税 / 费）为主体的税制结构特征，所得税（含社会保障税 / 费）收入占比接近或者超过 60%，涵盖了绝大多数的 OECD 成员，如澳大利亚、奥地利、比利时、加拿大、美国等。另外一些较为特殊的国家，同样呈现以所得税（含社会保障税 / 费）为主体的税制结构特征，但是其货物与劳务税收入占比并不低，高于 OECD 成员的平均占比（31.9%），如哥斯达黎加、新西兰。

进一步聚焦美国的税制结构，其所得税收入占比最高，达到 49%，其次为社会保障税收入（占比为 22.9%），两者加起来超过 70%，属于非常典型的以所得税（含社会保障税）为主体的税制结构。美国货物与劳务税收入占比并不高，仅为 16.6%，明显低于 OECD 成员平均水平（31.9%）；美国财产税收入占比则明显高于 OECD 成员平均水平（5.6%），达到 11.6%。

第二种类型由于其货物与劳务税占比偏高，从而呈现出较为明显的双主体税制结构特征，但是在这种双主体类型下，所得税（含社会保障税 / 费）收入占比更高，主要涵盖、希腊、匈牙利、拉脱维亚等国。在双主体税制结构类型下，还有更为特殊的情形，如智利、哥伦比亚，其所得税（含社会保障税 / 费）收入占比低于货物与劳务税收入占比。

（二）发展中国家（地区）税制结构特征

表 6-2 列示了 2021 年 74 个非 OECD 成员的税收收入情况，这些国家（地区）主要为发展中国家（地区），且经济发展程度差异较大，分布在不同的地理区域。

表 6-2　2021 年非 OECD 成员不同类型税收收入占比　　单位：%

国家（地区）	所得税	社会保障缴款	工薪税	财产税	货物与劳务税	其他税
安提瓜和巴布达	10.5	16.4	0.0	11.6	61.5	0.0
阿根廷	17.5	17.8	0.0	10.5	53.6	0.6
巴哈马	0.0	12.0	0.0	11.1	76.9	0.0
伯利兹	21.7	10.0	0.0	4.6	63.7	0.0
不丹	62.4	0.0	–0.1	0.6	37.1	0.0
玻利维亚	12.1	26.6	0.0	1.2	50.9	9.2
博茨瓦纳	62.6	0.0	0.0	0.3	37.1	0.0
巴西	24.0	23.9	1.6	4.8	44.7	1.0
保加利亚	20.3	28.8	0.1	2.1	48.8	0.0
布基纳法索	33.8	12.3	1.0	1.5	50.8	0.6
柬埔寨	31.3	—	0.0	4.6	64.0	0.1

续表

国家（地区）	所得税	社会保障缴款	工薪税	财产税	货物与劳务税	其他税
喀麦隆	27.3	7.6	1.6	0.9	60.0	2.5
佛得角	27.8	0.2	0.0	1.9	70.1	0.0
乍得	48.8	—	1.5	4.1	45.6	0.0
刚果（布）	28.7	—	2.4	4.3	64.4	0.2
刚果（金）	39.1	8.7	3.1	0.6	47.2	1.3
库克群岛	30.9	0.0	0.0	0.0	69.1	0.0
科特迪瓦	13.2	11.1	10.7	3.1	61.1	0.8
古巴	46.2	25.0	6.2	0.0	11.0	11.7
多米尼加	33.7	0.4	0.5	5.9	59.5	0.0
厄瓜多尔	21.5	25.7	0.0	1.7	50.9	0.1
埃及	42.4	13.7	0.0	0.7	43.2	0.0
萨尔瓦多	33.7	11.5	0.6	0.7	52.1	1.3
赤道几内亚	69.3	11.1	0.0	0.0	18.3	1.3
斐济	32.9	0.0	0.0	0.0	67.1	0.0
加纳	38.5	5.2	0.0	—	56.3	0.0
危地马拉	24.7	15.2	1.1	1.5	51.7	5.7
圭亚那	43.9	9.5	0.0	2.0	43.9	0.7
洪都拉斯	24.3	16.5	0.7	2.8	52.3	3.3
印度尼西亚	38.3	5.3	0.0	1.0	44.5	10.9
牙买加	27.1	5.1	5.2	2.9	59.3	0.3
哈萨克斯坦	38.0	5.5	6.4	2.7	47.4	0.0
肯尼亚	41.5	2.2	0.0	0.0	55.6	0.8
吉尔吉斯斯坦	21.6	—	0.0	1.5	75.6	1.4
老挝	24.1	—	0.0	1.0	74.9	0.0
莱索托	53.2	0.0	0.0	—	46.8	0.0
马达加斯加	26.0	4.1	0.0	0.6	69.3	0.1
马拉维	53.3	0.0	0.0	—	46.7	0.1
马来西亚	67.9	2.9	0.0	0.0	25.6	3.6
马尔代夫	18.6	0.0	0.0	0.0	81.4	0.0
马里	25.0	19.2	0.6	1.5	49.9	3.8
毛里塔尼亚	38.5	4.5	0.1	0.2	56.6	0.1
毛里求斯	29.7	6.5	0.4	4.9	58.3	0.1

续表

国家（地区）	所得税	社会保障缴款	工薪税	财产税	货物与劳务税	其他税
蒙古	30.9	20.3	0.0	2.7	46.1	0.0
摩洛哥	28.3	23.7	0.0	5.4	42.4	0.3
纳米比亚	62.3	1.6	0.0	0.7	35.1	0.4
瑙鲁	72.9	0.0	0.0	0.0	27.1	0.0
尼加拉瓜	30.5	24.0	0.0	0.9	43.9	0.8
尼日尔	23.6	5.2	0.7	1.6	60.8	8.2
尼日利亚	46.3	8.2	0.3	1.0	38.2	5.9
巴基斯坦	32.9	0.0	0.0	1.0	64	2.0
巴拿马	24.7	44.0	1.4	2.2	27.4	0.3
巴布亚新几内亚	56.2	0.0	0.0	0.0	43.8	0.0
巴拉圭	18.5	27.4	0.0	1.3	52.1	0.7
秘鲁	37.6	10.4	0.1	2.1	47.3	2.5
菲律宾	33.1	16.1	0.0	2.8	42.4	5.6
卢旺达	42.6	5.7	0.0	0.8	50.8	0.0
圣卢西亚	22.1	11.0	0.0	3.0	63.9	0.0
萨摩亚	23.8	0.0	0.0	0.0	76.2	0.0
塞内加尔	27.3	5.2	1.2	3.2	61.5	1.7
塞舌尔	36.2	6.4	0.0	1.5	55.9	0.0
所罗门群岛	30.2	0.0	0.0	0.5	69.3	0.0
南非	52.7	1.2	1.1	6.4	38.6	0.0
斯威士兰	48.7	13.3	0.0	1.8	36.1	0.0
泰国	35.2	4.1	0.0	1.4	58.7	0.7
多哥	23.2	0.0	0.1	0.5	74.6	1.6
托克劳	49.9	0.0	0.0	0.0	50.1	0.0
特立尼达和多巴哥	49.5	13.0	0.0	0.8	36.7	0.0
突尼斯	29.5	29.7	1.1	1.0	36.7	2.1
乌干达	34.6	0.0	0.0	0.0	64.4	1.0
乌拉圭	26.1	24.2	0.0	7.7	41.5	0.6
瓦努阿图	0.0	0.0	0.0	2.6	97.4	0.0
越南	28.9	28.0	0.0	0.1	43.0	0.0
中国	26.0	28.6	0.0	7.0	38.4	0.0
74国（地区）平均值	33.9	10.4	0.7	2.2	52.3	1.3

注：“—”代表数据缺失。“0.0”并不意味着一定为零，也可能存在占比很低四舍五入为“0.0”的情形。由于四舍五入，一些国家（地区）各类税收收入占比的加总值可能会略微高于或低于100%。

资料来源：OECD全球税收收入统计数据库。

亚太地区、非洲地区、拉丁美洲和加勒比地区的国家（地区）税制结构存在明显差异。尽管这三个区域发展中国家（地区）的货物与劳务税占比水平方面较为接近（50%左右），但是亚太和非洲区域的所得税占比相对较高、社会保障税（费）占比相对更低，与之相反，拉丁美洲和加勒比地区的所得税占比相对更低、社会保障税（费）占比相对更高；拉丁美洲和加勒比地区财产税占比相对更高，非洲区域财产税占比相对较低，亚太地区财产税占比居于两者水平之间。①

具体到国别（地区）数据，税制结构差异更为明显。表 6–2 的 74 国（地区）样本，呈现出以下几种类型的税制结构。

第一，以货物与劳务税为主体的税制结构在发展中国家（地区）较为常见。例如，安提瓜和巴布达、伯利兹、柬埔寨、喀麦隆、刚果（布）、库克群岛、科特迪瓦、多米尼加、斐济、牙买加、吉尔吉斯斯坦、老挝、马达加斯加、马尔代夫、尼日尔、巴基斯坦、圣卢西亚、萨摩亚、塞内加尔、所罗门群岛、多哥、乌干达等。

第二，双主体的税制结构也较多存在于发展中国家（地区）。例如，厄瓜多尔、萨尔瓦多、加纳、洪都拉斯、肯尼亚、巴拉圭、印度尼西亚、托克劳等，2021 年这些国家（地区）双主体结构中货物与劳务税比重更高。而保加利亚、圭亚那、马拉维、蒙古、巴西、乍得、刚果（金）、埃及、摩洛哥、秘鲁、菲律宾、南非、越南等国，2021 年双主体结构中所得税（含社会保障税 / 费）比重更高。尽管如此，在不少双主体税制结构的国家中，所得税（含社会保障税 / 费）占比和货物与劳务税占比相差不多，而且两个比重之间存在此消彼长的变化关系。

第三，部分发展中国家（地区）呈现以所得税（含社会保障税 / 费）为主体的税制结构。例如，不丹、博茨瓦纳、赤道几内亚、马来西亚、斯威士兰、纳米比亚、瑙鲁、巴拿马、特立尼达和多巴哥、突尼斯等。

第四，一些发展中国家（地区）税制结构比较简单。例如，一些国际避税地并未开征所得税，呈现货物与劳务税占绝对主体地位的税制结构特征，瓦努阿图的货物与劳务税占比高达 97.4%，巴哈马的货物与劳务税占比高达 76.9%。

第五，发展中国家（地区）的社会保障税（费）收入占比普遍较低，在上述 74 国（地区）中只有 11 个国家（地区）的社会保障税（费）收入占比达到 20% 以上。

74 个非 OECD 成员国家（地区）不同类型税收收入占比平均值与 OECD 成员平均值相比，2021 年所得税收入占比低 1.2 个百分点，社会保障税（费）收入占比低 15.2 个百分点，工薪税收入占比低 0.6 个百分点，财产税类收入占比低 3.4 个百分点，货物与劳务税收入占比高 20.4 个百分点，其他税类收入占比高 0.9 个百分点。从 74 国（地

① 这里根据 OECD 全球税收收入统计数据库提供的各区域平均值进行比较。

区）平均值来看，货物与劳务税收入占比达到52.3%，所得税（含社会保障税/费）收入占比为44.3%。

与发达国家税制结构类型相比，货物与劳务税在发展中国家（地区）税制中的主体地位非常突出，同时社会保障税（费）的地位明显较弱。就所得税类型而言，发达国家的所得税收入是以个人所得税为主体，企业所得税收入占比通常较低，而发展中国家（地区）的企业所得税收入占比则较高。

综合对比来看，中国的所得税收入占比为26.0%，社会保险费收入占比为28.6%，所得税（含社会保险费）的收入占比为54.6%，货物与劳务税收入占比为38.4%，呈现出“双主体”税制结构特征。[①]

三、税制结构的纵向比较

（一）OECD成员税制结构变化

表6-3和表6-4分别列示了1990—2021年OECD成员所得税（含社会保障税/费）收入占比、货物与劳务税收入占比的变化情况，通过对比数据可以直观了解OECD成员税制结构的纵向变化情况。

表6-3 1990—2021年OECD成员所得税（含社会保障税/费）收入占比变化情况

单位：%

国家	1990年	2000年	2010年	2019年	2020年	2021年
澳大利亚	57.1	57.9	56.7	59.2	58.9	61.5
奥地利	58.4	62.1	62.3	64.4	64.6	64.9
比利时	70.1	69.4	66.6	66.5	67.6	66.3
加拿大	60.7	63.7	61.5	63.1	65.0	64.9
智利	32.2	30.6	45.0	42.1	40.3	43.5
哥伦比亚	37.8	39.5	38.3	41.8	42.9	41.9
哥斯达黎加	38.9	43.5	50.2	55.1	56.1	56.6
捷克	0.0	67.1	65.0	66.9	68.4	68.1
丹麦	61.2	62.8	61.8	64.9	64.8	66.5
爱沙尼亚	0.0	59.9	58.2	57.0	59.5	59.6
芬兰	64.9	68.3	65.2	62.9	62.5	64.0

① 需要注意的是，我国税收制度并未开征社会保障税，而是采用社会保险收费的形式，这里便于国际比较，根据OECD的税收分类及统计口径进行横向对比，得出“双主体”特征的结论。

续表

国家	1990 年	2000 年	2010 年	2019 年	2020 年	2021 年
法国	60.1	60.7	60.8	58.7	58.9	59.4
德国	69.9	69.2	67.2	70.4	71.0	70.2
希腊	50.1	57.1	56.2	52.4	53.6	53.4
匈牙利	0.0	53.7	52.1	49.6	49.0	47.2
冰岛	32.8	47.6	56.0	59.1	59.4	58.5
爱尔兰	52.1	55.5	58.4	62.4	65.7	65.0
以色列	0.0	53.9	45.8	49.9	50.4	51.1
意大利	69.4	61.7	63.8	62.8	64.6	63.0
日本	76.7	70.0	71.3	71.8	70.8	71.1
韩国	42.8	45.5	51.4	59.9	59.0	59.4
拉脱维亚	0.0	57.6	55.1	52.1	53.4	53.5
立陶宛	0.0	59.2	57.3	60.8	61.2	61.6
卢森堡	67.8	62.6	65.2	67.0	67.1	65.6
墨西哥	50.8	54.1	56.0	56.2	56.5	56.5
荷兰	69.7	64.6	64.2	65.2	64.8	64.6
新西兰	59.6	60.0	53.8	55.1	56.5	58.6
挪威	61.5	66.3	69.7	67.3	64.8	71.5
波兰	0.0	59.6	54.5	59.0	59.1	57.0
葡萄牙	52.8	55.1	55.1	55.3	57.4	56.1
斯洛伐克	0.0	61.9	61.4	63.6	63.9	64.7
斯洛文尼亚	0.0	57.6	61.4	61.4	64.6	64.0
西班牙	66.1	63.0	65.9	64.0	66.5	65.3
瑞典	68.9	68.2	60.8	57.1	57.2	57.8
瑞士	70.1	68.0	69.4	71.9	71.4	71.9
土耳其	53.1	48.3	46.2	55.6	51.6	52.6
英国	56.3	56.3	56.2	54.2	56.7	57.5
美国	70.8	73.7	68.4	70.4	70.6	71.8
OECD 成员平均值	58.0	58.8	58.8	59.9	60.4	60.7

资料来源：OECD 全球税收收入统计数据库。

表 6-4 1990—2021 年 OECD 成员货物与劳务税收入占比变化情况 单位：%

国家	1990 年	2000 年	2010 年	2019 年	2020 年	2021 年
澳大利亚	27.8	28.8	28.8	26.3	26.5	23.3
奥地利	31.5	29.3	28.7	27.5	27.1	26.7
比利时	26.1	25.9	26.1	25.4	24.4	25.2
加拿大	25.8	24.2	24.0	22.8	20.9	21.4
智利	62.9	63.8	51.2	53.0	54.8	53.1
哥伦比亚	53.8	46.3	45.1	43.0	41.4	43.3
哥斯达黎加	45.5	46.7	40.3	34.8	33.3	34.8
捷克	—	31.5	33.8	31.9	31.0	31.3
丹麦	33.9	33.5	33.6	30.2	30.6	29.0
爱沙尼亚	—	38.8	40.7	42.4	39.9	39.8
芬兰	32.6	29.2	32.0	33.7	33.8	32.4
法国	28.4	26.4	26.6	27.6	27.1	27.1
德国	26.7	28.5	30.5	26.6	25.7	26.6
希腊	44.5	35.2	38.6	39.9	38.5	39.2
匈牙利	—	40.6	43.3	44.7	45.1	47.1
冰岛	51.3	45.3	35.8	32.8	31.7	33.6
爱尔兰	41.9	38.8	35.8	30.9	28.4	28.7
以色列	—	32.9	39.2	35.7	35.3	33.7
意大利	28.0	28.2	26.6	28.3	27.0	28.2
日本	13.7	19.3	18.7	19.7	20.9	20.8
韩国	44.3	38.4	33.7	25.8	24.4	23.1
拉脱维亚	—	38.6	41.8	44.9	43.6	43.6
立陶宛	—	39.4	41.4	38.1	37.9	37.4
卢森堡	23.6	26.6	27.6	23.1	22.8	23.8
墨西哥	44.0	41.7	38.0	37.6	37.2	37.0
荷兰	26.4	29.7	31.5	30.7	30.5	30.9

续表

国家	1990 年	2000 年	2010 年	2019 年	2020 年	2021 年
新西兰	33.6	34.7	39.6	38.7	38.0	35.9
挪威	35.5	31.4	27.7	29.3	31.6	25.4
波兰	—	35.3	40.3	36.5	36.2	37.9
葡萄牙	44.2	41.0	40.8	40.2	37.9	39.0
斯洛伐克	—	36.3	37.2	35.2	34.8	34.0
斯洛文尼亚	—	36.6	36.8	36.8	33.6	34.2
西班牙	28.4	30.6	27.5	28.9	26.8	27.4
瑞典	25.0	24.2	29.7	28.2	28.4	27.9
瑞士	20.9	22.2	22.5	19.9	20.0	19.6
土耳其	27.9	42.0	47.7	39.0	42.9	42.1
英国	31.0	32.2	31.8	33.0	31.3	30.6
美国	17.5	16.0	18.1	17.7	17.1	16.6
OECD 成员平均值	33.7	33.9	34.0	32.7	32.1	31.9

注："—"代表数据缺失。

资料来源：OECD 全球税收收入统计数据库。

从 OECD 成员的平均值来看，1990—2021 年，所得税（含社会保障税 / 费）的比重有所增加（2.7%），主要体现为 1990—2000 年、2010—2019 年这两个阶段的增长。同一时期，货物与劳务税的比重经历了增长又下降的过程，与 1990 年相比，2021 年货物与劳务税的比重下降 1.8 个百分点。进一步聚焦 2010—2021 年的变化，与 2010 年相比，2021 年所得税（含社会保障税 / 费）的比重增加 1.9 个百分点，货物与劳务税的比重下降 2.1 个百分点，反向变化幅度较为平衡。但是，整体来看，所得税（含社会保障税 / 费）在 OECD 成员税制中的地位一直比较重要。

税制结构调整在 OECD 成员内部的差异性较大，对比 1990 年与 2021 年的数据，大约一半国家的所得税（含社会保障税 / 费）比重增加，同样大约一半的国家货物与劳务税比重降低。多数国家的税制结构类型相对较为稳定，如美国、日本、澳大利亚、加拿大、捷克、丹麦、德国、法国、芬兰、荷兰、瑞士等。也有一些国家的税制结构类型发生了显著变化，如智利由 1990 年以货物与劳务税为主体调整为 2021 年双主体税制结构，韩国、爱尔兰由 1990 年双主体税制结构调整为 2021 年以所得税（含社会保障税 / 费）为主体，土耳其由 1990 年以所得税（含社会保障税 / 费）为主体调整为 2021 年双主体税制结构。进一步对比 2019—2021 年的数据，个别国家的税制结构类型也发生了变化，其中发达国家税制结构处于动态调整的这一特征不容忽视。

（二）发展中国家（地区）税制结构变化

表 6-5 和表 6-6 分别列示了 1990—2021 年 56 个发展中国家（地区）所得税（含社会保障税 / 费）收入占比、货物与劳务税收入占比的变化情况，通过对比这两个表格的数据可以直观了解发展中国家（地区）税制结构的纵向变化情况。

表 6-5 1990—2021 年发展中国家（地区）所得税（含社会保障税 / 费）收入占比变化情况

单位：%

国家（地区）	1990 年	2000 年	2010 年	2019 年	2020 年	2021 年
阿根廷	30.6	34.3	37.5	37.9	37.3	35.3
巴哈马	13.2	11.9	13.1	11.6	10.9	12.0
孟加拉国	—	28.4	38.7	42.0	43.4	—
伯利兹	26.6	29.7	41.7	34.0	38.3	31.7
不丹	26.1	65.7	64.0	59.5	61.2	62.4
玻利维亚	6.7	20.5	36.6	41.4	42.6	38.7
博兹瓦纳	—	—	65.3	63.0	61.1	62.6
巴西	42.6	43.2	46.6	48.9	49.0	47.9
保加利亚	—	59.4	44.0	47.7	48.5	49.1
布基纳法索	—	40.7	30.3	38.7	39.2	46.1
柬埔寨	—	—	—	23.0	29.3	31.3
喀麦隆	—	36.2	35.7	34.7	36.7	35.0
佛得角	35.0	40.8	30.2	31.1	30.4	28.0
库克群岛	—	—	39.4	33.6	40.0	30.9
科特迪瓦	14.3	25.2	20.8	23.6	23.9	24.3
古巴	11.3	26.5	27.5	41.3	44.2	71.2
多米尼加	26.5	23.1	22.5	31.8	34.1	34.1
厄瓜多尔	35.4	23.4	46.7	48.2	51.7	47.2
埃及	—	—	59.6	54.9	57.6	56.0
萨尔瓦多	36.8	45.2	42.5	47.6	49.1	45.3
斐济	—	—	32.6	27.0	31.7	32.9
加纳	—	38.3	44.7	47.4	48.9	43.7
危地马拉	35.6	35.5	33.8	39.0	39.6	40.0

续表

国家（地区）	1990 年	2000 年	2010 年	2019 年	2020 年	2021 年
圭亚那	37.1	49.2	44.3	47.2	53.6	53.4
洪都拉斯	28.8	25.3	40.2	42.1	43.3	40.8
肯尼亚	—	—	41.3	45.3	47.8	43.7
吉尔吉斯斯坦	29.1	17.9	22.3	18.5	21.7	21.6
老挝	—	—	22.7	22.4	20.7	24.1
莱索托	—	—	56.3	56.0	55.3	53.2
马尔代夫	—	—	6.9	21.3	33.3	18.6
马里	—	22.2	34.5	38.6	43.9	44.2
毛里塔尼亚	—	—	41.5	36.5	44.1	43.0
毛里求斯	19.0	17.5	29.3	31.0	33.4	36.2
蒙古	—	—	52.6	48.1	46.7	51.2
摩洛哥	—	37.0	46.4	52.0	55.2	51.9
纳米比亚	—	—	64.9	64.1	70.0	63.9
尼加拉瓜	—	30.3	45.5	56.5	55.9	54.5
尼日尔	—	23.4	30.7	27.3	29.1	28.7
尼日利亚	—	—	71.0	67.7	61.2	54.5
巴拿马	57.1	63.2	61.4	67.6	70.5	68.7
巴布亚新几内亚	—	68.5	69.4	53.7	55.2	56.2
巴拉圭	16.9	38.7	36.1	44.7	46.1	45.9
秘鲁	13.7	30.9	47.1	48.6	50.1	48.0
菲律宾	—	51.7	51.9	50.0	51.8	49.2
卢旺达	—	31.0	42.6	45.6	47.5	48.4
圣卢西亚	—	38.6	38.1	32.6	37.6	33.1
塞内加尔	—	26.1	31.6	34.0	33.5	32.5
塞舌尔	—	—	38.7	36.4	39.3	42.6
南非	55.9	56.7	53.7	53.0	52.2	53.9
斯威士兰	—	62.6	65.4	61.2	60.5	62.0
泰国	—	35.5	43.6	41.6	40.7	39.3

续表

国家（地区）	1990年	2000年	2010年	2019年	2020年	2021年
托克劳	—	—	51.1	53.7	50.8	49.9
特立尼达和多巴哥	56.4	63.2	75.2	70.5	64.0	62.5
突尼斯	—	44.1	56.7	60.0	61.8	59.2
越南	—	—	46.8	54.0	56.6	56.9
中国	—	—	—	52.4	51	54.6
56国（地区）平均值	29.8	37.5	42.8	43.6	45.2	44.6

注：“—”代表数据缺失。由于部分国家（地区）数据缺失较多，所以本表只保留了56个国家（地区）。OECD关于中国税收分类数据的统计开始于2019年。

资料来源：OECD全球税收收入统计数据库。

表6-6 1990—2021年发展中国家（地区）货物与劳务税收入占比变化情况

单位：%

国家（地区）	1990年	2000年	2010年	2019年	2020年	2021年
阿根廷	55.2	56.5	52.4	52.2	51.1	53.6
巴哈马	76.4	64.3	61.1	74.6	80.7	76.9
孟加拉国	—	71.6	61.3	58.0	56.6	—
伯利兹	54.1	66.1	55.2	62.7	58.4	63.7
不丹	73.1	32.2	34.8	40.6	38.0	37.1
玻利维亚	90.2	72.7	56.4	49.0	46.1	50.9
博茨瓦纳	—	—	34.3	36.7	38.7	37.1
巴西	48.7	48.0	47.2	44.5	45.3	44.7
保加利亚	—	39.1	54.0	50.5	49.6	48.8
布基纳法索	—	57.0	67.3	59.1	58.6	50.8
柬埔寨	—	—	91.4	72.3	65.9	64.0
喀麦隆	—	62.2	60.1	60.9	58.5	60.0
佛得角	56.6	53.8	64.3	64.4	64.9	70.1
库克群岛	—	—	60.6	66.4	60.0	69.1
科特迪瓦	70.4	59.8	66.0	61.0	60.9	61.1
古巴	86.9	59.2	51.3	48.3	46.4	11.0
多米尼加	69.9	74.7	71.9	63.2	61.0	59.5
厄瓜多尔	63.0	75.7	51.9	50.0	46.4	50.9

续表

国家（地区）	1990 年	2000 年	2010 年	2019 年	2020 年	2021 年
埃及	—	—	39.8	44.4	41.9	43.2
萨尔瓦多	47.7	54.1	54.5	49.3	47.8	52.1
斐济	—	—	67.4	70.0	65.8	67.1
加纳	—	61.7	55.3	52.6	51.1	56.3
危地马拉	58.7	62.4	56.0	52.0	51.0	51.7
圭亚那	42.0	48.6	53.0	49.9	43.8	43.9
洪都拉斯	66.2	68.0	53.1	50.6	49.4	52.3
肯尼亚	—	—	57.5	54.0	51.6	55.6
吉尔吉斯斯坦	53.6	79.7	74.4	79.7	76.4	75.6
老挝	—	—	76.2	76.4	78.1	74.9
莱索托	—	—	43.7	44.0	44.7	46.8
马尔代夫	—	—	92.7	78.5	66.7	81.4
马里	—	72.0	60.4	54.0	49.2	49.9
毛里塔尼亚	—	—	54.0	63.2	55.6	56.6
毛里求斯	73.0	74.6	64.4	63.6	61.5	58.3
蒙古	—	—	45.5	49.5	50.4	46.1
摩洛哥	—	55.7	46.8	42.7	40.3	42.4
纳米比亚	—	—	32.9	35.1	29.1	35.1
尼加拉瓜	—	60.0	52.4	41.6	42.3	43.9
尼日尔	—	72.0	62.9	63.4	59.3	60.8
尼日利亚	—	—	25.6	26.6	32.4	38.2
巴拿马	36.8	31.3	33.7	28.8	26.1	27.4
巴布亚新几内亚	—	28.2	29.6	45.9	44.4	43.8
巴拉圭	72.1	58.0	60.5	53.4	52.2	52.1
秘鲁	71.4	60.8	48.6	47.2	46.8	47.3
菲律宾	—	42.0	41.2	42.5	40.8	42.4
卢旺达	—	68.8	57.4	54.3	51.6	50.8
圣卢西亚	—	59.1	59.5	65.3	60.2	63.9
塞内加尔	—	69.2	63.4	60.4	57.8	61.5
塞舌尔	—	—	57.8	61.4	58.9	55.9

续表

国家（地区）	1990 年	2000 年	2010 年	2019 年	2020 年	2021 年
南非	41.5	39.9	39.5	39.6	40.1	38.6
斯威士兰	—	34.8	32.6	36.3	38.0	36.1
泰国	—	61.9	54.4	55.1	57.2	58.7
托克劳	—	—	48.9	46.3	49.2	50.1
特立尼达和多巴哥	41.7	35.2	24.3	28.4	35.1	36.7
突尼斯	—	51.8	39.5	35.6	34.5	36.7
越南	—	—	53.0	45.9	43.2	43.0
中国	—	—	—	41.3	41.7	38.4
56 国（地区）平均值	61.3	57.5	53.7	52.6	51.0	51.4

注："—"代表数据缺失。由于部分国家（地区）数据缺失较多，所以本表只保留了 56 个国家（地区）。OECD 关于中国税收分类数据的统计开始于 2019 年。

资料来源：OECD 全球税收收入统计数据库。

从 56 个发展中国家（地区）的平均值来看，1990—2021 年，所得税（含社会保障税 / 费）的比重增加了 14.8%，货物与劳务税的比重下降了 9.9%。由于发展中国家（地区）在 1990 年、2000 年的缺失值较多，进一步聚焦 2010—2021 年，所得税（含社会保障税 / 费）的比重增加了 1.8%，货物与劳务税的比重下降了 2.3%，与发达国家变化幅度较为接近。尽管如此，1990—2021 年上述 56 国（地区）样本中，不少发展中国家的税制结构都发生了较大变化。例如，不丹由 1990 年以货物与劳务税为主体调整为 2021 年以所得税（含社会保障税 / 费）为主体；玻利维亚、厄瓜多尔、洪都拉斯由 1990 年以货物与劳务税为主体调整为 2021 年双主体税制结构；卢旺达、尼加拉瓜由 2000 年货物与劳务税为主体调整为 2021 年双主体税制结构；秘鲁由 1990 年以货物与劳务税为主体调整为 2021 年双主体税制结构，2021 年所得税（含社会保障税 / 费）的比重和货物与劳务税的比重非常接近。尽管吉尔吉斯斯坦一直是以货物与劳务税为主体，但是货物与劳务税占比由 1990 年的 53.6% 大幅提升至 2021 年的 75.6%。突尼斯由 2000 年双主体税制结构调整为 2021 年以所得税（含社会保障税 / 费）为主体的税制结构。更特别地，古巴 2021 年税制结构再次发生巨大变化，因此在 1990—2021 年，古巴税制结构由以货物与劳务税为主体调整为双主体，又调整为以所得税（含社会保障税 / 费）为主体。像巴哈马这类避税地的税制结构类型比较稳定，另外喀麦隆、菲律宾、南非等国的税制结构类型也相对较为稳定。根据表 6-5 和表 6-6 的数据，中国 2019—2021 年的税制结构类型并未发生变化，但是所得税（含社会保险费）的占比和货物与劳务税的占比呈现此消彼长的小幅度变化。

本章小结

1. 税制结构是指在一国（地区）税收制度框架下，由该国（地区）的政治、社会、经济等因素综合决定的各个税种之间的整体布局。它反映了一国（地区）税制基本特征的重要方面。复合税制是常见的税制结构。

2. 随着税收制度建设不断深入，我国的税制结构经历了多个阶段的发展变化，未来优化的方向为适当提高直接税比重。

3. 在目前世界各国（地区）实践中，以所得税为主体的税制结构、以货物与劳务税为主体的税制结构、所得税和货物与劳务税并重的双主体税制结构较为常见。这里将社会保障税（费）纳入所得税范畴。

课后习题

1. 税制结构的常见类型有哪些？

2. 税制结构的影响因素主要有哪些？

3. 世界税制结构呈现出哪些特征？

拓展阅读

[1] 倪红日. 税制结构的国际比较及中国选择. 国际税收，2021（9）：26-32.

[2]《世界税制现状与趋势》课题组. 世界税制现状与趋势（2023）. 北京：中国税务出版社，2023.

[3] 中国国际税收研究会. 世界税收发展研究报告（2022年）. 北京：中国税务出版社，2023.

即测即评

扫描二维码，进行本章在线测试。

第七章

商品劳务税原理

本章导言

商品劳务税是指以销售商品或提供劳务所取得的销售收入或营业收入为征税对象的一类税，也被称为“流转税”或“销售税”。商品劳务税的课税对象，可分为商品和劳务两大类：商品既包括服装、食品、住宅等有形商品，又包括著作权、商标权、土地出让权等无形商品，还包括进口商品；劳务是指纳税人提供的各种劳务，但不包括因受雇而向雇主提供的劳务和自我提供的劳务。

商品劳务税在世界各国财政收入中都占有重要地位。从世界范围来看，各国税制结构逐渐向着以商品劳务税和所得税为主体的双主体结构方向发展。我国的商品劳务税包含增值税、消费税、关税以及一些地方性工商税种。商品劳务税是我国取得税收收入最多的税类，其中增值税是我国第一大税种，2023 年在我国各项税收收入中占有 38.3% 的比重。[①]

重要术语

增值额　累退性　间接消费税　特殊消费税　关税税则

第一节　增值税原理

一、增值税概述

增值税之所以能够在众多国家推广，是因为其可以有效地避免商品在流转过程中的重复征税问题，具备税收中性的特点。

---

① 据财政部网站公布的数据，2023 年我国各项税收收入 181 129 亿元，其中：国内增值税 69 332 亿元，占全部税收收入的 38.3%；国内消费税 16 118 亿元，占全部税收收入的 8.9%；企业所得税 41 098 亿元，占全部税收收入的 22.7%；个人所得税 14 775 亿元，占全部税收收入的 8.2%。

（一）增值税的概念

增值税是以商品和劳务在流转过程中产生的增值额作为征税对象而征收的一种流转税。它是由传统的一般销售税演进而来的一种新型的商品劳务税。作为增值税的征税对象，增值额是指企业及其他经营者从事生产经营或者提供劳务，在购入的商品或劳务的价值基础上新增加的价值额。可以从四个方面来理解：

第一，就理论而言，增值额是指生产经营者在生产经营过程中新创造的价值额，相当于商品价值 $C+V+M$ 中 $V+M$ 的部分。其中，C 是指商品生产过程中所消耗的生产资料转移价值；V 是指劳动者为自己创造的价值，可以理解为劳动者获得的工资；M 是指剩余价值或利润，是劳动者为社会创造的价值。增值额 $V+M$ 是劳动者新创造的价值。相较于全额征税，对增值额征税可以有效避免对 C 价值的重复征税。

第二，就单个生产单位而言，增值额是这个单位商品销售收入额或经营收入额扣除非增值项目（如外购的原材料、燃料、动力、包装物、低值易耗品等）购入额后的余额。这个增值额大体相当于该单位活劳动创造的价值。

第三，就商品生产经营过程而言，一个商品从生产到流通的各个环节产生的增值额总和，应等于商品最后的销售价格。同时各个环节应缴纳的增值税额之和，也应等于按照商品最终销售价格计算出的增值税额。具体如表 7–1 所示。

表 7–1 商品各生产流通环节增值额和税额一览表

（假定税率为 10%）

单位：万元

生产流通环节	本环节销售额	本环节增值额	本环节缴纳增值税额
原材料生产环节	10	10	1
产品生产环节	30	20	2
批发环节	70	40	4
零售环节	150	80	8
合计	260	150	15

表 7–1 说明了增值税的运行机理，即对每一环节的增值额征税。首先我们假设原材料初始购进价格为 0，增值税税率为 10%，在原材料生产环节的销售额为 10 万元，此时本环节的增值额就为 10 万元，本环节应纳税额为 $10\times10\%=1$（万元）；在产品生产环节销售额为 30 万元，本环节增值额为 $30-10=20$（万元），应纳税额为 $20\times10\%=2$（万元）；在批发环节销售额为 70 万元，本环节增值额为 $70-30=40$（万元），应纳税额为 $40\times10\%=4$（万元）；在零售环节销售额为 150 万元，本环节增值额为 $150-70=80$（万元），应纳税额为 $80\times10\%=8$（万元）；合计增值额为 $10+20+40+80=150$（万元），

合计增值税额为 1+2+4+8=15（万元）。商品的最终销售价格为零售环节的销售额 150 万元，与商品各个环节增值额之和 150 万元相一致，此时对该销售价格征收 10% 的增值税，税额为 150 × 10%=15（万元），这与各个环节缴纳的增值税额之和相一致。

第四，就国民收入分配角度而言，增值额 $V+M$ 在我国相当于净产值，包括工资、利润、利息、租金和其他属于增值性的收入。

（二）增值税的类型和特征

1．增值税的类型

在各国税法中，在对商品和劳务普遍征收增值税的前提下，各国都允许扣除流动资产，但对外购进固定资产所含税金扣除方式不同，从而将增值税分为以下三种类型：

（1）生产型增值税。生产型增值税不允许扣除固定资产价款，即以销售收入扣除购进流动资产价款后的余额为其计税依据。就国民经济整体而言，其计税依据相当于国内生产总值（GDP），故称为生产型增值税。生产型增值税的基本特点是税基较宽，便于取得财政收入，因此许多经济不发达的国家选择采用生产型增值税。但由于生产型增值税税基中包含折旧，因而存在重复征税的问题。

（2）收入型增值税。收入型增值税只允许扣除当期应计入产品成本的固定资产折旧，即以销售收入扣除购进流动资产价款以及资本品折旧后的余额为其计税依据。就国民经济整体而言，其计税依据相当于国民收入 $V+M$，故称为收入型增值税。收入型增值税在采用购进扣税法时，需要将固定资产已纳税款（即进项税额）在固定资产使用期内进行分摊，因而征税过程相对复杂；但由于收入型增值税允许扣除当期折旧，也就不存在重复征税的问题。

（3）消费型增值税。消费型增值税除可以扣除流动资产已纳税金以外，允许一次性全部抵扣当期购进的用于生产应税产品的固定资产价款，这意味着不仅对企业购进的原材料不征税，而且对其购进固定资产部分也不征税。就整个社会而言，对生产资料不征税，仅对消费资料征税，故称为消费型增值税。消费型增值税同样不存在重复征税问题，且相较于收入型增值税，它更有利于抑制消费、促进投资，从而有利于加速设备更新和技术进步。但消费型增值税的税基较窄，不如收入型增值税和生产型增值税更能组织财政收入，而且容易引起税收收入的波动。

下面通过一个例子帮助大家更好地理解三种类型增值税之间的区别。

某生产木材的工厂在一个纳税年度内发生了如下业务：外购木材原料等流动资产，支付 30 万元；外购木材加工机器设备，支付 120 万元；当期计入成本的折旧为 12 万元；销售一批木材，收到货款 200 万元。不同类型增值税计税依据如表 7-2 所示。

表 7-2 不同类型增值税计税依据比较 单位：万元

增值税类型	允许扣除的流动资产	允许扣除的固定资产	计税依据
生产型增值税	30	0	170
收入型增值税	30	12	158
消费型增值税	30	120	50

2．增值税的特征

（1）增值税税基广泛。增值税以增值额为课税对象，凡是实现价值增值的领域，都可以对生产经营活动实行普遍征税。从横向来看，增值税覆盖经济活动中的各个行业；从纵向来看，增值税可以对商品生产流通的各个环节逐级计征。

（2）增值税具有税收中性。增值税各个环节的税负不受流转环节的多少影响，对每一环节的增值额计征的增值税额之和等于以最终商品销售价格为计税依据计算的增值税额。增值税税率一般是比率税率，税率档次少，对企业的生产经营活动影响较小。

（3）增值税可以避免重复征税。增值税虽然实行的是多环节征税，但仅就每个环节中企业创造的新价值，即 $V+M$ 部分征税，而对销售额中在其他企业已纳过税的，或转移到企业的那部分价值 C 不再征税。

（4）增值税可以有效避免偷税漏税。增值税实行的是凭专用发票注明税款抵扣制度，一般情况下，只有取得增值税专用发票的纳税人，其缴纳的税款才可以作为税额进行抵扣，没有取得增值税专用发票的不予抵扣进项。这样，下一环节的纳税人为了取得专用发票，会对上一环节纳税人的纳税情况自动审计，使各相关企业在纳税上相互监督，可以有效减少偷税漏税现象的发生。

（5）增值税税负具有累退性。虽然增值税采用比率税率，但是由于边际消费递减，高收入阶层消费占收入的比重较低，导致高收入阶层有更高比重的收入不承担增值税。而且生活必需品的需求弹性较低，对生活必需品征收增值税，消费者会承担较高税负，而低收入阶层的生活必需品消费比重较高，因此承担的税负较重。

（三）增值税的税制要素

1．征税范围

目前大多数国家增值税的征收范围基本覆盖了国民经济的大多数部门以及货物生产、流通和提供劳务的各个环节。但是，各个国家出于支持特殊行业、公共事业、社会慈善等方面的原因，对某些项目实施增值税免税政策。各国普遍采用的增值税免税政策的项目有：文化、卫生、教育和慈善机构，以及废物回收、某些农业投入、法律援助、公共墓地等。

2．税率

理论上，单一税率结构最能发挥增值税税制中性的优势，也便于增值税征管。但是各国在增值税的实践中，出于便于调控经济的需要，往往采用一档标准税率加上若干低档税率的形式。各国增值税税率档次差别较大，有的增值税率档次多达5档以上，少数国家增值税税率档次仅有1档，但采用2～3档是当前各国增值税的主流和发展趋势。

从各国具体情况来看，增值税税率大致分为以下三种类型：

（1）标准税率。标准税率也称基本税率，适用于绝大多数一般性商品和劳务。一个国家标准税率的水平主要取决于一个国家的财政需要、税制结构、经济水平等因素。有的国家标准税率高达27%（如匈牙利），有的国家标准税率只有4.5%（如安道尔）。

（2）非标准税率。非标准税率包括低税率和高税率。多数国家对特定商品和劳务设置低于标准税率的低税率，一般用于属于生活必需品范围的商品和劳务。极少数国家设置了高于标准税率的高税率，主要用于奢侈品或不利于社会公共利益、政府限制消费的商品和劳务。例如，巴拿马的标准税率是7%，但对烟草设置15%的高税率，对酒设置10%的高税率。

（3）零税率。零税率一般适用于出口商品和劳务，即出口退税。对出口商品和劳务实行零税率的主要目的是避免对出口商品的双重征税。部分国家也对某些最必需的生活用品，如食品、药品、书籍等实行零税率。

二、增值税的经济效应

增值税自产生以来，凭借其税负公平、税基广、能筹集财政收入等优点在世界范围内迅速被推广使用。自1979年在我国部分城市试点以来，增值税征税范围逐步扩大，1994年就成为我国的第一大税种，是我国财政收入的重要来源。特别是“营改增”后，增值税征税范围扩大到所有行业，增值税抵扣链条更加完整，解决了营业税重复征税的问题，对我国经济发展产生了重要影响。

（一）增值税对财政收入和经济增长的影响

首先，增值税具有税基宽、税源充裕的特点，其课税范围涉及社会的生产、流通、消费、劳务等诸多生产经营领域，不受生产结构、经营环节变化的影响，可以保证财政收入的稳定性。凡从事货物销售、提供应税劳务和进口货物的单位和个人，只要取得增值额都要缴纳增值税。增值税普遍征收的方式满足了政府财政收入的需要，使得税收收入随着经济的增长而增长。

其次，由于增值税具有税收中性，避免了重复课税所带来投资者行为扭曲而导致的经济损失，而且增值税实行比例税率且税率单一，不会改变商品间的相对价格，也不会导致厂商因为征税而改变商品决策，税负不受生产组织结构和经营方式变化的影响，始终保持平衡，有利于生产向专业化协作方向发展，调整生产经营结构，从而促进社会生产要素的优化配置，促进经济增长。另外，增值税实行购进扣税法和发货票注明税款抵扣，使购销单位之间形成相互制约的关系，有利于税务机关对纳税情况的交叉稽核，防止偷税漏税的发生。

最后，增值税鼓励储蓄和投资。增值税允许企业抵扣购进设备的进项税额，从而降低企业投资成本，这在一定程度上能够刺激企业投资的积极性。

（二）增值税对收入分配的影响

就增值税的特点而言，增值税具有累退性，这意味着增值税使穷人的税收负担高于富人。也就是说，如果增值税的征收范围仅限于商品的生产和销售等领域，而对在高收入家庭消费中占比重更大的服务业，如邮电、金融、娱乐等以及各类奢侈消费和专业服务不征或少征税时，这种征税结构更加剧了增值税的累退性。增值税的累退性影响了其税收调节分配功能的发挥，客观上拉大了贫富差距，造成收入分配上的不公平。

为解决增值税的累退性，可以采取以下措施：一是对特定的生活必需品实施免税或零税率。目前我国对农业生产者销售的自产农产品免征增值税。二是对低收入家庭实施转移支付制度。三是允许低收入家庭将购买日用消费品时所支付的增值税在所得税税前扣除或直接抵免所得税，但是这种办法会增加税收的征管成本。

另外，由于增值税贯穿了整个物质生产和流通的环节，它不仅可以通过改变商品相对价格的方式影响消费支出，还会通过影响资源配置改变要素相对回报率进而影响要素收入分配。首先，从生产环节来看，初次分配是收入分配格局形成的基础，增值税会影响企业生产的资源配置进而影响企业中劳动者的劳动报酬。其次，从流通环节上看，增值税属于流转税，其税负具有随同商品转嫁的特性，增值税税负易发生跨区域转移，影响地方财力分配，进而引起政府干预企业投资等问题，最终影响居民收入分配。最后，从消费环节来看，增值税税收负担发生“混转”，由要素提供者、生产者和消费者共同承担。居民既是要素的提供者又是商品的消费者，所以就要同时承担收入来源端和消费使用端的增值税税负。

（三）“营改增”对我国相关行业税负的影响

1994 年我国实施的分税制改革初步建立了相对规范的增值税制度，确立了增值税、营业税并行的格局。这在当时是与中国市场经济发展阶段和税收征管水平相适应的，对促进中国市场经济的健康发展发挥了重要作用。但随着改革开放的深入和我国经济的发展，产业结构不断升级，新的经济形态不断出现，商品和劳务的界限日趋模糊，增值税和营业税并存的问题日益突出。从 2012 年 1 月 1 日起，上海交通运输业和部分现代服务业开始进行营业税改征增值税试点，之后试点范围向其他地区和其他行业逐步拓展。2016 年 5 月 1 日起，我国全面推开“营改增”试点，将建筑业、房地产业、金融业和生活服务业纳入“营改增”试点范围。

“营改增”作为我国自 1994 年分税制改革以来最为重要的、影响最为深远的税制改革，对我国经济产生了重要的影响，对相关行业税负的影响尤为突出。“营改增”后，一般纳税人增值税税率虽较营业税税率有所提高，但由于增值税一般纳税人可以进项抵扣，所以税负是否提高取决于“进项抵扣效应”的大小。

1. 建筑业

2016年5月1日，建筑业“营改增”全面推开。在此之前，建筑业实施营业税，造成抵扣链条不完整：一方面，建筑业上游供应商已经纳入增值税范畴，但进项税额无法抵扣，造成了重复征税；另一方面，适用营业税的建筑业无法给下游企业开具增值税专用发票，加重了下游企业的税负。“营改增”之后，不仅建筑业抵扣链条更加完整，而且在增值税制度下，取得增值税专用发票的材料和设备可以做进项抵扣，降低了企业成本，减轻了企业的整体税负。

2. 房地产业

房地产业在“营改增”之前同样存在营业税不能抵扣的问题。房地产企业在缴纳房地产销售中产生的营业税时不能抵扣建筑营业税，产生了过多的税收负担；与此同时，房地产营业税和土地使用权转让征收增值税无法实现衔接，同样增加了房地产企业的负担。对房地产业实施“营改增”，将房地产业纳入增值税的征税范围，可以抵扣销售的不动产，吸引房地产业扩大投资，有助于优化产业结构；另外完善抵扣链条也可以降低企业成本，增加企业利润，降低企业税负。

3. 现代服务业

现代服务，是指围绕制造业、文化产业、现代物流产业等提供技术性、知识性服务的业务活动。现代服务业是现代经济中不可或缺的一部分，其发展对于经济和社会的繁荣稳定有着重要意义。“营改增”后，现代服务业一般纳税人一方面可以从上游制造企业购买设备、材料等物资，取得的增值税专用发票可以抵扣进项税额；另一方面，现代服务企业将自己的服务提供给下游制造企业，开具专用发票，使下游制造企业同样可以抵扣进项。这样无论是现代服务业还是制造业均降低了成本，显著提高了营业收入。

三、增值税实践

增值税最早出自美国耶鲁大学经济学教授亚当斯（T. S. Adams）于1917年发表的《营业税》一文。随后，在1921年，德国学者西蒙斯（W. V. Siemens）在《改进的周转税》中正式提出增值税。但两位学者对于增值税仅仅停留在构想层面，并未被大众所认识。

真正开始推行增值税的是法国，而法国的增值税最先是由营业税发展改进而形成的。法国从1920年开始征收营业税，将企业的营业额作为计税依据，并且在每个流通环节都征税，存在着重复课征、税负不平的缺点。为了避免这些弊病，法国决定在生产的最后一个环节课征营业税，即生产过程中加工原料等都不再征税，只就最后产品征税，但又出现了不能保证财政收入的问题。到 1948 年，法国又把在生产环节最后阶段课税改为分阶段课税，为了避免重复课税，实行了每一个环节交税时把以前阶段所交的税款扣除的制度，这是增值税的雏形。从 1953 年开始，法国开始在个别部门内试行增值税，如对工商业企业的批发环节以新增加的价值为计税依据征收增值税。此后，增值税凭借其普遍课征、确保国家财政收入、税负公平、避免重复征税等优点迅速发展起来。

目前，世界上已经有 180 多个国家和地区实行增值税，增值税不仅成为发达国家商品劳务税的主要税种，而且成为大多数发展中国家最重要的税收收入来源。

增值税的发展趋势可以归结为以下几个方面。第一，增值税越来越得到世界各国的普遍认同。增值税首先在欧洲得到推广，实行共同的增值税制度成为加入欧盟所必需的、最重要的条件之一。与此同时，增值税的优越性也被越来越多的国家所认同。1992 年，全世界开征增值税的国家和地区约有 60 多个；进入 21 世纪，开征增值税的国家和地区迅速增加，目前全世界开征增值税的国家和地区已经达到 180 多个。第二，增值税制度越来越简便规范。世界各国逐步减少增值税税率档次，普遍采取两档至三档税率；实行超低税率和暂行税率的国家逐渐减少，标准税率也由一开始为保证财政收入逐渐提高，到现在基本稳定。第三，应对数字经济的制度日臻完善。为了应对数字经济发展带来的增值税问题，日本、韩国、澳大利亚等国家先后规定，对境外供应商向本国消费者在线提供数字产品和数字服务征收增值税，征收方式可分为两种：一是无论在 B2B 还是 B2C 的情况下，都要求境外供应商在本国注册登记并缴纳增值税；二是在 B2B 的情况下，由提供数字产品和数字服务的外国企业在本国进行增值税登记并缴纳。

我国现行的增值税是在借鉴国际经验的基础上，随着我国经济体制改革而逐渐发展和确立的。改革开放以后，我国经济体制发生巨大变化，原有的单一的工商税制不能适应新的经济发展形势，鉴于此，1979 年开始，我国对税制进行了大规模的改革和调整，其中增值税首先在上海开始试点。1982 年，由于试点工作取得明显的成效，财政部出台了《增值税暂行办法》，决定在全国范围内对机器机械、农业机具、自行车和电风扇等产品试行增值税。1984 年，国务院正式公布了《中华人民共和国增值税条例（草案）》，增值税从此成为我国税收体系中一个独立的税种。但由于当时增值税仍然具有浓厚的试点特性，使得增值税的优点未得到充分发挥；另外，税率档次因财政体制和征收范围的制约，难以简化，并且计算复杂，扭曲了增值税的性质和功能。为充分发挥增值税的优点，1993 年年底，国务院公布了《中华人民共和国增值税暂行条例》和《中华人民共和国增值税暂行条例实施细则》，决定采用生产型增值税，征税范围扩展到商品的生产、批发、零售、进口四个环节，以及加工、修理修配劳务，实行“发票扣税法”等。增值税成为税收体系的主体税种。之后，我国增值税又经历了多次试点改革：2004年、2007年增值税在工商业进行试点、扩围、转型重大改革；2008年11月5日，国务院常务会议审议通过《中华人民共和国增值税暂行条例》修订草案，决定自2009年1月1日起，在全国范围内实施增值税转型改革，我国生产型增值税转为消费型增值税由此开始；2011年，经国务院批准，财政部、国家税务总局联合下发《营业税改征增值税试点方案》，自2012年1月1日起，在上海交通运输业和研发、信息技术、文化创意、物流辅助、有形动产租赁、鉴证咨询服务等部分现代服务业开展“营改增”试点；2013年8月1日，“营改增”试点推向全国；2014年，铁路运输业和邮政业、电信业在全国范围内先后实施“营改增”试点；2016年5月1日起，“营改增”试点全面推开，试点范围扩大至建筑业、房地产业、金融业和生活服务业。

“营改增”完成后，为进一步完善增值税，我国开始简化统一并降低增值税税率。2017年7月1日，取消13%这一档税率，增值税税率实现四档并三档。2018年5月1日，制造业等行业的适用税率由17%降至16%，交通运输、建筑等行业适用税率由11%降至10%，增值税税率变为16%、10%、6%三档。2019年4月1日，进一步将制造业等行业的适用税率由16%降至13%，将交通运输、建筑等行业适用税率由10%降至9%，增值税税率变为13%、9%、6%三档。

第二节 消费税原理

一、消费税概述

（一）消费税的概念

消费税是在对货物普遍征收增值税的基础上，选择少数消费品再征收的一个税种，从世界各国近年来的发展来看，消费税的收入比重比较稳定。消费税主要体现“寓禁于征”的精神，通过对特定消费品征收消费税，进而抑制消费者的消费，引导正确的消费方向，体现政府的某些政策意图。

理论界对于消费税的界定有两种不同的分类：直接消费税和间接消费税。直接消费税是对实际消费支出征税的税种，消费者本身既作为纳税人又作为负税人，属于直接税，所以被叫作直接消费税。直接消费税是按照实际消费支出的多少，对消费者的综合税收负担能力征税，符合税收公平的原则。但其在实践上计算复杂、征收难度大，所以只是在理论层面上探讨。间接消费税是对消费品的经营者进行课税，将消费品的销售价格或数量作为计税依据，生产或零售环节作为纳税环节。间接消费税由厂商或者销售商代缴，税收随价格转嫁给消费者负担，消费者是税款的实际负担者。

按照征税范围的不同，又可以将消费税划分为一般消费税和特殊消费税。一般消费税是广义上的消费税，是指对所有的消费品包括日用品和生活必需品普遍征收。特殊消费税，是指对特定的消费品和消费行为征税，不是对所有的消费品普遍征收，在税率和税额方面具有差异性，征税环节也普遍单一。我国现行的消费税属于特殊消费税。

（二）消费税的特征

消费税属于商品税的范畴，除了具有商品税提供国家财政收入、调节国家经济的共性之外，还有四个特点：

（1）征收范围具有选择性。消费税并不是对全部商品普遍征税，而是选择消费量大、需求弹性大以及税源普遍的消费品征税，主要包括一些奢侈品、高档消费品以及高耗能和高污染的产品。消费税可以起到限制和引导消费的作用，同时还会根据国家的政策导向和经济发展阶段对消费税的征税范围进行调整。

（2）征收环节具有单一性。消费税只选择应税商品的某个环节进行征税。各国的消费税更多选择在生产环节进行一次性征收，税源比较集中，征收效率较高，能够很好地保证政府的财政收入。另外也有一些国家选择在其他环节征税，如我国金、银、钻石及其饰品在零售环节征收消费税。

（3）税率结构具有复杂性。消费税不同于采用单一税率的其他商品税，其根据不同种类的消费品制定不同的税率和税额标准，对于需要限制消费的消费品选择比较高的税率，其他的一般消费品选择较低的税率。对于计税方式，消费税有从价、从量和复合计税三种形式，比其他商品税的税率结构更复杂。

（4）税收非中性。税收的中性原则要求尽可能不干扰经济主体原本的行为选择。但消费税通过征税范围和税率的差异，达到引导消费者消费行为和调节收入的目的。例如，对于烟、酒等征收消费税是为了限制消费者的不良习性，体现“寓禁于征”的精神。对于污染环境的消费品，也会通过消费税来起到改善资源配置的作用。

（三）消费税的税制要素

1. 征税范围

各个国家消费税征税范围的选择与本国的经济发展水平、经济社会政策等密切相关。一般来说，消费税的主要征税对象包括以下六大类：

（1）酒精饮料。主要针对啤酒、葡萄酒和烈性酒征收，一些国家还对其他酒精饮料征税，如新加坡对苦艾酒、米酒、苹果酒、梨子酒等征税。

（2）烟草制品。主要针对香烟、雪茄和卷烟等征收。

（3）能源产品。主要针对汽油、柴油和重油征收，一些国家还对煤炭、天然气征税。

（4）汽车。各国针对汽车的征税主要体现在销售、注册、保有环节的购置税、注册税，以及使用环节的燃油税。还有的国家对汽车的某个部件征税，如加拿大的汽车空调税、美国的汽车轮胎税。

（5）奢侈品。出于调节收入分配的需要，各国对奢侈品征税。例如，法国、挪威、墨西哥、土耳其等许多国家都对豪华汽车、游轮、高档珠宝玉器、金银首饰等奢侈品课征特别消费税。

（6）高档消费行为。除消费品，一些国家还对高档消费行为课税，如英国的赌博税、航空旅客税，美国的机票税，丹麦的特别保险税、航空旅客税，印度尼西亚的旅游税、娱乐税，菲律宾的赛马税等。

此外，随着世界各国环保意识的加强，对某些污染商品的课税也日益增多，如对电池、涂料和一次性用品的课税。不论各国消费税的征税范围有多大差异，酒精饮料、烟草制品、能源产品、汽车和奢侈品始终都是消费税最常见的征税对象。

2. 税率

消费税税率的高低，直接关系消费税调控功能的发挥。税率过高，会抑制应税商品的消费，可能反而减少了税收；税率过低，又起不到调节收入分配和抑制应税商品消费的作用。虽然各个国家普遍征收消费税，但税率却存在相当大的差别。同一商品，不同国家的消费税税率差别很大。但各国消费税税率高低的确定，仍有一些共同的特征：第一，社会公德要求限制消费的商品的税收负担要重一些；第二，本国自产少于国外进口的应税商品的税收负担要重一些；第三，政府财政依赖性大的重点应税商品税收负担要重一些。

各国消费税的税率形式复杂多样，分为比例税率、定额税率、复合税率等不同形式；相应消费税的计税方法分为从价计税、从量计税和复合计税三种方法。

（1）比例税率。在比例税率下，消费税以应税商品的销售价格为计税依据，乘以适用税率计算出应纳税额。在通货膨胀情况下，从价计税有利于保护税基，使税收收入随着消费品价格上升而增加。对奢侈品的课税，比较适合采用从价计税。因为奢侈品的价格高，采用从价计税方式在税负由消费者承担的情况下，随着高收入者对奢侈品消费需求的增加，其承受的消费税负担也随之加重，能在一定程度上对收入分配起调节作用。

（2）定额税率。在定额税率下，消费税以应税消费品的销售数量为计税依据，按照规定的单位税额标准计算应纳税额。从量计税方式计算简便、征管成本较低，因为纳税人低报和隐瞒消费品的价格比较容易，而隐瞒消费品的销售数量更为困难，税务机关核定计税数量比核定计税价格更为方便。

（3）复合税率。复合税率是比例税率与定额税率的结合。在复合税率下，应纳税额的计算是把从价定率计税和从量定额计税的税额相加。有害性消费品和资源性消费品往往采用复合税率形式。一方面，通过从价税确保税收与价格的关联，价格越贵、产品档次越高，交税越多；另一方面，在从价计税的基础上再从量计税，还可以控制消费数量。

二、消费税的经济效应

消费税因为具有可选择的征税范围、差异的税率和税收非中性的特点，在调控宏观经济和引导微观消费行为等方面具有重要作用。

（一）引导消费方向

消费税是一种“寓禁于征”的税种，它可以引导消费的导向，对不鼓励和限制消费的商品征税。征收消费税会导致课税物品的物价上涨，进而造成替代效应，消费者会以较低的价格购买非税商品，以减少课税物品的购买量。也就是说，对某些商品如烟、酒、赌博、娱乐等征税，会导致征税的商品与未征税的商品的相对需求量发生变动，进而导致消费结构的转变，从而发挥消费导向的作用。征收消费税是贯穿国家消费政策、引导消费方向和产业结构的重要途径。

例如，抽烟不但会对吸烟者自身的健康造成伤害，而且会对周围环境造成污染，危害其他人的身体健康，使整个社会的医疗费用上升，进而导致劳动生产率下降。如果对烟草制品征收消费税，那么烟民就可以降低对烟草的消费量，从而改善整体的社会效益。2008 年《世界卫生组织全球烟草流行报告》指出：如果将烟草制品的税率提高 10%，那么在收入较高的国家，烟草的消费量就会下降 4%，而在中等收入的国家则会下降大约 8%，对烟草价格敏感度较高的青少年和低收入人群，烟草消费税税率的提高会导致这个群体减少吸烟概率更明显。

（二）促进收入分配公平

由于高收入者对奢侈品、非生活必需品和高档消费品的需求较多，对该类商品征收消费税，能够让高收入者负担更多的税收，从而促进收入分配公平。当然，这一作用能否达到预期的作用，要看所征税商品的供求价格弹性和税负转嫁的实现情况，以及穷人和富人的消费结构的差异。若所征税的产品的价格弹性较小，穷人与富人的消费结构差异较大，则其收入再分配的效果会更好。

（三）促进环保节能

消费税在促进环境保护和节约能源方面的功能，主要在于其会纠正环境的负外部性。对高能耗高污染产品的负外部性课征消费税，提高企业产生外部性的成本，让企业的私人成本和社会成本相一致，从而降低企业的能耗污染水平，同时为政府节能减排筹集资金，以实现对环境的保护。

近几年，全球消费税的征收范围出现了明显的变化，许多国家都在实施促进环境保护的消费税，把危害环境的商品和消费行为纳入消费税的范畴。例如，在 OECD、联合国等世界组织的支持下，发达国家率先实施了“绿色税制”。“绿色税制”的建立主要有三个方面：一是减少或取消对环境不利的直接或间接补助，包括减少直接财政补助和相关环境方面的税收优惠；二是根据环境污染情况完善现有的税法，在现有税法中提高污染程度最严重的能源的相对价格；三是通过引进与环境目标相一致的新消费税种或扩大现行消费税的税基，来提高污染产品或污染过程的社会成本。根据欧盟委员会、国际能源机构和OECD的定义，有关环境税的主要税基包括能源、机动车、道路和交通服务、污染（包括可度量的空气和水的排放、导致臭氧减少的物质、非点源水污染、垃圾处理、噪声）等。“绿色税制”的实施，不仅可以增加财政收入，还可以促进资源的节约，有利于环保，也有利于减少能源消耗，减少污染，提高能源利用率。

三、消费税实践

消费税是一种古老的税种，在中外都有很长的历史。在西方，消费税最早产生于古罗马帝国时期，随着农业、手工业的发展以及城市的兴起与商业的繁荣，诸如盐税、酒税等产品税相继开征。在我国的春秋时期，齐国为了解决财政问题，就开始对食盐征税。发展至今，消费税已成为世界各国普遍征收的税种，目前已有120多个国家或地区征收消费税。

从世界范围来看，消费税的发展趋势表现为以下几点。第一，消费税的征税范围扩大，调控倾向日益明显。根据各国征税范围的广度，消费税可以分为有限型、中间型和延伸型三种类型。各国在消费税开征后，征税范围逐渐扩大，呈现出向中间型和延伸型方向发展的趋势。消费税的目标逐渐从筹集财政收入转向调节收入分配及限制高耗能、高污染消费品和高档消费品的消费。第二，消费税税率分散。由于消费税的征税对象具有选择性和多样性，消费税税率需要采取差异化的税率，因产品、产地不同而不同，以实现消费税的调节目标。各国产品差异明显，消费税税率也不尽相同，但在某些消费品上具有共性：对于生活必需品按照较低的税率征收消费税，但对于奢侈品和危害公众身体健康、破坏环境的应税消费品按照较高的税率征税。第三，各国消费税税收政策出现趋同性。为了应对复杂的国际形势，实现更好的发展，世界各国结成了许多合作组织，在组织内部密切合作，实行统一的税收政策；此外，WTO非歧视性条款的约束也促进税收趋同。第四，消费税在税收征管和税金使用上存在发散性。在不同国家中，消费税有价外税也有价内税，有单一环节征收也有多环节征收，有中央税也有中央地方共享税，各国消费税的征管相对稳定，但也有国家根据现实问题进行改革。

我国在1994年正式建立消费税制度，消费税的征税范围主要包括：烟、酒及酒精、化妆品、护肤护发品、贵重首饰及珠宝玉石、鞭炮及焰火、汽油、柴油、汽车轮胎、摩托车和小汽车 11 类应税产品。2006 年调整消费税征税范围，调整的内容主要包括：① 新增高尔夫球及球具、高档手表、游艇、木制一次性筷子、实木地板等税目。增列成品油税目，原汽油、柴油税目作为该税目的两个子目，同时新增石脑油、溶剂油、润滑油、燃料油、航空煤油五个子目。② 取消“护肤护发品”税目，将原属于护肤护发品征税范围的高档护肤类化妆品列入化妆品税目。③ 调整部分税目税率。2008 年调整只针对厂家征收的汽车消费税政策，包括提高大排量乘用车的消费税税率，以及降低小排量乘用车的消费税税率。2009 年实施成品油税费改革，调整烟产品消费税政策。2015 年 2 月 1 日将电池和涂料纳入消费税征收范围。2016 年取消了对普通化妆品的消费税征收，将其税目名称改为“高档化妆品”，同时在“小汽车”税目下增设“超豪华小汽车”子税目，在生产环节和零售环节两个环节征收消费税。

目前我国消费税课税范围较窄，仅对税法规定的 15 类应税消费品征税，部分税目设置不合理。可以选择增加对一些税基宽广、消费普遍、课税后不会影响生活水平的奢侈品的征税，如保健产品、高级毛皮制品等。随着生活水平的提高，许多应税消费品已经不再是限制性消费品，而成为人民生活的必需品，对它们征税，不符合社会发展需要和国际惯例；还有一些应税消费品已从奢侈品变为普通消费品，例如，1 万元以上的手表需要征收 20% 的消费税，而如今随着人们生活水平的提高，1 万元的手表已不能称为“高档手表”。

第三节 关 税 原 理

关税是指一国海关对通过本国关境的进出口商品所征收的一种税收。现代关税制度是一个国家税收体系的重要组成部分，对推动我国改革，助力建设和谐社会具有重要意义。

一、关税概述

（一）关税的概念

关税是一种由各国政府依据自身的经济、政治需要，以法定的形式确定的、由海关对进出境的货物或物品征收的一种流转税。

关税作为一种国家税收，在对外经济贸易中发挥着重要的作用，它可以通过提高或降低税率来影响进出口，从而调节国民经济的运行。相较于其他调节国内资源配置的税种，关税侧重于调节资源在国与国之间的配置。

（二）关税的类型

按照不同的分类标准和依据，关税可以分为成不同类型。

1. 按征税对象划分

关税的征税对象是进出境的货物或物品，按照征税对象的不同可以分为进口关税、出口关税与过境关税。

（1）进口关税。进口关税（Import Duty）是指海关对输入本国的外国货物或物品征收的关税。进口关税通常在外国货物进入关境时征收，或在外国货物从保税仓库提出运往国内市场时征收，一般由进口商缴纳。人们通常所说的关税一般是指进口关税，在各种国际性贸易条约协定中所说的关税一般也是指进口关税。进口关税是执行关税政策的主要手段，征收目的在于保护本国市场和增加财政收入。

（2）出口关税。出口关税（Export Duty）是指海关对输出本国的货物或物品征收的关税。征收出口关税要遵循两项原则：一是征税货物具有垄断性，即这些货物只有本国能生产，或者本国货物的质量是最好的；二是出于保护国内稀缺资源的目的。19世纪以前，主要资本主义国家凭借技术和资金优势，对运往附属国或殖民地出售的工业品征收出口关税，这在当时是各国财政收入的重要来源。19世纪后期，随着国际市场竞争日益加剧，发达资本主义国家为了提高其产品在国际市场上的竞争力，逐步取消了出口关税。但仍然有一些国家并未完全取消出口关税，如某些国家对其独占资源或具有垄断地位的产品征收出口关税，既不会影响独占资源或垄断产品在国际市场上的竞争力，又能将出口关税转嫁给国外购买者，并增加该国的财政收入。另外，征收出口关税可以调节本国稀缺资源的流向。一些国家有些资源比较稀缺，为了有效地防止这些资源外流，可对其进行税收调节。例如，我国就对比较稀缺的铅、镑、鳗鱼苗等资源征收出口关税。

（3）过境关税。过境关税（Transit Duty）又称通过税，是指一个国家对通过其关境的外国商品所征收的一种关税。由于过境关税可以取得一定的财政收入，所以在重商主义时代曾被许多国家所采用，是关税的一种较早期形式。因为过境货物不进入本国市场，也不影响本国生产，因此关税税率通常很低，过境关税的财政意义也很小。另外，征收过境关税在很大程度上阻碍了国际贸易的发展，减少了本国港口、运输、仓储等方面的收入，并有可能导致国家之间的关税报复。目前除了在如伊朗、委内瑞拉等少数国家外，大多数国家都已不再征收过境关税，仅在过境商品通过关境时征收少量的准许费、印花税、登记费、统计费等。

2. 按征税目的划分

按照征税目的不同，关税可以划分为财政性关税和保护性关税。

（1）财政性关税。财政性关税（Revenue Duty）是以获得财政收入为主要目的而课征的关税。各国一般把进口数量多、消费量大的商品列为课税对象，以使关税的税源广泛、收入充沛可靠。当然，为了不影响本国的生产和人民生活，主要选择一些非生活必需品来征税。同时，为了不至于因税负太重而导致价格上升和消费减少，进而影响进口数量及关税收入，财政性关税的税率不宜定得太高。早期课征关税的目的，就是取得财政收入。在许多国家的历史上，关税都曾是最大的财政收入来源。例如，关税曾同田赋、厘金、盐税一起，构成我国清朝后期的四大财政支柱。只是到了近代，随着经济全球化进程的加快，国际贸易往来的增加以及国际市场竞争的日益加剧，关税取得财政收入的功能逐渐被淡化。

（2）保护性关税。保护性关税（Protective Duty）是以保护本国的民族经济或幼稚产业发展为主要目的而课征的关税，主要把那些本国需要发展但尚且不具备国际竞争力的产品列入课税范围。保护性关税一般根据国内不同商品需要保护的程度，采用差别税率。对国内外差价大、需要加大保护力度的商品征收比较高的关税，而对本国紧缺的工业原料、生活必需品、本国尚不能生产又急需的技术先进产品征收较低税率或免税进口。通过设置合理的关税税率，使关税税额等于或略高于进口商品成本与本国同类商品成本之间的差额，保护性关税在防止外国商品大量进口、保护国内相关产业的生产方面发挥重要作用。

3. 按征收标准划分

按照征收标准不同，关税可以划分为从价税、从量税、复合税与滑准税。

（1）从价税。从价税是一种最常用的关税计税标准。它是以货物的价格或者价值为征税标准，以应征税额占货物价格或者价值的百分比为税率，价格越高，税额越高。货物进口时，以此税率和海关审定的实际进口货物完税价格相乘计算应征税额。在中国税则中，有99%以上的税目采用从价税，关税税率区间为0~65%。采用从价标准征税一方面能够适应商品质价相关关系，体现税赋的公平合理；另一方面也能适应市场行情与通货的变化，高价高税，低价低税，不易造成国家税收的流失。但是，从价税也存在着一些不足，如不同品种、规格、质量的同一货物价格有很大差异，海关估价有一定的难度，因此计征关税的手续也较繁杂。目前，我国海关计征关税的标准主要是从价税。

（2）从量税。从量税是以货物的数量、重量、体积、容量等计量单位为计税标准，以每计量单位货物的应征税额为税率。从量税的特点是：每一种货物的单位应税额固定，不受该货物价格的影响。计税时以货物的计量单位乘以每单位应纳税金额即可得出该货物的关税税额。从量税的优点是：计算简便，通关手续快捷，并能起到抑制低廉商品或故意低瞒价格货物进口的作用。但是，由于应税额固定，物价涨落时，税额不能相应变化，因此在物价上涨时关税的调控作用相对减弱。当前，我国对啤酒、部分鸡产品、石油原油、胶卷等产品征收从量税。

（3）复合税。复合税又称混合税，即订立从价、从量两种税率，随着完税价格和进口数量而变化，征收时两种税率合并计征。它是对某种进口货物混合使用从价税和从量税的一种关税计征标准。混合使用从价税和从量税的方法有多种，如：对某种货物同时征收一定数额的从价税和从量税；对低于某一价格进口的货物只按从价税计征关税，高于这一价格则混合使用从价税和从量税等。复合税既可发挥从量税抑制低价进口货物的作用，又可发挥从价税税负合理、稳定的优势。我国目前仅对录像机、摄像机、部分数字照相机等进口产品征收复合关税。

（4）滑准税。它是对同一种商品，按其市场价格标准分别制定不同价格档次的税率而征收的一种进口关税。其高档商品价格的税率低或不征税，低档商品价格的税率反而高。1997 年 10 月 1 日到加入世界贸易组织前，我国曾对进口新闻纸实行过滑准税。2003 年对新闻纸实行单一的从价税税率，停止了滑准税。另外，从 2005 年 5 月开始，我国对棉花在超出配额外时，征收税率在 5%~40% 的滑准税，征收的目的是缓解大量进口棉对我国国内棉花市场的冲击，保护棉农的收益。为了避免国外供应商低价出口而可能导致的反倾销诉讼，从而减少贸易摩擦，2018 年，我国继续对关税配额外进口一定数量的棉花实施滑准税，税率不变。

4．按税率制定划分

按照制定税率的自主性不同，关税可以划分为协定关税和自主关税。

（1）协定关税。协定关税（Agreement Duty）是两个或两个以上国家通过缔结关税贸易协定而制定的关税制度。关税协定分为双边协定和多边协定。协定税率通常针对国别设置，对签订有关税贸易协定的国家适用优惠税率，对没有互惠贸易协定或歧视本国出口货物的国家实施高额税率，以争取关税互惠，反对外贸歧视。

（2）自主关税。自主关税（Autonomous Duty）又称国定关税，是一个主权国家基于其主权，独立自主制定的、并有权修订的关税制度。国定税率一般显著高于协定税率，适用于没有签订关税贸易协定的国家。

（三）关税税则

关税税则（Customs Schedule）是根据政府关税政策及其他经济政策，通过一定的政府立法程序制定和公布实施的，对进出口的应税和免税商品加以分类的一览表。关税税则以税率表为主体，通常包括实施税则的法令、使用税则的有关说明、注释和附录等，这些说明和注释与税率表具有相同的法律效力。税率表是关税税则的主要内容，分为商品分类目录和税率栏两部分。商品分类目录是以商品不同的性质、用途、功能或加工程度等为依据，对各种商品进行系统分类和编排的，完整、准确的商品分类体系。税率栏是根据商品分类目录逐项制定的关税税率。

1．商品分类目录

关税税则中的商品分类目录是根据进出口货物的自然属性、用途、组成成分、加工程度或制造阶段，分门别类、由粗到细简化而成的商品分类体系。早期的商品分类目录比较简单，而且各国不一。1927年，在国际联盟主持召开的世界经济会议上，各国决定共同制定一个海关税则目录，该目录于1931年最终定稿，被命名为《日内瓦税则目录》。第二次世界大战之后，欧洲海关同盟在《日内瓦税则目录》的基础上，草拟了《布鲁塞尔税则目录》，也称《海关合作理事会税则商品分类目录》。1983年6月，海关合作理事会第61届会议通过了《商品名称及编码协调制度的国际公约》。中国在1992年之后改为实行以《商品名称及编码协调制度的国际公约》为基础的新关税税则。

2．税率栏

税率栏是根据商品分类目录逐项定出的相应关税税率。从税率角度来看，关税税则制度可以分为单式税则制和复式税则制。凡每种税目仅规定一个税率的称为单式税则制，如果一个税目同时列有两个甚至两个以上的不同税率，则称复式税则制。例如，我国的关税属于复式税则制：对每件进口商品，按照原产地的不同，分别规定了最惠国税率、协定税率、特惠税率、普通税率、关税配额税率等。进口关税的税率结构主要体现为：产品加工程度越深，关税税率越高，形成梯级有效保护。比如在不可再生性资源、一般资源性产品及原材料、半成品和制成品中，不可再生性资源的税率最低，制成品税率最高。

二、关税的经济效应

（一）保护国内产业

国家的关税政策是依据国家的经济发展、产业结构、国际贸易平衡、参与国际经济竞争的能力等方面的水平决定的。在保护国内幼稚产业方面，关税的使用是世界贸易组织各成员普遍采用的重要政策工具，是世界贸易组织允许的。提高关税能提高进口商品的价格，降低其竞争力，对国内相关产业起到保护的作用。

（二）调节市场供求

差异化的关税政策有助于一国政府调节国内市场供求，实现供求平衡。一方面，通过对本国紧缺的工业原料、生活必需品、本国尚不能生产又急需的技术先进产品征收较低税率或免税进口，扩大相关产品的进口，满足国内市场供给。另一方面，通过选择对一些稀缺性资源产品、国内市场供不应求的商品征收出口关税，提高相关商品在国际市场上的价格，从而减少出口，保障国内市场的消费需求。可见，进出口关税的征收，最终都会在不同程度上影响相关商品在国内市场的供求平衡。

（三）平衡国际收支

关税税率的调整，也可以用来调节一个国家的国际收支平衡。当国际收支出现逆差时，可提高进口关税的税率来限制进口，以达到缩小甚至消除国际收支逆差的目的；而当国际收支出现较大顺差时，则可以通过降低进口关税的税率来鼓励进口。当国内需求过旺时，可降低进口税率来鼓励进口，增加商品供给；而当国内供给相对过剩时，则可提高进口税率来限制进口，以减少商品供给。出口关税对国际收支和社会总供求平衡的调节作用，则与进口关税相反。

（四）改善贸易条件

贸易条件是出口价格与进口价格的比例。提高关税会导致进口商品需求下降，从而价格下降，此时同样多的出口可以换回更多的进口。因此，对于征收关税的国家来说，关税改善了贸易条件，增加了贸易利益。当然，关税对贸易条件的改善取决于一个国家的经济规模，大国的关税对贸易条件的影响更大。

（五）调整贸易格局

贸易格局是指一国进出口商品的结构及其比例关系。发展中国家一般是以农产品或者初级产品的出口换回工业制成品的进口，发达国家则是以工业制成品的出口换回农产品或初级产品的进口。对于发展中国家而言，设置进出口关税可以有效避免马太效应，适当限制工业制成品的进口，增加本国工业品的生产和产品的升级换代，鼓励本国工业制成品的出口，以达到调节贸易格局、发展本国经济的目的。关税在一定程度上可以改变国际贸易的商品结构和部分国家及地区的商品流向。

三、关税实践

关税的起源很早，随着商品交换和商品流通领域的不断扩大以及国际贸易的不断发展，关税由此产生并逐渐发展，是政府取得财政收入的一种最方便的手段和收入来源。

在国外，关税的历史可以追溯到欧洲中世纪。马克思和恩格斯在谈到关税的起源时说："关税产生于封建主对其领地上的过往客商所征收的捐税，即客商交的免遭抢劫的买路钱。后来各城市也征收这种捐税，在现代国家出现之后，这种捐税便是国库进款的最方便的手段。"①根据《大英百科全书》对 Customs 一词的来源解释，古时在商人进入市场交易时，需要向当地领主缴纳一种例行的、常规的入市税（Customary Tolls），有通行费或税的含义。后来就把 Customs 和 Customs Duty 作为海关和关税的英文名称。关税还有另一个叫法是 Tariff。根据《美国海关画史》的记载，传说在地中海西口、直布罗陀海峡附近，有一个被海盗盘踞的港口名叫 Tariffa，当时进出地中海的商船为了避免被海盗抢劫，于是向 Tariffa 港口缴纳一笔买路费。此后，Tariff 就成为关税的另一通用名称。

第二次世界大战以后，经过关税与贸易总协定（GATT）与世界贸易组织（WTO）多轮次的减税谈判，再加上限制进口的非关税壁垒手段（如进口配额、进口许可、技术

---

① 马克思恩格斯文集．第一卷．北京：人民出版社，2009：563.

壁垒等）增多，世界各国关税的总体税率水平已大大降低。

我国在西周时期就有“关市之征”的记载，从其本来意义上来说，关税是对进出关卡的物品征税；市税是在领地内商品聚散集市上对进出集市的商品征税。“关市之征”是我国关税的雏形，我国“关税”的名称也是由此演变而来。鸦片战争后，中国被迫打开国门，海关大权落入侵略者手中，英国控制我国海关后引进了近代关税的概念和关税制度，国境关税和内地关税才逐渐有所区别。1931 年我国取消了常关税、子口税、厘金税等国内关税，此后我国的关税就仅指进口关税和出口关税，对进出国境的货物只在进出境时征收关税。

新中国成立后，我国才真正取得关税自主权。1951 年，政务院通过了《中华人民共和国暂行海关法》，对关税制度做了专门规定，要求自 5 月 1 日起实施；接着又公布了《中华人民共和国海关进出口税则》及其实施条例，自 5 月 16 日起实施。改革开放以后，国家大力发展经济，对外贸易日益频繁，关税制度不断改革和完善，逐步实现了关税的现代化和国际化。1992 年年底我国关税水平高达 43.2%，2001 年入世前降低到 15.3%。截至 2010 年 1 月 1 日，我国货物降税承诺全部履行完毕，关税总水平由入世前的 15.3% 降至 9.8%。其中，工业品平均税率由 14.7% 降至 8.9%；农产品平均税率由 18.8% 降至 15.2%，约为世界农产品平均关税水平的 1/4。2024 年，我国关税总水平降低至 7.3%，处于全球较低水平。

本章小结

1. 商品劳务税是指以销售商品或提供劳务所取得的销售收入或营业收入为征税对象的一类税，也被称为“流转税”或“销售税”。

2. 商品劳务税在世界各国的财政收入中都占有重要地位，在我国，商品劳务税是取得财政收入最多的税类。商品劳务税主要包括增值税、消费税和关税。

3. 增值税是以商品和劳务、应税行为在流转过程中产生的增值额作为征税对象而征收的一种流转税，是我国第一大税种。

4. 消费税是以特定商品为征税对象征收的一种税，在调节收入分配、规范消费行为和环境保护等方面发挥着积极作用。

5. 关税是一种由各国政府依据自身的经济、政治需要，以法定的形式确定的、由海关对进出境的货物或物品征税的一种流转税，关税不仅仅是为了满足政府财政需要，更重要的是利用关税体现对外贸易政策，实现国家的政治经济目的。

课后习题

1. 什么是税收中性？增值税是否会影响价格？我国增值税符合税收中性吗？

2. 你认为我国当前消费税的税率和征税范围存在哪些问题？如何优化我国消费税税收制度？

3. 习近平在第七十五届联合国大会上提出我国“碳达峰”“碳中和”的目标，你认为我国应如何改革商品劳务税税制以助力这一目标的实现？

拓展阅读

[1] 樊勇. 进一步深化增值税改革. 财政科学，2019（10）：69-76.

[2] 范子英，张航. 促进消费的税制改革思路. 税务研究，2018（12）：5-10.

[3] 秦若冰，马弘. 消费品关税减让的价格效应与福利分析——来自2017—2019年关税改革的经验证据. 经济学（季刊），2023，23（2）：409-424.

即测即评

扫描二维码，进行本章在线测试。

第八章

所得税原理

本章导言

习近平多次强调“共同富裕是社会主义的本质要求”。党的二十大报告指出，完善分配制度、实施就业优先战略、健全社会保障体系、推进健康中国建设是扎实推进共同富裕的重要举措。近年，我国高度重视收入再分配，并将共同富裕纳入了“十四五”规划。作为直接税，所得税是调节收入分配差距的政策工具，对经济增长和推动实现共同富裕具有重要意义。社会保障税作为一种特殊形式的所得税，其税收收入专门用于社会福利等支出，与一般所得税相配合，发挥着经济的自动稳定器作用。随着经济发展，所得税的重要性不断提升。世界各国的所得税类包括哪些具体税种？这些税种有哪些特点？征税原则与依据是什么？它们如何影响经济？未来我国所得税制的发展趋势如何？本章将对这些问题进行系统阐述。

重要术语

福利经济学理论　个人所得税　混合所得税模式　累进税率　企业所得税　社会保障税

第一节　个人所得税原理

一、个人所得税概述

（一）个人所得税的概念

个人所得税是以个人（含个体工商户、个人独资企业、合伙企业中的个人投资者、承租承包者个人）的各项所得为课税对象的一种所得税。目前，个人所得税已经成为世界性的重要税种，在一些国家成为主要税种，是国家税收的主要来源和政府最重要的财政收入。

个人所得税的概念主要有以下几个理论基础：

1. 福利经济学理论

庇古基于边际效用基数论提出两个基本的福利命题：国民收入总量越大，社会经济福利越大；国民收入分配越均等，社会经济福利越大。他将边际效用递减规律推广至货币，认为高收入者的货币边际效用小于低收入者的货币边际效用。因此，在既定的国民收入下，把富人的一部分收入转移给穷人，可以消除分配不公，增加社会的经济福利。庇古的国民收入极大化和收入均等化开创性地从国家干预再分配出发，研究社会福利最大化问题。“把富人的一部分钱转移给穷人”的“收入均等化”目标可以通过累进所得税政策来实现，将富人上缴的部分税款用于社会福利事业，让低收入者享用，从而缩小贫富差距，当所有人的收入均等使得货币的边际效用相同时，就可以使社会经济福利极大化。

2. 劳动供给理论

税收可以影响劳动的供给和需求，对所得课税主要影响劳动的供给，表现在个人所得税直接使人们的可支配收入减少，影响其对闲暇和工作的选择，进而影响经济的增长。供给学派经济学家给出劳动供给与税收关系的拉弗曲线，他们认为人们的工作积极性和税率有关：所得税率较低时，人们会通过增加工作来弥补减少的收入，使得劳动供给提高；税率过高时，人们的工作积极性减弱，以闲暇代替工作，减少劳动供给。

3. 最优所得税理论

福利经济学认为，对所得课税可以消除收入分配的不公平，提高社会福利水平；劳动供给理论则认为，对所得课税抑制了劳动供给和企业家精神，特别是当边际税率随所得增加而上升时，不利于市场效率。最优所得税理论旨在研究兼顾公平与效率的所得税制问题。例如，米尔利斯研究的非线性所得税最优化问题，他认为无税状态下的经济均衡是一种不公平的所得分配，米尔利斯模型得出三条一般结论：① 边际税率处于0到1之间；② 有最高所得的个人的边际税率为0；③ 如果具有最低所得的个人按最优状态工作，则他们面临的边际税率应为0。结论表明，最优所得税函数不可能是累进的，向高收入者课以重税，并不能实现再分配的公平。斯特恩提出的最优线性所得税模型认为，线性所得税的最优边际税率随着闲暇和商品间替代弹性的减小而增加，随着财政收入的需求和更加公平的评价而增加。这意味着，人们越在意分配的不平等，有关的税率就应越高。

（二）个人所得税的特征

1. 实行分类征收

个人所得税税源形式多样，对纳税人不同来源的收入实行混合课征，如对纳税人的综合所得汇总征收，体现了量能课税的负担原则，对特定项目按特定办法和税率分类课征，实现了对某些不同性质的收入区别对待。

2. 超额累进税率与比例累进税率并用

传统观点认为，个人所得税要承担调节收入分配的职责，就必须实行高税率和多档次的累进税率。所以在一般情况下，对综合所得适用累进税率，发挥个人所得税的收入调节和纵向公平功能；对具体的分类项目适用比例税率，计算简单，也有利于源泉控制。

3. 费用扣除多样

对个人所得税来说，计税依据是应税所得的毛收入扣除以下费用后的余额：一是扣除赡养纳税人本人及其家庭成员的最低生活费用，也叫生计费用，这样做是为了满足个人的最低生存需要，保障劳动力的简单再生产；二是要扣除为取得收入所必须支付的成本费用，以经营费用为主，如差旅费、维修费、律师费、搬迁费等，体现对纯收益课税的原则；三是扣除为体现社会特定目标而鼓励的支出，如慈善捐赠等。

4. 采取多种课税方法

个人所得税的课征方法有申报清缴、源泉课征和推定课税三种，国家根据不同的收入项目选取课征方法。申报清缴一般适用于综合所得税制，对纳税人的综合所得采用自行汇总申报方式，贯彻量能课征的原则；源泉课征适用于分类所得税制模式，征收简便，利于控制税源；推定课税实际上是核定应税所得的一种方法，实行综合所得税制和分类所得税制的国家都可以采用。

（三）个人所得税的税制要素

1. 纳税人

个人所得税纳税人的确定与国家的税收管辖权密切相关。税收管辖权是指一个国家在其主权管辖范围内享有的税权，是国家主权在税收领域的体现。目前国际通行的税收管辖权分为两类：一类按照属人原则，又具体分为公民管辖权和居民管辖权两种；另一类按照属地原则，称为地域管辖权或收入来源地管辖权。绝大多数国家同时行使居民管辖权和收入来源地管辖权，我国也是如此。

（1）以公民为判断标准。

对行使公民管辖权的国家来说，本国公民为纳税义务人。按照这种标准确定纳税人的关键，是公民资格的认定。公民是与国籍紧密相关的概念，公民身份的确认必须以取得国籍为前提条件。自然人取得国籍的情况比较复杂，但概括起来可以有以下两种：

① 依出生而确定国籍。具体包括依从父母国籍的血统主义原则、按照出生地确定国籍原则两种，有些国家同时采用上述两种原则来确定国籍。

② 因归顺化而确定国籍。也称为转来国籍或继有国籍，包括婚姻、收养等原因取

得的国籍。

（2）以居民为判断标准。

根据纳税义务的不同，可以分为居民纳税人和非居民纳税人。在我国，居民纳税人负无限纳税义务，其来源于中国境内外的所得都要纳税；非居民纳税人负有限纳税义务，仅对其来自中国境内的所得征收所得税。居民身份与国籍无关，只要在一国境内居住并达到该国税法规定的居民标准，就被确定为该国的居民。确定居民身份的标准通常有以下四种：

① 住所标准。即自然人在一国境内拥有永久性或习惯性住所，各国个人所得税法所说的“住”一般是指该自然人的配偶、家庭及财产的所在地。

② 居所标准。即自然人在一国境内有居所，居所和住所是两个不同的概念，居所通常是自然人为了某种目的，如经商、求学或谋生而作为非长期居住的所在地，它既可以是自然人自有的房屋，也可以是租用的旅馆或公寓等。

③ 时间标准。即自然人在一国境内居住或停留超过一定时间。不同国家对居住时间的规定并不相同，有的为公历年度 1 年，有的为任何 12 个月，有的为 6 个月，有的为 183 天。

④ 意愿标准。如果一个自然人有在某国境内长久居住的主观意愿，就成为该国的税收居民。长期居住的主观意愿，通常根据签证时间的长短、劳务合同的签订情况等因素来加以判断。这种标准界限模糊、缺乏客观性，只有很少的国家使用。

（3）以地域管辖权为判断标准。

当一国行使地域管辖权时，在该国境内获取所得的自然人即该国的纳税义务人，负有限纳税义务，就其来源于该国的所得纳税。对于下列所得，不论其支付地点是否在中国境内，均为来源于中国境内的所得：

① 因任职、受雇、履约等在中国境内提供劳务取得的所得。

② 将财产出租给承租人在中国境内使用而取得的所得。

③ 许可各种特许权在中国境内使用而取得的所得。

④ 转让中国境内的不动产等财产或者在中国境内转让其他财产取得的所得。

⑤ 从中国境内企业、事业单位、其他组织以及居民个人取得的利息、股息、红利所得。

2. 计税依据

（1）征税范围。

有关个人所得税征税范围的理论主要有所得源泉说、净值加消费说和交易说。所得源泉说认为列入课税范围的所得应具有规则性，也就是要有循环性、反复性，对于一时性、偶然性所得，不列入征税所得之中。净值加消费说认为所得是个人财富的增大总量，凡能增加一个人享受满足的东西就应列入所得的课税范围。交易说则认为所得与交易有关，征税所得的范围仅限于交易所得。

在实践中，个人所得的范围比理论上要窄得多，绝大多数国家采取“正列举”的方法，在税法中详细列举应税所得的项目，未列举的一般不予征税，我国也是如此。也有极少数国家采用“反列举”的方法，如美国。《中华人民共和国个人所得税法实施条例》规定的个人所得税的征税范围有：工资、薪金所得，劳务报酬所得，稿酬所得，特许权使用费所得，经营所得，利息、股息、红利所得，财产租赁所得，财产转让所得和偶然所得。这些所得可分为雇佣和经营所得、投资所得、资本利得和其他所得，其中工资薪金、劳务报酬、稿酬和特许权使用费四项所得作为综合所得在计税时予以合并。

（2）扣除范围。

各国个人所得税的扣除费用主要有生计费、经营成本费用和特殊项目（如慈善捐赠）。我国个人所得税的扣除项目包括生计费扣除、专项扣除、专项附加扣除和依法确定的其他扣除。生计费扣除也称为“个人宽免”，从个人计税收入中减除生计费的作用有如下方面：首先，免除最低收入阶级的税收负担；其次，免除维持最低生活水准所需的那部分所得的税收负担，保证劳动力的简单再生产；最后，使实际税率的累进性更加合理。各国普遍考虑家庭因素来规定补充宽免，即先规定个人基本宽免，再针对家庭成员数量、年龄状况、被抚养者数量、身体健康状况等补充宽免额，其中基础扣除、配偶扣除和抚养扣除是属于维持最低限度生活费用的扣除，而对老年人和残疾人的加计扣除，则是考虑特殊因素削弱了纳税人对税收承担能力的特别扣除。

各国个人所得税制中生计费扣除额的确定，一方面应与本国的经济发展水平相适应，另一方面也应体现出税收制度对公平目标的追求。一般认为，生计费扣除额的确定，主要应考虑个人所得税的功能定位、政府的财政需求和纳税人的实际情况等因素。我国目前个人所得税在综合所得项目中设计了个人基本宽免为 60 000 元 / 年（5 000 元 / 月）、补充设计了专项扣除和专项附加扣除。

专项扣除包括社会保险费（居民个人按照国家规定的范围和标准缴纳的基本养老保险、基本医疗保险、失业保险）和住房公积金。专项附加扣除包括个人所得税法规定的 3 岁以下婴幼儿照护、子女教育、继续教育、大病医疗、住房贷款利息或者住房租金、赡养老人等支出。其他扣除是指个人缴付的符合国家规定的企业年金、职业年金，个人购买的符合国家规定的商业健康险以及税收递延型商业养老保险。

3. 课税模式

根据个人所得形式的不同，目前各国的个人所得税制可以分为分类所得税模式、综合所得税模式和混合所得税模式三种。不同模式的个人所得税，在公平、效率和税收征管等方面均存在一些差异。

（1）分类所得税模式。

分类所得税也叫分项所得税、个别所得税，是将所得按来源划分为若干类别，如工资薪金所得、股息利息所得和租金所得等，对不同来源的所得，分别适用不同的税率。这是因为取得不同性质的所得付出的劳动和艰辛程度是不同的，勤劳所得如工资薪金，要付出辛勤的劳动才能获得，应课以较轻的所得税；而资本利得如股息、利息和租金等，是凭借其拥有的资本而获得的，其中所包含的辛劳较少，应课以较重的所得税。分类所得税主要采用比例税率、源泉课征的方式，有利于简化征收管理，但是税前费用扣除不合理，不能体现纳税人的综合纳税能力，有悖税收公平原则。

（2）综合所得税模式。

综合所得税充分考虑了纳税人的总体负担能力，较好地体现了量能课税的原则，一般适用累进税率征收。由于汇总了纳税人各方面的所得，需要用申报法来征收，要求纳税人有较强的纳税意识、较健全的会计核算体系，同时国家配备完善的税收征稽体制做保障。这种税制在充分考虑每个纳税人的具体情况、充分体现公平的同时，具有一定的烦琐性，要求征纳双方都需要付出较高的税收遵从成本。

（3）混合所得税模式。

混合所得税模式是分类和综合相结合的税制模式。混合所得税模式一定程度上结合了分类所得税模式和综合所得税模式的优点，既对纳税人部分不同来源的收入实行综合课征，体现了量能课税的负担原则，又将所列举的特定项目按特定办法和税率课征，实现了对某些不同性质的收入区别对待。但是，混合所得税模式在制度设计上比综合所得税模式要复杂得多，税务管理的任务也更为艰巨。我国现行的个人所得税实行的是混合所得税模式。

4．税率

个人所得税的税率需要根据经济社会的发展不断完善。在实践中，比例税率简单明了，但它对收入分配的调节作用并不突出。高税率和多档次的累进税率可以调节收入，缩小贫富差距，但过高的边际税率会使纳税人在储蓄与投资、劳动与闲暇之间进行抉择，扭曲纳税人的决策，不利于经济资源的优化配置。因此税率选择是公平与效率的权衡问题，在经济发展的不同阶段应有所侧重。

累进税率是根据征税对象数量或金额的多少，适用税率递增的多级税率。累进税率具体可分为全额累进税率、超额累进税率、全率累进税率、超率累进税率等多种形式。19 世纪中叶后，累进税率的理论影响和实际应用被各国重视，这是因为累进税率在贯彻税收公平尤其是纵向公平方面具有突出的优点，还会产生自动稳定经济的机制。个人所得税税率形式与课税模式的选择密切相关，除个别国家外，实行综合所得税模式的国家，都对个人所得税采用累进税率，而选择累进税率的国家，主要是选择超额累进税率。

超额累进税率的设计，包括累进的级次和最高边际税率的确定。各国有着相同的发展变化趋势：在各国个人所得税制刚建立时，最高边际税率较低，税率的级次也较少；随着经济的发展，在量能课征原则与追求税收公平驱动下，最高边际税率逐渐提高，税率级次也逐渐增多。但20世纪80年代以来，西方学者认为，高税率、多级次的累进税率会造成效率牺牲，对勤劳和投资形成一种税收惩罚，影响人们工作和投资的积极性，减少财政收入。因此，以美国的税制改革为先导，西方发达国家纷纷对个人所得税的累进税率结构进行改革，税率级次普遍减少，累进程度大幅度降低，可以说，降低最高税率和减少累进级次成为大势所趋。

与累进税率相比，比例税率在促进公平原则方面的作用不够理想，其优点表现在税务行政方面的便利性以及有利于源泉控制。分类所得税模式下的分类项目一般都采用比例税率。对于不同性质的所得如勤劳所得和非勤劳所得应该实行不同的税率，以体现“奖勤罚懒”的目的。

世界上采用单一比例税率的国家很少，有些国家既采用累进税率又采用比例税率，如我国现行的个人所得税根据不同个人所得项目规定了超额累进税率和比例税率两种税率形式。对个人综合所得（工资、薪金所得，劳务报酬所得，稿酬所得，特许权使用费所得）和经营所得适用累进税率；分类所得（利息、股息、红利所得，财产租赁所得，财产转让所得，偶然所得）适用比例税率。

专栏 8-1　我国个人所得税的税率模式

我国个人所得税的税率模式一直采用超额累进税率和比例税率两种类型。个人所得税制度最近一次改革即2018年实施的第七次修订，不同于前六次的小范围调整，2018年的改革是一次根本性制度完善，课税模式从分类征收转变为综合与分类相结合，提升免征额，调整税率级距，新增专项附加扣除，增加反避税条款等，完善后的个人所得税制更具科学性、公平性。

我国自1980年开征个税以来，一直实行分类所得税制，这种税制效率较高，征管成本较低，但在公平性方面效果较差。在分类税制和源泉扣缴的背景下，超额累进税率适合于综合收入项目，比例税率更适合具体的分类项目。2018年以前，仅有工资薪金与个体户的经营所得实行超额累进税率，体现了量能赋税的税收公平原则，也体现了调节收入差距、均衡贫富的目标。考虑到国际普遍做法与我国的实际情况，2018年的个税改革将工资薪金所得、劳务报酬所得、稿酬所得、特许权使用费所得合并计入综合所得，适用统一的超额累进税率；原经营所得仍单独计税，适用超额累进税率；股息红利所得、偶然所得、财产租赁所得、财产转让所得仍适用比例税率，实行综合与分类相结合的征管模式。如表 8-1 所示，综合所得对应的七级超额累进税率不变，但收入级距发生了调整，扩大了 3%、10%、20% 三档税率的级距，缩小了 25% 税率的级距。对中低收入群体降税明显使更多人享受到税改红利，有助于缩小贫富差距，维护社会稳定。2018 年个人所得税还对原个体工商户的经营所得税率表进行了改革完善，在维持 5%~35% 的五级超额累进税率不变的情况下，大幅调整各档次税率级距，如表 8-2 所示，最低税率 5% 对应的级距由原 15 000 元提高到了 30 000 元，最高税率 35% 对应的级距上限由原 100 000 元提高到 500 000 元，切实减轻了纳税人税收负担。

表 8-1 新旧个人所得税税率变化表（工资薪金 / 综合所得）

级数	全月应纳税所得额（修订前）	全年应纳税所得额（2018 年后）	税率（%）
1	不超过 1 500 元的	不超过 36 000 元的	3
2	超过 1 500 元至 4 500 元的部分	超过 36 000 元至 144 000 元的部分	10
3	超过 4 500 元至 9 000 元的部分	超过 144 000 元至 300 000 元的部分	20
4	超过 9 000 元至 35 000 元的部分	超过 300 000 元至 420 000 元的部分	25
5	超过 35 000 元至 55 000 元的部分	超过 420 000 元至 660 000 元的部分	30
6	超过 55 000 元至 80 000 元的部分	超过 660 000 元至 960 000 元的部分	35
7	超过 80 000 元的部分	超过 960 000 元的部分	45

表 8-2 新旧个人所得税税率变化表（经营所得）

级数	全年应纳税所得额（修订前）	全年应纳税所得额（2018 年后）	税率（%）
1	不超过 15 000 元的	不超过 30 000 元的	5
2	超过 15 000 元至 30 000 元的部分	超过 30 000 元至 90 000 元的部分	10
3	超过 30 000 元至 60 000 元的部分	超过 90 000 元至 300 000 元的部分	20
4	超过 60 000 元至 100 000 元的部分	超过 300 000 元至 500 000 元的部分	30
5	超过 100 000 元的部分	超过 500 000 元的部分	35

二、个人所得税的经济效应

目前，个人所得税不仅成为许多国家一项重要的财政收入来源，而且在社会经济生活中发挥着越来越大的作用，主要体现在经济稳定、经济增长和收入再分配方面。

（一）经济稳定效应

经济稳定包括多方面含义，通常是指充分就业、物价稳定和国际收支平衡。个人所得税的累进税制能够极大地发挥自动稳定器功能。当经济增长时，国民收入增加，税收随之增加，累进税率造成税收的增长幅度大于收入的增长幅度，可以在一定程度上抑制经济扩张；反之，可以抑制经济进一步下滑。税制累进程度越高，这种自动调节的效应也就越大。但这种自动稳定经济的功能是一种事后调节，它能减缓经济波动，但不能消除和避免波动。此外，个人所得税自动稳定功能的发挥受制于国家的目标。因此，不能单纯地依靠税收的自动稳定器作用进行宏观调节，要与其他税收政策相互配合。

（二）经济增长效应

经济增长是指经济持续、稳定、协调地发展，经济稳定增长的根本动力在于劳动力、储蓄、投资等要素资料的供给。

个人所得税会给劳动力供给带来替代效应和收入效应。一方面，人们为了弥补征税带来的收入减少，会更加努力工作，即收入效应；另一方面，牺牲闲暇的报酬下降，人们可能会选择闲暇替代工作，即替代效应。但以上两种效应受制于国家发展水平，如果一国发展水平不高，劳动力过剩，生存成为第一选择，那么所得税对劳动力供给的影响并不大。

个人所得税对储蓄的影响是通过调节个人可支配收入和税后利息来实现的。对个人征税会直接降低可支配收入，一般情况下个人储蓄率也会降低。对储蓄利息征税却会对储蓄产生两种相反的影响：替代效应使纳税人降低储蓄倾向、增加消费，收入效应又使纳税人被迫提高储蓄水平、保持未来消费水平。我国税法规定，存款储蓄利息暂免征收个人所得税，所以现行个人所得税对储蓄的影响主要是通过个人可支配收入发挥作用的。

个人所得税对投资同样会产生替代效应和收入效应，即对投资收益征税，人们为了维持原有的投资收益水平而加大投资力度；或者因为投资税后报酬率降低，从而抑制了投资倾向。因此，个人所得税对投资的影响取决于替代效应和收入效应的大小。通常认为，税负越重，替代效应越大。累进税率与比例税率相比，前者带来的替代效应更大。因此，在我国个人所得税税制中，利息、股息、红利所得适用比例税率，在一定程度上促进了投资。

（三）收入再分配效应

税收政策对收入分配调节的目标是实现公平分配，包括经济公平和社会公平两个方面。经济公平强调要素投入和要素收入相对称，社会公平是指收入差距维持在社会各阶层能够接受的合理范围内。在市场经济下，如果只考虑经济公平，任由市场原则分配收入，社会各阶层的收入差距可能会被逐渐拉大，不利于社会和谐稳定发展。居民从要素市场获得收入，外加政府提供的转移支付，形成居民总收入，缴纳个人所得税和社会保险费后形成居民可支配收入，个人所得税和社会保险费会减少居民当期可支配收入。我国个人所得税中的累进税制使高收入群体缴纳的税额比低收入群体多，从而可以缩小高低收入群体可支配收入差距，促进收入分配公平。

三、个人所得税实践

（一）西方主要国家个人所得税实践

1．产生阶段（1799 年—19 世纪 90 年代）

英国是世界上最早实行个人所得税的国家，1799 年就开始征收。在 1798 年英法战争爆发时，英国首相威廉·皮特为应对战争时期庞大的经费开支，开征了临时性质的所得税。因其起源带有浓厚的战争烙印，战后一度被取消，故所得税也有“战时税”之称。1842 年所得税被恢复，直到 1874 年，所得税才成为英国税制中的一个永久性税种。经济发展水平是所得税产生的经济基础。第一次世界大战后，所得税为西方国家广泛接受和运用，被各国相继效仿开征。

1812 年，美国政府为支付战争开支临时开征个人所得税，战争结束后即取消。1862 年随着美国内战爆发，个人所得税又得到广泛支持。税收征管局规定以所有收入为基础，收入在 600 美元以下的不征，超过 600 美元不足 1 万美元的部分税率为 3%，1 万美元以上的税率为 5%。第二次世界大战之后，美国将个人所得税税率降低至 3%，减少了避税行为，促进了经济增长，开始长期征收。

2．发展阶段（19 世纪末—20 世纪 80 年代）

早在 1876 年，英国的所得税就用于弥补政府普通开支的财政赤字，而不局限于战争经费，所得税对经济的作用也在逐渐发生变化。19 世纪末，英国“新工联主义”的出现将罢工活动推向高潮，大罢工再次引起英国人对维多利亚时代贫穷问题的关注，动摇了保守党和自由党的根基，是英国工人运动的一个里程碑。20 世纪初的个税改革主要体现在累进制和二元制的改革，累进税制从 1799 年个税成立之初就已引入：威廉·皮特规定纳税人年收入小于 60 英镑的可免除征税，超过 60 英镑的按照累进税率纳税。1907 年英国改革将“二元税制”纳入税法体系，财政官员认为所得税是最具生产效率的税种，应对劳动所得和资本所得分别纳税，给予不同的税负水平；1909 年，提出超额累进所得税，并引入超级富豪税，对高收入者加重征税。20 世纪 50 年代，英国经济稳定发展，低失业率和低通货膨胀率是这一阶段的宏观目标，个人所得税总体表现出宏观税负的下降，包括基本税率逐年调低、劳动所得抵免额上调、各项扣除标准增加（如已婚扣除额、子女扣除额）。随着经济的发展，在 20 世纪 70 年代左右逐渐从个税中分离中资本利得税和企业所得税。

1913 年美国通过了宪法第十六次修正案，宪法规定国会有权设置税种并进行征税，美国个人所得税制度正式确立：普通税率为 1%，对 50 万美元以上的部分再征收 6% 的附加税，家庭夫妻拥有 1 000 美元的扣除，当时仅有 1% 的人达到纳税标准。在接下来的几年间，美国政府不断提高税率，降低扣除额。到 1918 年，美国个人所得税最低税率提高至 6%，最高边际税率提高至 77%，但也仅有 5% 的人达到纳税标准。20 世纪 20 年代，随着第一次世界大战结束和经济复苏，美国连续五次降低所得税率，最低税率恢复开征时的 1%，最高边际税率降低到 25%，减税效应刺激经济的进一步增长。20 世纪 30 年代，罗斯福执政期间提出对高收入人群增税，对年收入超过 5 万美元的征收超额累进税率，最高税率提高到 75%。到 60 年代，美国实施了大规模减税活动，所得税率和预扣税率都有所降低，个人所得税税收负担下降了 20% 左右。

3. 完善阶段（20 世纪 80 年代至今）

第二次世界大战后，世界范围迎来了税制改革浪潮，个人所得税也进入调整阶段，主要体现在不断完善直接税的收入分配功能。1979 年，英国新任首相撒切尔上台后，从简化税种、降低税率、增加间接税比重方面开展税制改革，包括将工资薪金的最高税率从 83% 降到 60%，将 11 级的税率等级减少为 2 级，增加生计费的扣除以抵消收入分配不公等。20 世纪 90 年代后英国的改革基本延续 80 年代的趋势，税率水平不断下降，取消低税率档次，基本税率从 1990 年的 25% 下降到 2018 年的 20%，最高税率 40% 不变；2010 年开始对收入超过 150 000 英镑的部分征收 50% 的附加税，到 2018 年附加税下调 10%，形成基本税率—最高税率—附加税率三档简洁体系。在扣除标准上更加公平，英国采用扣除标准指数化的形式，将通货膨胀考虑在内，对不同年龄段的个人设置不同的扣除额度，更加公平合理。

1986 年，美国出台《税制改革法案》，法案增加了个人免税额，精简税率层级，由原来的 11%~50% 共 14 个税级减少为 15%~28% 共 4 个税级，提高夫妻、单身者的税前扣除额，取消多项利息、股息个人退休金的扣除。21 世纪以来，美国经济增长缓慢，政府通过削减个人所得税遏制衰退，主要包括：第一，降低各档税率。从 2001 年起，除 15% 一档税率保持不变外，其他档税率均下调 1 个百分点；2002 年增设 10% 一档新税率，适用于低收入者。第二，提高多项标准的扣除额。2010 年将子女福利基金扣除额由 500 美元增加到 2 000 美元。第三，提高了起征点。将夫妻联合申报的起征点由 7 600 美元增加到 9 100 美元；此外还出台了教育支出的优惠政策，取消对学生贷款利息税前扣除的限制，个人用于教育支出的税前扣除标准从 5 000 美元调整到 2 000 美元，将儿童的税收抵免额由 600 美元提高至 1 000 美元。2010 年，奥巴马新政对中、低收入者实行减税，延长中产阶级的所得税减免措施，对高收入者提高所得税税率和资本利得税率，通过缩小收入差距实现社会公平。2017 年 4 月，特朗普推出“史无前例”的税改计划，以简化税制为目标，降低个人所得税税率，将最高税率由 39.6% 降到 33%、七级税率层级减少为三级、个人标准抵扣额从 6 350 美元增加为 15 000 美元，家庭标准抵扣额从 12 600 美元增加为 30 000 美元等，保障家庭收入，旨在促进消费与经济增长。2024 年，美国国税局根据通货膨胀调整了所得税率等级和标准扣除额。新的个人所得税实行七档税率，依次为10%、12%、22%、24%、32%、35%和37%，同时将夫妻、单身者申报的税前扣除额分别提高1 500美元和750美元。

（二）我国个人所得税实践

1．萌芽阶段（1950—1980年）

自新中国成立以来，我国的个人所得税经历了一个不断发展和完善的过程。早在1950年公布的《全国税政实施要则》中就列举了对个人所得征税的税种，即薪给报酬所得税和存款利息所得税。前者实际上并没有开征，后者于1950年开征，1959年取消。在此后20多年的时间里，我国对个人所得是不征税的。

2．制度初步建立阶段（1980—1993年）

1978年12月，党的十一届三中全会召开以后，我国开始实行改革开放。为规范地引进国外资金、技术和人才，1980年9月通过的《中华人民共和国个人所得税法》，对个人收入引入现代所得税制度，拉开了我国改革开放后税制改革的序幕。随着改革开放的推进，个人之间的收入差距明显加大。1986年1月，国务院发布《中华人民共和国城乡个体工商业户所得税暂行条例》；1986年9月，发布《中华人民共和国个人收入调节税暂行条例》；1988年6月，发布《国务院关于征收私营企业投资者个人收入调节税的规定》。1992年10月，党的十四大确定“建立社会主义市场经济体制”的改革目标。为建立与之适应的财税体制，我国按照“统一税法、公平税负、简化税制、合理分权”的原则，全面改革了包括企业所得税和个人所得税在内的税收制度，初步建立起适应我国社会主义市场经济体制要求的较为统一的所得税制度体系。

3．制度完善阶段（1993—2019年）

1993年10月，《中华人民共和国个人所得税法》（简称《个人所得税法》）进行第一次修正，同时废止了《中华人民共和国城乡个体工商业户所得税暂行条例》和《中华人民共和国个人收入调节税暂行条例》。这次改革将原来按照纳税人类别分别设立的三税合并为统一的个人所得税，为科学规范的个人所得税制度的建立奠定了基础。2003年10月，党的十六届三中全会通过《中共中央关于完善社会主义市场经济体制若干问题的决定》，基于“简税制、宽税基、低税率、严征管”的原则，改进个人所得税，实行综合和分类相结合的个人所得税制，所得税制建设朝规范化、现代化的方向迈进了一大步，创造了公平竞争的税收环境。根据经济发展和完善税制的需要，我国又先后于1999年、2005年、2007年6月和12月、2011年五次修正，其中，后四次修正大幅提高了工资薪金所得减除费用标准，引入了年所得12万元以上等高收入者自行申报制度。特别是2011年的第六次修正，涉及提高工资、薪金所得减除费用标准，优化工资、薪金所得税率结构，调整生产经营所得税率级距以及延长纳税期限等多方面改革。

4．新税法实施阶段（2019 年至今）

2018 年 8 月，我国对《个人所得税法》进行了第七次修正，引入了综合和分类相结合的全新的个人所得税制，完善了“基本扣除＋专项扣除”的税前扣除制度，大幅提高了综合所得减除费用标准，进一步优化了部分税率级距，同时也增加了子女教育、赡养老人等专项附加扣除，进一步增进税收公平。2022 年 3 月 28 日，国务院决定增设 3 岁以下婴幼儿照护个人所得税专项附加扣除，缓解家庭负担压力，更好实现个税专项附加扣除制度与国家人口调控政策的有效衔接。为充分发挥个人所得税的调节效应与社会公平作用，借鉴国际经验，逐步提高个人所得税比重，降低累进税率级距，降低最高边际税率，提高平均税率，细化专项附加扣除项目与标准，逐步以家庭为基础征收个税将是我国个人所得税的改革趋势。

第二节 企业所得税原理

一、企业所得税概述

（一）企业所得税的概念

企业所得税是对企业在一定期间内从事生产经营活动取得的所得额课征的一种税。同个人所得税一样，企业所得税也是许多国家重要的财政收入来源。虽然在第二次世界大战后，企业所得税在一些国家尤其是发达国家中的比重有较大幅度的下降，但它仍是当今世界各国尤其是发展中国家最重要的税种之一。

企业所得税的概念主要有以下几个理论基础：

1．福利经济学理论

福利经济学理论是通过对经济体系的运行进行评价，以完善社会福利的经济学说。庇古把福利经济学的对象规定为对增进世界或一个国家经济福利的研究，提出收入均等化的主张，即利用税收进行国民收入的再分配，促使财富的分配趋于公平，并运用税收达到生产资源配置的最优化。企业所得税作为所得税的主要税种之一，在调节收入分配、改善地区发展不平衡方面具有重要作用。

2．独立课税理论

独立课税理论认为企业有其存在的意义，在普遍征收个人所得税的同时也要征收企业所得税。该理论认为企业是独立存在的法人实体，企业和作为企业所有人的股东是两个不同的法律实体；课征企业所得税符合按收益标准来分配税收负担的原则，而且企业所得税是控制企业行为的一种手段，可以用来有效实现政府的某些政策目标。如果不对企业征收所得税，企业的未分配利润等就完全逃避了所得税。从财政收入角度看，企业规模越大，纳税能力越强，而且企业所得税征管比个人所得税简单，是一个确实可靠的税源。

3．合并课税理论

合并课税理论认为，所有的税收归根结底都要由个人来承担，公平课税的概念只能应用于纳税人个人，应当根据总所得的概念把所得作为一个整体来课税，与所得的来源无关。该理论提出企业被称为“法人”是法律上的虚拟，它仅是股东的集合体，并无独立的人格。企业所得税虽在形式上由企业负担，但税收负担实际上仍是由投资者（即股东）来承担的。无论是企业所得税，还是个人所得税，税源的基础是相同的。对企业所得征税其实就是对股东所得征税，同时课征企业所得税与个人所得税会产生诸多的不公平与效率损失。

（二）企业所得税的分类

根据适用范围上的不同选择，对企业经营所得进行的课税，可以区分为企业所得税、公司所得税和法人所得税等类型。其中，公司所得税为大部分国家所采用。

1．企业所得税型

企业所得税型的所得税，是以企业所得为课税对象征收的所得税。其基本特点是不分企业性质与组织形式，把各种类型的企业都纳入课税范围。这样有利于企业间平等税负、公平竞争。但企业所得税把独资和合伙企业包含在内，而独资和合伙企业的个人财产和企业财产又不可分离，由此会产生对企业利润征税和对个人所得征税难以划清的问题。

2．公司所得税型

公司所得税型的所得税，是以公司所得为课税对象征收的所得税。其基本特点是区别企业的性质和组织形式，只是对公司所得征收公司所得税，对非公司的独资企业、合伙企业征收个人所得税，这样区别对待法人公司与非法人企业、自然人，有利于税收的规范管理，也有利于小企业的发展。但是公司所得税会造成公司企业与非公司企业的税负不平等。

3．法人所得税型

法人所得税型的所得税，是以法人所得为课税对象征收的所得税。法人是指按照有关国家法律成立，有必要的财产和组织机构，独立享有民事权利和承担民事义务的社会组织。与企业所得税相比，法人所得税将法人作为该税的纳税人，纳税人易于认定；与公司所得税相比，法人所得税涵盖了一些从事营利活动的事业单位和社会团体。

我国企业所得税是对在中华人民共和国境内设立的企业或其他取得收入的组织征收的一种直接税，按照税法规定将会计利润调整为应纳税所得额，遵循量能负担的原则并据以纳税。

（三）企业所得税的特征

1．以所得额为征税对象

企业所得税的基本特点是以企业所得额为课税对象。以所得额为课税对象体现量能负担的原则，所得多、负担能力强的多纳税，所得少、负担能力弱的少纳税，无所得、没有负担能力的不纳税。这不同于增值税、消费税等流转税。

2．纳税人为法人企业

企业所得税的纳税人为除个人独资企业与合伙企业以外的所有企业、事业单位、社会团体以及其他取得收入的组织，并以法人为纳税主体，非法人企业由法人汇总纳税。

3．会计利润和应税所得分离

按财务会计制度规定计算的所得额，即会计利润，是企业收入减去成本、费用、税金、损失后的余额，而按税法制度规定计算企业所得税的所得是指应税所得，是在会计利润基础上，按税法制度规定和财务会计制度规定的差异，经过必要调整而计算的所得。也就是说，企业应按财务会计制度规定进行企业核算，但须按税法规定缴税。

4．实行按年计征、分期预缴

通过利润所得综合反映的企业经营业绩，通常是按年度计算、衡量的。所以，企业所得税一般是以全年的应纳税所得额作为计税依据，分月或分季预缴税款，年终汇算清缴。对经营期不足一年的企业，要将经营期间的所得额换算成一年的所得额，计算应纳的所得税。

（四）企业所得税的税制要素

1．纳税人

企业所得税的纳税人是在中华人民共和国境内的企业或其他取得收入的组织。按照《中华人民共和国企业所得税法》（简称《企业所得税法》）第一条规定，除个人独资企业、合伙企业不适用该法外，凡在我国境内的企业和其他取得收入的组织均依照该法的规定缴纳企业所得税。

按照纳税义务的不同，企业所得税纳税人可分为居民企业和非居民企业。

居民企业是指依法在中国境内成立，或者依照外国（地区）法律成立但实际管理机构在中国境内的企业。在判定企业的居民身份时，实际管理机构标准是指对企业的生产经营、人员、财务等实施实质性全面管理和控制的机构。非居民企业是指依照外国（地区）法律成立且实际管理机构不在中国境内，但在中国境内设立机构、场所的，或者在中国境内未设立机构、场所，但有来源于中国境内所得的企业。

2．计税依据

应纳税所得额是企业所得税的计税依据，按照《企业所得税法》的规定，应纳税所得额为企业每一个纳税年度的收入总额，减除不征税收入、免税收入、各项扣除以及允许弥补的以前年度亏损后的余额。其基本公式为：

应纳税所得额 = 收入总额 – 不征税收入 – 免税收入 – 各项扣除 – 允许弥补的以前年度亏损

（1）收入总额。

企业的收入总额包括以货币形式和非货币形式从各种来源取得的收入，具体有：销售货物收入，提供劳务收入，转让财产收入，股息、红利等权益性投资收益，利息收入，租金收入，特许权使用费收入，接受捐赠收入，其他收入。

（2）不征税收入和免税收入。

国家为了扶持和鼓励某些特殊的纳税人和特定的项目，避免因征税影响企业的正常经营，对企业取得的某些收入予以不征税或免税的特殊政策，或准予抵扣应纳税所得额，亦或对专项用途的资金作为非税收入处理，以减轻企业的税负，增加企业可用资金，促进经济的协调发展。

不征税收入包括：

① 财政拨款，是指各级人民政府对纳入预算管理的事业单位、社会团体等组织拨付的财政资金，但国务院和国务院财政、税务主管部门另有规定的除外。

② 依法收取并纳入财政管理的行政事业性收费、政府性基金。

③ 国务院规定的其他不征税收入，是指企业取得的，由国务院财政、税务主管部门规定专项用途并经国务院批准的财政性资金。

免税收入包括：

① 国债利息收入，是指为鼓励企业积极购买国债，支援国家建设，税法规定，企业因购买国债所得的利息收入，免征企业所得税。

② 符合条件的居民企业之间的股息、红利等权益性收益，是指居民企业直接投资于其他居民企业取得的投资收益。

③ 在中国境内设立机构、场所的非居民企业从居民企业取得与该机构、场所有实际联系的股息、红利等权益性投资收益，该收益不包括连续持有居民企业公开发行并上市流通的股票不足 12 个月取得的投资收益。

④ 符合条件的非营利组织的收入，不包括非营利组织从事营利性活动取得的收入，但国务院财政、税务主管部门另有规定的除外。

（3）税前扣除原则。

除税收法规另有规定外，税前扣除一般应遵循以下原则：

① 权责发生制原则，是指企业费用应在发生的所属期扣除，而不是在实际支付时确认扣除。

② 配比原则，是指企业发生的费用应当与收入配比扣除，除特殊规定外，企业发

生的费用不得提前或滞后申报扣除。

③ 相关性原则，是指企业可扣除的费用从性质和根源上必须与取得应税收入直接相关。

④ 确定性原则，是指企业可扣除的费用不论何时支付，其金额必须是确定的。

⑤ 合理性原则，是指符合生产经营活动常规，应当计入当期损益或者有关资产成本的必要和正常的支出。

（4）扣除项目的范围。

《企业所得税法》规定，企业实际发生的与取得收入有关的、合理的支出，包括成本、费用、税金、损失和其他支出，准予在计算应纳税所得额时扣除。

① 成本，是指企业在生产经营活动中发生的销售成本、销货成本、业务支出以及其他耗费，即企业销售商品（产品、材料、下脚料、废料、废旧物资等）、提供劳务、转让固定资产、无形资产（包括技术转让）的成本。

② 费用，是指企业每一个纳税年度为生产、经营商品和提供劳务等所发生的销售（经营）费用、管理费用和财务费用，已经计入成本的有关费用除外。

③ 税金，是指企业发生的除企业所得税和允许抵扣的增值税以外的各项税金及其附加，即企业按规定缴纳的消费税、城市维护建设税、关税、资源税、土地增值税、房产税、车船税、土地使用税、印花税、教育费附加等产品销售税金及附加。这些已纳税金准予在税前扣除，准许扣除的方式有两种：一是在发生当期扣除；二是在发生当期计入相关资产的成本，在以后各期分摊扣除。

④ 损失，是指企业在生产经营活动中发生的固定资产和存货的盘亏、毁损、报废损失，转让财产损失，呆账损失，坏账损失，自然灾害等不可抗力因素造成的损失以及其他损失。

企业发生的损失，应减除责任人赔偿和保险赔款后的余额，依照国务院财政、税务主管部门的规定扣除。对于企业已经作为损失处理的资产，在以后纳税年度又全部收回或者部分收回时，应当计入当期收入。

⑤ 其他支出，是指除成本、费用、税金、损失外，企业在生产经营活动中发生的与生产经营活动有关的、合理的支出。

（5）不得扣除的项目。

在计算应纳税所得额时，下列支出不得扣除：

① 向投资者支付的股息、红利等权益性投资收益款项。

② 企业所得税税款。

③ 税收滞纳金，是指纳税人违反税收法规，被税务机关处以的滞纳金。

④ 罚金、罚款和被没收财物的损失，是指纳税人违反国家有关法律、法规规定，被有关部门处以的罚款，以及被司法机关处以的罚金和被没收财物。

⑤ 超过规定标准的捐赠支出。

⑥ 赞助支出，是指企业发生的与生产经营活动无关的各种非广告性质支出。

⑦ 未经核定的准备金支出，是指不符合国务院财政、税务主管部门规定的各项资产减值准备、风险准备等准备金支出。

⑧ 企业之间支付的管理费、企业内营业机构之间支付的租金和特许权使用费，以及非银行企业内营业机构之间支付的利息。

⑨ 与取得收入无关的其他支出。

（6）亏损弥补。

亏损是指将每一纳税年度的收入总额减除不征税收入、免税收入和各项扣除后小于零的数额。税法规定，企业某一纳税年度发生的亏损可以用下一年度的所得弥补，下一年度的所得不足以弥补的，可以逐年延续弥补，但最长不得超过 5 年。而且，企业在汇总计算缴纳企业所得税时，其境外营业机构的亏损不得抵减境内营业机构的盈利。自 2018 年 1 月 1 日起，当年具备高新技术企业或科技型中小企业资格的企业，其具备资格年度之前 5 个年度发生的尚未弥补完的亏损，准予结转以后年度弥补，最长结转年限由 5 年延长至 10 年。

二、企业所得税的经济效应

（一）财政收入效应

从我国税收收入结构变迁来看，企业所得税是我国税收收入重要组成部分。图 8-1 为我国 2008—2019 年企业所得税税收收入总额与所占比重的变化情况。2008—2019 年，企业所得税税收收入总额呈逐年上涨趋势，同时企业所得税占比较高，维持在 20%~25%。

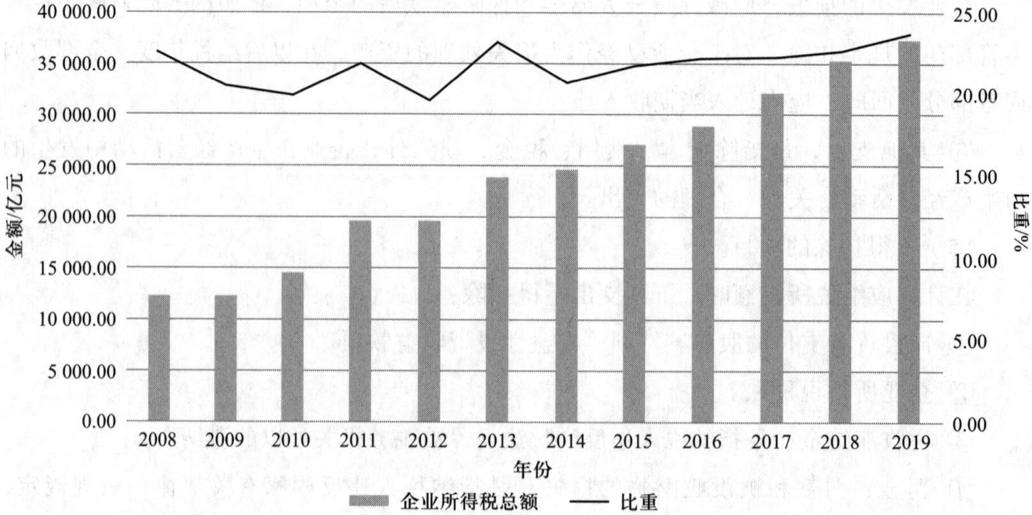

图 8-1　2008—2019 年我国企业所得税收入总额与所占比重变动趋势

另外，所得税富有弹性的特征，使得企业所得税税收收入随经济发展变动情况较为敏捷，相较于其他税种，能更好地满足财政收入弹性原则。

（二）经济调控效应

税收是政府进行宏观调控的重要工具。政府通过运用税收政策，达到供需均衡、经济稳定增长、经济结构协调以及收入分配公平的目标，所得税一般被认为是实现经济稳定、促进经济结构协调的重要工具。从促进经济稳定方面来看，企业所得税能够发挥“自动稳定器”的作用，当经济发生波动时，能够自动减缓经济波幅。当经济过热时，企业的收入增加，企业所得税也相应增加，防止经济过热带来的通货膨胀；当经济衰退时，企业所得税税收减少，防止经济过度衰退。同时，企业所得税中针对小微企业引入了超额累进税率，根据小微企业收入规模的差异，制定不同的税率，能够促进自动稳定器作用的发挥。从促进经济结构协调方面来看，企业所得税能够通过税收优惠的合理设置对地区经济结构和产业结构进行调整。通过税收手段促进资本形成、劳动供给以及技术进步，进而促进欠发达地区的经济增长，缩小地区间经济发展水平差异。

（三）内生增长效应

内生增长理论认为，经济能够不依赖外力推动实现持续增长，内生的技术进步是保证经济持续增长的决定因素。而由于企业技术创新活动具有创新收益的外部性、创新过程的不可分割性以及创新结果的不确定性等特征，导致技术创新过程中存在市场失灵的问题，除了市场竞争的内在驱动力之外，还需要政府的引导与激励。税收优惠和财政补贴两种重要工具，已被广泛用于激励企业创新活动。企业所得税的相关制度设计可以促进企业扩大再生产和投资研发的积极性，目前企业所得税中相关税收优惠条款在促进企业研发投入以及科技成果转化等方面具有重要作用。

三、企业所得税实践

（一）西方国家企业所得税实践

1．产生阶段（18 世纪末—19 世纪初）

企业所得税起源于英国。18 世纪末期，英法战争爆发，英国政府急需大笔经费以维持战争，由于英国当时实行的是以消费税为主体的税制，税收占财政收入比重不高，仅靠消费税筹集战争费用难以支撑。因此，英国首相威廉·皮特在 1798 年设立了“三部合成捐”的新税种，即企业所得税的雏形。但由于该税种存在诸多问题，随后英国废除了该税种并制定新的所得税，1842 年正式设立企业所得税。

2．发展阶段（19 世纪中期—20 世纪中期）

19 世纪中叶，大部分发达国家陆续设立企业所得税，之后发展中国家也陆续开始设立企业所得税。在商品输出转变为资本输出的情况下，以间接税为主体的税制结构日益明显地反映出其局限性和不足，这加速了所得税的推行，在发达国家逐渐形成以所得税为主体的税制结构。而发展中国家由于起步较晚，企业所得税占比不高。

3. 完善阶段（20 世纪中后期至今）

20 世纪中后期，许多国家开始进行企业所得税改革，为促进经济发展，改革的措施以减税为主。发展中国家当时的企业所得税税收政策比较复杂，税基较窄，税率偏高，因此发展中国家的改革以简化企业所得税税制、降低税率同时吸引外资为主。

当今时代，数字化发展迅猛，在 BEPS 行动计划以及双支柱方案推出的背景下，企业所得税的改革方向与经济形势密切相关。企业所得税的发展趋势可以归结为以下几个方面：第一，大国减税引发新一轮的企业所得税减税浪潮和税改进程；第二，税收政策鼓励投资，包括利用参股免税鼓励投资、鼓励利润进行再投资的税收政策、扩大一般投资激励措施等；第三，国际国内税基均不断扩展，主要包括对亏损结转条款的额外限制、防止税基侵蚀和利润转移以及反避税的内容。同时，数字经济的企业所得税问题备受关注，OECD 发布了一份关于数字化带来的税收挑战的中期报告，以应对数字经济带来的税收挑战，国际上努力重建国际税收规则，以使各国达成共识。

（二）我国企业所得税实践

我国企业所得税制经历了建立工商所得税、多种企业所得税并存、合并企业所得税和统一企业所得税四个时期。

1. 建立工商所得税时期（20 世纪 50 年代—70 年代）

20 世纪 50 年代，我国开征工商所得税，征税对象包括集体经济、个体经济、供销合作社、预算外国有企业和事业单位，以及外国人在我国境内经营的工商企业和交通运输企业。

2. 多种企业所得税并存时期（20 世纪 70 年代末—80 年代）

20 世纪 70 年代末，我国开始改革开放，企业所得税制也经历了重大改革。1984 年 9 月，国务院发布了《中华人民共和国国营企业所得税条例（草案）》，开征国营企业所得税；1985 年 5 月，国务院发布了《中华人民共和国集体企业所得税暂行条例》，开征集体企业所得税；1986 年 1 月，国务院发布了《城乡个体工商业户所得税暂行条例》，开征城乡个体工商业户所得税，同时取消了实行多年的工商所得税；1988 年 6 月，国务院发布《中华人民共和国私营企业所得税暂行条例》，开征私营企业所得税。同时期，为了鼓励吸引外资，初步建立起涉外所得税有关法律。1980 年 9 月，全国人民代表大会通过了《中华人民共和国中外合资经营企业所得税法》，开征中外合资经营企业所得税；1981 年 12 月，全国人民代表大会通过了《中华人民共和国外国企业所得税法》，开征外国企业所得税。

3．合并企业所得税时期（20 世纪 90 年代—21 世纪初期）

20 世纪 90 年代初期，随着改革开放的深入发展，我国按照“统一税法、公平税负、简化税制、合理分权”的原则，全面改革了包括企业所得税和个人所得税在内的税收制度，初步建立起适应我国社会主义市场经济体制要求的较为统一的所得税制度体系。1991 年 4 月，全国人民代表大会通过了新的《中华人民共和国外商投资企业和外国企业所得税法》，合并外商投资企业所得税；1993 年 12 月，国务院发布《中华人民共和国企业所得税暂行条例》，合并内资企业所得税。

4．统一企业所得税时期（21 世纪初期至今）

21 世纪，随着改革的进一步深入和社会经济的进一步发展，我国有必要把内、外资企业所得税合并，从而实现企业所得税制的真正统一。2007 年 3 月，全国人民代表大会审议通过了《中华人民共和国企业所得税法》，并于 2008 年 1 月 1 日起实施，通过统一内外资企业所得税法、规范税基、降低税率、强化征管，建立起了新的企业所得税有关法律规范，并实行至今。

第三节　社会保障税（费）原理

一、社会保障税（费）概述

（一）社会保障税（费）的概念

社会保障税又被称为社会保险税，是以工资为征税对象，分别向用人单位和其工作人员征收，所得收入专门用于社会保障事业的一种税收。社会保障费是政府为实施社会保障制度、满足居民社会保障公共服务需求的一种筹资方式或制度安排。社会保障税与社会保障费都是社会保险资金的筹集方式，它们均为实现社会保障制度的目标服务。

社会保障税（费）的概念主要有以下几个理论基础：

1．新福利经济学理论

新福利经济学的理论支撑点是意大利经济学家帕累托的最适宜条件论或最优境界论。假定社会处于一种无论何种改变都不能使任何一个人的福利增加的同时不减少其他人的福利的状态时，此时社会已经达到最优境界，即被称为帕累托最适宜条件或最优境界。合理分配的社会福利最大化状态不可能通过市场机制自发实现，政府必须有所作为。社会保障税是国家通过立法并依法采取强制手段对国民收入进行再分配，是实现社会公平和社会福利最大化的重要保证。

2．公共财政理论

在公共财政理论中，政府通过提供稳定的社会秩序和良好的政策环境等，间接地为整个社会经济增长提供推动力，强调运用法律手段和经济手段，加强政府的宏观调控和服务功能，从而让市场发挥基础性作用。而市场难以兼顾公平与效率，因此为了实现国民收入的合理分配，国家政府应当通过社会保障制度缓解社会分配不公的现象。因为社会保障是国家的一项基本政策，其实施是由国家直接进行的，属于公共财政的范围，所以国家为筹集社会保障资金而强制征收社会保障税具有合理性。

3. 社会再生产理论

社会再生产理论中的一个重要思想是劳动力再生产是社会再生产的必要条件，在论述劳动力再生产的过程中形成了系统的社会保障思想。马克思指出，国民收入的初次分配首先要进行扣除，形成用来应对不幸事故、自然灾害等的保险基金，以满足社会生产的正常运行。这一论述从社会产品分配的角度概括了社会保障制度的性质和内容。而且马克思从社会再生产运行的角度说明了社会保障基金是社会再生产得以正常运行的基本条件。

（二）社会保障制度的主要模式

1. 普遍社会保障模式

瑞典、丹麦等北欧“福利国家”和加拿大、澳大利亚等发达国家采用这一模式。这一模式的特征如下：第一，这一模式的社会保险受益者范围广，涵盖全体居民或公民。第二，就承保项目而言，覆盖老年退休、医疗、疾病、伤残、失业、生育、儿童保育、死亡和遗属保险等各个项目，它们宣称实施了一种“从摇篮到坟墓”的社会保险制度。第三，就社会保险基金来看，社会保险和一般性财政拨款相结合，具体情况因国而异。从缴纳保险税（费）与受益关系看也是因国而异。有的国家不强调宏观上的捐献收入与受益的绝对平衡，许多项目由政府一般性财政收入加以支持，如加拿大的“一般性补助”“最低收入保障”“社会补助”三大类社会保险计划，都没有相对应的社会保险税形式，全由一般性财政收入支付；有的国家则强调社会保险项目与特定社会保险税的一一对应关系。第四，对多项社会保险项目，居民按统一标准领取受益额，不与先前的收入、工作等挂钩。不过，也存在某项补充性社会保险项目与先前收入挂钩的情况。

2. 就业关联的社会保障模式

美国、德国、日本等多数国家采用这一模式，这一模式下，承保对象的范围是指一般的受雇人员和从业人员及其家庭，比普通社会保障模式的范围要小。有些国家还实行一般保险与特定职业系统保险相结合的方式，尽量地扩大承保对象范围。例如，美国联邦实行的“社会总保险体系——老年、遗属、伤残保险和医疗保险制度”适用于政府职员和铁路员工以外的所有受雇职工及大多数个体劳动者、经营者；政府职员和铁路员工实行独立的保险制度。失业保险补偿计划则由联邦和州共同承担。一般说来，这一模式的特征主要表现在保险受益的领取要与收入挂钩这一点上。受保人享受社会保险年金或定期补助的权利，直接或间接地取决于受保人受雇年限的长短或缴纳保险税（费）时间的长短；家属津贴及工伤保障则取决于是否存在雇佣关系。个人领取的年金（包括养老金、伤残抚恤金、遗属抚恤金）和其他短期补助与受保人在事故发生前的收入有关。个人受益额的大小取决于过去收入所得与所对应缴纳的社会保险税税额。当通过工薪税筹集的社会保险收入不足以抵偿受益支出出现差额时，由一般性财政收入弥补。

3. 储蓄自助保障模式

新加坡和印度、印度尼西亚、马来西亚等发展中国家采用这一模式。这实质上是一种强制储蓄制度。这一模式的流程是国家通过立法强制雇主和雇员缴纳定额保险费，建立社会保险基金，作为雇员的存款专户存储并专款专用，在受益人退休时，连本带息一次性将工作期间缴纳的保险费发给本人。在少数情况下，受益人也可以自由选择分期领取养老金，或将存款交付给遗属。这一模式的主要优点是，社会保险基金总是收支平衡。工作期间投保人与其雇主缴纳多少保险费，将来就获得多少受益，基本上没有收入再分配问题，不存在依赖社会保险制度以致影响经济效率问题。但是，这是一种低水平的社会保险制度，社会保险的功能未能得以全面充分发挥，该模式下分散风险、国民收入再分配和促进社会稳定等作用也不能很好发挥，因而这并不是社会保障制度发展的目标。

（三）社会保障税的类型

各国的社会保障制度多种多样，根据承保对象和承保项目设置的方式不同，大体上可以将社会保障税分为以下三种不同的类型。

1. 项目型社会保障税

项目型社会保障税按承保项目的不同而分项设置社会保障税，在这一模式下，社会保障税按照不同保险项目的支出需要，分别确定一定的比率从工资薪金中提取。瑞典的社会保障税制是典型的项目型模式，分设养老保险税、遗属养老保险税、疾病保险税、工伤保险税、双亲赡养保险税、失业保险税以及工资税七个项目，每个项目有各自不同的税率。

项目型社会保障税的最大优点在于社会保障税的征收与承保项目之间建立起了一一对应的关系，专款专用，返还性非常明显，而且可以根据不同项目支出数额的变化调整税率，哪个社会保障项目对财力的需要量大，其适用税率就会提高。项目型社会保障税的主要缺点是各个项目之间财力调剂余地较小。

2. 对象型社会保障税

对象型社会保障税按承保对象的不同而分类设置社会保障税。在这种模式下，社会保障税在设置上主要以承保对象为标准，建立起由几大类社会保障税组成的社会保障税体系。例如，英国的社会保障税就有四类：第一类是针对一般雇员征收的国民保险税；第二类是对营业利润低于一定水平的自营者征收的国民保险税；第三类是对自愿投保者征收的国民保险税；第四类是对营业利润达到一定水平以上的自营者征收的国民保险税。

对象型社会保障税的优点是可以针对不同就业人员或非就业人员的特点，采用不同的税率，便于执行。这种模式的主要缺点是征收与承保项目没有明确挂钩，社会保障税的返还性未能得到充分的体现。

3. 混合型社会保障税

混合型社会保障税按照承保对象和承保项目并行设置社会保障税。在这种模式下，社会保障税不是一个单一税种，而是由针对大多数承保对象和覆盖大部分承保项目的一般社会保障税、针对失业这一特定承保项目的失业保险税以及针对特定承保对象而设置的税种所组成的税收体系。美国是采用混合型模式的代表，其社会保障税税收体系由工薪税、失业保险税、铁路员工退职保障税和自营人员保险税四个税种构成。

混合型社会保障税的主要优点是适应性较强，可在适应一般社会保障需要的基础上，针对特定行业实行与行业工作特点相联系的加强式社会保障，还能让特定的承保项目在保险费收支上自成体系。但这一模式也存在统一性较差、管理不够便利以及返还性的表现不够具体等不足之处。此外，这一类型的社会保障税累退性较强，再分配的效应受到抑制，其社会公平功能趋于减弱。

（四）社会保障税（费）的税制要素

1. 纳税人

社会保障税的纳税人与其他税种存在着显著不同，社会保障税的税款一般由雇主和雇员共同缴纳。对不存在雇佣关系的自营人员，由于没有确定的工资薪金所得，关于是否应纳入社会保障税的课征范围，各国的做法不尽相同。根据“专税专用”的原则，只有缴纳了社会保障税，才有权享受社会保障的利益。在条件许可的情况下，将自营者包括进来是较为理想的，这有利于整个社会的发展和稳定。经济发达国家大多将自营人员纳入进来，但在一些社会保障体系不是很完善的发展中国家，自营人员往往被排除在社会保障体系之外。

2. 计税依据

各国社会保障税的课征范围一般都较广，只要在本国有工资薪金收入的人，都被纳入社会保障税的课征范围。社会保障税的税款一般由雇主和雇员共同缴纳。总体而言，雇主缴纳社会保障税的税基是其支付的工资薪金总额，雇员缴纳社会保障税的税基是本人工资薪金收入，自营职业者（灵活就业人员）缴纳社会保障税的税基是取得的经营纯收益额。这里的工资薪金，不仅包括雇员取得（或雇主支付）的现金，还包括具有工资性质的实物收入和等价物收入，但工资薪金以外的股息和利息所得、资本利得等通常不计入社会保障税的税基。在具体的税收征管实践中，各国的做法略有差异，但通常会对税基有最低和最高限额的规定，而且一般不设置税前扣除额。税基上下限额的规定，体现了社会保险制度的再分配职能。

二、社会保障税（费）的经济效应

（一）对劳动力供给的影响

首先，社会保障税作为一种对劳动力报酬的课税，会降低劳动力供给的净收益，从而降低劳动力供给的积极性和最终的供给量。虽然社会保障税是由雇主和雇员共同承担的，但由于劳动力的供给弹性小于资本的供给弹性，雇主缴纳的社会保障税转嫁给雇员承担的可能性非常大，所以劳动力事实上承担主要的税收负担。其次，社会保障税可能促使劳动力提前退休。如果低收入劳动者在退休后获得的退休收益超过他们过去缴纳的社会保障税，同时这些收入与他们继续工作的实际收入相差无几，提前退休对大多数低收入者来说还是有一定吸引力的。

（二）对社会储蓄的影响

劳动者往往将缴纳社会保障税视为一种替代个人进行退休储蓄的方式。当不存在社会保障制度的情况下，个人会储蓄部分收入，以备将来失业或退休时仍能维持正常的生活水平。而在有社会保障制度的条件下，这笔储蓄金就大致等同于所缴纳的社会保障税，其结果是个人储蓄量普遍降低，进而使资本形成率下降，造成对社会总供给的严重扭曲，并妨碍劳动生产率与经济增长率的提高。

三、社会保障税（费）实践

（一）西方国家社会保障税（费）实践

1．产生阶段（19 世纪末—20 世纪初）

社会保障制度起源于 19 世纪末的欧洲，第二次世界大战以后，所有的发达国家和部分发展中国家相继建立社会保障制度。随着社会保障制度的发展，社会保障税也开始走上历史舞台。1889 年，德国最先开始设立社会保障税，法国、瑞典、英国、意大利、美国等先后开征社会保障税，部分发展中国家在第二次世界大战之后也开征社会保障税。

2．发展完善阶段（20 世纪中期至今）

社会保障税开征之后获得了迅速发展，其占税收收入的比重也逐渐上升。在德国、瑞士、荷兰等国家，社会保障税已成为第一大税种。目前，许多国家社会保障税的征税范围还有进一步扩大的趋势。

社会保障税作为筹集社会保障资金的主要方式，在保证社会再生产顺利进行、社会机制稳定机制方面发挥着重要作用。随着社会保障支出的日益增长，社会保障税在许多国家占有重要地位，发达国家的社会保障体系日益完善，发展中国家也逐步建立起社会保障税，各国越来越多地把目光集中于社会保障税的征收与改革上。

（二）我国社会保障税（费）实践

我国社会保障制度的发展历程可以分为两个阶段。

1. 传统社会保障制度时期（1949—1978 年）

在这一阶段基金筹资由国家和企业负担，职工不负担任何社会保障费用。新中国成立初期，国家高度重视社会保障体系建设，逐步建立起与当时国情相适应的社会保障制。1967 年开始，城镇的“国家—企业保险”转化为“企业保险”，城镇社会保障体系受到较大冲击，不过农村合作医疗制度在此时开始迅速发展。

2. 新时代社会保障制度时期（1978 年至今）

1978 年特别是改革开放以后，我国有步骤地进行了以养老、医疗、失业为重点的社会保障制度改革，我国社会保障制度完成了恢复与重建，并开始社会化的探索。1992 年开始，社会保障制度为适应国有企业改革的需要，先后启动了养老、医疗、失业、工伤和生育费用社会统筹试点，并逐渐发展社会保障费，逐步构成多元社会保障体系。

现阶段，我国主要以“费”的形式来筹集社会保障制度所需的资金。2020 年，我国社会保障费由人社部门改为由税务部门征收。我国社会保障基金的来源和筹措方式正处于转轨时期，中国的社会保障到底是实行“缴费制”还是“缴税制”，这既是个理论问题，也是个激励问题；既是一个导向问题，也是一个制度设计问题。一字之差，意味着政府承担的责任、保障对象的范围、征收标准等都会发生改变。

本章小结

1. 个人所得税是以个人的各项所得为课税对象的一种所得税。个人所得税税源广泛，实行混合征收；累进税率和比例税率并用，发挥调节收入纵向公平作用。

2. 个人所得税的经济效应主要表现在经济稳定、经济增长及收入再分配方面。

3. 企业所得税是对企业在一定期间内从事生产经营活动取得的所得额课征的一种税。企业所得税是我国直接税中的主要税种之一，是我国财政收入的重要来源。企业所得税税基广泛，具有征税的普遍性和广泛性。

4. 企业所得税的经济效应主要表现在财政收入效应、经济调控效应和内生增长效应上。

5. 社会保障税是为筹集社保基金开设的，有明确的特定目的。我国目前仍是社会保障费的形式，费改税的改革仍需进一步研究。

6. 社会保障税的经济效应可以表现在劳动力供给和社会储蓄两个方面。

课后习题

1. 简述各国开征所得税的原因及理论基础。
2. 简述不同模式个人所得税制的优缺点。
3. 试说明可以从哪些方面完善我国个人所得税制度？
4. 分析研究企业所得税未来的发展趋势。
5. 开征所得税会对社会经济产生哪些影响？
6. 社会保障税的税负水平是如何确定的？

拓展阅读

[1] 马克思．资本论．北京：人民出版社，2018.

[2] 庇古．福利经济学．金镝，译．北京：华夏出版社，2007.

[3] 约瑟夫·E. 斯蒂格利茨，杰伊·K. 罗森加德．公共部门经济学．4版．北京：中国人民大学出版社，2020.

[4] 哈维·S. 罗森，特德·盖亚．财政学．郭庆旺，译．10版．北京：中国人民大学出版社，2015.

[5] 蒲晓红．中国社会保障税税收设计研究．北京：中国人民大学出版社，2016.

即测即评

扫描二维码，进行本章在线测试。

第九章

财产税原理

本章导言

财产税是对财产转让和存量财产课征的一种税类。房地产税和遗产赠与税是财产税的重要税种，是21世纪初在我国讨论较多的税种，尤其是房地产税多次见诸党的重要决议和国家纲领性文件。本章介绍了涉及房地产税税收归宿的三种观点，即传统观点、新观点和受益税观点。作为案例，本章还介绍了美国的房地产税、英国的议会税、韩国的财产税和综合不动产税及日本的固定资产税和城市规划税，并对我国的房地产税情况进行了介绍。遗产税是指财产所有者去世之后，对其遗留的应纳税财产征收的一种税收，既可以对被继承人的遗产征收，也可以对继承人继承的遗产征收，是财产税制度的有机组成部分。遗产税和赠与税并行，通常将其合并称为遗产赠与税。本章介绍了遗产赠与税的相关概念、课税理论、经济效应及典型国家的相关实践。

重要术语

财产税　房地产税　遗产赠与税

财产税是对财产转让和存量财产课征的一种税类。参照OECD关于税收分类中各大类税收收入占GDP的比重看，2017年财产税占比不到2%。就1965年以来的跨年度平均值来看，所得税占比为11%，货物和劳务税占比为10%，社会保障缴款占8%，工薪税和其他税合计为0.5%。

从财产税各子类型税种的性质、功能和效果来看，OECD的分类较为科学。按照OECD的税收分类，财产税中有房地产税、净财富税、遗产赠与税、金融资产和资本交易税、其他一次性课税和动产保有税6个子目。其中，房地产税（直译为“不动产税”）是对地上建筑物和土地保有课征的税收；净财富税以家庭或企业净资产（资产减掉负债）为依据定期课征（通常按照年度），目前仅有加拿大、法国、卢森堡、挪威、西班牙和瑞士等国还在继续征收这种税；遗产赠与税包含对总遗产和继承遗产的课税及对生前赠予的课税；金融资产和资本交易税包含对证券发行、转让、购买和再销售的课税、对支票的课税、对法律合同的课税、对不动产销售课税等；其他一次性课税包含为应付紧急支出或再分配目的而偶尔增加的一次性课税、因改变规划用途或增加某项公共服务进而导致土地价值改变进而增加的一次性税款；动产保有税是对牲畜、珠宝和窗户等财产保有课征的税收。房地产税和净财富税针对存量财产课征，前者的主要目的在于筹集财政收入，后者在于调节财富再分配；遗产赠与税也重在调节财富分配，但其在转让环节课征；金融资产和资本交易税以交易额为对象，既有筹集财政收入的目的，也有调控的目的。

从 1965 年以来 OECD 国家跨年度平均情况来看，财产税下各子目按占 GDP 比重排序依次为房地产税（0.92%）、金融资产和资本交易税（0.48%）、净财富税（0.19%）、遗产赠与税（0.15%）、其他一次性课税（0.03%）和动产保有税（0.01%），如图 9-1 所示。

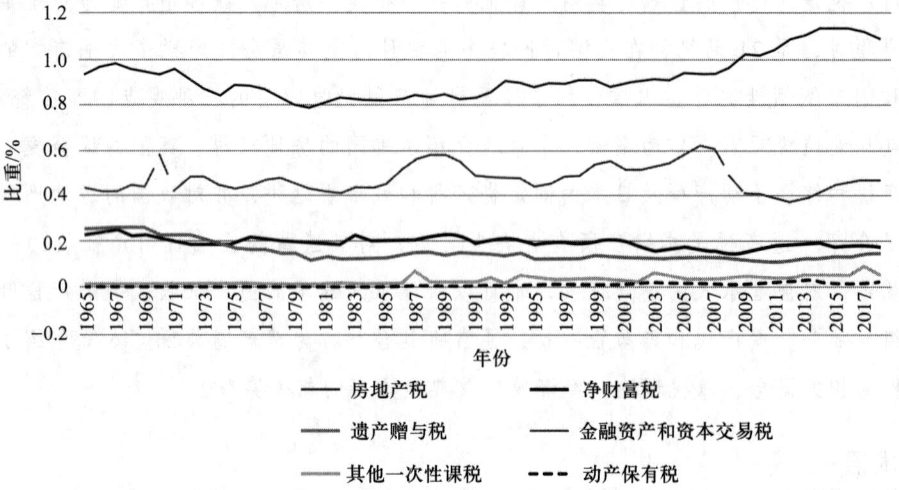

图 9-1 1965—2018 年 OECD 国家财产税收入构成

注：该比重为各国的简单算术平均值；在计算平均值时，因某些年度的样本数据缺失不纳入平均计算范围；冰岛 2016 年从商业性和储蓄性银行获得一次性财产税收入，导致收入异常。计算时进行了调整，在计算财产税占 GDP 比重时，取 2015 年和 2017 年的均值替代。

第一节 房地产税原理

一、房地产税概述

（一）房地产税的概念

房地产税是对存量房地产征收的一种税，其课税对象指的是土地和地上建筑物。与 OECD 口径中房地产税相对应的，是我国的“房产税”（这里是特指）和城镇土地使用税。

“房地产税”中包含我国1986年版主要以经营性房地产为主要课税对象的房产税，也包含2011年上海和重庆试点的对个人住房征收的“房产税”。城镇土地使用税的纳税人为在城市、县城、建制镇、工矿区范围内使用土地的单位和个人，缴纳形式为有差别的定额税率。根据财政部数据统计，2020年我国房产税收入2 842亿元，城镇土地使用税收入2 058亿元。如以上述两项之和为分子，以2020年全年国内生产总值1 015 986亿元为分母，则这一比例为0.48%，为OECD平均值的一半，对标相对发达的几个大国数值更低一些。

如图9-2所示，从2017年情况看，房地产税占GDP比重最高的国家，基本上财产类课税占比也较高。但是，也有几个特殊案例。第一类比较突出的国家是卢森堡、瑞士和挪威，这三个国家尤其是前两个房地产税占比不高，但是净财富税占很大的比例。第二类比较突出的国家如韩国、澳大利亚、比利时和意大利等，金融资产和资本交易税占GDP比重超过1%。

再看几个大国的房地产税占GDP比重，加拿大、英国、法国和美国的比重近3%，日本和澳大利亚近2%，较我国的0.48%要高出不少。其中，几个英语系国家在房地产税政策上具有极强的“以支定收”特点。地方或基层政府根据公共服务的支出需要，倒算房地产税的税率。日本的房地产税制度有较强的中央集权特色，由中央政府决定税率（定为1.4%），并决定房地产税的收入归哪一级政府。

（二）房地产税的现况

一般来说，房地产税作为重要的财政收入归属于下级政府，尤其是作为基层政府的重要收入。但是，也有个别国家的房地产税部分归属于中央政府。

房地产税归入中央政府的原因往往出于以下几条：一是地区之间进行再分配，如英国的Business Rates；二是作为全国性的调控工具，如韩国的综合不动产税，以调控房价为目的，以家庭或个人为征税单位，统计在全国的房地产价值并给予一定的免征额；三是应付财政困境，如希腊在2008年国际金融危机后征收全国性房地产税，筹集中央财政收入减轻财政困难。

如将各国财产税下各子目与税收收入其他各税种进行统计对比，按照房地产税、净财富税、遗产赠与税、金融资产和资本交易税、其他一次性课税、动产保有税等、所得税类、社会保障缴款、工薪税类、货物和劳务税类、其他从左到右进行排序，可用图示进行数字统计。OECD在收入统计中，将单一制国家中间层级和基层税收收入一起合并在基层收入名下，将联邦制国家中间层级和基层税收收入分开核算。

图9-3按照房地产税在联邦制各国中间层级政府税收总收入中的比重自上而下排序。其中，占比超过10%的有澳大利亚（14.51%）和墨西哥（10.80%）；其次是奥地利（2.09%）、加拿大（2.09%）、美国（1.38%）和比利时（1.20%）。

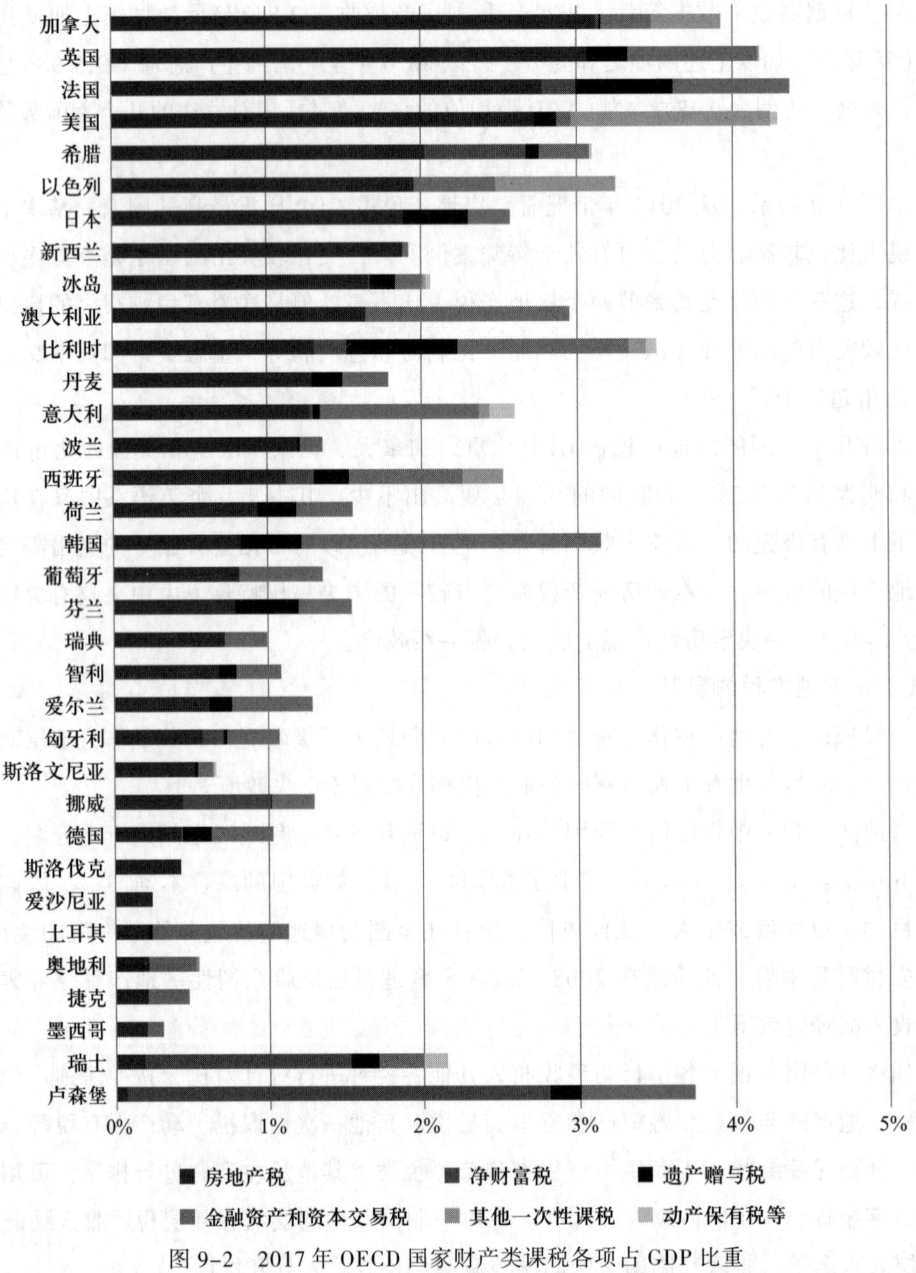

图 9-2　2017 年 OECD 国家财产类课税各项占 GDP 比重

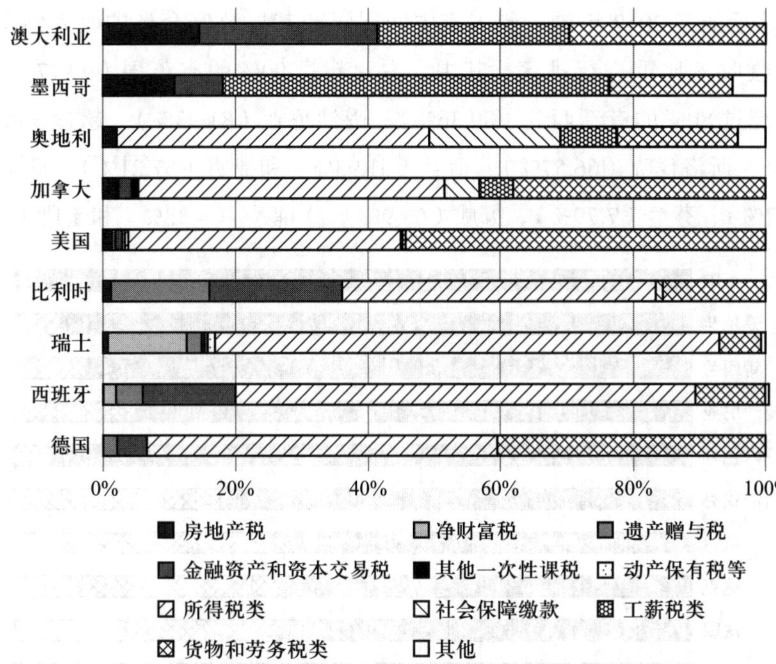

图 9-3 房地产税及其他各税在联邦制各国中间层级政府税收总收入中的比重（2017 年）

从 2017 年房地产税占联邦制各国基层政府税收总收入的比重来看，图 9-4 中几个国家差距较为明显：澳大利亚为 100%，加拿大为 84.36%，美国为 70.15%，比利时为 57.60%，墨西哥为 52.00%，其他几个国家占比小于 50%。

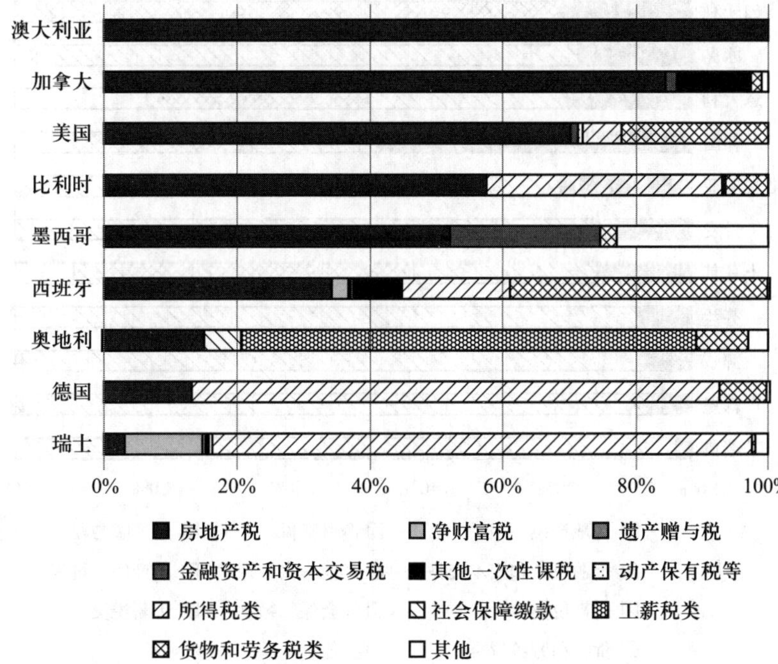

图 9-4 房地产税及其他各税在联邦制各国基层政府税收总收入中的比重（2017 年）

图 9-5 显示的是 2017 年单一制国家中间层级和基层政府合计的收入结构，按照房地产税占税收收入比重进行排序。其中，占比超过 90% 的有英国（99.17%）、爱尔兰（93.07%），超过 80% 的有新西兰（89.36%）、爱沙尼亚（81.93%），超过 50% 的有以色列（78.83%）、斯洛伐克（66.57%）、荷兰（61.93%）和捷克（57.21%），低于 10% 的有土耳其（9.27%）、芬兰（7.79%）、挪威（6.69%）、卢森堡（4.38%）和瑞典（2.36%）。

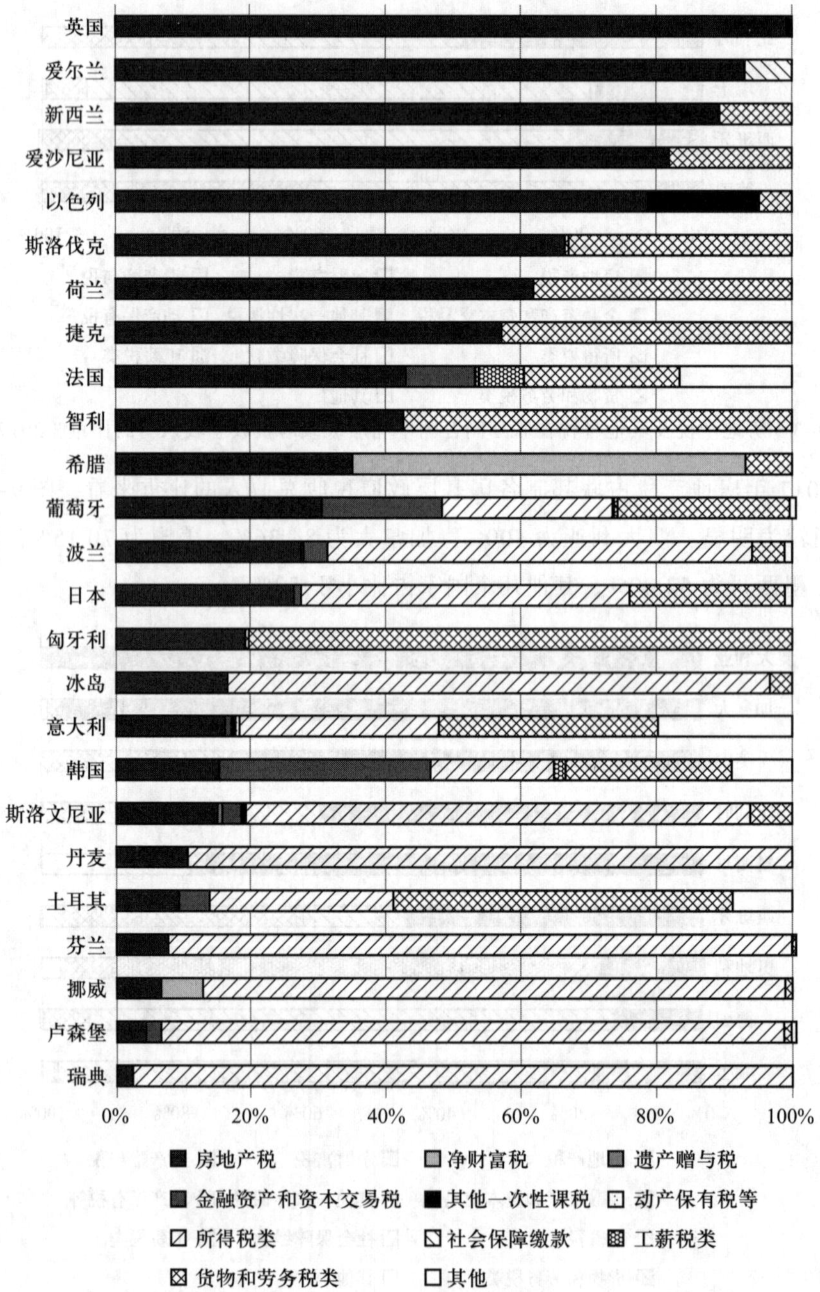

图 9-5 房地产税及其他各税在单一制各国中间及基层政府税收总收入中的比重（2017 年）

就平均情况看，OECD 国家房地产税收入占 GDP 的比重约为 1%。但不同国家存在差异，一些英语系国家占比相对较高，如加拿大、英国、美国和澳大利亚等；此外，如法国、日本和韩国等国家的房地产税占比也不小。

在 OECD 国家中，也有一些国家房地产税占比不大。总起来看，除瑞士和卢森堡房地产税占比较小外，其他占比不大的多是经济不是太发达的国家如墨西哥、捷克等。其中，瑞士和卢森堡征收财富税，这在一定程度上与房地产税有一定的替代关系。

（三）房地产税的税制要素

一般来说，房地产税的计税依据是房地产的价值、推定年租金、分段定额或单位面积征收等。税率有的是根据“以支定收”原则确定，有的是由上级政府确定。

不同国家或地区在指代房地产税时称呼不同。例如，苏格兰、英格兰和威尔士 1993 年后对住房征收的房地产税使用“Council Tax”一词指代，该税征收时依房地产价值归入特定档位由基层政府按照“以支定收”原则定额征收。英国现行对非居住性房地产征收的房地产税则使用“Business Rates”一词，该税由中央政府确定名义税率，并依照推定年租金作为计税依据进行征税。若指代美国的房地产税，则使用“Real Property Tax”一词，征收时依据房地产价值乘以地方政府确定的税率。世界各国和地区的房地产税制定位不一，税制在形成过程中与一国政治、经济、历史和文化融合互动。

二、房地产税的经济效应

（一）传统观点：房地产税是一种消费税

传统观点认为，房地产税是对土地和建筑物征收的一种消费税。这一观点下，税收归宿及带来的影响由相关财产的供需情况决定。不同财产的流动性不同，供给和需求曲线的形状也不同，因此要将土地和建筑物分开讨论。

1. 对土地征税

土地作为一种自然资源，供给量相对稳定，有理由假设土地供给量在一定时期内保持不变。此时，供给曲线是一条垂直线，供给弹性为零，征税时土地所有者将承担所有税负。如图 9-6 所示，供给曲线为 S，征税前的需求曲线为 D，初始均衡租金为 P_0，供给数量为 S_0。对每单位土地征收从价税，需求曲线转动并向下移动至 D_1 和供给曲线相交，此时土地使用者需要支付的租金不变，而土地所有者收到的租金下降到点 P_1，两点之间的差额是对单位土地征收的税额。

进一步讨论图形背后的经济原因。假设政府在 $t=0$ 时刻宣布对土地所有者征税。从土地需求方看，购买者在购买土地时会考虑到未来要承担的税负，税负带来的隐形成本使购买土地的成本上升，或者说土地所能带来的税后利润下降，需求方能接受的保留价

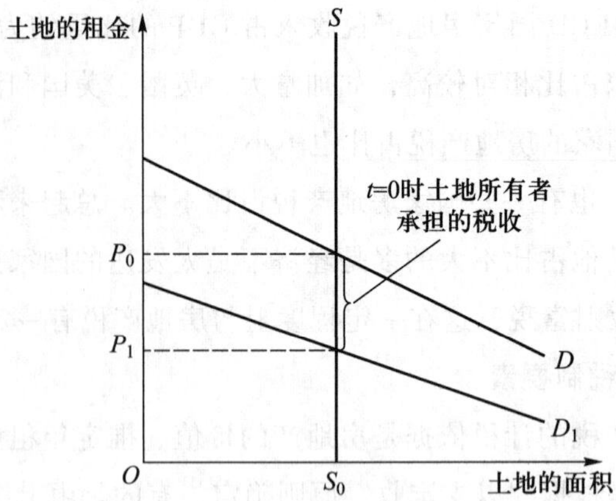

图 9-6　对土地征税

格降低，在需求具有一定弹性的情况下，理性消费者会减少需求量，从而需求曲线向下移动。

对土地供给者来说，供给量在一定时期内保持不变，出卖土地收到的价格降低，减少的量是未来所有税负的折现值，t=0 时刻的土地所有者承担了所有税负。需要强调的是，税负仅由征税时进行交易的土地所有者承担，因为购买者在购买时已经扣除了税负成本，所以成为新地主之后并不承担税负。

长期来看，土地供给量也有可能改变，比如对荒地的开发、对农用地的改造，此时供给曲线不再垂直，土地税由所有者和使用者共同承担，负担的比重取决于需求弹性和供给弹性。

2. 对土地上的建筑物征税

长期来看，开发商能以市场价格获得他所需的任何数量的资本。假设资本的用途不受限制，政府决定对某种类型建筑物征税，开发商可以放弃开发或者建造其他非税建筑，因此供给曲线是水平的，具有完全弹性，在合理的价格水平上供给量可以达到无限大，稍微低于这一价格供给就等于零。如图 9-7 所示，征税前，市场需求曲线是 D，假设政府对建筑物的使用者征收从价税，租户的需求下降，需求曲线旋转并向下移动到 D_1。此时开发商得到的价格保持不变，而租户为了使用建筑物必须接受更高的价格，建筑物的均衡数量减少到 B_1，均衡价格上升到 P_1，税负完全转嫁给租户。

3. 总结与分析

综上所述，土地税由征税时的土地所有者承担，对地上建筑物征收的税由租户承担，税负是未来税额折现值的总和。人们负担的土地税与他们得到的租金收入成比例，负担的建筑物税与租房消费成比例。当租金收入占总收入的比重随收入增加而上升时，土地税是累进的。当租房消费占总收入的比重随收入增加而上升时，建筑物税是累进的。关于租房消费和收入的关系，计量经济学家做了大量实证研究，但没有得出统一的

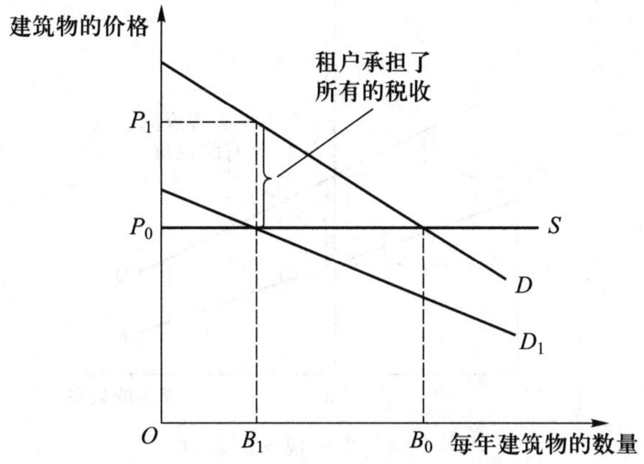

图 9-7 对土地上的建筑物征税

结论。关键在于他们对收入的衡量标准不同，有些研究者把年度收入作为分母，得出随年度收入的上升，租房支出占收入的比例下降，建筑税是累退的。而有些学者认为住房是人们的长远规划，使用永久性收入更加合理，永久性收入可以通过年度收入的平均值来衡量，计算后发现住房消费大致和永久性收入成比例，对土地建筑物征收的税可能既不具有累进性也不具有累退性。

（二）新观点：房地产税是一种资本税

传统观点采用了局部均衡的框架，分析单个市场的情况，尽管局部均衡分析是有用的，但对于与经济各个方面都密切联系的税种来说，这一观点不够准确，可能产生误导性。新观点以一般均衡的视角看问题，从整个经济的角度分析各个市场的相互影响，把房地产税看成对所有资产普遍征收的税，但有些资产的税率低于平均值，有些高于平均值。分析资本税带来的影响，要将统一税率和差别税率分开讨论，首先分析征税对资本自身均衡价格和数量的影响，然后分析对土地、租金等其他因素的影响。

1. 统一税率的影响

假设房地产税对所有资本以统一税率征收，并且法定征收对象是使用者也就是需求方，资本税只能影响需求曲线，而资本的供给量在一定时期内固定不变，供给曲线完全垂直。与土地税的情况相似，所有的税负最终由征税时的资本所有者承担，减少税负的唯一方式是减少持有量。此时供给者对价格不敏感，需求方对价格较为敏感，对需求方来说，征税使资本收益率下降，需求量下降，需求曲线向下移动，如图 9-8 所示，资本均衡价格由 P_0 下降到 P_1。一般来说，总收入越高，资本收入占总收入的比例越高，在这样的假设下，资本税是累进的。

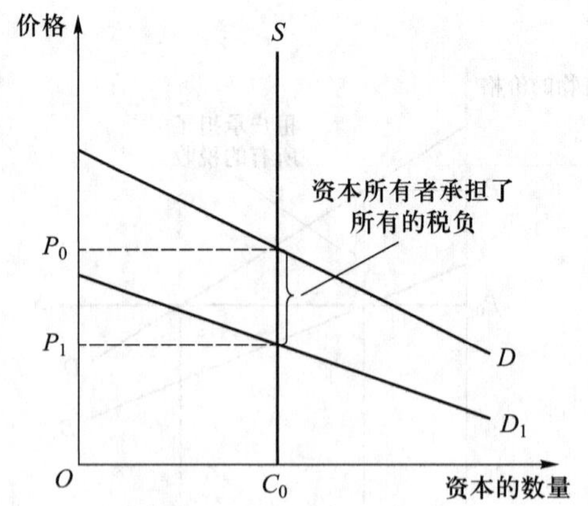

图 9-8　统一税率的影响

2. 差别税率的影响

假设房地产税不是对所有的资本统一征收，在不同的辖区按不同的税率征收，法定征税对象仍是资本使用者。从长期来看，资本可以自由流动，因此资本供给曲线是水平的，如图 9-9 所示。假设 A、B 两个地区有相同的资本收益率 R_0，并且两区的投资者不同，现在政府宣布对 A 区征收资本税，B 区不征税，A 区的资本收益率下降至 R_1，B 区的收益率仍为 R_0。在资本可以自由流动的前提下，大量的资本会逃离到 B 区，这一活动又推高了 A 区资本的价格，拉低了 B 区资本的价格，两个市场相互作用，直到两地的资本收益率都等于 R_2，两个市场同时实现均衡。从价格方面看，两地区资本的价格均低于初始水平 R_0，从数量方面看，A 区均衡的资本数量减少，B 区增加。

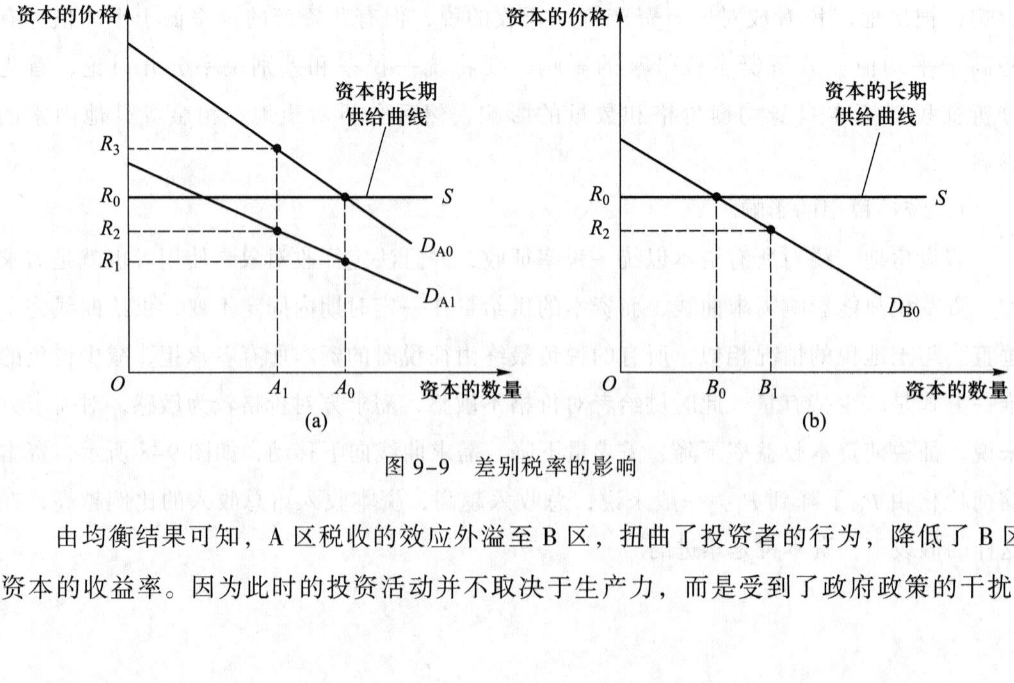

图 9-9　差别税率的影响

由均衡结果可知，A 区税收的效应外溢至 B 区，扭曲了投资者的行为，降低了 B 区资本的收益率。因为此时的投资活动并不取决于生产力，而是受到了政府政策的干扰，导致最终的均衡数量偏离帕累托有效率的数量，造成社会福利的无谓损失。可能差别税率的目的是约束征税区的资本市场，保护非税区的资本市场，但经过要素流动，最终结果可能与政策初衷相反。

以上分析假定资本完全自由流动，资本服务消费者的流动性相对较低，也就是说追求利益最大化的投资者尽力寻求最大资本回报率，而财产使用者不能随意改变自己的选择。如果以上假定不成立，图 9-9 的均衡状态就会被打破。首先，当第一项假定不成立，资本不能自由流动，税负就不能被转嫁，与统一税率的情况相似，全部税收都由征税时的资本所有者承担。其次，当第二项假定不成立，财产购买者可以随时改变自己的选择时，均衡价格会继续变动。因为 A 区的购买者需要支付的价格是 R_3，B 区的购买者仅需支付 R_2，所以消费者会选择 B 区的财产，导致 B 区资产的购买价格上升，A 区下降，两地区购买价格相等时再次达到均衡。由于 A 区要支付税收，资本所有者最终得到的价格一定比 B 区低。图 9-9 达到的均衡保证了资本所有者的税后收益率相等，而这里讨论的均衡状态保证了资本购买者支付的价格相等，通常不存在令二者都成立的情况。

经济学家一般都认为资本所有者改变自己的投资行为比较容易，而购买者改变自己的需求比较困难，所以资本服务购买者的流动性较低。比如，如果政府只对用于营利性的资产征税，非营利性的资产不征税，为了避免高税收，追求利益最大化的企业需要转型为非营利性的实体，显然他们不会这样做。

3．资本税的间接影响

（1）资本税对劳动力的影响。资本和劳动力都是重要的生产投入，资本税的差别也会影响当地均衡的工资水平和劳动力数量。假设资本和劳动力是互补品，那么高税率地区资本需求量的下降也会拉低劳动力需求量，从而导致工资水平降低。如果劳动力不能跨区流动，他们必须承担资本税带来的额外负担，如果劳动力可以自由流动，他们会转移到工资相对较高的低税率地区。从长期来看，低税率地区的工资被过多的劳动力供给量拉低，高税率地区的工资被较少的劳动力供给推高，两地工资水平相等时达到均衡，均衡的工资水平比原来高还是低并不确定，但高税率地区的劳动力数量一定会低于有效率的数量，低税率地区高于社会有效率的数量，劳动力市场出现无谓损失。

（2）资本税对消费品的影响。资本是一种生产要素，不同地区资本税的差异会间接影响资本密集型产品。这类产品的典型例子是住房，厂商使用资本这种要素提供住房，因此资本税会影响房屋的供给曲线。高税率地区资本要素的价格较高，厂商的生产成本较高，住房供给量相应减少。如图 9-10 所示，初始均衡价格为 P_0，供给曲线向内移动，使得均衡租金提高至 P_1，假设需求弹性不为零，厂商提供住房的税后收益也会下降至 P_2。资产税带来的间接影响由开发商和租户共同承担，承担比例取决于二者的弹性。

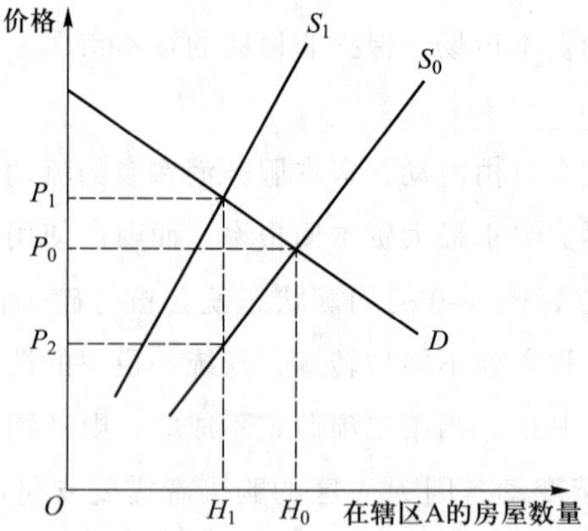

图 9-10 资本税对高税率地区住房市场的影响

进一步假设租户可以在不同辖区自由改变房屋的选择，且不存在交易成本，那么图 9-10 的均衡状态会被打破，高税率地区的租户会到低税率地区租房，这一运动会拉高低税率地区的租金，降低高税率地区的租金，直到两地租金相等，再次实现均衡。最终高税率地区住房的均衡数量降低，低税率地区住房的均衡数量提高。

（3）资本税对土地价格的影响。资本和土地在某种程度上是互补品。资本税减少了高税率地区资本的需求量，对土地的需求量随之减少，土地的价格降低，由于土地的供给量是固定的，土地所有者不能把土地转移到其他地区而减少税负，只能承担税收带来的额外负担，资本税间接影响了土地需求量，降低了土地价格。

4．总结与分析

总之，新观点认为资本税的总效应由两部分组成，统一征收的那部分税收会降低所有资本的收益率，它对收入分配的影响是累进的。有差异的税收会带来一些额外效应，比如削弱高税率地区土地和劳动力等要素的价格，甚至外溢至低税率地区，影响相关要素的价格。具体影响机制与要素的相对流动性密切相关，需要在特定的情境下研究，如果这部分效应占总体效应的比重较小，我们可以认为资本税总体上具有累进性。

（三）受益税观点：房地产税是一种受益税

此前的讨论只关注税收带来的负担，忽视了政府用房地产税收入提供的公共服务，如教育、医疗、环境改善等。受益税的观点认为，当人们缴纳的税收和他们所享受的服务完全匹配时，房地产税就不再是一种税，而更像是为获得公共服务而缴纳的使用费，缴纳房地产税近似于购买商品，不会带来额外负担，也不会扰乱住房市场。此时讨论税收归宿也没有意义了，因为人们会根据自身需求选择公共服务的水平和程度从而承担相应的税负。

受益税观点的一个理论支撑是 Tiebout 假说[①]，它有以下几方面的严格假设：

（1）居民具有充分的流动性，会迁移到最满足自身公共服务需求的辖区。

（2）不存在信息不对称，居民完全了解各地区的差异，并对差异做出理性反应。

（3）可供选择的辖区具有多样性。

（4）不考虑就业、社会保障等限制流动的因素。

（5）各辖区的公共服务不能外溢。

（6）每个辖区都会以最低的平均成本提供公共服务。

（7）公共服务规模受到自然承载力或其他条件的限制，如土地面积、沙滩容量，地方政府会优先考虑老住户的偏好，提供最优规模的公共服务。

（8）低于最优规模的社区会设法吸引居民加入以降低提供公共服务的平均成本，高于最优规模则与之相反。

如果这些条件都成立，“用脚投票”的居民会在税负一定的情况下选择公共服务水平相对较高的地区。但此观点过于理想化，首先，政府所提供的服务大多属于公共物品，天然具有非排他性、非竞争性，无法清晰地界定受益范围，也无法精确衡量收益程度。其次，居民并不具有完全流动性，在短期内迁移的成本很高，假设条件过于严苛与现实条件不符。不过这一观点为我们看待房地产税提供了新的视角，随着经济和社会的发展，这一观点会更加具有适用性。

（四）三种观点的比较

以上三种观点从不同角度解释了房地产税，消费税的观点把房地产税近似为对特定货物和劳务征收的税，资本税的观点认为房地产税是对土地和地上建筑物的收益征税，这两种观点都没有考虑纳税人获得的公共服务。受益税的观点认为人们缴纳的税和接受的公共服务是对等的，房地产税更像是人们为了获得期望的公共服务而缴纳的使用费。这三种观点并没有对错之分，只是分别适用于不同的情景。当某一个小区域想要减少房地产税，用消费税来弥补财政损失时，我们可以用传统观点分析它的影响机制，因为这一改变对整体经济的影响如此小以至于它不会改变市场价格，正如图 9-7 展示的资本供给曲线完全水平的情况。当政府想要统一调整房地产税时，因为所涉及的范围较大，需要使用一般均衡的框架分析，采用资本税的观点更加合理。另外，如果税收和获益紧密联系，并且居民具有充分的流动性，可以自由且零成本地选择居住区域，则受益税的观

① Tiebout 假说由美国经济和地理学家 Charles Mills Tiebout 于 1956 年在《政治经济学评论》（Journal of Political Economy）杂志发表文章 *A Pure Theory of Local Expenditure* 中提出。该文中文翻译为《地方支出的纯理论》。这篇文章试图说明，在地方（辖区）财政问题上，选民可以通过“用脚投票”的方式选择愿意居住的辖区居住。这个过程和在市场上买私人物品一样，会实现投入和回报的匹配，最终会解决辖区公共物品提供的效率问题。

点更为适用。

三、房地产税实践

（一）美国的房地产税

房地产税是美国基层政府的重要财政收入。要更清楚地了解美国房地产税在基层政府的作用，需要首先认识美国政府尤其是基层政府的重叠设置。美国的政府架构为联邦、州和基层政府三级。联邦政府的服务范围由各个州（State）组成；州政府的服务范围又由各个县（County）组成。基层政府（Localities）除了县之外，还有市（City）、镇（Township）、学区（School District）和特别区（Special District）等几种。从行政设置来看，基层政府之间是相互平等的；在地理边界来看，基层政府之间可能相互重叠，并不存在简单地包含和被包含的关系。这与我国自上而下的省包含市、市包含区/县、县包含乡/镇的关系完全不同。

由于美国是联邦制，历史上各个州事实上是个独立的“国家”，且每个州都有自己的宪法，因而房地产税政策各异。总体上看，美国房地产税的征收流程分为如下几个过程：

（1）确定房地产的公平市场价值。公平市场价值参考附近交易房地产的价值确定。确定该价值的时候会参考房地产使用性质（住宅、营业用房、农用地等）、位置、大小、建筑状况（建筑年代、卧室数量）、外观、公共服务状况（是否临近学校）、供排水状况等。

（2）确定房地产的评估率。评估率在各州有差异，也有可能在州内存在差异，甚至有可能在不同使用性质的房地产中存在差异。有一些州宪法会对评估率的确定加以限制。以乔治亚州为例，目前该州的评估率为40%。

（3）确定评估值。用公平市场价值乘以评估率就得到评估值。

（4）确定减免价值。很多基层政府会对房地产税进行减免。以乔治亚州及其中的克拉克县为例：乔治亚州政府对自住房地产给予2 000美元的“州房地产税”减免、克拉克县政府对自住房地产给予10 000美元的“县房地产税”减免、学区政府对自住房地产给予10 000美元的“学区房地产税”减免。类似的还有对退伍军人、丧偶人群和65岁以上老年人的减免。

（5）确定应税价值。用评估值减去减免价值后即为应税价值。

（6）确定税率。由于美国的基层政府是重叠设置的，因而不同基层政府会确定各自的税率。例如，2012年度，佐治亚州克拉克县房地产面临的“州房地产税”税率为0.20‰，“县房地产税”税率为19.56‰，“学区房地产税”税率为20.00‰。

（7）确定应纳房地产税税额。应纳房地产税税额为“州房地产税”应税价值乘以州税率、“县房地产税”应税价值乘以县税率与“学区房地产税”应税价值乘以学区税率之和。

总体上看，美国的房地产税是按照“以支定收”的原则确定的。即首先确定未来财政年度公共支出的额度。而后，根据税基和财政支出的对比情况，确定税率。

（二）英国的议会税

在英国，议会税（Council Tax）是基层政府重要的财政收入来源，它为基层政府进行教育、基建道路、安全和环卫等公共服务提供了重要的资金保障。英国由苏格兰、英格兰、威尔士和北爱尔兰组成，四个组成部分的政府设置和税收政策略有不同。本部分以英格兰为例，谈一下英国的议会税情况。

在英格兰，议会税由基层政府征收，并用于满足基层的公共服务。对工商业住房征收的房地产税被称作 Rates（这里不讨论 Rates），这部分也由基层征收。但是，征收后需上交中央财政，然后由中央财政进行再分配。英格兰对居民征收的议会税同样是按照“以支定收”的原则，具体税率由需要议会税的机构根据需要确定。具体到某一栋房地产需要负担的议会税等于各层级基层政府需要的议会税之和。

政府首先将每套住宅的现值折算成 1991 年 4 月 1 日的价值，然后将房产按照折算后的价值分配至从 A 到 H 的 8 个段中。其中，D 段议会税是一个基准，A 段议会税最低，H 段议会税最高。不同段的房产确定一个定额税。最低段 A 的议会税是基准 D 段的 6/9，最高段 H 的议会税是 D 段的 18/9，即最高段缴纳的议会税是最低段的 3 倍（见表 9-1）。

表 9-1 英格兰全境议会税级距

级别	房产价值	与 D 段对比
A 段	<40 000 英镑	6/9
B 段	40 001 ~ 52 000 英镑	7/9
C 段	52 001 ~ 68 000 英镑	8/9
D 段	68 001 ~ 88 000 英镑	9/9
E 段	88 001 ~ 120 000 英镑	11/9
F 段	120 001 ~ 160 000 英镑	13/9
G 段	160 001 ~ 320 000 英镑	15/9
H 段	>320 001 英镑	18/9

注：“房产价值”代表折算到 1991 年时的价值；“与 D 段对比”指的是其他级别房产缴纳的议会税与 D 段的比重。

对于特殊群体，政府也有一些政策给予照顾，如主要为学生提供住处的房屋、居住者全部没有年满 18 岁的房屋、居住者存在严重智力缺陷而没有能力交纳房地产税的房屋等。再如，当房屋内的居住者少于 2 名时，会自动减征 25% 的议会税，这种情况称为“单人减征”。

（三）韩国的财产税和综合不动产税

韩国的房地产税包含财产税（Property Tax，这里是特指）和综合不动产税（Comprehensive Real Estate Holding Tax）两种。韩国有三级政府，最高一级是中央政府，其次是特别市、广域市和道，最基层政府是一般市、区和郡。财产税是韩国基层政府的重要财政收入；综合不动产税则由中央征收，然后按照一定的办法返还给地方政府。

1. 财产税

财产税的课税对象包含土地、建筑物、住房、船舶和飞机。对于住房而言，土地和地上建筑物合并计税，适用同一税率表；对于除住房之外的不动产，则将土地和建筑物分开计税，并适用不同的税率表。本部分仅以住房为例谈韩国的财产税。

根据韩国财产税法，住房又分为两类，即别墅和普通住房。别墅的税率是 4%，普通住房适用 4 级超额累进税率（见表 9-2）。即便某家庭在一个基层政府服务范围中有多套普通住房，对其征税时也是以每套住房为单位课征（不是加总适用累进税率）。税收收入征收后归属于相应的基层政府所有，并应用于基层政府提供公共服务之用。按照法律规定，如果基层政府在某一特定年度遇到公共服务需求增加的情况，基层政府可以将税率上浮 50%。

表 9-2 韩国普通住房财产税的超额累进税率表（每年）

计税依据	税率（%）	计税依据	税率（%）
小于等于 6 000 万韩元	0.05	1.5 亿 ~ 3 亿韩元	0.2
6 000 万 ~ 1.5 亿韩元	0.1	3 亿韩元以上	0.35

资料来源：韩国财政部。

根据韩国财产税法律规定，财产税不是完全按照公平市场价值（Fair Market Value）直接征收，而是按照公平市场价值乘以评估率后进行征收。法律规定住房的评估率为 40% ~ 80%。自 2009 年之后，评估率为 60%。对于政府、宗教和学校房地产的非营业用地，实行免税的政策。

2. 综合不动产税

综合不动产税自 2005 年开始征收。该税征收的目的主要在于抑制房地产投机、更大限度地实现税收公平等。综合不动产税由韩国中央政府征收后全额返还给地方，分配时考虑各地的财政能力。

住房适用的综合不动产税实行超额累进税率（见表 9–3）。在税制设计中，韩国税收征管部门将个人在韩国境内拥有的所有普通住房按照其价值一并加总适用累进税率，对于家庭拥有住房在 3 套及以上时税率提高。这样就大大提高了综合不动产税在实现税收公平问题上的精准程度。当然，这也要求房地产登记信息和评估信息在全国范围内的联网及信息共享。

表 9–3 韩国普通住房综合不动产税的超额累进税率表（每年）

计税依据	税率（%）	
	2 套及以下	3 套及以上
3 亿韩元以下时	0.50	0.60
3 亿 ~ 6 亿韩元以下时	0.70	0.90
6 亿 ~ 12 亿韩元以下时	1.00	1.30
12 亿 ~ 50 亿韩元以下时	1.40	1.80
50 亿 ~ 94 亿韩元以下时	2.00	2.50
超过 94 亿韩元时	2.70	3.20

资料来源：韩国财政部。

综合不动产税的课税目的决定了税收政策侧重于打击房地产投机，因而在设计中给予一定的免征额。一般情况下，综合不动产税政策给予纳税人 6 亿韩元的免征额。但是，对于家庭只有一套住房的情况下，给予 9 亿韩元的免征额。在征收综合不动产税时，韩国政府同样给予一定的评估率。税法规定的评估率是 60% ~ 100%，目前这一比例是 90%。具体计算时，首先用评估价值减去免征额后的余值乘以评估率。然后，再用得到的价值适用于全额累进税率。综合不动产税政策考虑了房地产持有时间长短和纳税人年龄给予一定的减免税。

（四）日本的固定资产税和城市规划税

从筹集基层政府财政收入角度看[①]，目前日本房地产保有环节的税种主要有两个，即固定资产税（Fixed Assets Tax）和城市规划税（City Planning Tax）。其中，固定资产税属于一般税，而城市规划税则属于特定目的税。

根据日本统计年鉴的数据，2014 年固定资产税占市町村税收收入的 42%，城市规划税占市町村税收收入的 6%，两者合计约占最基层政府税收收入的 48%。

固定资产税税法中的“固定资产”是指土地、建筑物以及折旧资产。固定资产税现

① 基于调节房地产价格的房地产保有税收政策没有考虑进来。

行的标准税率为1.4%。根据日本地方自治的相关法律，市町村政府可以根据政府支出需要提高这一标准税率，但需报备上级政府或经基层议会通过。

当由同一人在同一市町村内拥有固定资产计税依据总额低于起征点时，不征收固定资产税。其中，土地的起征点是300 000日元，住宅建筑的起征点是200 000日元，折旧资产的起征点是1 500 000日元。为了减轻住宅用地所有者的税收负担，日本政府制定了针对住宅用地的特别税收优惠（见表9–4）。

表9–4 日本住宅用地税收优惠比例

住宅用地的类型		固定资产税	城市规划税
小规模住宅用地	面积小于200平方米的部分	评估价格 ×1/6	评估价格 ×1/3
一般住宅用地	超过200平方米的部分	评估价格 ×1/3	评估价格 ×2/3

注：本税率表有超额累进税率的意味。

日本固定资产税法还规定政府、皇室、邮政部门、宗教土地、墓地、公路、水路、国立公园、国家风景保护区、国家重点文化历史名胜、重点传统建筑群保存区、学校、社会福利及公益设施等都属于免征收固定资产税的范围。当纳税人有特殊情况时，可向所在地税务所提交必要的减免申请书，申请税收减免。这些情况适用于低收入人群或灾害发生时。

城市规划税是特殊目的税，税收收入专项用来支付城市维护开发，目的在于提高和加强城市的发展。税收收入用来支付与城市污水处理、公园、社区道路、学校、医院、中小型河流治理等相关工作的支出。原则上在日本《城市规划法》指定的城市化地区拥有土地或住宅建筑的个人，都应该缴纳城市规划税。与固定资产税类似，城市规划税属于市町村级的税收。城市规划税的纳税人是每年1月1日登记在固定资产登记册上的土地或建筑物的所有人。市町村政府可在不超过0.3%的限制下依照程序确定税率。

（五）我国的房地产税

中华人民共和国成立后，政务院于1950年1月公布了《全国税政实施要则》，规定全国统一征收房产税和地产税。同年6月，为简并税种，我国将房产税和地产税合并为房地产税。1951年8月，政务院公布了《中华人民共和国城市房地产税暂行条例》。1973年，在进行工商税制改革时，把对企业征收的城市房地产税并入工商税，只对有房产的个人、外商独资企业和房产管理部门继续征收城市房地产税。1984年10月，国务院在对国有企业实行第二步利改税和改革工商税制时，确定恢复征收房产税。在我国，城市的土地为国家所有，使用者没有土地所有权，因此我国将城市房地产税分为房产税和城镇土地使用税两个税种，并于1986年9月15日由国务院颁布《中华人民共和国房产税暂行条例》，同年10月1日起正式实施。自此，对国内的单位和个人在全国范围内全面征收房产税。城市房地产税只对外商投资企业、外国企业和外籍人员征收。2008 年 12 月 31 日，国务院第 546 号令废止了《中华人民共和国城市房地产税暂行条例》。自 2009 年 1 月 1 日起，外商投资企业、外国企业和组织以及外籍个人依照《中华人民共和国房产税暂行条例》缴纳房产税。

改革开放以来，我国经济社会形势发生了较大变化，住房制度改革不断深化，房地产市场日趋活跃，居民收入水平有了较大提高，房地产也成为个人财富的重要组成部分。2011 年 1 月 28 日，上海市、重庆市开始对部分个人住房征收房产税。

1. 1986 年的房产税

《中华人民共和国房产税暂行条例》规定：房产税在城市、县城、建制镇和工矿区征收。城市是指国务院批准设立的市，其征税范围为市区、郊区和市辖县城；县城是指县人民政府所在地；建制镇是指经省、自治区、直辖市人民政府批准设立的建制镇；工矿区是指工商业比较发达、人口比较集中、符合国务院规定的建制镇标准但未设立建制的大中型工矿企业所在地。坐落在农村的房产暂不征税。

房产税的计税依据为房产的计税价值或房产的租金收入。按房产计税价值征收的，称为从价计征；按房产租金收入计征的，称为从租计征。

房产税从价计征是指以房产余值为计税依据。房产余值是房产原值减除 10%～30% 后的余值，具体减除幅度由省、自治区、直辖市人民政府决定，税率为 1.2%。

房产税从租计征是指以房屋出租取得的租金收入为计税依据。自 2001 年 1 月 1 日起，对个人按市场价格出租的居民住房，房产税暂减按 4% 的税率征收。从 2008 年 3 月 1 日起，对个人出租住房，不区分用途，按 4% 的税率征收。

2. 1988 年的城镇土地使用税

为了合理利用城镇土地，调节土地级差收入，提高土地使用效益，加强土地管理，国务院于 1988 年 9 月 27 日发布《中华人民共和国城镇土地使用税暂行条例》。城镇土地使用税的纳税人为在城市、县城、建制镇、工矿区范围内使用土地的单位和个人。城镇土地使用税以纳税人实际占用的土地面积为计税依据，依照规定税额计算征收。

城镇土地使用税每平方米年税额为：大城市 1.5 元至 30 元；中等城市 1.2 元至 24 元；小城市 0.9 元至 18 元；县城、建制镇、工矿区 0.6 元至 12 元。省、自治区、直辖市人民政府，应当在规定的税额幅度内，根据市政建设状况、经济繁荣程度等条件，确定所辖地区的适用税额幅度。

其中，以下土地免缴城镇土地使用税：国家机关、人民团体、军队自用的土地；由国家财政部门拨付事业经费的单位自用的土地；宗教寺庙、公园、名胜古迹自用的土地；市政街道、广场、绿化地带等公共用地；直接用于农、林、牧、渔业的生产用地；经批准开山填海整治的土地和改造的废弃土地，从使用的月份起免缴土地使用税 5 年至

10年；由财政部另行规定免税的能源、交通、水利设施用地和其他用地。

3．2011年上海和重庆试点的房产税

（1）上海的房产税。

上海市于2011年1月27日颁布《上海市开展对部分个人住房征收房产税试点的暂行办法》，并自2011年1月28日起施行。征收对象是本市居民家庭在本市新购且属于该居民家庭第二套及以上的住房（包括新购的二手存量住房和新建商品住房）和非本市居民家庭在本市新购的住房。

计税依据为参照应税住房的房地产市场价格确定的评估值，评估值按规定周期进行重估。在试点初期，暂以应税住房的市场交易价格作为计税依据，按市场交易价格的70%计算缴纳，适用税率为0.6%。应税住房每平方米市场交易价格低于本市上年度新建商品住房平均销售价格2倍（含）的，减按0.4%征收。

上海市房产税的计算公式为：

$$应纳税额=应税面积\times 新购房单价\times 70\%\times 税率$$

税收减免包含：① 本市居民家庭在本市新购且属于该居民家庭第二套及以上住房的，合并计算的家庭全部住房面积（指住房建筑面积，下同）人均不超过60平方米（即免税住房面积，含60平方米）的，其新购的住房暂免征收房产税；人均超过60平方米的，对于新购住房超出部分的面积，按本暂行办法规定计算征收房产税。合并计算的家庭全部住房面积为居民家庭新购住房面积和其他住房面积的总和。② 本市居民家庭在新购一套住房后的一年内出售该居民家庭原有唯一住房的，其新购住房已按本暂行办法规定计算征收的房产税，可予退还。③ 本市居民家庭中的子女成年后，因婚姻等需要而首次新购住房、且该住房属于成年子女家庭唯一住房的，暂免征收房产税。④ 符合国家和本市有关规定引进的高层次人才、重点产业紧缺急需人才，持有本市居住证并在本市工作生活的，其在本市新购住房、且该住房属于家庭唯一住房的，暂免征收房产税。⑤ 持有本市居住证满3年并在本市工作生活的购房人，其在本市新购住房、且该住房属于家庭唯一住房的，暂免征收房产税；持有本市居住证但不满3年的购房人，其上述住房先按本暂行办法的规定计算征收房产税，待持有本市居住证满3年并在本市工作生活的，其上述住房已征收的房产税，可予退还。⑥ 其他需要减税或免税的住房，由市政府决定。

上海市房产税试点征收的收入，用于保障性住房建设等方面的支出。

（2）重庆的房产税。

重庆市于2011年1月27日颁布《重庆市关于开展对部分个人住房征收房产税改革试点的暂行办法》和《重庆市个人住房房产税征收管理实施细则》，自2011年1月28日起施行，后于2024年1月21日经重庆市人民政府令第367号修订发布实施。征收范围为个人拥有的独栋商品住宅、个人新购的高档住房以及在重庆市无户籍、无企业、无工作的个人新购的第二套（含第二套）以上的普通住房。其中，高档住房是指建筑面积交易单价达到上两年主城九区新建商品住房成交建筑面积均价 2 倍（含 2 倍）以上的住房。

应税住房的计税价值为房产交易价。房产税暂按房产交易价的 70% 计算缴纳。条件成熟时，以房产评估值作为计税依据。

重庆市房产税的计算公式为：

$$应纳税额 = 应税建筑面积 \times 建筑面积交易单价 \times 70\% \times 税率$$

税收减免规定包含：① 扣除免税面积以家庭为单位，一个家庭只能对一套应税住房扣除免税面积。纳税人在本办法施行前拥有的独栋商品住宅，免税面积为 180 平方米；新购的独栋商品住宅、高档住房，免税面积为 180 平方米。纳税人家庭拥有多套新购应税住房的，按时间顺序对先购的应税住房计算扣除免税面积。② 在重庆市同时无户籍、无企业、无工作的个人的应税住房均不扣除免税面积。③ 对农民在宅基地上建造的自有住房，暂免征收房产税。④ 市政府认为需要减税或者免税的其他情形。

重庆个人住房房产税收入全部用于公共租赁房的建设和维护。

4．对我国未来房地产税政策的展望

2003 年《中共中央关于完善社会主义市场经济体制若干问题的决定》指出：“实施城镇建设税费改革，条件具备时对不动产开征统一规范的物业税，相应取消有关收费。”

2021 年《全国人民代表大会常务委员会关于授权国务院在部分地区开展房地产税改革试点工作的决定》提出，为积极稳妥推进房地产税立法与改革，引导住房合理消费和土地资源节约集约利用，促进房地产市场平稳健康发展，第十三届全国人民代表大会常务委员会第三十一次会议决定：授权国务院在部分地区开展房地产税改革试点工作。试点地区的房地产税征税对象为居住用和非居住用等各类房地产，不包括依法拥有的农村宅基地及其上住宅。土地使用权人、房屋所有权人为房地产税的纳税人。非居住用房地产继续按照《中华人民共和国房产税暂行条例》《中华人民共和国城镇土地使用税暂行条例》执行。国务院制定房地产税试点具体办法，试点地区人民政府制定具体实施细则。国务院及其有关部门、试点地区人民政府应当构建科学可行的征收管理模式和程序。国务院按照积极稳妥的原则，统筹考虑深化试点与统一立法、促进房地产市场平稳健康发展等情况确定试点地区，报全国人民代表大会常务委员会备案。授权的试点期限为五年，自国务院试点办法印发之日起算。试点过程中，国务院应当及时总结试点经验，在授权期限届满的六个月以前，向全国人民代表大会常务委员会报告试点情况，需要继续授权的，可以提出相关意见，由全国人民代表大会常务委员会决定。条件成熟时，及时制定法律。

自2003年至今，我国在房地产税改革领域进行了多方面的试水。通过不断摸索，逐步探索适合我国的房地产税改革定位，逐步理清房地产税政策是以取得财政收入为目的还是以调控为目的，房地产税改革如何嵌入现代财政体制的构建，房地产税如何嵌入国家治理等问题。显然，未来房地产税改革方向和步伐必须紧密结合我国国情。

第二节 遗产赠与税原理

一、遗产赠与税概述

（一）遗产赠与税的概念

遗产税是指财产所有者去世之后，对其遗留的应纳税财产征收的一种税收，既可以对被继承人的遗产征收，也可以对继承人继承的遗产征收，是财产税制度的有机组成部分，具有财产税的典型特征。

仅开征遗产税可能会导致财产所有者以财产无偿转移的方式逃避纳税义务，因此，遗产税一般与赠与税相结合，两税种同时设立以保证税收征管的完整性与严密性。赠与税是指对财产所有者生前赠与的财产征收的税种，可将其看作遗产税的辅助或配套税种，两者在本质上均属于对财产转移行为的征税，在不征收遗产税的国家，税收制度一般不涉及财产赠与行为。遗产税与赠与税并行，通常将其合并称之为遗产赠与税。下文着重从遗产税角度谈遗产赠与税问题。

（二）遗产赠与税的类型

根据各国所采取的遗产赠与税征收办法，遗产税的类型大致可分为三类：一是总遗产税制，二是分遗产税制，三是混合遗产税制（又称总分遗产税制）。

1．总遗产税制

总遗产税制是指对被继承人遗留的全部遗产征收的一种税制。在该税制下，课税对象是遗产总额，不考虑继承人与被继承人之间的关系以及每个继承人的具体情况。总遗产税制在遗产处理上具有“先税后分”的特点，其优点在于征管简单、税源可靠，缺点是没有体现出继承人量能负担的公平性原则。美国、英国、丹麦等国家采用这一模式。

2．分遗产税制

分遗产税制是指分别对各个继承人取得的遗产课税的制度。继承人税负高低一般取决于继承人与被继承人的亲疏关系、继承人数量、继承人继承遗产的多寡等因素。分遗产税制具有“先分后税”的特点，优点在于税率设计体现了纳税人的纳税能力，符合公平原则，也有利于财产在个体之间的分散，但缺点是所需征管成本较高。法国、德国、瑞典、日本、俄罗斯等采用这种模式。

3. 混合遗产税制（总分遗产税制）

混合遗产税制（总分遗产税制），是总遗产税制和分遗产税制的组合，先对被继承人的遗产总额征税，再对各继承人取得的税后遗产征税，具有“先税后分再税”的特点。总分遗产税制既可以保证财产收入，也可以做到量能负担，但是由于征税手续繁杂，又涉及重复征税的问题，少有国家采用这种模式。

作为遗产税的辅助税种，赠与税的征收模式与遗产税类似，大致分为两种类型：一是总赠与税制，即对财产所有者生前赠与他人的财产总额课税，纳税人为财产赠与人；二是分赠与税制，是对受赠人接受他人的赠与财产课税，纳税人为受赠人。

（三）遗产增与税的税制要素

遗产税的纳税人一般是遗产继承人或受遗赠人，纳税时由遗嘱执行人或遗产管理人代扣代缴。当采取总遗产税制时，应纳税款通常由遗嘱执行人或遗产管理人代扣代缴；当采取分遗产税制时，税款通常由遗产继承人、受遗赠人自己缴纳；当采取混合遗产税制时，则两种税款缴纳方式相结合。

遗产税的课税对象包括动产、不动产和其他财产。其中，不动产主要是指土地、房屋、矿产等；动产主要是指现金、存款、其他金融资产等；其他财产主要是指债权和其他保险权益等。关于各类课税对象价值的确定，各国一般都有严格规定，当财产价值不确定时，需要根据市场价格调整，在各国实践中一般以某一时期内（比如一个月或两个星期）的平均市场价格为基础进行评估。遗产税的计税依据即为各类遗产总额减去税法允许扣除项目后的余额，即净遗产额作为应纳税遗产额。

遗产税的税率一般采用超额累进税率，以体现量能负担的原则，从而达到调节收入分配的目的。

（四）遗产增与税课税理论

由于遗产与其他财产所得在本质上有所不同，属于一种不劳而获的财富，且遗产继承权需要由国家法律承认和保护，因此形成了以下几种课税理论。①

1. 权利与义务对等说

该观点认为，按照一般法律中的权利与义务对等原则，政府既然对私人提供了财产继承权的承认与保护，那么与此相对应，政府也有权利从私人处取得部分财产，即继承人应该为享受继承权而履行一定的义务，缴纳遗产税。

---

① 遗产赠与税课税原理的各种学说，主要来自德国法理学家布兰奇里、英国论理学家和法学家边沁、美国经济学家马斯格雷夫与赛力格曼、德国经济学家瓦格纳等人的思想。

2．支付能力说

该观点认为，继承人获得遗产后，其财产与所得增加，相应纳税能力增加，为了保证遗产所得与其他类型所得的公平性，必须就遗产征收一定税收。支付能力说背后暗含的假设是，如果对个人取得的其他所得征收所得税，而对遗产所得不征税，实际上违反了税收的公平原则。

3．均富说

即平均社会财富说。该观点认为，均富应该是社会追求的目标之一，而征收遗产税就是实现均富目标的一种手段与工具。如果不开征遗产税，社会高收入阶层会将遗产全部留给后代，这种代际传承性会使得社会财富集中在少部分人手中，导致贫富差距扩大，社会矛盾加剧。而对遗产征税，由于可以起到再分配的作用，有利于缩小社会贫富差距，维护社会稳定。

4．溯往征税说

该观点认为，在对纳税人征税时，纳税人往往会采取各种方法逃税，这是纳税人的一般倾向。纳税人去世之后，通过对遗产征税，可以将其以往逃避的税收一次性追缴。

5．公益说

该观点认为，因为捐赠通常免税，征收遗产税可以激励个人增加对社会慈善、福利、公益事业的捐赠，有利于促进国家公益事业发展。

二、遗产赠与税的经济效应

（一）财富再分配效应

开征遗产税可以对社会财富进行再分配，有利于社会财富的公平分配。遗产税最直接的效应就是减少了富裕人群对其后代的财产转移，在一定程度上可以缓解社会财富过度集中在少数人手中，也可以减轻后代人起点不公平的问题。如果在对被继承人遗产征税的同时，政府把这部分收入用于增加对低收入人群的补贴，这种遗产税的财富再分配效应会更加明显。

（二）消费与储蓄效应

遗产税同时存在收入效应和替代效应，因此对消费和储蓄行为会存在较为复杂的影响。对被继承人而言，收入效应体现为，被继承人为了冲减由于缴纳遗产税而减少的财富，会增加生前储蓄；替代效应体现为，征收遗产税会降低被继承人的储蓄意愿，鼓励被继承人增加当期消费而减少储蓄。对继承人而言，征收遗产税会直接减少其财富获得量，一般情况下，继承人会减少消费、增加储蓄。收入效应和替代效应对储蓄、消费的影响是完全相反的，最终何种效应占主导，还取决于其他多种因素，比如历史时期、财产代际转让动机。一般来说，遗产税开征在和平时期对消费的刺激作用相对较大，而对利他性动机较强的人群储蓄刺激作用更强。

（三）劳动供给效应

如果把遗产税也看作一种对劳动所得的课税，那么遗产税对劳动供给也会同时存在收入效应和替代效应，前者增加劳动供给，后者减少劳动供给。对于继承人而言，遗产税会直接减少其收入，因此会增加劳动供给。综合来看，遗产税的劳动供给效应也是不确定的。

三、遗产赠与税实践

目前，世界范围内已有 100 多个国家（地区）征收遗产税。多数经济发达国家开征了遗产税，但其中也有不少国家开征以后又取消，如加拿大、澳大利亚。多数发展中国家尚未开征遗产税，也有一些国家在开征后又取消，如印度、埃及。从征收遗产税的国家（地区）看，大多数国家（地区）实行分遗产税制，如德国、日本；少部分国家（地区）实行总遗产税制，如英国。美国联邦遗产税实行总遗产税制，但许多州实行分遗产税制。下面以英国、德国为例，分别介绍两种类型遗产税制的具体实践。[①]

英国是世界上最早开征遗产税的国家，早在 1694 年就征收过“遗嘱税”，其现代遗产税征收始于 1894 年。英国遗产税实行总遗产税制，采取“先税后分”的方式，以被继承人遗留的财产总额作为征税对象。英国不单独设立赠与税，而是将赠与额并入遗产额进行统一征收。遗产税的纳税人为遗嘱执行人、遗产管理人和赠与人，如纳税人未能支付税款，遗产或财产受让人要依法承担纳税义务。遗产总额包括被继承人去世时的全部财产、去世前七年之内赠与的财产以及赠与以后仍保留收益权的财产和视为应税转让的全部信托财产。英国早期的资产转移税采用七级超额累进税率，但 1988 年起改为单一比例税率，这与其他多数国家明显不同。根据英国遗产税法的规定，遗产超过一定规模的，遗嘱执行人或遗产管理人应当向税务机关填写遗产税申报表，自报自核遗产总额，并计算应纳遗产税税额。在某些特殊情况下，纳税人可以用税务机关规定的实物缴纳遗产税，比如土地、建筑物、绘画、书籍、艺术品等。

德国遗产税起源于中世纪的什一税和几种与死亡相关的地方财产税，1995 年现行遗产税法正式修订完成。德国遗产税实行“先分后税”的分遗产税制模式，即对每位继承人所继承的财产分别征税。遗产税由各州负责征收管理，所得收入也由各州享有。德国同时开征赠与税，对因被继承人去世所产生的转让财产征收遗产税，对被继承人生前无偿转让的财产征收赠与税。德国遗产税的纳税人有居民纳税人和非居民纳税人两类。其中，居民纳税人承担无限纳税义务，其在世界各国继承的财产都应当向德国政府缴纳

① 刘佐．遗产税制度研究．北京：中国财政经济出版社，2003.

遗产税；非居民纳税人承担有限纳税义务，只就其在德国境内继承的财产向德国政府缴纳遗产税。德国遗产税的课税对象是所有应纳税财产，包括因被继承人去世引起的转让财产、被继承人生前赠与财产和为特定目的转让的财产。应纳税财产的价值需根据转让财产的评估价值确定，评估依据主要是《德国财产评估法》。德国遗产税根据继承人与被继承人、受赠人与赠与人之间的亲疏关系设置三个等级税率，均实行超额累进税率。由于实行分遗产税制，如有若干个遗产继承人，所有继承人有权共同填写纳税申报表并选举一名代表呈报，如有遗嘱执行人或遗产管理人，纳税申报表应由遗嘱执行人或遗产管理人呈交。

本章小结

1. 从OECD国家财产税的分类及每部分所占比例看，其中房地产税占比最大。

2. 房地产税是对存量房地产征收的一种税，不同国家的房地产税制有很大差异。一般来说，房地产税收收入归属于下级政府，但也有个别国家的房地产税收收入部分归属于中央政府。

3. 在美国，州政府有权确定征收房地产税的具体制度；在英国，房地产税被称为议会税，由基层政府征收；在韩国，房地产税被称为财产税和综合不动产税，财产税是基层政府的重要财政收入，综合不动产税则由中央征收，按照一定的办法返还给地方政府；在日本，房地产税被称为固定资产税和城市规划税，固定资产税属于一般税，而城市规划税则属于特定目的税。

4. 消费税的观点把房地产税近似为对特定货物和劳务征收的税，资本税的观点认为房地产税是对土地和地上建筑物的收益征税。受益税的观点认为人们缴纳的税和接受的公共服务是对等的，房地产税更像是人们为了获得期望的公共服务而缴纳的使用费。这三种观点并没有对错之分，只是分别适用于不同的情景。

5. 根据各国所采取的遗产赠与税征收办法，遗产税课税类型大致可分为三类：一是总遗产税制，二是分遗产税制，三是混合遗产税制。赠与税的征收模式与遗产税类似。

课后习题

1. 财产税的概念是什么？包括哪几个类别？

2. 房地产税在英国、韩国和日本是怎样的情况？

3. 房地产税在多数国家属于地方税还是中央税？

4. 分别介绍房地产税的三种观点。

5. 分别介绍上海和重庆房产税试点改革的时间、计税依据和计算公式。

6. 简述遗产赠与税的经济效应。

拓展阅读

[1] 侯一麟，任强，张平. 房产税在中国：历史、试点与探索. 北京：科学出版社，2014.

[2] 刘佐. 遗产税制度研究. 北京：中国财政经济出版社，2003.

即测即评

扫描二维码，进行本章在线测试。

第十章

资源环境税原理

本章导言

践行“绿水青山就是金山银山”理念，离不开节约资源、保护环境。税收作为重要的政策工具，具有不可替代的作用。通过对资源和环境污染相关活动征收“庇古税”，由污染者承担负外部性成本，可以纠正污染行为，并获得双重红利效应。资源环境税包括哪些具体税种？这些具体税种具有哪些特点？它们对于经济增长和收入分配会产生什么影响？国内外的资源环境税有哪些地方值得借鉴？我国资源环境税如何进行改革？本章将对这些问题进行系统的阐述。

重要术语

外部性　庇古税　污染者付费　双重红利　绿色税制　资源税　环境保护税　碳税

人类面临着日益严重的环境污染问题，持续不断的环境污染事件给人类社会的环境安全拉响了警报。面对越来越多的污染事件与自然灾害，国际社会的环保意识日益增强，于1972年首次召开了联合国人类环境会议，呼吁世界各国共同保护环境。各国也开始探索与制定相关政策法规，其中部分财政税收手段开始在政策中出现，并逐渐成熟。

习近平在党的二十大报告中指出，“中国式现代化是人与自然和谐共生的现代化”，明确新时代我国要推动绿色发展，促进人与自然和谐共生。党的二十大报告提出：“要推进美丽中国建设，坚持山水林田湖草沙一体化保护和系统治理，统筹产业结构调整、污染治理、生态保护、应对气候变化，协同推进降碳、减污、扩绿、增长，推进生态优先、节约集约、绿色低碳发展。”

第一节 资源税原理

一、资源税概述

（一）资源税的概念

资源税是以各种应税自然资源为课税对象征收的一种税，在有的国家又被称为能源税或自然资源消费税。狭义的资源指自然资源，如土地资源、矿产资源、水资源、生物资源等一切能作为人类生产和生活资料的自然财富；广义的资源指一国或一定地区内拥有的物力、财力、人力等各种物质要素的总称，包括自然资源、文化资源、环境资源、人力资源四类资源。从另一个角度看，广义的资源是指构成社会生产力的三大要素，即劳动力、劳动资料和劳动对象。一般来说，资源税的课税对象仅包括狭义上的资源。

（二）资源税的类型

开征资源税是为了调节资源级差收入，体现国有资源有偿使用的原则，在税收政策上体现为“普遍征收，级差调节”。资源税有利于自然资源的合理利用和相关产业的优化发展，对生态环境保护和构建资源节约与环境友好型社会起着重要的作用。

按照其征税目的和意义的不同，资源税又分为一般资源税和级差资源税两大类。

1．一般资源税

一般资源税是指以自然资源的开发利用为前提，无论资源的好坏或收益的多少，都要按规定征税。对占用开发自然资源者，不论其所占用的资源质量优劣、取得的收入多寡，一律平等对待，无差别地普遍征收。征收一般资源税的目的主要是从国有资源占用开发权利的让渡中取得财政收入，以体现普遍征收和有偿开采的原则。

2．级差资源税

级差资源税根据开发和使用自然资源的等级和收益多少进行课税，其课税对象是级差地租。自然资源的分布通常具有较强的不平衡性，这不仅体现在自然资源的数量上，也体现在自然资源的质量上，所以在开发和利用土地、矿产等自然资源时都会出现级差收入。经济活动主体利用优等资源获得的级差收入应该归属国家所有，其原因在于：第一，国有资源属国家所有，其级差收入也应归国家所有；第二，国家通过适当调节，将企业或个人因自然条件优越而多得的级差收入归国家所有，可以使企业的利润水平真实地反映企业主观努力而取得的效益，有利于公平竞争，同时也促使企业合理利用国有资源，防止企业为追求高额利润而造成资源浪费。征收级差资源税的目的侧重于运用税收经济杠杆调节资源占用者的级差收入，为企业之间开展平等竞争创造良好的外部条件。

从资源税立法概况来看，目前我国的资源税一般兼有一般资源税和级差资源税的性质，即既对占用开发国有自然资源者普遍征收，又在征收过程中根据资源条件差异对不同纳税人实行区别对待，分别确定税收负担。

（三）资源税的税制要素

1．纳税人

根据《中华人民共和国资源税法》第一条规定，在中华人民共和国领域和中华人民共和国管辖的其他海域开发应税资源的单位和个人，为资源税的纳税人，应当依照本法规定缴纳资源税。因此，进口应税资源的单位和个人不是资源税纳税人，出口应税资源的单位和个人一般不会办理退税，同时纳税人也不局限于中国企业和个人，还包括外商投资企业和外国企业。

2．课税对象

狭义的资源范围仍较为广泛，但目前我国资源税中的课税对象仅针对部分应税资源。1993 年 12 月发布的《中华人民共和国资源税暂行条例》（现已废止）中应税产品的范围仅包括矿产品和盐。2016 年 7 月 1 日以后，应税产品的范围增加了水产品。2019 年 8 月全国人民代表大会常委会通过的《中华人民共和国资源税法》中提出了“应税资源”的概念，并在《中华人民共和国资源税暂行条例》的基础上归纳整合税目，重新划分为能源矿产、金属矿产、非金属矿产、水气矿产和盐这五类应税资源，同时将税目由 30 项扩展补充为 164 项，基本涵盖了现阶段已发现的所有矿种和盐。其中，矿产品包括原矿和选矿产品。

3．计税依据

《中华人民共和国资源税法》规定，资源税实行从价计征或者从量计征，分别以应税资源的销售额和销售数量作为计税依据。为配合资源税全面从价计征改革，目前我国的资源税形成了以从价计征为主、从量计征为辅的计征方式。

纳税人开采或者生产不同税目应税产品的，应当分别核算不同税目应税产品的销售额或者销售数量，未分别核算或者不能准确提供不同税目应税产品的销售额或者销售数量的，从高适用税率。

（1）从价计征的计税依据。

实行从价定率征收资源税的销售额，包括纳税人销售应税产品向购买方收取的全部价款，不包括增值税税额。计入销售额中的相关运杂费用，凡取得增值税发票或者其他合法有效凭据的，准予从销售额中扣除。相关运杂费用是指应税产品从坑口或者洗选（加工）地到车站、码头或者购买方指定地点的运输费用和建设基金以及随运销产生的装卸、仓储、港杂费用。纳税人申报的应税产品销售额明显偏低且无正当理由的，或者有自用应税产品行为而无销售额的，主管税务机关可以按下列方法和顺序确定其应税产品销售额：

① 按纳税人最近时期同类产品的平均销售价格确定。

② 按其他纳税人最近时期同类产品的平均销售价格确定。

③ 按后续加工非应税产品销售价格，减去后续加工环节的成本利润后确定。

④ 按应税产品组成计税价格确定。

组成计税价格＝成本 ×（1+ 成本利润率）÷（1– 资源税税率）

上述公式中的成本利润率由省、自治区、直辖市税务机关确定。

⑤ 按其他合理方法确定。

（2）从量计征的计税依据。

应税产品的销售数量，包括纳税人开采或者生产应税产品的实际销售数量和自用于应当缴纳资源税情形的应税产品数量。

二、资源税的经济效应

（一）资源税对经济效率的影响

1．对资源开采企业的影响

资源开采企业是资源税的法定纳税人，开征资源税会提高开采企业的生产成本，进而影响资源产量及销售价格。市场结构与资源的供求弹性将影响市场主体转移税负的能力，因此不同企业受资源税的影响不同。

我国的油气（石油和天然气）市场是典型的寡头垄断市场，市场主要由几家公司控制，同时需求明显缺乏弹性，因此垄断企业有能力将税负通过涨价转嫁给下游企业及消费者。但此类资源大多与民生相关，替代品较少，政府一般保持着较为严格的价格控制，以此倒逼垄断企业相应承担部分税负成本。

除了油气市场外，其他应税资源的市场开采企业众多，市场集中度很低，基本可视为完全竞争市场。资源税提高了单个企业的长期平均成本，可能促使部分开采成本高、缺乏规模经济的企业退出市场，这将有利于淘汰落后产能，提高资源开采效率。同时，由于资源的替代品较多，需求弹性较大，因此相当大部分的资源税将由开采企业承担。短期内竞争性产品的价格会上涨，但从中长期来看，最终价格还是取决于市场的供求关系，这将促使企业进一步降低开采成本，提高生产效率。

2．对资源消耗企业的影响

资源是资源消耗企业生产的基础，因此资源消耗企业会承担部分资源税。对于生产生活必需品的企业来说，产品的需求弹性较低，短期内税负容易转嫁给消费者，但政府一般会实行较为严格的价格管制，促使企业提高生产效率。对于生产一般竞争性产品（如钢铁、水泥、汽车等大部分资源）的消耗企业来说，其生产的产品需求弹性较大且行业竞争性强，短期内企业的生产成本增加，税负难以转嫁给消费者。但从长期来看，企业有两种选择：第一，通过提高劳动生产率，改进生产技术降低生产成本，保持原有的利润水平；第二，寻找可替代使用的新能源及清洁能源（如风电、核电等），降低资源税税负。两种选择都与节能减排、提高生产效率的资源税政策意图相符。

3. 对消费的影响

消费者是资源的最终使用者，从长期来看，上游生产商一定会通过价格将部分税负转嫁给消费者，因此征收资源税会使消费者对资源的需求下降，具体可以分为收入效应、替代效应两个方面。收入效应是指在收入不变的情况下，征收资源税会使消费者的实际购买力下降，从而减少其资源消耗量；替代效应是指对资源征税会改变消费者的选择偏好，相对价格的变化会使消费者更倾向于选择替代产品。具体来说，替代方式又可以分为三种：一是资源之间的相互替代，二是由资本或劳动力替代资源，三是由技术替代资源。

收入效应和替代效应都会使资源的消耗量下降，达到开征资源税的目的，但替代效应不会降低消费者的效用水平，而收入效应会使消费者的福利下降。因此，如何尽可能放大替代效应，缩小收入效应，使资源税更加符合开征目的，是资源税制度设计与改革的重点问题。

（二）资源税对收入分配的影响

自然资源作为物质生产活动的必要投入品，已成为经济赖以发展的重要物质基础。从国际角度分析，资源相对丰裕的国家通常蕴含了更大的发展潜力；从我国的角度分析，资源税的开征有利于调节地区间财政收入的不平衡。

从我国矿产资源产业发展现状来看，除海洋、石油外，我国矿产资源主要集中在中西部地区，而东部沿海地区资源较缺乏，形成了中西部以生产和输出资源为主、东部地区以加工和消费资源为主的产业格局。资源税改革通过资源税的长期调节作用对不同区域经济产生直接或间接的影响。一方面，从价计征资源税后，有利于建立合理的资源价格，有利于市场通过价格传导机制增加中西部地区政府和企业的收入，适度补偿资源地区利益，实现部分财富由东部地区向中西部地区的转移。政府可以利用这笔税收收入来补贴需要扶持的行业和用于资源环境的保护，从而缩小地区发展差异。另一方面，资源税率的提高和资源税计征方式的改变促使企业大力发展新技术，降低资源使用成本，积极发展资本密集型的产业，有利于加速东部沿海地区的产业结构调整。大部分企业会将资源高投入、高耗能的产品生产转移到中西部地区，就地取材，在节约生产成本的同时优化当地的产业结构和环境。同时，这种产业的转移也给中西部地区当地的劳动力提供了更多的就业机会，在一定程度上可以缓解劳动人口外流。

三、资源税实践

（一）西方国家资源税实践

资源税在西方发达国家属于绿色生态税收，主要目的是保护资源的合理利用，减少环境污染。国外资源税的征收有一个调整过程，发达国家走的是一条“先污染后治理”的路子。环境的恶劣迫使西方发达国家自20世纪70年代开始调整税收政策，资源税由收益型转向绿色生态型。进入后工业社会，西方发达国家对资源的开发利用步入成熟阶段，表现为许多国家普遍征收较高的资源税，如日本和德国、法国等欧洲国家都对能源产品征收重税。据测算，德国的燃油税率在200%左右，英、法等国与德国持平。

国外对资源的税费体系，主要由权利金、申请发放许可证登记费、地表租金、预扣税、增值税、地方政府税收等组成。该税费体系的核心是权利金、地表租金、耗竭补贴、资源租金税与取得和保持矿权有关的收费。长期以来，权利金是矿产资源活动课征的最主要税费工具。早在中世纪，大陆法系的一些国家就开始征收权利金，并在调整矿产资源勘查开发的相关法律中起到一定作用。19世纪末至20世纪初，英美法系国家也普遍采用权利金制度，并随着这些国家的国际矿业公司向海外开拓的过程将这一概念推广到整个世界。随后的几十年，为了促进矿业迅速发展，各国政府纷纷改善投资环境，采取降低矿业行业所得税税率、降低或取消权利金、取消对外国矿业股本投资的限制、放弃国家在一些矿山企业中的权益等优惠措施，吸引企业或投资者勘探和开采矿产资源。第二次世界大战结束后，矿产资源丰富的国家开始注重对本国自然资源的主权。20世纪70年代，随着资源价格的迅猛上涨，各国越来越重视资源税费制度对资源开采和经济发展的调节作用，最典型的变化是将权利金的征收由过去的从量计征改为从价征收或从利润征收。20世纪80—90年代，由于资源价格低迷，一些国家又采取降低所得税税率和取消超额利润税的措施以协调与矿业企业之间的关系。

近些年，随着资源价格的暴涨和各国对生态环境的日益重视，一些西方国家又开始征收矿业行业暴利税。此时，由于矿业投资者多元性的日益形成，这个调整过程逐渐呈现出政治博弈的特征。进一步地，资源税征收范围有所扩大，征收环节有所拓展。近些年，随着外部效应理论的发展和经济社会可持续发展的需要，一些国家除征收开采环节资源税外，还对由于矿业、能源的使用而造成的污染征收环境税。

（二）我国资源税实践

1. 萌芽阶段（1949—1983年）

1949年11月24日，新中国首届税务工作会议召开，决定将盐税作为一个单独的税种，在全国范围内征收。1950年1月31日，我国颁布了《全国税政实施要则》，正式将盐税单独列为一个税种，明确了对盐的生产、运销征收盐税，但是对矿产资源的开采如何课税并没有规定。

矿产资源方面，自新中国成立起，我国在很长一段时间内实行的是矿产资源无偿使用的经济制度。国家集社会管理者、矿产资源所有者、投资经营者等多重身份于一身，相关利益均体现为国有企业利润，资源利益的分配通过对企业中人、财、物的指令性分配和计划工资、计划价格调节。因此，在计划经济时期不存在正式的矿产资源税费制度。我国矿产资源的无偿开采长达37年，结束于1986年10月1日施行的《中华人民共和国矿产资源法》。

2. 制度设立阶段（1984—2010年）

20世纪80年代初，我国财政资金严重匮乏，国家开始重新审视税收与国有企业利润之间的关系，进行“利改税”的探索。在财政资金短缺和“利改税”的背景下，资源税应运而生。我国第一部资源税的法规是《中华人民共和国资源税条例（草案）》，法规明确我国将于1984年10月1日开征资源税。随后，《中华人民共和国矿产资源法》于1986年10月1日正式施行。然而，考虑到当时我国矿产品价格不够合理、采掘行业较为困难、征收经验不足等因素，只对原油、天然气、煤炭三种资源开征资源税。同时，当时开征资源税的目的主要是调节开发自然资源的企业因资源结构和开发条件的差异而形成的级差收入，以正确反映开发单位的劳动成果，妥善处理国家与企业之间的分配关系，因此仅对销售利润率超过12%的，在我国境内开采原油、天然气、煤炭等矿产品的单位和个人征收资源税，按其应税产品销售收入从价计征资源税，并根据销售利润率实行超率累进税率。只要没有获得12%以上的销售利润率，企业或个人就可以无偿开采国有矿产资源，税率如表10-1所示。

表10-1 1984年《中华人民共和国资源税条例（草案）》中税率规定

应税销售利润率	资源税税率
0<应税销售利润率≤12%	不征收
12%<应税销售利润率≤20%	销售利润率每增加1%，税率增加0.5%
20%<应税销售利润率≤25%	销售利润率每增加1%，税率增加0.6%
应税销售利润率>25%	销售利润率每增加1%，税率增加0.7%

最初阶段，资源税在调节级差收入、处理好国家与企业利润分配方面发挥了一定作用，但也暴露出一些问题。一是因资源条件不同而形成级差收入的矛盾在几乎所有的矿种中普遍存在，而仅对三个矿种征收资源税不够合理。二是以销售收入作为计税依据，按销售利润率确定征免的标准，造成经营管理水平越高的企业税负越重。三是对于自产自用的部分资源免税，不仅造成财务计算上的麻烦，也带来级差收入在企业内部转移的弊端。为解决上述问题，财政部先后对资源税的征收规定做了几项修改。

1986年9月25日，《财政部关于对煤炭实行从量定额征收资源税的通知》发布，其中规定计税方式由按应税产品销售利润率超率累进征收改为了按实际销量定额征收，同年，对原油、天然气征收资源税的计税方式也做了同样修改。这一改变使资源税摆脱了价格波动的影响，税收收入随着企业产量、销量的增长而增长，与从价征收的方法相比，其收入具有可靠性、稳定性。

1994年，为提高中央财政比重并妥善解决中央与地方的税权划分问题，我国启动了一次影响深远的税收制度改革，即分税制改革，资源税制度在此次改革中更加完善。1993年12月25日，国务院发布《中华人民共和国资源税暂行条例》，于1994年1月1日起正式施行。此次改革奠定了我国现行资源税制度的框架，此后一直保持相对稳定。此前，1984年《中华人民共和国资源税条例（草案）》虽已将金属矿产品、非金属矿产品纳入资源税征收范围，但由于当时矿产品价格偏低、产品利润率达不到资源税条例规定的12%的起征点，所以暂免征资源税。随着经济的发展，矿产品价格随之改革，《中华人民共和国资源税暂行条例》取消了利润率超过12%的起征点，同时也取消了盐税条例，将其并入资源税。至此，资源税征税范围包括原油、天然气、煤炭、其他非金属矿原矿、黑色金属矿原矿、有色金属矿原矿和盐七大类。

3. 改革阶段（2011—2015年）

早在2007年，资源税改革的方案就已经提交国务院审议。但由于当时通货膨胀压力较大、宏观经济过热，改革被暂时搁置。直到2010年6月1日，新疆率先进行原油、天然气资源税从价计征试点，标志着资源税改革取得重要突破。同年12月1日，原油、天然气资源税从价计征改革试点由新疆扩大至内蒙古、甘肃、四川、青海、宁夏等西部12个省区。2011年10月10日，国务院正式发布《国务院关于修改〈中华人民共和国资源税暂行条例〉的决定》，要求从2011年11月1日起将原油、天然气从价计征改革推向全国。

资源价格机制改革也正式启动。2011年，我国在两广地区开展天然气价格形成机制改革试点；2013年，在部分地区实施了部分金属和非金属矿资源税从价计征改革试点。2014年，煤炭资源税改革取得突破性进展，自2014年12月1日起，煤炭资源税全面实行从价计征，税率为2%～10%，同时清理相关收费基金。与此同时，国家还对原油、天然气资源税费制度进行了调整，主要是将矿产资源补偿费费率降为零，将资源税税率由5%提高至6%。这一阶段的资源税制度在改革试点中发展，并逐步走向完善。

4. 资源税全面改革阶段（2016年至今）

自2010年6月起，我国先后实施了原油、天然气、煤炭、稀土、钨、钼6个品目的资源税从价计征改革，并全面清理相关收费基金。改革总体运行平稳，对调节经济、规范税费关系、促进资源合理利用发挥了积极作用，达到了改革的预期目的。2016年的资源税全面改革，有效地解决了资源税制度中存在的问题，并围绕税改目标进行了又一次重大政策调整，这也是我国新时期深化财税体制改革的一项重要工作。主要内容可归纳为如下几个方面：

第一，全面推开资源税从价计征改革。资源税全面改革是在前期对原油、煤炭、稀土等6个税目改革取得成功的基础上，对尚未从价计征的所有129个税目进行改革，其中从价计征的税目有124个，从量计征的税目有5个。改革后，所有的金属矿全部实行了从价计征，大多数非金属矿也实行了从价计征，从价计征税目占全部税目的90%以上。

第二，全面清理涉及矿产资源的收费基金。在全面推开资源税从价计征改革的同时，在已对6个矿种清理矿产资源补偿费、价格调节基金等收费的基础上，将剩余全部矿产资源品目的矿产资源补偿费费率均降为零，停止征收矿产品价格调节基金，取缔地方针对矿产资源违规设立的收费基金项目。

第三，保留少量适宜从量计征的品目。对经营分散、多为现金交易且难以取得计税价格的部分资源品目，按照便利征管原则，仍实行从量定额计征。对财政部和国家税务总局未列举名称的其他非金属矿产品，按照从价计征为主、从量计征为辅的原则，由省级人民政府确定计征方式。

第四，首次将水资源纳入征税范围。基于谁污染环境、谁破坏生态谁付费的原则，党的十八届三中全会明确要求要扩大资源税征税范围。为发挥资源税的调控功能，促进水资源节约和持续利用，同时也考虑到华北地区地下水超采严重的问题，中央决定率先在河北省开展水资源费改税试点，改革后正常生产生活用水维持原有负担水平不变，但超采地区地下水的税率将有较大幅度提高。在试点取得经验的基础上，今后将逐步向全国其他地区推开。

第五，合理确定资源税税率水平。考虑到我国不同省份采矿和制盐行业差异性较大，但又需构建一个有利于整个行业健康、稳定发展的全国统一市场环境，本次改革区分少数重要矿种和多数一般矿种，对其税率确定权限进行了划分。

第六，增设促进资源综合利用的减免税政策。根据中央提出的资源全面节约和高效利用总体要求，本次改革在充分听取企业和有关部门意见的基础上，选择了鼓励企业提高资源综合开发利用水平的项目作为资源税减免优惠项目，包括对符合条件采用充填开采方式采出的矿产资源减征50%的资源税，对衰竭期矿山开采的矿产资源减征30%的资源税；对鼓励利用的低品位矿、废石、尾矿、废渣、废水、废气等提取的矿产品，由省级人民政府根据实际情况确定是否减税或免税。

第二节　环境保护税原理

一、环境保护税概述

（一）环境保护税的概念

环境保护税可以从广义和狭义两个层面理解。广义的环境保护税是指为实现特定的环境保护目标、筹集环境保护资金而征收的具有调节与环境污染、资源利用行为相关的各个税种及相关税收特别措施的总称。其范围相当宽泛，只要是具有与环境相关的经济活动性质和规模的税种及税收政策，都属于广义环境保护税的范围。我国的资源税、消费税、耕地占用税等税种都属于广义的环境保护税。狭义的环境保护税更多关注会对环境造成特定负面影响的物质，是针对环境有害物质的使用或释放而征收的税，其征收目的是改变纳税人影响生态环境的行为。我国于 2018 年 1 月 1 日开征环境保护税，这一独立税种属于狭义的环保税概念。

（二）环境保护税的特征

环境保护税具有如下特征：

（1）征收环境保护税可以提高企业的生产成本，将外部成本内部化，使企业的边际成本更接近边际社会成本，通过价格机制重新分配资源，将资源分配给外部成本低、污染小的行业及企业，提高经济效率。

（2）环境公共产品的提供不能仅依靠市场来完成，政府可以通过税收等形式弥补市场提供的不足。征收环境保护税是对政府有效发挥公共产品和服务供给职能的要求。

（3）具有双重红利效应。第一重红利是指征收环境保护税能够有效遏制环境污染行为，达到保护环境的目的；第二重红利是指政府可以利用环境保护税带来的收入来降低其他税率，进而降低现存税制对资本、劳动产生的扭曲作用，从而实现促进社会就业及经济持续增长的目标。

（4）坚持污染者付费原则。污染者付费，就是由污染者承担因其污染所引起的损失，使外部成本内部化。经济合作与发展组织（OECD）环境委员会在 1972 年将“污染者付费原则”作为欧洲污染预防与控制的一个主要的经济原则，很快得到国际社会的认同，被一些国家确定为环境保护的一项基本原则。

（三）环境保护税的税制要素

1. 纳税人

《中华人民共和国环境保护税法》（简称《环境保护税法》）第二条规定：在中华人民共和国领域和中华人民共和国管辖的其他海域，直接向环境排放应税污染物的企业事业单位和其他生产经营者为环境保护税的纳税人，应当依照本法规定缴纳环境保护税。对行政事业单位和居民个人暂不征收环保税。

2. 课税对象

《环境保护税法》规定的应税污染物是指其所附“环境保护税税目税额表”“应税污染物和当量值表”规定的大气污染物、水污染物、固体废物和噪声。其中噪声仅包括工业噪声，而建筑噪声、交通噪声、生活噪声等不属于环保税的征收对象。

环保税纳税人必须有直接向环境排放应税污染物的行为。因此纳税人向依法设立的污水集中处理、生活垃圾集中处理场所排放应税污染物，在符合国家和地方环境保护标准的设施、场所贮存或者处置固体废物和依法对畜禽养殖废弃物进行综合利用和无害化处理的，不属于直接排放污染物，不需要缴纳环境保护税。

3. 计税依据

由于污染物排放对环境的负面影响与应税污染物生产或消费的数量相关，而与其价值量无关，因此环境保护税应该是从量计征的。为影响纳税人的排污行为，环境保护税实行从量定额课征。

（1）污染当量数。

应税大气污染物及应税水污染物的计税依据为排放量折合的污染当量数。污染当量，是指根据污染物或者污染排放活动对环境的有害程度以及处理的技术经济性，衡量不同污染物对环境污染的综合性指标或者计量单位。

$$\text{污染当量数} = \text{该污染物的排放量} \div \text{该污染物的污染当量值}$$

同一介质相同污染当量的不同污染物，其污染程度基本相当。每种应税大气污染物、水污染物的具体污染当量值，均在《环境保护税法》所附“应税污染物和当量值表”列示，污染当量值固定不变。

（2）排放量。

应税固体废物的计税依据为固体废物的排放量，即当期应税固体废物的产生量减去当期应税固体废物的贮存量、处置量及综合利用量的余额。其中，固体废物的贮存量、处置量是指在符合国家和地方环境保护标准的设施、场所贮存或者处置的固体废物数量。固体废物的综合利用量是指按照国务院发展改革委工业和信息化部关于资源综合利用要求以及国家和地方环境保护标准进行综合利用的固体废物数量。

若纳税人发生非法倾倒应税固体废物或进行虚假纳税申报情形的，则以其当期应税固体废物的产生量作为固体废物的排放量。

（3）分贝数。

应税噪声的计税依据为超过国家规定标准的分贝数，即实际监测噪声分贝数超过工业企业厂界噪声标准的分贝数。

二、环境保护税的经济效应

（一）环境保护税对经济效率的影响

1. 对生产的影响

开征环境保护税可以把环境污染的外部成本内在化，迫使企业负担由污染而产生的外部成本。随着企业对环境污染程度的增加，环境税收也增加，企业总成本也随之增加，由于短期内价格不会发生变化，因此企业利润将减少。为了追求利润最大化，企业将减少对环境的污染，控制污染的数量。从长期来看，环境保护税迫使企业减少污染品的生产或通过技术创新，选择适当的污染控制技术，研究开发新的更有效的减少污染的工艺过程，推行清洁生产。这样，企业的污染量就会减少，从而提高全社会的福利。

从行业来看，环境保护税通过对不同污染品征税，有利于调整产业结构。通过对污染产品课征环境保护税，高污染、高消耗的企业的成本增加幅度要远大于一般企业，此时高污染、高消耗的企业竞争力急剧下降，部分转型失败的企业可能会被淘汰。这样，就实现了产业结构的调整和可持续发展，从深层次上解决了环境问题。

2. 对消费的影响

从微观来看，实施环境保护税，使得耗资源、高污染的产品的相对价格上升。当该类产品富有弹性时，消费者将减少或放弃该类产品的消费；当该类产品缺乏弹性时，消费者会增强节约意识、提高产品使用效率，从而减少这类产品的需求量。从宏观来看，实施环境保护税有利于借助税收政策引导消费者，使其更倾向于减少对商品的消费，而增加服务业的消费。因此在环境保护税实施过程中，将加重对商品的课税，相对减轻对劳务的课税，使两者的价格优势发生变化。资源使用较多、环境污染较严重的产品的价格将上升，而资源使用较少、环境污染较轻的服务行业的价格将下降，这会使服务业更具有价格竞争力，比物质消费在经济上更具吸引力。消费方式从不断增加物质消耗转化为提高人类生活质量和注重自然环境的健康，从基于对数量价值的追求转向对质量价值的追求，这种转变有利于培养人们的绿色消费观和绿色消费行为，使每个家庭的消费观念和行为按照可持续发展的方向进行。

（二）环境保护税对收入分配的影响

1. 代际收入分配

如果在开征环境保护税的同时政府提高了企业为员工缴纳的社会保险税（费）率，那么年轻的一代会遭受一部分福利损失。因为环境保护税的开征会提高相应的消费品价格，同时社会保险税的提高也会使年轻一代减少工资收入。而老的一代会从中受益，因为社会保险税（费）提高会减少人均资本存量，从而提高利率增加了老一代储蓄折现后的消费能力。在这种情况下，老的一代在享有了环境改善带来的收益外又获得了非环境收益。所以如果环境改善带来的收益大于非环境福利损失，那么两代人都能获得净福利。

但如果在开征环境保护税的同时政府降低社会保险税（费）率，那么两代人是福利增加还是福利损失要视具体情况而定。对于年轻一代来说，由于环境保护税税率提高而引起的负的价格效应可能被社会保险税（费）率降低而引起的正的收入效应补偿，那么最终的福利效应就是正的，前提是他的初始消费量不是很大。而对于老一代来说，由于他没有从工资提高的正效应中受益，同时又由于储蓄利率的下降使其消费价格相对提高，所以他们遭受了经济福利损失。

2. 在劳动者和失业者之间以及劳动者内部的分配效应

很多欧洲国家为了实现“双重红利”，在开征环境保护税的同时都降低社会保险税（费）率，但是失业者并没有从降低社会保险税（费）率中受益，因为他们根本就没有这项税收负担，但是他们同时也要负担环境保护税，所以环境保护税的征收实际上是把税收负担从就业者身上转嫁到了失业者身上。同时在许多OECD国家，长期失业主要发生在低劳动技能工人身上，这些工人由于缺乏必要的培训，劳动技能很低，因此频频失业，形成“失业陷阱”现象，低劳动技能又造成低收入。由于税收制度、社会保障金、价格补贴收入等的相互作用使得低劳动技能者所面临的有效税率特别高，于是税收负担又从高劳动技能者转嫁到了低劳动技能者身上。

3. 对不同收入群体的收入分配效应

能源税或碳税等环境保护税的征收会带来商品价格的提高、实际工资的下降、资本回报率的下降等，OECD在其1995年发布的报告中提出碳税具有轻微的收入累退性，其税负主要由低收入家庭承担，因为在这些国家中低收入家庭在家用能源和交通燃料上的消费支出占收入或总支出的比例要比高收入家庭高。

三、环境保护税实践

（一）OECD国家环境保护税实践

自20世纪70年代起，OECD国家逐步开始把环境保护税作为保护自然环境和维护生态平衡的一项重要政策，其经济社会效益已经逐渐凸显出来，且税收制度逐步趋于完善。总体来看，OECD国家的环境保护税制改革大致可以分为以下三个阶段。

1. 萌芽阶段（20世纪70年代—80年代初）

这一时期OECD环境委员会首次提出“污染者付费”原则，要求污染者必须对其造成的环境破坏承担责任，给予受害者一定的赔偿。为补偿政府付出成本进行的收费，也就是要求排污者承担监控、治理排污行为的成本。这种收费是环境税收的雏形。

2. 发展阶段（20 世纪 80 年代—90 年代中期）

这一时期环境保护税种类日益增多，先后开征了排污税、碳税、硫税、汽车燃料税、轻型燃油税、电力税、气候变化税、煤炭焦炭税、航空燃油税、发动机交通工具税、废弃物最终处理税、包装税、水资源税和采矿税等。各种能源税或能源环境税一方面用来筹集财政收入，另一方面用于引导生产和消费。

3. 完善阶段（20 世纪 90 年代中期至今）

发达国家纷纷推行绿色财政税收政策，许多国家还进行了综合的绿色税制改革。目前，环境保护税已成为许多发达国家主要的环境政策手段。从 OECD 国家的实践看，实施环境保护税具有提高经济效率和实现环境目标的双重潜力。

目前，OECD 国家开征的典型环境保护税主要有以下几种：① 大气污染税。大气污染税主要包括对排放到空气中的二氧化硫污染物征收的二氧化硫税和对燃料产生的二氧化碳污染物征收的二氧化碳税。② 水污染税。水污染税是对水体污染行为征收的一种税。③ 噪声税。噪声税是对超过一定分贝的特殊噪声源所征收的一种税。④ 固体废物税。固体废物税是按固体废物的实际体积和类型定额征收的一种税，其课税对象包括饮料包装物、废纸和纸制品、旧轮胎等。⑤ 垃圾税。

（二）我国环境保护税实践

1. 排污费制度阶段（1978—2017 年）

改革开放后，中国成为全球经济增长速度名列前茅的主要经济体并创造了经济发展的卓越成就，但也产生了严重的资源环境问题。各类主要污染物的排放量逐渐超过了环境承载能力，环境污染和生态破坏已经成为制约经济可持续发展的主要瓶颈。根据庇古税原理，作为市场型环境规制重要工具的环境税或排污费，针对企业环境污染产生的负外部性，通过将污染排放单位成本内部化的方式可以有效促进企业减少污染，并在发达国家取得了良好的治理效应。

排污收费制度起源于工业发达国家。借鉴发达国家的经验，我国在 1978 年年底首次提出实行“排放污染物收费制度”。1979 年 9 月颁布的《中华人民共和国环境保护法（试行）》从法律上确立了排污收费制度，此后我国陆续出台了一系列法律制度，针对企业排污行为征收费用，以控制工业企业主要污染物排放水平。经过试点后，我国于 1982 年 2 月发布《征收排污费暂行办法》并于 7 月 1 日起在全国执行，标志着我国排污收费制度正式建立。2003 年 1 月国务院发布的《排污费征收使用管理条例》，替代了《征收排污费暂行办法》，明确了各类主要污染物排污费基础征收标准，这标志着排污收费制度进入了一个新阶段。

在多年的运行中，排污收费制度为环境保护方面的投资提供了部分资金，增强了污染治理能力。同时，环保监测技术逐渐成熟，环保系统建设日益完善。但由于排污费不可能完全具备税收特有的强制性、无偿性和固定性的性质，尤其是强制性的性质，缺乏强有力的征管法规保障。这导致在费的名义下对污染物排放征收会存在一些难以回避的问题，如缺乏权威性、举证责任倒置、征收率不足、协商收费等，由于排污费缺乏强制性，征收难以保障，其在实施过程中就难以达到以税收手段实施所应该具有的环保效果，对环境污染的调节就难以达到理想的效果。

2. 环境保护税制度阶段（2018 年至今）

为进一步推进生态文明建设，更加有效地实现绿色发展，《中华人民共和国环境保护税法》于 2018 年 1 月 1 日起正式实施。这是中国第一部以环境保护为目标、专门体现“绿色税制”的单行税法。至此，实施了近 40 年的排污费制度被废止，全面改征为更具强制性和约束力的环境保护税。

其实早在 2007 年 5 月，国务院发布《节能减排综合性工作方案》，其中一项具体政策措施即为“研究开征环境税”，首次明确将进行环境保护税立法。同年 10 月，党的十七大报告提出“实行有利于科学发展的财税制度，建立健全资源有偿使用制度和生态环境补偿机制”，确定将环境保护税作为重点推进的税收改革工作。至此，环境保护税的战略构想正式提出。2010 年 10 月 18 日，党的十七届五中全会通过的《中共中央关于制定国民经济和社会发展第十二个五年规划的建议》正式提出开征环境保护税。经过多方合力，《中华人民共和国环境保护税法》正式实施，环境保护税的开征具有重大的现实意义和深远影响。

第三节 碳 税 原 理

一、碳税概述

（一）碳税的概念

碳税是以减少二氧化碳排放为目的，对化石燃料（如煤炭、天然气等）按照其碳含量或碳排放量征收的一种税。

开征碳税，主要是通过税收手段，抑制纳税人向大气中排放过多二氧化碳，从而减缓气候变暖进程，以达到保护环境的政策目的。我国目前还没有开征碳税，但其对二氧化碳排放的控制效果已在许多国家得到验证，同时在各种缓解气候变化的政策工具中，碳税被认为是减少碳排放的一种重要经济手段。20 世纪 90 年代，碳税在北欧国家开始兴起。在此之前各国都有着部分针对化石燃料开征的税种，如环境保护税、能源税等，碳税开征后，部分国家将其作为独立税种，与已有的能源税等税种并存；也有部分国家的碳税是作为能源税或消费税的组成部分而存在的；而在 OECD 部分国家，则以碳—能源税的形式出现，即按照一定的比例征收碳税及能源税。

碳税只有在全球范围内实施才能实现其有效性，减少“碳泄漏”，因此碳税的国际协调是未来碳税制度发展的趋势。中国作为世界上最大的以煤炭为主的能源消费国之一，长期以来碳排放量逐年增加，且增长很快。虽然中国现行税制已经体现出了应对气候变化的政策理念，并在节能减排方面取得了一定成效，但目前仍没有开征碳税。作为世界上最大的碳排放国家之一，为了应对国际社会的压力，也为了树立“负责任大国”的形象，中国引入碳税是必然选择。当前，践行绿色发展理念，加快绿色低碳转型，力争 2030 年前实现碳达峰、2060 年前实现碳中和，是我国经济社会发展的重大课题。我国要实现碳达峰、碳中和的目标承诺，需采取更加有力的碳减排政策和措施，在已实施碳排放权交易的背景下，有必要将征收碳税作为进一步加大碳减排调控的政策选项。

（二）碳税的税制要素

1. 纳税人

碳税的纳税人是碳排放的单位和个人，包括生产环节和消费环节的纳税人。生产环节的纳税人为化石燃料的生产、加工企业，消费环节的纳税人为使用能源的企业和居民。

选择生产环节征税可以实现源泉扣缴，易于税收征管，但由于二氧化碳排放较多的生产部门（如能源、交通部门）通常受到政府的控制，产品价格的上涨会受到限制，因此碳税对能源消耗的刺激作用会减弱。选择消费环节征税更符合税收公平原则，有利于提高能源消费者的节能减排意识，但对征管水平要求较高。在实践中，大多数国家选择了在消费环节征收碳税，选择生产环节征收的国家较少（如日本、加拿大）。

2. 计税依据

为减少化石燃料的二氧化碳排放量，碳税普遍采取从量计征，大部分国家采用固定的比例税率，部分国家采用累进税率（如荷兰）。理论上，碳税的课税对象应为二氧化碳的排放量，但从实践中看，由于征管成本和技术要求，直接计算二氧化碳排放量仍存在困难，目前只有部分欧洲国家使用，如波兰、捷克。这迫使各国在确定碳税计税依据时从碳排放源入手，二氧化碳主要来自煤炭、石油、天然气等化石燃料的使用，因此目前大部分国家碳税的计税依据为根据化石燃料的含碳量估算得出的二氧化碳排放量，估算方法如下所示：

$$二氧化碳排放量 = 燃料消耗数量 \times 二氧化碳排放系数$$

$$二氧化碳排放系数 = 低位发热量 \times 碳排放因子 \times 碳氧化率 \times 碳转换系数$$

其中，燃料消耗数量是指实际消耗的含碳燃料数量；二氧化碳排放系数是指每单位含碳燃料的二氧化碳排放量。低位发热量为含碳燃料完全燃烧时散发的热量；碳排放因子为燃料单位热值的碳排放量；碳氧化率是燃料中碳被氧化的比率；碳转换系数是指碳转化为二氧化碳的变化系数，一般为44/12。

二、碳税的经济效应

（一）碳税对经济效率的影响

碳税对经济效率的影响表现在两个方面：一方面，开征碳税可以增加政府收入，扩大政府的投资规模，拉动经济增长；另一方面，开征碳税会降低企业生产、投资积极性，产生一定的负面影响。

1．对生产的影响

碳税对生产的影响可以从收入效应和替代效应两个方面解释。碳税对生产行为的收入效应，是指政府通过对碳排放行为课税，造成企业实际收入或可支配收入减少，使市场化石燃料的供应数量较征税前下降。政府征收碳税一则会使得能源价格上涨，使企业平均生产成本上升，边际收益减少，企业最终产出水平下降。二则征收碳税实质上是国家参与国民收入的分配行为，是企业无偿地向国家的单方面利益转移，这会减少企业的可支配资源，进而导致企业最终产出的减少。碳税对企业的生产行为还会产生替代效应。政府有选择性地对能源产品征收碳税，会使能源之间的成本和价格发生变化，从而导致企业相应地减少能源商品的产量甚至放弃生产，而把更多的资源转移到非能源商品的生产上。

2．对消费的影响

碳税对消费的影响也可以从收入效应和替代效应两个方面解释。从收入效应角度，无论碳税的纳税环节为生产环节或消费环节，消费者都会直接或间接承担部分碳税，相对收入下降，因此会减少对化石燃料的消耗。从替代效应角度，碳税的承担者会寻求税收负担的转嫁，因此碳税的开征会影响消费者的消费倾向，导致消费下降。

3．对投资的影响

碳税开征针对的主要是企业单位，特别是第二产业中的相关行业。碳税的开征短期内会导致企业成本的上升。从长期来看，能够识别碳税开征风险并逐步转变生产方式的企业，可以进一步提升投资规模，但实力相对较弱的企业很难转化碳税带来的成本上升，会抑制企业的生产及投资行为。从跨国投资角度分析，良好的环境是吸引投资的主要因素。碳税将促进企业技术升级，减少二氧化碳的排放，这有利于改善本国的环境状况，吸引外国投资。但同时，碳税带来的成本增加会使跨国公司将投资转移到没有开征碳税或环境标准较低的国家，从而保持产品的国际竞争力，这也使一些未实行减排的国家成了“污染避难所”（Pollution Havens）。

4．对国际贸易的影响

随着气候变化与贸易之间的关系逐渐为国际社会所重视，碳税对企业贸易的影响也被人们所知。碳税主要是通过影响产品竞争力，从而对贸易的规模和结构产生影响。具体来说，开征碳税的目的是促使环境的外部成本内部化，将环境控制成本纳入企业的生产成本，这会降低产品的国际竞争力，影响国际市场对该国相关产品的需求，影响贸易规模。碳税有着明显的行业针对性，企业能否抵挡住碳税开征带来的风险，能否在国际市场中保持竞争力，能否在行业内保持市场份额，对国际贸易十分重要。同时碳税也促使企业从污染较重的行业转向清洁生产，对贸易的结构产生影响。碳税对国际竞争力的影响也是各国在考虑引进碳税时面临的难题，同时已经引入碳税的国家在碳税的税制设计中也考虑了这一因素，大量针对污染密集行业的税收优惠使碳税的政策有效性大打折扣。

（二）碳税对收入分配的影响

从产业角度而言，第二产业对碳的依赖要远远高于第一、三产业，碳税的开征将会使第二产业，尤其是能源行业、电力行业以及重工业受到重大影响，三大产业的现有布局将会被打破。从碳资源禀赋来看，由于各地区的资源禀赋不同，碳税的开征将严重影响化石燃料丰富和以相关产业为经济支柱的地区，区域间经济关系会发生变化。从消费者角度而言，碳税政策对不同群体形成了不均等的负担，主要表现为碳税开征给社会带来的收入分配的累退性，即低收入群体承担的税收占收入的比例更高。化石燃料如煤炭、天然气与新型能源相比，是价格较为低廉的能源，因此经济水平较低的居民对化石燃料的依赖度更高，因此开征碳税会增加低收入居民的税收负担。

针对这一负效应，不少国家也采用了碳税分配效应的补偿机制来抵消其累退性。OECD 认为，碳税的补偿机制可以分为缓解和补偿两种选择性措施：缓解是指在事前就降低某一计划的影响，使潜在影响不会发生；补偿是事后对特定群体进行资助，以使他们至少部分地维持现状。前者包括对特定行业实行差别税率和税收减免、采用碳—能源税的混合形式、设置碳税税负上限等方法；后者包括降低其他税收补偿、转移支付等方式。

三、碳税实践

（一）各国碳税实践

20 世纪 90 年代，碳税在北欧国家开始兴起。在 1992 年 6 月的联合国环境和发展会议上，由一百多个国家签署的《联合国气候变化框架公约》，成为第一份防止气候变化方面的国际法文件，并于 1994 年 3 月 21 日生效。公约规定，考虑到全球变暖的可能性，为防止人类活动对气候系统造成影响，以稳定大气中温室气体浓度为目标，要求各国自身或经相互协商制定出对策，各缔约国要制定并公布温室气体排放源和吸收汇（即从大气中清除二氧化碳等温室气体的过程、活动或机制，一般指森林和海洋的吸收能力）的清单及减少排放的计划，并开展研究、教育、培训和宣传等工作。公约同时确立了一条非常著名的原则，即发达国家和发展中国家在保护气候方面具有“共同但有区别的责任”的原则，确定了发达国家和发展中国家在承担减排温室气体义务等方面不同的责任。虽然该公约的内容并不全面系统，但它为未来谈判提供了基础和框架。

1997 年 12 月，为了人类免受气候变暖的威胁，《京都议定书》在日本京都通过，它需要占全球温室气体排放量 55% 以上的至少 55 个国家批准，才能成为具有法律约束力的国际公约。2005 年 2 月 16 日，《京都议定书》正式生效，这是人类历史上首次以法规的形式限制温室气体排放。议定书要求发达国家从 2005 年开始承担减少碳排放量的义务，而发展中国家则从 2012 年开始承担减排义务。中国于 1998 年 5 月签署并于 2002 年 8 月核准了该议定书，承诺将从 2012 年开始履行节能减排义务。

2007 年 12 月，联合国气候变化大会通过“巴厘岛路线图”决议，它要求所有发达国家要依据其不同的国情，承担可测量的、可报告的和可核证的与其国情相符的温室气体减排承诺或行动，包括量化的温室气体减、限排目标，同时要确保发达国家间减排努力的可比性。发展中国家要在可持续发展框架下，在发达国家履行向发展中国家提供足够的技术、资金和能力建设支持的前提下，采取适当的国内减缓行动。发达国家的支持和发展中国家的减缓行动均应是可测量、可报告和可核证的。

从世界角度看，相比于其他资源环境税，各国碳税的开征时间都较晚，且在开征碳税前，大多数国家已经开征了能源税。碳税的引入，与先前已经存在的能源税税种并存，形成一些重复和交叉。在实践中，虽然各国的碳税都表现为对化石燃料的碳含量或碳排放量的课征，且多个国家的碳税税制几乎是在同一时间建立起来的，但各国的碳税制度在税收形式以及制度设计方面体现出很大的差异性，这种差异的存在需要在国际层面上对碳税进行协调。

1. 芬兰

芬兰的产业结构以化学、冶金以及机械工业等诸多高能耗产业为主，在很长一段时间里是全球人均能耗最多的国家之一，因此也成为世界上最早征收碳税的国家。为了实现《京都议定书》的目标，芬兰于 1990 年实施碳税，但在 2011 年以前，其一直隐含在能源消费税中，并未形成独立税目。在开征之初，为减小碳税制度推行阻力、确保能够拥有稳定碳税收入，芬兰设置了较低的碳税税率，每吨二氧化碳仅为 1.2 欧元，随后逐步提升税率，现如今已将碳税税率提升至 20 欧元 / 吨，且适用超额累进税率。1994 年，芬兰进行了能源税改革，改革分两步进行：一是对柴油和汽油征收燃料税，实行差别税率；二是作为改革的重要部分，采取对煤、泥炭和天然气不征收基本税，只征收碳—能源税，即按照 2∶3 的比例征收能源税与碳税。2011 年后，芬兰政府重新设计了能源消费税，使碳税与能源含量税和能源税共同成为了能源消费税的独立子目，至此，芬兰的碳—能源混合税体系走向成熟，碳税政策与其他税种的关系得到进一步明确，其政策设计灵活性相比之前阶段有所加强。

2．丹麦

丹麦是世界上较早征收碳税的国家，也是碳—能源税制度最先进的国家之一。1990 年，丹麦议会提出了一个惊人的目标，即到 2005 年，全国的二氧化碳排放要比 1988 年的水平减少 20%。随后根据《京都议定书》和欧盟的减排义务分配协议，丹麦设定的减排目标是在 2008—2012 年，二氧化碳排放量与 1990 年相比减少 21%。为了实现这些减排目标，丹麦于 1992 年对家庭使用能源开征了碳税，1993 年对工商业所用天然气也开征碳税，从而成为世界上第一个对家庭和企业同时征收碳税的国家。在此阶段，丹麦碳税的名义税率水平总体稳定，直到 2005 年推出石油税时才因税负平衡小幅降低了税率。

企业通常会享受税收返还和减免的优惠。自 1993 年起，企业可以获得最多 50% 的碳税退税，同时，丹麦政府还通过清单列表方式赋予特定的能源密集型企业额外的税收优惠，实际上大多数能源消耗高的企业最终都没有缴纳碳税。因此与家庭相比，丹麦工业企业实际的碳税税负并不高，其征税额度仅为家庭税额的 35%。之后，虽然公众要求企业缴纳更高碳税的呼声高涨，碳税税率增加，但对高能耗企业，丹麦仍采用了被称为“二氧化碳协议”的补贴计划，即特定企业可以与能源部签署自愿协议，承诺完成一系列协议中明确的能源保护措施，适用较低税率。

1996 年，丹麦议会在一揽子的“绿色税收”计划中增加了一个新税种，其中包含了二氧化碳税、二氧化硫税和能源税这三个与能源有关的税种，从而使企业的能源和碳税的总体负担提高。企业按用途将耗费的能源分成三类：供暖用、生产用和照明用能源。二氧化碳税对供暖用能源按 100% 征税，对照明用能源按 90% 征税，对生产用能源按 25% 征税。

2004 年，丹麦制定 493 号法律对企业推出二氧化碳配额计划。由于国内电力生产方式由火力发电转向风力发电，2009 年出台的 527 号法律将电力二氧化碳税转为电力节能税。2010 年第 722 号法律要求对二氧化碳以外的温室气体征税。2011 年 4 月丹麦制定单独的二氧化碳税法，并在随后六年中通过 12 个法律条文对该税法进行补充修订，碳税体系逐渐完善。2014 年通过《气候法》，申明丹麦气候政策与碳税制度相结合，确保减排目标的实现。

3．英国

《京都议定书》为欧盟规定的目标是到 2012 年温室气体排放量在 1990 年的基础上减排 8%，而英国愿意承担更多的责任。根据欧盟的减排量分担协议，英国的目标是到 2012 年要在 1990 年水平上减排 12.5%。2003 年 3 月，英国发表了《能源白皮书》，提出到2010年二氧化碳减排20%，到2050年二氧化碳减排60%，实现低碳经济。为了实现这一目标，英国制定了一系列的气候政策来提高能源利用效率、降低温室气体排放量。

2001年，英国开征气候变化税。虽然这一税种的计税依据不以碳排放量或能源碳含量作为基础，不同来源的碳排放适用完全相同的税率，但气候变化税的开征旨在鼓励企业提高能源使用效率和减少温室气体排放，因此从实质上来说，气候变化税也属碳税范畴。

与最早开征碳税的北欧国家相比，英国气候变化税的纳税人包括大型工商企业，而小规模企业、家庭消费者等则无须缴纳气候变化税，这与部分北欧国家实行碳税政策初期就对家庭征税存在较大区别。同时，英国的气候变化税税率始终保持着相对稳定的状态，仅在个别年份受通货膨胀加剧的影响而有所小幅度上涨。

英国也对高耗能企业设置了一定的税收优惠，企业在签订气候变化协议后，若能在规定时间内完成相应能效提高的目标，则该企业可减免80%税收。但是如果企业达不到协议的中期目标（2002年、2004年、2006年、2008年），意味着企业在未来两个年度将得不到气候变化税的减免，而如果达不到2010年的最终目标，则要补交以往全部的气候变化税。同时，使用各类清洁能源的企业也可享受一定的税收减免政策。

4. 日本

根据《京都议定书》的规定，日本需要确保2008—2012年的五年时间内，在1990年的温室气体排放水平上减排6%。为实现这一减排目标，日本政府提出了减排的一体化政策概念，并在2004年提出碳税法案，于2007年1月1日正式开征碳税，当时名为环境税，是针对二氧化碳排放征收的独立税种，税率为每吨含碳量2 400日元。随后，为了减轻各方的反对压力，2005年方案的征税对象范围收窄，另外还同时扩大了减免税范围和幅度。为有效降低碳税征收对本国经济社会发展的不利影响，日本政府于2011年10月着手推动碳税制度改革，由以独立环境税征收碳税的方式转变为利用石油与煤炭附加税形式征收碳税，并由依据化石燃料的二氧化碳含碳量征收改为依据化石燃料的二氧化碳排放量征收，税率为每吨碳排放289日元。2012年10月1日，日本开始对石油、煤炭和液化气等能源征税，碳税改名为全球气候变暖对策税。

日本对于家庭、传统行业和渔业提供税收优惠。为防止碳税政策对低收入居民生活产生过大压力，对家用煤油减征50%碳税。此外，为了缓解碳税对相关企业国际竞争力的消极影响，日本对农林渔业和钢铁企业所使用的柴油、煤炭采取免税政策，对满足相关减排标准的碳排放大型企业减征碳税比例更是高达80%。碳税的实施提高了日本国内环境技术的竞争力，促进了日本民众节能消费方式的转变，为日本经济的进一步发展奠定了基础。

（二）我国碳税探讨

虽然依照“共同但有区别的责任”原则，《京都议定书》暂时没有规定发展中国家的减排义务，但根据“巴厘岛路线图”达成的协议，2012年以后发展中国家也要在可持续发展的前提下采取对国家合适的减排行动，同时这种行动要以可测量、可报告、可核实的方式提供技术、资金和能力建设方面的支持，首次明确提出了发展中国家的责任。在哥本哈根会议前，中国政府宣布减排目标为到2020年单位GDP的二氧化碳排放比2005年下降40%～45%，作为约束性指标纳入国民经济和社会发展中长期规划，并制定相应的国内统计、监测、考核办法。2020年9月，中国明确提出于2030年左右二氧化碳排放达到峰值，2060年左右实现碳中和。这些减排目标虽为中国赢得了国际社会的赞誉，为中国树立起“负责任大国”的形象，但也为中国的经济发展带来了极大的压力。中国目前的经济发展水平相对较低，正处于工业化、城镇化过程当中，距离完成工业化还有相当长的一段距离，温室气体排放增长较快难以避免。因此，要达到这一目标，必须采用碳税等经济刺激手段，促进产业结构调整，发展低碳经济。

碳排放权交易制度也是当前国际社会公认的有效解决碳减排的手段之一，这一机制首次在《京都议定书》中被提及，把二氧化碳排放权作为一种商品进行交易，从而形成碳排放权交易市场，即碳市场。具体而言，政府为了控制二氧化碳排放的总量，通过向企业发放碳排放配额，规定企业的二氧化碳排放上限。如果企业实际排放量超出配额，需要在碳市场上购买配额；如果企业实际排放量小于配额，则可以通过卖出配额获得收益。因此，碳排放权交易作为一种配额交易机制，实际上就是政府通过数量干预，在规定配额的情况下，由市场交易来决定碳排放权配额的分配。相比于由国家强制征收的碳税政策，碳交易机制能更为灵活、有效地运用市场机制以实现碳减排目标。目前这种渐进式的碳排放权交易机制已逐渐成为中国当前应对节能减排问题的重要手段。2011年国家发展改革委批准在北京、天津、上海、重庆、湖北、广东及深圳开展碳排放权交易试点，2013年起地方交易试点碳市场陆续开始上线交易，2017年全国碳排放权交易体系启动，至此我国进入碳排放权交易时代。

作为碳减排的两种重要政策手段，碳税与碳排放权交易历来广受各国政府关注。理论研究对碳税与碳排放权交易的关系认识，也已从初期的替代性逐步转变为互补性。两种手段完全可以并行不悖，尤其是二者相互协调配合，更可在注重公平的前提下提高减排效率。

本章小结

1. 资源税是对各种应税自然资源征税的税种的总称，目前我国主要是针对矿产资源征税。资源税的设置是为了缓和过度开采利用自然资源带来的环境问题及可持续发展问题与经济发展所必需的资源利用之间的矛盾，因此资源税对提高资源利用率、企业转型升级和保护环境方面都具有重要意义。

2. 环境保护税是对使用或释放环境有害物质的行为征税，目前我国仅对四类污染物征收这一税种。排污费改税有利于解决排污费执法刚性不足、地方政府干预等诸多问题，有利于提高纳税人的环保意识和遵从度，有利于转变企业发展方式，促进经济结构调整，但其以污染物为征税对象，征管难度较大，这对税务机关的征管能力提出了新的要求。

3. 碳税是以减少二氧化碳排放为目的，对化石燃料按照其碳含量或碳排放量征收的一种税，当前各国不一定设立了单独的税种，但不少发达国家都已将其纳入了绿色税收体系。

课后习题

1. 试述我国资源税的现存问题和改进方向。
2. 试述我国环境保护税的现存问题和改进方向。
3. 各国碳税的基本税制要素有哪些？我国目前具备开征碳税的可行性吗？
4. 开征资源环境税会对社会经济产生哪些影响？

拓展阅读

［1］国家税务总局财产和行为税司．环境保护税政策和征管业务指南．北京：中国税务出版社，2018.

［2］樊勇，张宏伟．碳税制度效应：基于在中国的应用分析．北京：中国税务出版社，2013.

［3］高萍．中国环境税制研究．北京：中国税务出版社，2010.

即测即评

扫描二维码，进行本章在线测试。

第十一章

税式支出

本章导言

本章主要讲述税式支出，即政府对特定纳税人或课税对象所采取的一系列税收激励与优惠措施，旨在达到刺激经济发展、扶持弱势群体等目的。税式支出可以按照税种、时间、管理权限等不同标准进行分类。

税式支出的统计方法主要有收入放弃法、收入获得法、等额支出法三种。本章详细介绍了美国、加拿大、荷兰、波兰的税式支出预算管理，并在借鉴国际经验基础上，从以下四个层面建立和完善我国税式支出制度：一是税式支出管理模式；二是税式支出的范围；三是税式支出的统计；四是税式支出的评估。

重要术语

税式支出　法定性税式支出　临时性税式支出

第一节　税式支出概述

一、税式支出的概念

（一）税式支出的定义和特征

税式支出（Tax Expenditure）是指国家为达到一定的政策目标，在税法中对正常的税制结构有目的、有意识地规定一些背离条款，造成对一些特定纳税人或课税对象的税收优惠，以起到税收激励或税收照顾的作用。基于这些对正常税制结构的背离条款所导致的国家财政收入的减少、放弃或让与就构成财政上的税式支出。

税式支出作为一种税收激励或税收照顾手段，具有以下特征：

1. 税式支出有具体的政策意图和目标

税式支出的目的是激励特定的行为，即通过减少部分纳税人的负担，从而影响其经济行为，对社会经济活动起到特殊的调节作用。从税制角度分析，税式支出的运用是有目的地实现资源优化配置的税收政策行为。

2. 税式支出是一项特殊的政府支出

在一定情况下，税式支出具有财政替代性。政府财政支出方式有两种：一是通过国家预算的直接支出，表现为预算拨款和现金支付；另一种是通过税收制度规定的各种减免条款，即税式支出，表现为政府对税收收入的放弃，这是一种特殊形式的、间接的政府支出。

3. 税式支出是对基准税制的一种偏离

税式支出的结果是造成政府收入的损失。税式支出源于税制或税法中两类不同性质的条款：一类是标准性条款，称为基准税制，它们明确了税基、税率、纳税人、纳税期限等，并以此为基础有效地取得收入；另一类是与基准税制相背离的特殊条款，即政府为特定目的而制定的旨在给予特定行业、特定活动或特定纳税人的各种税收优惠措施，这些条款导致税收收入的损失或减少。

4. 税式支出是可量化的税收优惠

税式支出是对税收优惠政策措施实施结果的衡量与计算，有利于加强对税收优惠政策与措施的管理。从这个意义上来看，并不是所有的税收优惠都能纳入税式支出的范围，只有能够量化的税收优惠才能纳入税式支出的管理和控制，即税式支出仅指那些能够量化的税收优惠。

（二）税式支出的产生和发展

税式支出这一概念是由美国财政部根据美国税收实践演变发展而来的。美国哈佛大学教授、财政部部长助理斯坦利·萨里（Stanley Surrey）于1967年首先提出了“税式支出”的概念；随后，斯坦利在其所著的《税收改革的途径》一书中，继承和发展了税式支出理论。1973年以后，税式支出的概念得到了广泛传播和应用。1974年，美国联邦预算草案将这个概念作为新的联邦预算中的一个部分，并应用于预算政策分析。1975年以后，美国各级预算都包含了税式支出项目，从法律上规定了把税式支出作为美国国会预算编制的正式组成部分。

美国税式支出的研究和实践引起了世界各国及有关国际组织的关注，1976—1977年，国际财政协会和国际财政研究所将税式支出作为其年会讨论的重要主题。1979年，加拿大政府编制了“税式支出”账户，同年英国政府在其支出计划表中包含了税式支出计划。1980—1983年，还有一些国家如法国、西班牙、新西兰等也正式接受了税式支出预算并开始进一步研究税式支出理论。税式支出预算在欧洲各国的广泛实施，引起了经济合作与发展组织（OECD）的高度关注。1984年，来自该组织的6个国家的学者召开了首届税式支出比较研究大会。

为了适应改革开放的需要，我国自20世纪90年代以来颁布实施了一系列新的税收政策，且随着税收实践的不断演变发展，我国政府、学者及社会各界也逐渐重视税式支出，开始深入研究税式支出理论并将其应用于经济实践。

二、税式支出的本质

税式支出表现为支出形式，与财政收支具有相同的形式特征。实际上，二者存在着本质差别。

（一）税式支出是一种虚拟性支出

财政支出伴随实实在在的资金流动过程，而税式支出虽名为支出，但无论在财政部门的账面上还是在纳税人的账面上，都不存在资金上收下拨的过程。之所以称其为支出性质，一方面是基于经济效果的分析，税收优惠对国家和对纳税人而言，一种情况是税款先收上来再加以返还，另一种情况是先征税再接受财政补贴，两者的效果基本是一样的；另一方面，也是出于对政府税收优惠考核衡量计算的需要。因此，税式支出不应当被理解成一个会计概念，它仅是一个经济学意义上的支出概念。

（二）税式支出具有对照性

预算内每项财政支出的数量及其构成并不直接取决于财政收入项目的数量及构成情况，而税式支出的每项支出都取决于税收收入的构成状况，即税法中虽然并不存在直接的“支出”条款，但税法的不同结构的对照却决定了税式支出的存在。

简而言之，税式支出总是与特定的税制结构相联系，如税式支出并不等于税率降低，而是相对于税法基本结构而言的有差别的税率。例如，当企业所得税税率基本为25%时，享受15%优惠税率的纳税人就享受到了税收补贴，这就属于税式支出。一旦税率普遍调整到15%时，税制内部的结构性差别就改变了，税式支出也就消失了。因而这就造成税式支出的纵向不可比性，即税式支出只能表明在当时税制下税收优惠的程度，而对新旧税制中的优惠条款没有可比性，因为税制不同了。

（三）税式支出是一种特定性支出

税式支出的特定性有两重含义：一是指税式支出必须针对特定的政策目标，具有明确的目的性；二是税式支出的享受对象是符合特定目标的特别纳税人，这些纳税人希望获得税收优惠就需要按优惠条件的引导去做。特定性是税式支出管理的重要方面，也是发挥税式支出杠杆作用的重要保证。特定性的对立面是泛延性，即税收优惠偏离特定政策目标，或税收优惠被纳税人滥用。这些都将丧失税式支出的诱导性和照顾作用，导致税式支出负面效应不断放大，如管理难度大、侵蚀税基、减少财政收入、难以实现税制公平等。

（四）税式支出的财政效益具有不确定性

财政预算内支出方向和数量具有鲜明的计划性和确定性，而税式支出在实施某项税收优惠时，数额并不能确定，无法像预算内支出那样周密计划、安排，而是隐含在日常税收活动之中。一方面，某项具体的税式支出要待税收优惠实施取得阶段性成效之后，通过与“正常”税制加以对比核算方能得出税式支出的额度来。例如，对税收递延的税式支出的估算是否考虑货币时间价值，如何确定递延期和折现率等，不同的选择结果大不相同。同时，随测算角度和方法的改变，税式支出数额也不同，这也使税式支出的效果存在不确定性。税式支出不单取决于某项优惠政策意图的诱导，还取决于经济主体对诱导的敏感程度。另一方面，一国税式支出总规模也难以确切估算，相关项目的税式支出之间相互影响、相互关联，不能简单地进行加总。

三、税式支出的分类

税式支出可按不同的标准进行分类。根据我国各个时期的税收优惠及目前状况，税式支出可按税种、形式、时间、管理权限、性质及其法律程序等不同标准进行分类。

（一）按税种分类

按税种分类，按课税对象不同分成大类，一般分为流转税类支出、收益税类支出、财产税类支出、资源环境税类支出和行为税类支出五类。

（二）按税式支出的形式分类

税式支出形式主要有减税、免税、起征点、免征额、优惠退税、盈亏互抵、加速折旧、税收抵免、优惠税率、延期纳税等，这种分类的好处是，可以分析各种支出形式在一定时期内的作用状况，以及它们在支出总量中所占比重，便于税式支出的管理。

（三）按税式支出时间分类

按此项标准分类，税式支出可分为长期税式支出和定期税式支出。长期税式支出又可称作永久性税式支出，如税法规定的起征点，免征额都是长期税式支出，这在个人所得税税法中都有规定。至于定期税式支出，它是按照一时一事临时采取的措施，如对新产品的减免税等。

（四）按税式支出的管理权限分类

按照管理权限决定的税收支出，分别有国家规定的税式支出及地方决定的税式支出。

（五）按税式支出的性质分类

按此项标准，税式支出可分为含有利诱性和不含有利诱性两类，这种划分标准也用税式利诱来表述。税式利诱，是指用来激励某些有助于经济发展的行为的特殊条例，其可能是鼓励投资，改变资源配置，刺激经济发展和加速产业升级等目的，如我国自对外开放以来在涉外税收上所实行的大部分税收优惠政策，都属于此类性质的税式支出；那些只具有照顾性质的，如对少数民族特殊需要的产品的税收优惠等，则显然不具有利诱性质，属不含有利诱性的税式支出类别。

（六）按税式支出的法律程序分类

按法律口径分类，税式支出可分为法定性税式支出与临时性税式支出两种。法定性税式支出也可称为刚性税式支出，临时性税式支出也可称为弹性税式支出。

法定性税式支出主要是根据国家在一定时期内政治经济政策，对某些纳税人在税收方面的一种特殊照顾。例如，现行对出口商品实行退税、免税，新办企业在一定时期内免税等规定，都属于刚性税式支出。

弹性税式支出主要是根据纳税人生产经营的实际情况，政府的产业政策及国家财力的承受能力等，对纳税人进行的一种临时性减免税照顾，以帮助其度过暂时困难。这一类税式支出弹性较大、可多可少，主要受制于客观情况的需要和政府（包括中央政府和地方政府）的财力状况。

四、税式支出和财政支出的联系与区别

税式支出和财政支出，都是国家的政府支出，无论财政支出还是税式支出都是国家财政资金的再分配，体现着一定的分配关系。但是，税式支出与财政支出具有很大区别。

（一）在政府支出中的地位不同

财政支出居于国家政府支出的主导地位，在实现国家职能、促进国民经济发展中起主导作用；税式支出是对财政支出的一种补充，它能够介入财政支出所不能顾及的领域，成为支持企业进行扩大再生产特别是企业内涵式扩大再生产的一种辅助性支出。

（二）来源方式不同

税式支出使税收收入来源直接减少，因它是在形成财政收入之前就已发生的支出；财政支出是在形成财政收入的基础上通过预算安排的正常支出。

（三）侧重点不同

税式支出侧重于国民经济的微观调节，其调节对象是较为具体的纳税人、应税产品和特定税种，它是从微观角度去促进社会经济发展的；财政支出主要体现在宏观调节方面，国家从宏观角度有针对性地对重点行业、重点企业、重点建设项目进行投资，以保证整个社会经济的全面发展。

（四）时效性不同

税式支出比财政支出具有更强的实效性。因为，税式支出是在纳税人实现收益时，

直接从税收中扣除的，扣除的份额参加企业资金周转，减少了纳税人支付税款和政府再拨付资金这一程序，缩短了资金在政府手中滞留时间；财政支出则必须通过税收、上缴利润形成财政收入，然后在支出项目上经过立法、编制预算等一系列程序才能将资金拨付给企业，其周转时间较长，不利于解决企业临时性资金困难。

第二节 税式支出的估算方法与经济效应

税式支出的经济效应是指税式支出政策的实施对社会经济活动的初始影响和继发性影响。在市场经济体制下，随着税收调控广度的扩展和深度的增加，以及调控方式的多样化，税式支出对社会经济活动的宏观调控功能不断得到强化，税式支出对国家经济产生的影响方式和程度正在改变整个社会经济领域的各个层面。

一、税式支出的估算方法

（一）税式支出的统计方法

税式支出的统计指从税收收入的角度看，由于税收优惠政策的实施，政府放弃了多少税收收入额。税式支出可通过各级税务机关提供的数据直接计算与统计分析，主要有以下三种统计方法。

1. 收入放弃法

收入放弃法（Revenue Foregone Method），即计算政府在每一年度内由于实施税收优惠而减少的税收收入，或者是国家放弃某一征税权力，而给予纳税人的退税额。也就是纳税人获得政府税收优惠之后少缴纳的税款。这是对于某种税收优惠成本的事后测量。利用收入放弃法来估算税式支出规模，适用于所有的税式支出项目。它以包含有关税收优惠条款的实际税制与没有包含税收优惠条款的标准税制之间的比较为基础，估算由于税收优惠的存在而减少了多少税收收入。

收入放弃法的数据来源比较方便简单，只要知道实际税制与标准税制的差异就可以估算出由于税式支出而放弃的收入总额。

2. 收入获得法

收入获得法（Revenue Gains Method），即计算政府由于取消税收优惠而增加的税收收入，这是假定取消减免、收入预期增加的一种事先测量。但收入获得法不同于收入放弃法，要考虑税收优惠的取消对纳税人行为和税收结构的影响。即必须熟知纳税人的行为以及有关弹性标准的资料。

由于取消一项税收优惠应该考虑的效应很多，有纳税人的行为效应、反馈效应、各税种间的相互影响等。因此，在实践中，对纳税行为变化的预测较为困难，数据来源较少，因此运用收入获得法来估算税式支出并不是一件容易的事，许多国家应用此法也要忽略由于税收优惠项目的取消而引致的各种效应。

3. 等额支出法

等额支出法（Outlay Equivalent Method），即计算政府如果以相应的直接财政支出取代一项税式支出，需要多少政府的直接支出才能达到相同的受益或者效果。如此估算的直接支出额即为税式支出的成本。这种方法是假定纳税人行为不改变，测量通过财政直接支出提供与税式支出同样经济效益的成本。此方法有利于与相应的直接财政支出相比较。

（二）税式支出的测算

大部分国家的税式支出表分为估算以及预测两部分。估算是利用已有的税收统计和历史数据，根据税收模型进行估算过去年度的税式支出数额；预测是根据已有的历史数据进行抽样，根据经济预测值如 GDP、人口、就业、个人收入或公司利润、通货膨胀以及消费指数等来进行调整，从而得出纳税人的分层抽样的未来年度的应税收入，再根据税收模型中的税收计算模块的调整来计算税式支出数额。

（三）税式支出的评估分析

税式支出的评估是在获得较充分的税式支出统计数据的基础上进行分析和评价，是提出改革和调整建议的基础。税式支出评估分析不仅包括税式支出的成本分析，而且包括对税收优惠条款进行经济效应分析，即成本—效益分析。而经济效应分析不仅包括直接影响，而且还包括对整个经济、社会或环境的影响。但这种成本—效益的定量分析相当困难，必须收集足够的数据并采用科学复杂的分析方法。从实践来看，目前各国税式支出报告中几乎还没有完善的成本—效益分析数据，多数是对各项税收优惠政策目的的描述以及成本—效益估算及预测。

二、税式支出的经济效应原理

（一）税式支出的收入自偿效应

一般认为，税式支出以牺牲一定的税收收益为代价，但是深入考察税式支出对经济的影响过程就会发现，税式支出在减少财政收入的同时，也会形成一种收入自偿机制，这种机制类似于减税的效应机制。保罗·罗伯茨认为，相对价格的大小取决于边际税率和税收弹性，由于投入要素的价格高低受税率高低的影响，因而劳动供给弹性、储蓄弹性、投资弹性和就业弹性等都不同程度地受制于税收弹性。如果税收弹性大于零，那么税率提高会降低工资收入、利息利润水平，提高相对价格，从而降低劳动供给、储蓄、投资和工作的弹性，对经济活动产生不利影响。但如果在税收弹性大于零的情况下降低税率，那么因此产生的直接损失或多或少会被税收收入的增加或储蓄率的提高所补偿。

如果税式支出作用在所得税上，会直接或间接地将政府放弃的税收收入转移到纳税人身上，从而提高社会投资、消费倾向，扩大社会总需求。虽然税式支出的自偿效应的“自偿量”目前无法精确计算，但它确实存在并且对经济发展起到了积极的推动作用，有助于鼓励储蓄和投资行为，刺激供给和需求。

（二）税式支出的结构调整效应

在市场经济中，结构均衡是指国民经济的产业结构协调、比例适当、地区布局合理。税式支出的结构调整效应主要体现在产业结构和地区结构上。首先，税式支出对产业结构及其优化有着直接或间接的影响。从宏观调控体系看，税式支出主要通过对某些需要优先发展或相对滞后的产业予以税收激励，使投资于这些产业的资金得到较高的税后利润率，从而刺激资源向这些产业流动，达到调整和优化产业结构的目的。

世界各国普遍认为，所得税的税收优惠在调节新增投资的税后收益率、诱导投资流向与规模上具有独到的作用。因此大多数国家都通过所得税的税式支出政策来体现国家的产业政策。例如，可选择税收减免、加速折旧、亏损结转和再投资退税等税式支出形式鼓励高科技、农业、能源、交通等产业的发展。其中，加速折旧对加快技术改造、实现产业结构的升级具有重要作用，亏损结转则有助于扶持新兴产业的发展。另外，税式支出在调节地区经济结构方面也有着较为积极的作用。地区间的协调发展是一国地区发展的战略目标，因此应以地区平衡发展作为税收政策的重要调节点。可以通过确定税种、规定税率和提供税式支出等方式构造地区税收优势。但按照市场条件下统一税制的要求，提供税式支出是唯一可行的方法。通过提供所得税税式支出构造地区税收优势也存在负效应，如各地区竞相攀比，导致税收政策乃至税收负担在同类地区的不一致。从公平竞争和统一税制的要求出发，通过地区税式支出构造地区税收优势只是一种权宜之计，长远看来，所得税的税式支出重点应从地区优惠为主转向产业优惠为主。

（三）税式支出的社会公平效应

由于税式支出对特定纳税人的所得全部或部分免税，减少其纳税义务，增加其可支配收入，结果在一定程度上会增加低收入者的收入，改变货币收入分配不公平的程度。税收公平又有横向公平和纵向公平之分，税式支出的公平侧重于纵向公平，即对不同纳税能力的人设计不同的税负水平。具体是针对低收入者给予多种税收优惠，改变货币收入分配不公平的程度，增进社会福利、维护社会公平。税式支出之所以能够在一定程度上增加最低阶层的收入，主要是由于政府可以通过对许多个人收入项目给予不课税、税额抵免、政治捐款和慈善捐款准予税前扣除等特殊规定，增加低收入阶层的实际收入。

三、税式支出的经济效应

（一）税式支出的正效应

1. 税收利益转移效应

税式支出以政府牺牲当期的税收利益为代价，直接导致政府财政收入减少。同时，政府通过实施税收优惠政策所形成的税式支出将应得的税收利益转移给纳税人，表现为税式支出给纳税人带来的税收利益或税收负担的减轻。

2. 税负再分配效应

税收负担作为税收参与社会产品分配程度的具体数量体现，无疑是衡量税收对经济发展影响作用大小的重要尺度。从税收负担角度考察，重复征税、税式支出、税负转嫁等因素都会影响税负状况，从而改变税负分布状态。就提高税式支出的效应而言，政府在税式支出政策的制定中应该始终贯彻税负均衡政策。

税负均衡是指税负运动的状态或结果，税式支出政策的税负均衡效应是“施力”主体——政府实施税负均衡政策，而“受力”主体——纳税人接受税负均衡结果，双方在磨合运动中形成的一种税负分布状态。这种税负均衡的目的是使税收负担按政府政策要求合理、适度地分布于纳税人中。税负均衡不等于税负公平，甚至在公平与效率的两难选择中，在一定程度上以牺牲部分公平为代价，以效率为唯一导向。从这个意义上讲，税式支出是与税收中性相对立的一种税收政策。

税式支出的税负均衡效应，其作用机理可描述为：① 税式支出以一次净支付完成两次资金转移，是“施力”主体——政府对纳税人的卸负过程，它直接减轻了纳税人的税收负担。② 税式支出所导致的税负再分配要充分体现政府的政策目标，或者说对纳税人优惠的前提是其经济行为符合国家政策导向。这是纳税人为了追逐自身利益所发生的“受力”过程，同时也是政府与特定纳税人为推动经济发展形成的合力。

3. 产业结构优化效应

税式支出对产业结构及其优化有着直接和间接的影响。从宏观调控体系考察，税式支出主要通过对某些需要优先发展或相对滞后的产业给予税收激励，使投资于这些产业的纳税人得到较高的税后回报率，从而刺激资源向这些产业流动，达到调整和优化产业结构的目的。从国际经验来看，世界各国普遍认为所得税优惠政策在调节新增投资的税后收益率、诱导投资流向与规模方面具有独到的作用。为此，大多数国家都通过所得税制的优惠政策来体现政府的产业政策。对纳税人而言，为了追逐自身利益最大化，必然要寻求低税负的合理区域，顺着政府经济政策的导向，一方面合理合法地降低了税收负担，享受到了政府给予的税收利益；另一方面，从经济行为的结果看，使其产业结构逐步优化、升级，显然这方面的意义更深远。

4．公平分配效应

税式支出之所以能够在一定程度上增加最低阶层的收入，主要是由于政府可以通过对许多个人收入项目给予不课税、税额抵免、政治捐款和慈善捐款的纳税扣除等特殊规定，增加了低收入阶层的实际收入。实现这一目的的途径如下：

（1）低收入者消费生活必需品税收优惠。对大多数低收入者来说，生活必需品的消费是构成其消费支出的主要内容。生活必需品的价格中含有生产经营者通过价格机制转移过来的税负，一旦低收入者购买，其就必然承担这种因提高商品价格而转移过来的税负，从而加重其生活负担。即使在实行价外税的条件下，价格和税金分离，但消费者仍要负担这部分税金。为了减轻低收入者消费生活必需品所承担的税负，可给予其不同形式的税收优惠，如对生活必需品规定较低税率。

（2）低收入者所得税优惠。在所得税方面，通过规定起征点、免征额、减税、免税以及累进税率等优惠措施，可以照顾低收入者。对自然人来说，既可以通过规定一个应纳税的收入起点（起征点）把大部分达不到起征点的个人置于“税网”之外，使其不必承担纳税义务，也可以对“勤劳所得”给予减税或免税。通常采用的方式是规定免征额（或称扣除项目），通过缩小税基达到减轻税负的目的。此外，累进税率虽然不直接表现为免税或减税，但“所得少者少纳税”的设计原则仍然能够体现对低收入者的税收优惠。对于公司法人，同样可以在税法中设置一个起征点来免除一部分所得甚微企业的税负，也可以对低于一定标准的纳税企业实行比一般企业低的税率。

（二）税式支出的负效应

1．税式支出的影响存在不确定性

市场经济条件下，商品的经营者自主经营、自负盈亏。政府虽然通过税式支出可以从一定程度上规范纳税人的经济行为，对消除市场经济发展中的盲目性具有重要作用。但在市场经济体制下，微观经济主体主要通过价格、税收等信号作出资源配置的判断，而税式支出的应用会改变税收信号，诱导资源为寻求税收优惠而向低效率的部门流动。另外，税式支出的“逆向”效果，即随着所得额的增大受益程度提高，大部分税式支出流向拥有高收入的纳税人，这种“逆向”效应在累进税制中表现得尤为明显。因此，税式支出对纳税人的影响存在不确定性。在发展中国家所得税优惠对投资的影响较为有限。因为在发展中国家特别是低收入国家，经济效益普遍低下，加上其他一些限制因素，投资者只能获得很少或根本得不到所得税优惠的好处。此外，由于不同时期政府运用税收优惠对投资的调控在内容和范围上存在较大差别，优惠政策变动频繁，使得纳税人不得不耗费额外的时间和金钱去了解和认识税式支出制度。

2．提高纳税人的税收成本

税式支出会给社会公平和经济发展带来难以预见的负面影响。税式支出政策的适用以时间、地域和经济环境为转移，政府可以实施税式支出，也可以调整甚至在条件成熟时取消，这样就可能出现同行业的公司按不同的规定纳税，而同一公司在不同时期又面临着不同的税收政策。这在客观上造成各部门内部和部门之间实际税率的差异，从而导致资本的错误投资。同时，税负差异是产生企业避税的动因之一。由此，会使纳税人承担较大的税收风险和较高的税收成本。另外，税式支出使税法的执行复杂化。大量的税式支出是为实现某一特定目标，如支持特定产业或行业、增加出口、开发边远地区、促进技术转让等而产生的，由于设计和结构上的变化相当快，税务部门在审计时容易出现争议。总之，由于存在税式支出政策，政府在政策执行过程中遇到的问题远远比税式支出政策本身复杂得多，以致税收体系更加复杂化，税收制度更加不稳定。日益复杂的税收法律制度必然会加大纳税人的税收成本。

3. 税式支出导致资源配置效率下降

税式支出政策通常被政府当作吸引外商投资的有效手段，如我国的涉外税收优惠制度已经初步形成一套完整的体系。但当税式支出政策只惠及外国投资者时，本国企业就处于不利的竞争地位。本国投资者受利益机制的驱使会把“内资”变为“外资”，曲线投资到国内，以便享受税收优惠。此外，发展中国家的实践还证明了这样一个事实：高素质的劳动力、资产、技术等都以很低的成本被市场这只“看不见的手”和政府宏观调控经济的工具——税收政策（税式支出政策）这只“看得见的手”配置到“外资”企业中去了。“内资”企业由于资金、技术、劳动力等经济资源因素的日益短缺或恶化而变得步履维艰。

4. 税式支出的受益者是收入富足的阶层和企业

因为低收入阶层通常不缴税，因此无法从中获益；反而是高收入阶层处于较高的纳税等级，从税式支出中获得的利益更多。因此，税式支出与正常的财政补贴迥然不同。而且高收入者往往在所获减免税款的使用上不能达到政府的预期引导目标，税式支出的效益水平低于有预算安排的福利。

第三节 税式支出管理的国际借鉴

一、国外税式支出管理经验

（一）美国的税式支出预算管理

1. 税式支出预算管理的历史

1968 年，美国财政部公布了第一个税式支出预算。该税式支出预算包括了用于促进特定社会政策目标的税收鼓励详细项目和每项收入损失的估算数。1974 年国会预算法案要求在预算中包括一个税式支出表，将税式支出定义为："由于联邦税法条款允许一些特殊收入可以不在总收入中列支、免税或相应扣减总收入，或有些条款提供一些特殊的税收抵免、优惠税率、延期纳税，从而造成的财政收入减少"，提出税式支出是未在法律中明确说明的一些正常税款的例外。在1983财政年度预算中，行政当局缩小了基准范围，通过引入参考基准来确定税式支出，同时也提出了税式支出的"等量支出"的概念。1989财政年度预算第一次提出了在统一的转移税（财产和赠与）下的税式支出估算，此估算在2003财政年度预算中被去除掉；在1996财政年度预算中，对涉及延期纳税的税式支出进行现值估算被第一次提出。

2. 税式支出和基准的确定

美国财政部对税式支出预算同时采用两个基准，即规范基准（Normal Baseline）和参考基准（Reference Law Baseline），并根据两种基准进行估算。而税收联邦委员会只采用规范基准。

规范基准是以综合所得税的实际变化来描述的，把收入定义为特定时间内消费额和净财富变化的总和。规范税法基准包括个人免税、标准扣除、获取所得引起的支出扣除。规范税收并不限制在某一税率的具体结构上，也不为纳税单位的特定定义所限。

参考基准更接近于当前法律，以现存法律的普遍性条款来描述，采用参考基准的税式支出只限于税法中起特定功能的特殊例外。这些功能与特定的预算种类一致，如国防、农业、卫生保健等。鉴别一项税式支出一般使用两个标准：第一，无特殊条款情况下，税法有必要提供一般法规去使纳税人确定他的所得税是否是到期应付的，这些一般法规被称之为参考税法；第二，特殊条款用于非常窄的交易或交易者一类，并以此来分析划拨资金的预算直接支出方面的特别条款是否客观。

3. 税式支出的估算

财政部对税式支出的估算采用收付实现制基础上的收入损失法（Revenue Foregone Method）和支出等量法（Outlay Equivalent Method），以及现值法（Present Vlaue Method）（对于递延税款）。估算包括七年的期间，即上一年度、当前年度和随后的五个年度；联邦委员会只采用收入放弃法，估算期间包括五个年度，即当前年度和随后的四个年度。

计算税式支出数时使用了不同的数据来源和计算方法。有些是根据个人、公司和遗产税微观模型，并使用了大量的纳税申报表；另外一些是根据国民账户和私人工业方面的数据。

4. 税式支出报告的编制

税式支出报告编制属于法定义务，财政部和税收联合委员会都需准备税式支出报告。税式支出报告作为政府预算的一部分，在近几年中，税式支出被国会作为预算周期的一部分进行了审查。另外，编制要求还有：税式支出估算数每年公布一次；税式支出报告目前包括个人所得税、公司所得税、不动产税和礼品税及社会保险缴款；由于地方税不在联邦预算的范围之内，税式支出报告不包括地方税；税式支出项目按照预算职能进行分类。

5. 税式支出报告的使用

在政治辩论中经常使用税式支出数，主要用作策划税制改革或作为减少赤字方案的资料。

（二）加拿大的税式支出预算管理

1. 税式支出预算管理的历史

1979 年 12 月，加拿大政府第一份税式支出报告发表，并提供了 1976 年和 1979 年个人所得税、公司所得税和商品税的联邦税式支出的估算数；20 世纪 80 年代期间，加拿大政府又相继出版了几次税式支出报告，分别是 1976—1980 年度报告和 1979—1983 年度报告；1985 年的报告中对特定的税收政策估价方法进行了重大的调整；1987 年财政部成立了税收度量评估处；1991 年在财政部内部重组税收评估部门（税收度量评估处解散）；1992 年 12 月，发布了第一份税制改革后报告《加拿大政府个人所得税税式支出》，提供了 1988 年和 1989 年税式支出的估算数；1993 年，加拿大政府出版了个人及公司所得税支出报告，1994 年报告首次包括货物与劳务税的税式支出的估算数；除 1996 年外，以后每年政府都出版了税式支出报告。从 1997 年开始，每份报告中不仅包括历史性评估，也有对未来税式支出的预测。

2. 税式支出和基准的确定

加拿大政府通过合理的税式支出政策促进了经济发展，具体表现在以下方面：一是鼓励民间投资，刺激经济增长；二是对贫困救助给予税收优惠，能够减轻贫困人群的负担，促进社会公平；三是政府对环境污染行为征收高额税款，以加强环境保护。

加拿大对于税式支出的确定采用了广义的方法，只有税收体系中最基本的结构性要素才被认为是基准的一部分。按照这种方式定义基准税制体系，许多税收条款都被看作税式支出，建立了个人与公司所得税基准和货物与劳务税（增值税）基准。个人与公司所得税基准包括现存的税率与收入级次、纳税主体、纳税期间、应对通货膨胀对收入估算影响的方法以及减少或免除双重课税的措施。货物与劳务税（增值税）基准的特征是：具有基础广泛多层次的结构特征，遵循目的地原则，税率是 7%，课税的期间是以公历年为基础，认可应用于政府部门的宪法条款。

此外，为了能更多地提供信息，加拿大还确认了几项通常不被认为是税式支出的条款，称为“备忘项目”，并只作为额外的信息出现在税式支出报告中。备忘项目主要有三项：一是被认为是基准税制一部分的措施，二是对某些是否应该被看作税式支出有争议的措施，三是现有数据无法从基本税制中分离出来的税式支出措施。

3. 税式支出的估算

税式支出的估算方法为现金流转制上的收入放弃法，对于递延税款使用现值法。估算中主要使用个人所得税模型、公司所得税模型和销售税模型。

个人所得税和公司所得税模型通过使用纳税申报表的统计抽样来模拟个人或公司所得税制发生的变化，数据由加拿大海关和收入署收集。对于不能单独用这些模型进行估算税式支出成本的公司，采用其他管理数据及加拿大统计局发布的统计数据。销售税模型的基础是加拿大统计局的投入产出表和国民收支账户。在不能使用该模型估算的情况下，采用包括加拿大海关和收入署的管理数据在内的其他补充数据。

4. 税式支出报告的编制

财政部没有法定义务提交税式支出报告，但每年还是计划发布三种税收年度税式支出账户，目前包括个人所得税、公司所得税、货物与劳务税。其中，个人所得税税式支出按照功能进行分类，如就业、保健、一般业务和投资、收入维持和退休。公司所得税税式支出是按总工业来提供并且也按重要工业部门（采矿、制造等）进行细分。货物与劳务税的税式支出分为三种：零税率货物和劳务，免税的货物和劳务，退税和税收抵免。税式支出报告没有与预算相关联，但用于预算前咨询。为了尽可能多地提供信息，对“备忘条款”，即通常不认为是税收支出的（如获取收入引起的支出）一些税收措施也提供了估算数字。此外，报告中还包括一些得不到估算数的条款。

5. 税式支出报告的使用

每年公布综合的税式支出报告可成为与预算前进行咨询相联系的所需资料的一部分，目的是给国会、政府官员及其他使用者提供分析税制的信息资料。

（三）荷兰的税式支出预算管理

1. 税式支出预算管理的历史

1977 年，荷兰财政部成立了税式支出工作组；1984 年出版首份 OECD 税式支出报告；1987 年税式支出工作组提出了一份《关于荷兰工资和所得税的税式支出报告》；1994 颁布“为税制改革做好准备”政府文件，其中包含有关 1987 年报告的最新资料；1996 出版第二份 OECD 税式支出报告；1998 年在 1999 年度预算备忘录中出版第一版税式支出报告；1999 荷兰审计署出版税式支出的审计报告；2002 年在 2003 年度预算备忘录中出版第五版税式支出报告（自 1999 年起，在每年的年度预算备忘录中都包含当年的税式支出报告）。进入 21 世纪，荷兰充分利用税式支出为纳税人减免税收负担，积极支持税收新理念与财税激励创新。荷兰为前瞻性的企业创造有利财政环境，保持了在世界舞台上的竞争力，并支持创新和可持续投资。

2. 税式支出和基准的确定

荷兰将税式支出定义为是政府以损失或推迟税收收入形式来实现的一种政府支出，

这种支出的主要原因是税法中存在着一些与基准税制不一致的条款。荷兰对税式支出的理解是：税式支出是政府以税收减免或延迟纳税等形式实现的一种支出，即一种财政补贴，表现为税法与基准税制的不一致。此定义包括三个要素：税收收入的减少、分级因素、与基本课征制度的偏离。其中，根据分级因素，当某一条款不体现税收调节作用时，某些不同于基准税制的细微区别是可以接受的，即条款的某一部分可能与基准税制相一致，另一部分可能不一致。

荷兰为创新创业及高科技企业创造有利的经济与财税环境，主要有以下税收优惠政策：① 执行研发税收抵免政策或执行《促进研究开发条例》，以补偿初创企业和创新型企业的部分研发工资成本、其他成本和支出。② 普遍实施能源投资税收减免（EIA）政策，除抵扣常规折旧外，企业可以从应税利润中扣除45.5%的除节能技术和可持续能源投资成本。③ 积极实施环境投资税收减免（MIA）政策，除常规投资税收抵扣外，企业还可扣除高达45%的环保投资成本。④ 准予提取环境投资的任意折旧（Vamil），对于符合条件的环保投资，允许企业一次性摊销75%的投资成本。⑤ 荷兰还拥有广泛的税收协定网络，已经与约100个国家签订了协定，以避免重复征税，并在许多情况下，对股息、利息和特许权使用费减少或提供免预提税。

荷兰设立了六类工资和所得税基准，内容包括：一是一般税率结构。2001年税改以后，收入被分成三类，相应的税率结构为：A类的累进税率（从工作与房产中取得的应纳税所得）；B类的25%税率（从有限公司中获得的实质性应纳税所得）；C类的30%税率（从储蓄和投资中取得的应纳税所得）。二是可弥补亏损。三是A类中房产所有者的应计收入的固定（优惠）税率（0.8%）和C类中储蓄、投资的固定（优惠）税率（4%）。四是一般税收抵免。五是根据量能原则的税收减免和税收抵免，一般而言与具体纳税人相关，如单亲家庭、小孩抚养、残疾、生病等。六是为提高税收效率而制定的税收优惠，如为了避免纳税人和税收机构间的争端制定的最低收入。

3．税式支出的估算

税式支出的估算方法为权责发生制上的收入放弃法，通过税收模型、税收收入的特殊样本及其他方面的统计资料，在微观模拟技术的帮助下进行估算。其中，估算数只对独立的每一类有效，不能进行加总；估算区间包括七年期间，前一年、当年和后五年。

4．税式支出报告的编制

荷兰的税式支出报告编制没有立法要求，主要由财政部制定；从1999预算年度开始，税式支出报告作为预算备忘录的附件颁布。税式支出报告主要包括工资、个人所得税和公司所得税，2003年预算备忘录中的税式支出报告包含了间接税（如增值税）、房产税和赠与税的税式支出内容。在行政级别上，荷兰的税式支出包含所有政府级别；在项目类别上，税式支出项目按税种进行分类。

5. 税式支出报告的使用

采用税式支出报告的目的是建立税式支出预算，使预算内容预先被监控并且为防止过度使用可能做一些必要的调整。

（四）波兰的税式支出预算管理

1. 税式支出预算管理的历史

波兰对税式支出进行管理的时间不长，同时对税式支出的管理也很弱。1993年，波兰财政部才开始对税式支出进行估算，但只是公布部分税式支出数据，不编制税式支出报告。

2. 税式支出和基准的确定

波兰财政部没有确定基准税制，只是选择了200个个人所得税中最大的18项税式支出进行估算成本。

3. 税式支出的估算

对税式支出的估算方法为权责发生制上的收入放弃法，数据来源是税收返还的信息。

4. 税式支出报告的编制

税式支出报告编制没有立法要求，同时财政部也没有编制税式支出报告，每年只公布18项个人所得税税式支出项目的数据。

5. 税式支出报告的使用

波兰财政部对个人所得税有关项目统计的目的是评估税收损失。

二、国外税式支出预算管理模式比较

归纳起来，国外对于税式支出的预算管理方式可以划分为三种方式，分别是全面预算管理模式、准预算管理模式、非制度化的临时监督与控制模式。

（一）全面预算管理模式

根据国家法律的规定，税式支出报告每年或每两年制定一次，并作为政府预算的一部分或附件进入预算程序。议会对税式支出进行严格审议，并经过法律程序才能生效。如美国采用这种模式。

（二）准预算管理模式

准预算管理模式要求财政部对那些比较重要的税式支出项目编制定期报告，做税式支出分析和评估。这种税式支出报告不是国家预算报告的组成部分，也不需要议会审议批准，只是作为预算法案的参考和说明。意大利、葡萄牙、英国、德国、荷兰等欧洲国家采用这种方法。

（三）非制度化的临时监督与控制模式

当政府决定以税式支出的形式对某一部门或行业提供财政补助时，才对其放弃的税收收入进行估计，没有形成统一的、定期的和系统的制度。这是临时的专项分析，政府的管理和控制较弱，只在政府内部进行的分析评估，而不是我们所说的系统规范的税式支出制度。一些 OECD 国家和一些发展中国家采用这种模式。

三、税式支出预算管理的国际经验

对比上述四国的税式支出预算管理实践，在四个国家中，美国是实行税式支出预算管理历史最长的国家，也是预算管理做得比较好的国家之一。政府对此问题高度重视，进行了比较深入的研究，税式支出的界定、统计方法比较完善、成熟，税式支出数据比较详尽、规范。加拿大尽管实行预算管理的历史比美国短，但发展很快，也是属于管理水平较高的国家。荷兰在 20 世纪 80 年代开始实行预算管理，政府对此重视程度没有上述两个国家那样高，对税式支出的统计、分析和评估方法还处于不断完善过程中，但已形成了预算管理的基本框架。波兰则是处于刚刚对税式支出进行管理的阶段，属临时专项分析，无固定的统计方法和评估方法，政府的管理和控制较弱，其管理还称不上是真正的预算管理。

在三种税式支出预算管理模式中，全面预算管理模式最为完善，对税式支出的控制最严；准预算管理模式次之；非制度化的临时监督与控制模式效果最差，还不能称得上是真正意义的预算管理。但这三种管理模式实施的条件是不一样的，如全面预算管理模式要求该国家税式支出实践历史比较长，有比较成熟的经验；对税式支出的界定、统计方法比较完善；政府对这一问题高度重视，进行了比较深入的研究。

从实行税式支出的国家来看，税式支出的管理部门不尽相同，有的国家是由财政部税政部门负责编制税式支出报告，如美国、荷兰、加拿大、英国、澳大利亚、德国等。有的国家在税政司内设有专门的统计分析处，如美国有多名专家负责利用模拟模型或其他统计方法对各类税式支出进行估计和预测。有的国家则是由税政司各处负责不同税种的人员对税式支出进行估算，但司内有一总协调人负责报告的汇总编制，如加拿大。

对于一个国家来说，税式支出管理存在着不同的发展阶段，即从临时监督与控制逐步向准预算管理和全面预算管理发展。相应地，一个国家在准备对税式支出实行预算管理时，应综合考虑本国的国情和各方面条件的完备状况，合理选择税式支出预算管理的不同模式。

除合理选择税式支出预算管理的模式外，要建立一个科学、规范和有效的税式支出预算管理制度，以下做法和经验也值得我们加以借鉴。一是合理界定基准税制和确定税式支出项目；二是建立完善的统计制度，选择科学的税式支出估算手段和方法；三是正确编制税式支出预算，并将其并入预算程序；四是建立科学的税式支出评价制度，正确评价税式支出的效果。

专栏 11–1 日本发展循环经济的税式支出政策

一、日本循环经济的发展现状

从 20 世纪 60 年代管端预防到 21 世纪初构建循环型社会体系，日本政府一系列财税支持政策为其循环经济的成功实践提供了巨大推动力量。日本现阶段循环经济发展在发达国家中居于前列，它通过建立反馈式闭合流动的循环经济发展模式，不仅原料和能源得到了合理充分的利用，减少了自然资源消耗量，而且把经济活动对自然环境的影响控制在了尽可能低的程度，减轻了环境负荷，循环型社会建设成绩斐然。

二、促进日本循环经济发展的税式支出政策

第一，特别退税。日本对使用循环再生资源和生产再生资源产品的企业实施大量税收优惠政策，《再循环利用设备特别补偿办法》规定：对废纸和废饮料瓶类制品再商品化设备制造业、生态水泥制造设备、废家电再生处理设备除按一般规定给予退税之外，还按商品价格的 25% 进行特别退税；对购置废塑料制品分类再生处理设备的企业可在使用年度内，除普通退税外，还按取得价格的 14% 进行特别退税。

第二，固定资产税减免。日本《推进循环型社会形成基本法》规定：对公害防治设施可减免固定资产税，根据设施的差异，减免税率分别为原税金的 40% ~ 70%。如对废纸脱墨处理装置、处理玻璃碎片用的夹杂物除去装置、铝再生制造设备、空瓶洗净处理装置等，除实行特别退税外，还可获得 3 年的固定资产税退还。

第三，加大设备折旧率。对各类不同的环保设施，在其原有的折旧率基础上，可以增加 14% 至 20% 不等的特别折旧率。

第四，所得税优惠。企业对用水再循环设备的投资，可以用其他产品的所得税予以补偿。

三、对我国促进循环经济发展的启示

在我国传统线性发展模式同环境保护、资源约束矛盾日益突出，发展循环经济势在必行的今天，探讨借鉴日本的政策经验，对于我国政府发挥应有的作用推进循环经济建设有较强的理论和现实意义。

结合我国的实际情况，可借鉴的手段有：对企业在生产过程中使用的无污染或少污染的机器设备，实行加速折旧制度；对投资者投资于循环生产技术，对以废水、废气、废渣为主要原料生产的产品给予所得税减免或优惠税率；对用于循环生产技术研究开发

的进口仪器、仪表等试验和检测设备、试剂、材料和其他技术材料免征关税；对利用垃圾发电、风力发电、生成混凝土等建筑材料的企业，实行增值税递增退税政策等。

第四节　税式支出的制度设计

一、我国建立税式支出制度的意义

税式支出制度的建立，绝不仅仅是由税收优惠到税式支出概念上的简单变换，其建立具有重要的理论意义和现实意义。一是将财政收入和财政支出两个不同的财政范畴有机地结合起来，税收优惠不再仅被视为政府在税收收入方面对纳税人的一种让渡，而且作为政府财政支出的一种形式，从而在更深层次上揭示了税收优惠的实质，为政府的财政管理提供了一种新的思路。二是将量化的税收优惠纳入财政支出管理范畴，将使政府预算更加完善，从而完整地反映政府的活动。同时，使人们清楚地认识到，政府支出政策对于经济活动的调节不仅表现为直接的财政支出，而且表现为提供税收优惠这样的间接支出。三是税式支出理论的提出强化了人们对于税收优惠的成本意识，使人们更加重视税收优惠的效果，并进行成本效益分析，有利于提高税收优惠的效率。四是将税收优惠纳入财政支出范畴还引致其管理方式的转换。既然是一种支出，就需要按照支出管理的模式进行管理，需要有合理的预算，并进行严格的评估、分析和控制，还要经过一定的法律程序，税式支出预算制度随之产生。

（一）建立税式支出制度是财政管理角度的变换

对于纳税人缴纳比正常税制规定低的纳税额这件事，站在纳税人的角度来看是享受税收优惠，并且这是从分散的个体角度去认识，没有与国家财政收支安排联系起来。而税式支出的提出则是从纳税人的角度转换到了国家财政的角度看待税收优惠问题，并且提出了宏观上的总量控制、结构调整和效益分析的问题，将税收优惠纳入财政总体安排的框架之内。

（二）建立税式支出制度有利于国家加强预算管理与税收管理

现在不少国家不仅每年有年度的财政预算，而且还编制税式支出预算，这样就能全面把握财政活动的各个方面。从预算收支平衡向财政全面平衡转变，能使政府财政预算更加完善，充分挖掘财政向社会经济干预和渗透的整体效益，从而更完整地反映政府的活动。人们从中可以清楚地认识到，政府对于经济活动的调节不仅表现为直接的财政支出，而且表现为提供税收优惠这样的间接支出。

（三）建立税式支出制度有利于发挥税收对经济的调节作用

从微观角度看，税式支出可以鼓励有益商品的发展，限制无益或少益商品的发展；

照顾低收入阶层，在行政和法律上的支持和限制之外加以区别对待。从宏观角度看，税收对经济增长的影响是通过供给、储蓄、投资、技术进步间接起作用的。以技术进步为例，如果对新兴产业的企业技术改造、新产品开发给予税收优惠，对高风险的科技产业给予特定的税收政策，也会起到鼓励技术进步，促进科技发展的作用。

（四）建立税式支出制度是适应公共财政体系建设和融入经济全球化的迫切要求

税式支出概念从 20 世纪 60 年代提出至今，在世界范围内引起普遍重视。各国不仅在理论领域开展研究探讨，而且在实践上积极付诸行动，相继建立了符合国情的税式支出制度，并在实践中不断地总结经验予以发展完善。由于世界绝大多数国家已建立税式支出制度，我国理应顺应这一趋势，适应社会主义市场经济体制下公共财政建设和加入 WTO 后融入经济全球化的迫切要求，建立符合国情的税式支出制度，增加税制的透明度，以利于国际财政信息交流和财政资料分析比较，妥善处理国际税收关系，减少国际税收纠纷。

专栏 11-2　海南离岛免税政策对经济增长的影响

一、政策背景

离岛免税政策是国家对来海南旅客的一项特殊优惠，其实质是国家通过税式支出的方式减让国家的财政收入，以促进海南的经济增长和社会发展。海南离岛免税政策自 2011 年 4 月 20 日正式落地，此后相关政策先后进行多次调整，免税购物限额、购物对象、购物次数、商品品种、购物便利性等方面不断完善，持续释放政策红利。

二、海南离岛免税政策的实践成效

近年来，海南离岛免税政策优化供给与刺激需求双向激励，正在助力海南发展成为全球最大免税市场。2012 年至 2019 年海南离岛免税购物金额年均复合增长率为 28.68%，明显高于全球 6.45% 的水平。①2020 年海南离岛免税额为 274.8 亿元，同比增长 103.7%，占全球免税销售额比重提升至 12.18%。②

财政部、海关总署、税务总局 2020 年 6 月 29 日发布的《关于海南离岛旅客免税购物政策的公告》(简称《公告》) 提到，海南离岛旅客每年每人免税购物额度为 10 万元，不限次数，扩大免税商品种类至 45 种，并且取消了单件商品 8 000 元免税限额规定。降低免税购物限制、提升免税购物额度以及提供更为丰富的免税商品品类，无疑是受新冠疫情影响的全球旅游消费行业的强心剂。得益于国内疫情防控成效和离岛免税

---

① 消博会点评：透过首届消博会，看海南离岛免税未来增长几何 . 中国银河证券，2021-06-08.

② 同比增长 103.7%2020 年海南离岛免税购物金额 274.8 亿元 . 海口网，2021-01-29.

新政利好刺激，海南离岛免税购物消费实现逆势猛增，吸引境外消费回流作用更加明显。海关发布的统计数据显示，自《公告》发布至2021年6月30日一年间离岛免税购物金额达468亿元、同比增长226%，件数达6 072万件、同比增长211%，购物旅客超过620万人次、同比增长102%。[①] 海南省2011年地区生产总值完成2 515.3亿元，同比增长12.0%，[②]2020年，全年实现地区生产总值5 532.4亿元，比上年增长3.5%。[③] 如图11-1所示，实施离岛免税政策以来的10年，海南省经济总量增长均高于全国增速。

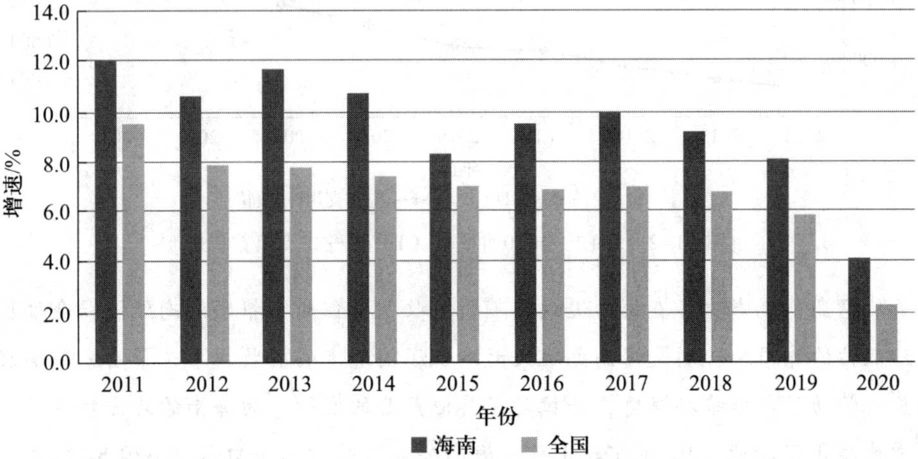

图11-1 海南GDP与全国GDP年度增速

从图11-2可以看出，海南离岛免税税式支出量与GDP当期增长的关系呈现明显的同步性，这表明在海南房地产市场过热得到控制的情况下，离岛免税对于确保全省GDP维持高于全国增速水平增长起着重要作用。同时，离岛免税政策对海南旅游业发展的拉动作用也相当明显，2011年离岛免税政策实施伊始，全省接待过夜旅游人数达到3 001.34万人次，同比增长16.0%。其中，全年旅游饭店客房开房率62.4%，比上年提高2个百分点；接待国内游客2 919.88万人次，同比增长15.8%；接待入境游客81.46万人次，同比增长22.8%；全年实现旅游收入324.04亿元，同比增长25.8%。[④]2020年受新冠疫情影响，全国旅游业受到重创。然而在离岛免税政策刺激下，游客回流显著，

① 资料来源：海南省人民政府网。

② 资料来源：海南省人民政府网。

③ 资料来源：海南省人民政府网。

④ 资料来源：海南省统计局、国家统计局海南调查总队《2011年海南省经济和社会发展统计公报》。

2020年全省接待国内外游客6 455.09人次，实现旅游总收入872.86亿元。[①] 可见，实施离岛免税政策对海南旅游发展及旅游收入增长的带动作用十分明显。

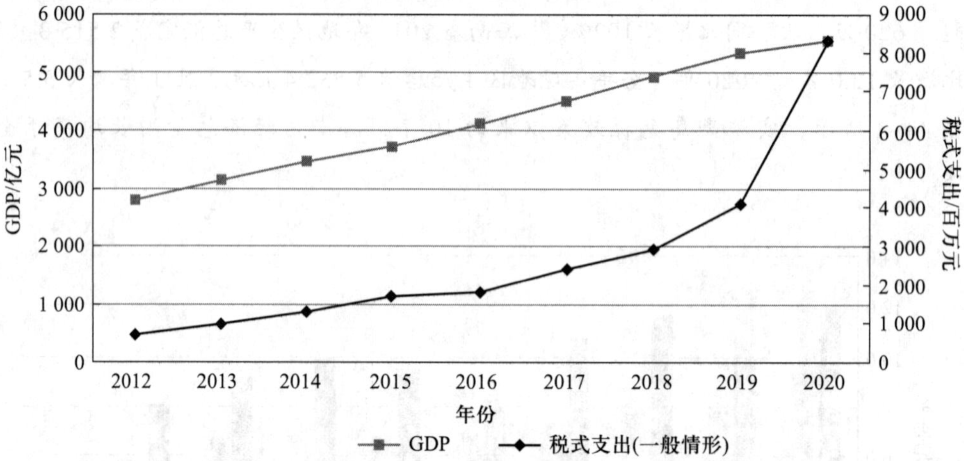

图11-2 2012—2020年海南GDP与税式支出数据图

虽然离岛免税减少了直接的进口环节税收收入，但对于推动海南经济社会发展发挥了不可低估的作用。特别是离岛免税大大降低了消费者的购物成本，带动来琼游客数量的增长，带动了当地旅游消费，并拉动了其他产业的发展，为海南的地方财政收入保持一定增速提供了动能。比如，2011年，海南公共财政预算全口径收689.84亿元，同比增长30.5%，其中，地方公共财政预算收入340.09亿元，增长25.5%，增速比全国同期高出0.7个百分点；2020年，全省全口径一般公共预算收入1 350.58亿元，同比降低3.5%，其中，地方公共财政收入816.05亿元，增长0.2%。[②]

二、我国税式支出制度建设的总体目标和基本原则

（一）我国税式支出制度建设的总体目标

根据社会主义市场经济条件下建立具有中国特色的现代财政制度的客观要求，进一步深化财税体制改革，正确处理财政直接支出与间接支出的关系，通过对税收优惠数额的有效统计、推算和评估，增强财政工作的透明度，逐步将税收优惠纳入预算管理，最终实现对税式支出的全面预算控制，并使税式支出和一般预算支出在总量上协调，在结构上优化，提升税收优惠对经济发展的调节作用。同时，通过在税式支出与财政直接支出间进行比较，政府能够选择最佳的财政支出形式，实施干预经济政策。

① 资料来源：海南省统计局、国家统计局海南调查总队《2020年海南省国民经济和社会发展统计公报》。

② 资料来源：《2011年海南省国民经济和社会发展统计公报》。

（二）我国税式支出制度建设应遵循的基本原则

1．提高税式支出效率

税式支出制度建设的重点是提高税式支出效率。税式支出是不同于税收和税用（直接财政支出）的独立概念，将其作为单独的对象进行规范化、制度化研究，对纳税人享受的税收优惠进行量化，相应地对政府少收的税收收入进行预计，能够增强税收国家预算安排的计划性、降低税收优惠政策出台的随意性、减少各项财政支出列支的盲目性。税式支出制度包含着税收优惠政策确定与量化的内容，实现税式支出的前提在于清晰厘定各项税收优惠政策的范围，并进行一定的量化测算，在保证效率优化的前提下的规范化、制度化的“税收优惠”。

2．循序渐进推进税式支出制度建设

目前我国税制本身还不尽科学完善，内外资企业适用不同税制，且各项税收政策经常调整变动，为税式支出的估算带来很大困难。因此，积极稳妥的办法只能是采取循序渐进、分段实施的模式。具体而言，第一步，可在某些部门、某些行业和个别项目上先行税式支出的统计、分析和评估，编制简单的税式支出报告。可以考虑从企业所得税税种入手，选择税收优惠较多的行业，如加工工业进行试点，积累部分经验。第二步，扩大试点范围，对主要税种和重点行业进行评估，开展较为确切的定量分析，并编制较为规范和系统的税式支出报告。第三步，编制全国的税式支出统一账户，根据预算改革的进展情况以及国家的民主理财进程，再适时考虑是纳入国家统一预算程序还是只作为国家预算报告的补充，形成较为完整的税式支出预算控制。

3．税式支出制度建设的现实性

税式支出制度能够改善资源配置，提高经济效率，引导产业结构、进出口结构以及市场供求，促进纳税人开发新产品、新技术以及积极安排劳动就业。制度化的税式支出对税收优惠的方向、规模进行规范和约束，通过成本效益分析对税收优惠政策的实施和实现进行适配控制，有利于发挥财政对社会经济的调控作用。如通过降低高新技术企业所得税税率和提高研发费用加计扣除比例，引导社会资本、技术、人才等资源向高新技术产业流动；通过出台地区性产业扶持政策，调整全国产业布局，促进相关产业集聚和产业集群形成，提高资源使用效率，提升市场主体竞争优势。同时，还可以通过税式支出鼓励投资、激励创新、增加就业、引导创业、拉动消费、促进出口等。

4．税式支出制度建设的平衡性与公平性

在注重效率的前提下，平衡税式支出的公平性同样重要。从本质上来说，税收主要涉及组织收入职能和公平分配职能，而税式支出由于具有“间接财政支出”的特性，更多地涉及宏观调控和公平分配两大职能。准确地说，税式支出的调控职能最终也指向公平分配，而且更侧重实质意义上的公平分配。

第一，中央和地方之间的分配公平。一段时间以来，中央财权大、事权小与地方事权大、财权小之间的矛盾日益突出，致使地方只能依靠中央财政转移支付来化解财源不足的困境和应对事权增长需要。在现行立法体制下，地方立法因其既是中央授权的产物又要对地方人民负责而呈现权能分治的状态。但在地方立法实践中，制度实践与法律规定的部分存在背离，使得地方应当享有多大的立法权限成了一个需要认真对待的问题。而在法治框架下地方立法的权能问题，就转换成了如何在中央与地方之间合理配置立法权的问题。因此，建立“权能一致”的税式支出制度，将有助于在中央和地方形成全新的公平分配格局。

第二，地方政府之间的分配更加公平。税式支出制度的建立，能够将各地政府的税式支出项目和规模纳入本地区和全国统筹考虑，有利于减少地方政府利用税收优惠政策进行的无序竞争行为。不仅有利于一定区域内的社会分配公平，还有助于全国范围内的财税分配公平。

第三，市场主体分配更加公平。相比直接财政支出，税式支出的适用更加开放，市场主体具有更强的自主决定权，税收优惠的获取往往取决于市场主体的选择。相同情况同等对待，不同情况区别对待，特殊情况特别对待，税收法定主义原则下的形式公平导向了税收公平分配原则下的实质公平。

三、建立和完善我国税式支出制度的基本思路

（一）税式支出管理模式

目前世界各国对税式支出的管理主要有三种模式，即全面预算管理模式、准预算管理模式和非制度化的临时监督与控制模式。我国目前在税式支出管理上刚刚起步，最终目的是将税式支出纳入全面的预算管理，因为只有如此，才能实现对税式支出的有效控制，同时使我国的预算制度真正合乎预算完整性的要求。

但是，鉴于我国目前的现实情况，这一目标不可能一蹴而就，需要逐步实现。在具体步骤上，可先从某一部门或某些支出项目开始进行税式支出的统计、测算、分析和评估，并编制简单的税式支出报表，类似于国外的非制度化的临时监督和控制。在积累一定经验后，再扩大到对主要税种和重点项目的税收优惠条款进行统计、分析、评估和控制，做出较确切的定量分析，编制较正规和系统的税式支出报告，附在年度预算报告之后公布于众，类似国外的准预算管理模式。在此基础上，再进一步完善，编制全面的税式支出统一账户，纳入国家预算程序，形成完整的税式支出预算控制。

（二）税式支出的范围

按照税式支出理论，一种税收制度是由规范性税制结构条款和“偏离规范性税制结构”的特殊性条款两个不同要素所组成。一般而言，后者属于税式支出范畴。但在实

际中，税法往往不规定哪些是规范性条款，因此，这就涉及一个判断问题。中国税式支出管理制度建设初期不宜将税式支出的范围确定的过于宽泛，而应遵循合理且可行的原则。具体来说，可将重点放在预算直接支出可以替代的、有特定目的并仅为少数人享受的税收优惠政策上。关于涉及的税种，不能照搬西方发达国家以所得税税式支出分析为中心的模式，而要针对中国商品和劳务税比重较大、涉及的税收优惠较多的现实，在分析中将货物和劳务税置于与所得税同等重要的位置。

（三）税式支出的统计

税式支出统计主要包括两个方面：一是在可以直接获得税式支出数据的情况下进行加总或分类计算；二是在不能直接获得有关数据的情况下，根据间接数据进行估算。前一项工作应以各级税务机关的统计分析为基础，也需要纳税人及有关涉税部门的配合。为做好这项工作，目前的税收统计范围和纳税人自行申报纳税的数据指标均应有较大扩展，以尽可能多地获得实际统计数据，从而缩减估算的比重并减少估算的误差。后一项工作更为复杂，需要统计部门的数据支持，也需要选择适合中国实际的统计方法。目前世界上实行税式支出管理的国家主要采用三种统计方法，即收入放弃法、收入取得法和等额支出法。我国改革初期可选择简便的方法，如收入放弃法；对重点数据进行深入分析或改革进展到一定程度时再应用复杂的方法，如收入取得法或等额支出法等。

（四）税式支出的评估

对税式支出进行评估是一项比较艰巨的工作，其关键是正确地选择评估的方法。一般而言，用税式支出与预算直接支出比较尽管不是一种专业性的工作，但常常是有效的，因为一项税式支出若可以用预算直接支出取代，且政府支出成本不变或有所降低，就可以考虑取消相应的税式支出政策。同理，若取消一项税式支出带来的税收收入超过税式支出额，也可考虑取消这项政策，因为它是低效的。

若在税式支出评估中采用成本效益分析方法，则要在净效益现值法、效益成本比较法和内部收益法之间进行比较选择。在税式支出制度建立初期，仍倾向于采用简便的方法。但需注意的是，在税式支出总量固定的情况下，如欲在各方案之间进行最佳分配，则宜采用效益成本比较法来进行评估，而当税式支出方案是一个整体，与其他方案没有关联时，则宜采取净效益现值法进行评估。因为效益成本比较法更适用于税式支出的宏观评估，而净效益现值法则适用于税式支出的微观评估。

本章小结

1. 税式支出，即政府对特定纳税人或课税对象所采取的一系列税收激励与优惠措施，旨在达到刺激经济发展、扶持弱势群体等目的。

2. 税式支出可以按照税种、形式、时间、管理权限、性质及法律程序等不同标准进行分类。

3．税式支出的统计方法主要有收入放弃法、收入获得法、等额支出法等三种。

4．借鉴国际经验，我国应从以下四个层面建立和完善税式支出制度：一是税式支出管理模式，可先从某一部门或某些支出项目开始进行税式支出的统计、测算、分析和评估，并编制简单的税式支出报表。二是税式支出的范围，可将重点放在预算直接支出可以替代的、有特定目的并仅为少数人享受的税收优惠政策上。三是税式支出的统计，目前的税收统计范围和纳税人自行申报纳税的数据指标均应有较大扩展，以尽可能多地获得实际统计数据，从而缩减估算的比重并减少估算的误差。四是税式支出的评估。一般而言，用税式支出与预算直接支出比较尽管不是一种专业性的工作，但常常是有效的，因为一项税式支出可以用预算直接支出取代，具有一定功能的政策约束性。

课后习题

1．税式支出主要有哪些形式？

2．税式支出测算中需要注意那些问题？

3．税式支出的收入获得法和等额支出法的主要区别是什么？

4．从政府和纳税人角度测算的税式支出从数量上有什么差异？

5．税式支出与税收优惠有哪些相同点和差异点？

6．税式支出对制造业绿色转型有哪些积极作用？

7．我国当前税式支出预算制度还面临哪些困境？

拓展阅读

［1］刘钻扩，张艺涵，姜昱帆．财税政策对物流企业 GTFP 的影响——基于税式支出与财政补贴的对比分析．财经问题研究，2023（6）：102-115.

［2］汪虎生．基于效率优化的税式支出制度建设研究．税务研究，2020（1）：121-127.

［3］汪德华，任永美，周文．税式支出核算方法的国际经验与启示．国际税收，2014（11）：54-58.

即测即评

扫描二维码，进行本章在线测试。

第十二章

税收管理与税收遵从

本章导言

本杰明·富兰克林曾说："世界上只有两件事是不可避免的，那就是税收和死亡。"你每天的购物消费，支付的价款就包含了上交国家的增值税。国家需要税收来维持运转，建设公共设施，保障人民的生活。然而，在经济利益面前，总有人想要"搭便车"，通过各种方法偷逃税款。因此，政府需要通过各种方式从纳税人手中将税款征收上来。但人们对于税收管理与税收遵从理解还相对片面，政府进行税收管理只是为了获取收入吗？中国税收管理有什么特色？为了提高纳税人的税收遵从度，政府采取了什么措施？本章主要对税收管理的基本概念与主要内容、我国税收管理体制的现状以及税收遵从的相关理论等展开讨论。

重要术语

税收管理　税收收入归属　税收收入划分　税收征管体制　税收遵从

第一节　税收管理概述

一、税收管理的定义

税收管理是国家进行公共管理的一项重要活动，主要指根据税收分配活动的特点和规律，对税收分配活动的全过程进行决策、计划、组织、协调和监督，以实现税收分配目标的管理活动。税收管理伴随着税收产生，贯穿于税收分配活动的整个过程。税收是国家按照既定规则无偿参与社会产品或国民收入的分配，并依靠政治权力以履行政治、经济和管理等职能的一种形式。虽然通过税收所表现的社会分配关系在不同的社会形态中有所差异，但税收作为国家经济基础的重要组成部分，在不同社会形态下都是国家履行财政管理职能的重要支柱。因此，开展税收管理，充分发挥税收的职能，对于保障国家履行基本职能具有必要性。

为保证达到一定时期内的税收目标，国家的税收管理活动必须首先做出决策和规划。第一，国家必须制定税收政策，通过立法部门制定一系列税收法律法规，为税收分配活动提供必要的法律保障。同时，税收政策和税收法规的实施方式也需要国家有关职能部门进行具体地决策和规划。第二，为落实这些决策和规划，国家需要合理建立管理机构，配置专业人员，明确各自的职责和义务，运用现有的管理方法和手段，组织和指导税收管理活动。在这一过程中要保证税收管理活动的各个方面都紧密相连，以确保税收目标的实现。第三，要保证设置必要的协调和监督活动。在税收管理活动中，我们经常会遇到一些矛盾和违反税法、财务纪律的行为。为缓和和解决这些方面的关系和矛盾，保证税法的严肃性，需要及时制止并纠正各种偏差和违法行为，随时进行必要的协调和监督。

二、税收管理的目标

（一）宏观目标

税收管理的首要目标是保证宏观经济的平稳运行。

1. 保证税收财政职能的有效实现

财政职能，即国家筹集税收收入首先需要履行的财政二次分配的职能，也称作“收入手段职能”，是税收最基本的职能。为了履行财政职能，国家通常需要大量的财政资金支持。税收从产生之初就具有了整合财政收入的作用，作为国家依法参与剩余产品分配的活动，承担着增加财政资金的重要任务。

2. 保证税收经济职能的有效实现

经济职能，即国家引导和干预宏观经济运作，也称作“调节手段职能”。国家履行经济职能除了需要筹集必要的财政资金作为物质基础外，还必须制定一套健全的经济政策以及体现和实施这些政策的各种有效手段。税收作为国家强制参与社会产品分配的主要形式，也改变了各个阶层、社会成员和各种经济组织的经济利益，增加了税收收入。微观经济主体作为追求自身利益最大化的“理性的人”，会受到经济利益的影响来改变他们的社会经济行为。因此，国家需要通过税收管理活动来反映其社会经济政策，调节各种经济组织和社会成员的经济利益，使微观主体的经济行为尽可能符合国家预期的社会经济发展方向，为社会经济的正常发展做出贡献，使税收成为国家调节社会和经济发展的重要经济杠杆。税收从产生之日起就具有调节社会和经济杠杆的作用，但是，它的实现受国家政治经济条件和国家在一定社会形态下的政治任务影响。

3. 保证税收监督职能的有效实现

税收政策能够体现国家意志，而税收制度是纳税人必须遵守的法律准则。因此，税收已成为国家监督社会主体和管理经济活动的有力工具。税收监督社会经济活动的广度和深度随着商品经济的发展和国家对社会经济生活的干预程度而发展。通常情况下，一国的商品经济越发达，经济生活越复杂，国家干预或规范社会经济生活的必要性越强，税收监督职能也需要越广泛深入。

（二）策略性目标

2020 年 12 月 30 日，中央全面深化改革委员会第十七次会议审议通过了《关于进一步优化税务执法方式的意见》等文件。会议指出，优化税务执法方式，要推动税务执法、服务、监管的理念方式手段变革，深入推进精确执法、精细服务、精准监管、精诚共治，大幅提高税法遵从度和社会满意度，明显降低征纳成本，发挥税收在国家治理中的基础性、支柱性、保障性作用。其中，“精确执法、精细服务、精准监管、精诚共治”是中国税收管理的策略性目标。

1. 落实加强精确执法

税收执法直接关系纳税人的切身利益。国家税务机关在执法过程中既要进一步提高税收执法的精准度，规范执法标准，创新执法方式，实现宽严相济、法理相融；也要进一步加强内外部监督审计工作，预防和果断纠正泛泛式、随机性和一刀切式执法，坚持严格和公正的基本原则。

2. 大力推进精细服务

税收优惠政策能够有效激发市场主体的活力和竞争力。国家税务机关在税收活动中要进一步推进税费服务的智能化、便利化和个性化，切实提高纳税人等经济主体的税收满意度和主动纳税意识，确保税收政策红利快速惠及各类市场主体。

3. 切实实现精准监管

税收监管的质量和效率对宏观市场的正常运转、微观主体的经济参与以及公平公正的市场经济秩序都会产生重大影响。国家税务机关要坚持精准科学的税收监管，尽可能减少对市场主体的干扰，最大限度提高监管效率。国家可以通过充分利用信息技术和财政大数据，充分提高财政监管的针对性和有效性，通过大力推进科技稽查、精准稽查、协同稽查，继续保持对虚假报税、公开逃税等违法违规行为的高压态势。

4. 持续推行精诚共治

良好的市场营商环境需要国家税务机关在更高层次、更广范围内形成多方协同治理模式。国家税务机关要积极加强与政府部门、市场非政府组织和国际合作方的沟通协调，在打击虚假企业、虚假出口和虚假申报等违法行为中产生联合治理效力，这同样可通过扩大财政数据共享范围、深化税收大数据分析来实现。

三、税收管理的职能

税收管理作为一种公共管理活动，其本质是妥善处理税收分配过程中的各种经济主体和利益关系，合理配置和协调税收要素，保证税收分配活动的顺利推进。税收管理的基本职能是保障税收决策、规划、组织、协调、服务和监督的依序展开。为实现既定的税收目标，国家税务机关必须制定税收政策，立法部门也需要明确一系列税收法律法规，为税收分配活动提供制度和法律保障。此外，贯彻落实税收政策和税收法规也需要国家相关职能部门做出具体决策、规划和配合。为了将这些决定和计划落到实处，国家相关部门需要合理设置管理机构，配置相应人员，明确各自的职责和义务，运用现有的管理方法或手段来组织和指导税收管理活动。为正确处理好各方面关系，保证税法的严肃性，必须及时纠正和制止各方面的矛盾和各类税收活动偏差和违法违纪行为，时刻保持必要的协调和监督。

四、税收管理的主要内容

（一）税收法制管理

税收法制管理是制定和实施税法的整个过程。税法是国家法律的重要组成部分，是国家宏观税收制度的基础，也是税收分配活动的标准和重要依据。税收法制管理包括税收立法、税收执法和税收司法三大基本程序，其中，国家立法机构负责税收立法工作，各级税务机关负责税收执法工作，国家司法机关则负责税收司法工作。党的十八大以来，我国税收法制化进程不断加快，出台了《中华人民共和国环境保护税法》《中华人民共和国烟叶税法》《中华人民共和国船舶吨税法》等多个税收法律，税收立法工作有序推进。2023 年 8 月 28 日，增值税法草案提请全国人大常委会二次审议，税收立法再进一步。截至 2024 年年初，我国现行的 18 个税种中已经有 12 个完成立法。但应当指出的是，虽然税收立法对于落实税收法定主义原则、提升税收的稳定性和权威性以及促进纳税遵从具有重要作用，但是在进行税收立法的过程中，应当及时解决税种实施过程中的问题，而不是简单地将税种的暂行条例平移为税收法律，反而加大了税种问题的解决难度。

税收立法包含了一系列基本法制活动，既包括税收法律法规的制定、修改和废除，也涵盖了税收立法制度和税收立法程序两大环节。从广义上讲，税收立法是指国家机关按照职权和法定程序，制定各种监管等级和效力等级的税收规范性文件的活动。狭义的税收立法则是指立法机关制定税收法律的活动。可以说，税收立法管理是税收管理的首要环节，只有通过制定法律，把税收征纳关系纳入法律调整范围，才能做到依法治税。

税收立法体制主要是指立法机关和立法权限的划分。国家立法、地方立法、授权立法和行政立法都属于税收立法权限的涵盖范围。由于各级机构的税收立法不同，所制定的税收法律法规的层次和影响也不同。

税收立法程序也十分重要。税收立法程序是指国家立法者或其授权机构在制定、修改和废止税收法律法规时应当执行的步骤和程序。税收立法的制定和修改，必须按照法定程序进行，才能产生法律效力。税收立法程序是保证立法行为规范化、科学化的重要保障。实践表明，严格按照立法程序开展活动，对于保证国家税法的严谨性和规范性，提高法律的权威性和可执行性，维护税收法治的尊严非常重要。提出税收议案是税收立法的第一项环节。税收议案提交后，税法程序进入议案审议阶段。审议结束后，税收立法程序将投票通过税收法案，投票结果直接影响税收法案最终落实的可能性。立法机关或制定机关将通过的税法用一定形式正式公开发布，它标志着税法制定程序的最后完成。税法公布之后，或立即生效，或在指定的日期生效。

（二）税收征收管理

税收征收管理是一项以税收征收人为主体的管理活动，是税务机关的日常业务，也是税收管理的核心内容。在实践中，税收征收管理主要通过以下几个环节进行，即税收计划、税务登记、纳税申报、税款缴库与退库、税收票证管理、税收统计分析。具体为：第一，要落实和制定税收计划；第二，要通过税务登记将纳税人纳入税务管理监控范围；第三，要通过对账簿和证明文件、发票、税收收入和税务信息的监控有效实现对税源的监控；第四，要进一步落实纳税申报制度、考核制度和征收办法，组织征收国库税款，并根据纳税人的主动申请或客观情况管理减税、免税、退税等事项；第五，需要通过开展税收评估或者审计，处理违法、滞纳金等案件和事项，依法惩处各种偷税漏税行为，推动缴税行为正常开展；第六，需要通过关联公司管理、定价活动管理、资本项目管理来限制避税行为，推动避税向依法纳税的转变；第七，需要通过开展税收分析，综合评估上述环节的相关影响因素及其相互关系，发现税收管理中存在的问题，提出完善税收政策、加强税收征管的措施和建议。

（三）税费服务管理

1．税收管理新特征——大数据治税

大数据治税是指利用大数据技术、方法和工具，对税收管理和税收征管过程中的各类数据进行全面、深入的挖掘和分析，以实现税收管理的精准化、智能化和高效化的一种税收管理模式。在税收管理领域，利用大数据技术和工具对大规模、多样化的数据进行收集、存储、处理和分析，能够更好地实现税收征管、风险防控、政策制定和税收服务等目标。大数据治税具有数据量大、多样性、实时性、高效性、智能化等基本特性。

大数据治税的主要内容包含以下五个方面：

（1）数据采集与整合。通过各种手段收集税收相关数据，包括纳税人信息、财务数据、经济指标等，整合形成数据资源库。

（2）数据挖掘与分析。利用数据挖掘技术和算法，对数据进行深入挖掘和分析，发现潜在的规律、趋势和异常。

（3）风险评估与预警。通过对数据的分析，评估纳税人的税收风险并及时发出预警，采取相应的措施进行风险防控。

（4）智能决策与优化。基于数据分析结果，支持税收管理者做出智能化决策，优化税收政策和征管方式，提高税收征管效率和质量。

（5）服务和沟通。利用大数据技术提供更加个性化、精准化的税收服务，加强与纳税人的沟通与互动。

2. 智慧税务建设

面对“互联网+”时代的来临，税收环境迎来了新的机遇与挑战。国家税务总局发布的《“互联网+税务”行动计划》提出建设“线上线下融合、前台后台贯通、统一规范高效”的电子税务新生态，这就形成了税收新业态，即智慧税务。智慧税务是以大数据、云计算、人工智能等现代信息技术为手段；以推进税务系统内外部涉税数据汇聚联通、线上线下有机贯通为路径；以提高税法遵从度和社会满意度，更好满足纳税人合理需求为目的；以实现税务执法、服务、监管与大数据智能化应用深度融合，优化组织体系和资源配置为根本目标的一种新型税收治理方式。智慧税务标志着税务机关开始主动适应时代趋势，并利用不断出现的新技术使税收活动的各个环节有机结合，形成一个更智慧的整体。

新时代智慧税务应当从用户的角度出发，以纳税人为根本提供税收管理服务。这就需要注重用户的共性和异质性。针对共性，需要设置“大而全”的云平台，构建操作简约、“多位一体”的云平台，促进多渠道办税的同质化；而针对异质特性，则要提供“小而准”的个性服务功能，以专业化应对个性化的思路，满足用户对不同服务层次的需求，同时针对不同类型的纳税人推送差异化税收政策，提供及时有效的个性化服务，形成一对一式的全方位服务新体验。

3. 税费业务全流程管理

本着为民便民的原则，同时提升社会满意度和纳税人的获得感，政府需要提高税费服务的“四化一性”。一是智能化，让数据代替纳税人多跑路，从而达到减轻纳税人负担的目的；二是便利化，要对以往的制度安排做出合理改变，简化办税流程，保证人人都可自主办税；三是个性化，要加强对小微企业的关注，针对不同的企业和不同的纳税群体，推出多样式的个性化和定制化服务，满足其对不同服务的需求；四是精准化，针对越来越多的纳税群体，要精准实施相适应的政策，促进税务执法包容审慎，做到“法网恢恢，疏而不漏”；五是主动性，通过运用云平台大数据等的便捷快速性，筛选出目标群体并及时推送最新的税收优惠政策，确保政策红利迅速惠及相关市场主体。在提升税法遵从度和社会满意度的基础上构建一个合理有序的智慧税务空间，进而向纳税人提供更优质、高效、便捷的纳税服务，努力实现大幅提高税法遵从度和社会满意度的目标。

（四）税务行政管理

1. 税务组织管理

税务组织管理，又称税务行政管理，是对税务机关内部机构和人员的管理。具体包括税务机关的设置与管理、税收征管机构的组织与分工管理、税务工作进度管理、人事建设的组织与思想管理、税务人员的监督与考核管理、税务审查和行政诉讼管理等内容。税务组织管理是对税务机关的组织形式、机构设置、工作程序和税务人员的管理活动，其主要内容包括税务机关的设置、税务人员的管理和税务监督。

税务组织管理由税务机关的行政性质决定。一般来说，税务机关具有执法和行政的双重性质。一方面，税务机关必须依法征税；另一方面，税务机关是国家行政机关。税收分配活动必须通过特定机构有组织地进行。为实现既定的税收目标，需要合理设置机构，配置人员，赋予各单位和人员一定的权限和责任，以确保税收分配活动有条不紊地进行。因此，税务机关的设立是税务组织管理的首要环节。税务人员是国家税收法律、法规和制度的执行者，也是税收管理的重要组成部分，税务组织管理要求为税务人员制定工作制度和奖惩制度，还要进行思想教育和业务培训等。除此之外，在税收征管过程中，需要通过税收监督对税务机关和税务人员执行国家税法、税收政策和规章制度的行政行为进行监督检查，形成制约和激励机制，敦促税务机关和税务人员实现依法行政。

2. 税务行政复议与税务行政诉讼

行政复议和行政诉讼是两个并行的法律救济制度。对公民、法人和其他组织而言，行政复议和行政诉讼都有对其合法权益保护的救济功能，但两者有显著区别。行政复议是行政机关内部的监督制度，是在行政诉讼之前进行的。而行政诉讼是司法救济，由人民法院做出诉讼裁决，是最终的解决办法，也被称作“司法最终救济”原则。税务行政复议与税务行政诉讼的主要区别如下：

（1）性质不同。税务行政复议是属于行政机关的行政活动，税务行政诉讼是属于司法机关的司法活动。

（2）管辖机关不同。税务行政复议原则上由原处理机关的上一级税务机关或本级人民政府管辖，而税务行政诉讼则由人民法院管辖。

（3）审理方式和程序不同。人民法院审理税务行政案件实行合议、回避、公开审判、两审终审和辩论制度，而税务复议机关审查税务复议案件以书面审查为原则（必要时才采取其他方式），且实行一级复议制度。

（4）效力不同。人民法院对税务行政案件的判决和裁定具有终局性，当事人对裁决和裁定不服只能进行申诉，且申诉不影响法院裁决的执行力；税务行政复议则不同，除国务院所做的裁决外，其他复议机关所做的税务行政复议决定不具有终局性，申请人对复议决定不服可向人民法院提起诉讼。

（五）税务监督管理

1．以“信用＋风险”为基础的监管机制

党的十八大以来，为深入推进纳税信用体系建设，增强纳税人依法诚信纳税意识，提高税法遵从度，税务部门以推进信用监管为主线，探索实践“信用＋风险”动态监管体系，推动征管服务方式更加科学，管理手段更加精准，让广大纳税人体验到实实在在的获得感。

经历了数年的精细设计与模拟运行后，如今税务系统已经在全国范围逐步运用“信用＋风险”理念开展管理和服务。

一方面，“信用＋风险”有助于优化和便利办税流程。“办税越来越便利”是纳税人近几年来的突出感受。税务部门运用“信用＋风险”动态监管方式调整了全国上百个办税业务的同质化管理要求，实现了优化办税流程、缩短办税时间、大部分事项全程在线、自动即时办结的目标。这在有效防范风险的同时，大幅降低了办税成本。比如，上海市税务局在“信用＋风险”动态监管体系试点工作中将全年纳税时间压缩到90个小时；宁波市税务局在“信用＋风险”动态监管体系试点工作中整合为企业开办的9个涉税环节，实现从注册登记到领取发票全流程1小时办结的工作效率。此外，2020年起，税务部门充分运用“信用＋风险”深化“银税互动”改革，促进A级、B级、M级纳税信用转化为贷款信用，全国越来越多小微企业通过“银税互动”获得银行贷款，解决了资金难题。伴随“信用＋风险”动态监管体系的持续完善，“信用＋风险”动态监管评价结果应用正向多领域扩展。税务部门以此调整优化办税流程，压缩办税时间，提高了我国营商环境纳税指标排名，促进营商环境持续改善，有效激发了市场活力。

另一方面，通过锁定风险促进税收治理体系现代化。实现从信息“森林”中快速锁定风险“树叶”的目标，能够让税务风险管理更精准、更高效。加强税收风险管理，需要税务部门在堵漏增收、持续提高纳税人的税法遵从度的同时，对违法者“利剑高悬”，对守法者“无事不扰”，增强纳税人自我约束力和自主遵从度。中共中央办公厅、国务院办公厅印发的《关于进一步深化税收征管改革的意见》中提出，要基本建成以“双随机、一公开”监管和“互联网＋监管”为基本手段、以重点监管为补充、以“信用＋风险”监管为基础的税务监管新体系，实现从“以票管税”向“以数治税”分类精准监管转变。随着各地试点的顺利推进和规范运行，税收征管科技含量显著提升，监管更加精准有效，将进一步推动构建优化高效统一的税收征管体系，促进税收治理体系和治理能力现代化水平持续提升，为全面提升国家治理体系和治理能力现代化提供重要保障。

2．重点领域风险防控与监管

现代化税收管理要求加强对重点领域的风险防控与监管。2021 年，我国重点管理领域主要围绕与人民关系最密切的、社会舆论最关注的行业和领域，如营利性教育机构、医疗美容、直播平台、中介机构等，重点查处虚开（及接受虚开）发票、隐瞒收入、虚列成本、利用“税收洼地”和关联交易恶意税收筹划以及利用新型经营模式逃避税等涉税违法行为。

以直播平台为例，随着网络时代的来临，近几年直播成了一个热门的话题，不少人看到了其中所蕴含的巨大利益，直播电商、网红经济等新经济新业态已成为当下经济发展的重要力量。由于信息不对称和税收法制法规、纳税管理落后等因素，主播逃税事件屡见不鲜，近年来，已有多位网络主播因偷税漏税被罚。但面对监管的多方严查，网络直播行业依然是偷税漏税高发地，主要原因在于大部分网络主播法律意识不强，缺乏红线意识，且网络直播行业刚刚兴起，相关法律条例不健全。而要加强对直播行业的税收规范，应该从多方面入手，既要完善数据共享，加强源头把控，又要多部门联动，提升税收管制效果。

3．涉税违法犯罪行为的惩罚性管理

（1）税收违法行为。税收违法行为可归纳为违反税务管理和妨害税款征收两大类。违反税务管理是税收法律关系主体违反税收法律规范、侵害了为税法保护的税收关系并应承担某种法律后果的行为，包括违反账簿、凭证、账号管理，违反发票管理，非法印制、使用完税凭证，阻挠税务检查等。妨害税款征收包括逃避缴纳税款，不缴或者少缴税款，应扣未扣、应收不收税款，编造虚假计税依据，不申报纳税，逃避追缴欠税，抗税，骗税，以及因违法行为导致他人未缴、少缴或者骗取税。

（2）行政处罚。对于税收违法行为，要追究税务行政相关人的行政责任，依法给予行政处罚。税务行政处罚是税务机关依照税收法律、法规有关规定，依法对纳税人、扣缴义务人、纳税担保人以及其他与税务行政处罚有直接利害关系的当事人（简称“当事人”）违反税收法律、法规、规章的规定进行处罚的具体行政行为，包括各类罚款以及税收法律、法规、规章规定的其他行政处罚。根据《中华人民共和国税收征收管理法》及其实施细则，税务部门在法定职权范围内有权实施申诫罚、财产罚、能力罚三种行政处罚。

申诫罚是关乎违法者声誉的处罚，是行政机关对行政违法行为人提出谴责、警告，使其引起警惕，防止继续违法的措施。申诫罚主要适用于情节比较轻微、未造成严重社会危害的违法行为，既可以适用于公民个人，也可以适用于法人和组织。在这些条款中，法律只是对违反税法规定的纳税人进行了提醒、告诫和书面责令等形式影响违法者声誉。

财产罚是指行政机关依法剥夺行政违法人财产权利的一种处罚。包括罚款、没收非法所得、没收非法财产。财产罚适用于有经济收入的公民、有固定资产的法人或者组织所实施的违法行为，以及在以谋利为目的的经营活动中实施的违法行为。财产罚通过依法对有经济收入的公民、有固定资产的法人或者组织等行政违法者，依法剥夺财产权利，使税收违法行为的获利目的受到打击；同时通过罚款、没收非法所得、没收非法财产等手段，对违法者进行处罚和制裁，是一种适用范围比较广，极易奏效的行政处罚。

能力罚是行政机关对违反行政法律规范的相关主体所采取的限制或者剥夺特定行为能力的制裁措施，是一种较严厉的行政处罚。能力罚的主要表现形式是责令限期改正、责令停产停业、暂扣或者吊销营业执照、暂扣或者吊销许可证。

第二节 中国税收管理体制

一、中国税收管理的原则

（一）税收共治原则

税收是经济活动中重要的分配关系，其征收与减免活动均关系着国家税收政策的实施和纳税人的切身利益，关系中央与地方的分配关系。我国的税收分配活动是国家的集中分配，税收管理活动必须在国家统一领导下，按照统一的税收政策、税收法规、税收制度和规划协议执行。然而，由于我国幅员辽阔，人口众多，各省份各区域的经济发展非常不平衡，税收管理也无法强求一致。地方政府和税务部门必须在统一领导的基础上，因地制宜管理税收，解决本地区的特殊问题，发展地方经济。因此，税收管理允许地方和有关部门根据本地区的实际情况，在国家统一的政策、法律和制度允许的范围内及时制定税收管理的形式和办法。总之，税收管理必须将集中管理和因地制宜有机结合，坚持税收共治的基本原则。

税收共治的基本原则指税收管理活动要遵循“统一领导，分级管理”的原则。我国宪法规定，“中央和地方的国家机构职权的划分，遵循在中央的统一领导下，充分发挥地方的主动性、积极性的原则”。这项原则是包括税收管理在内，国家宏观经济活动管理的基本原则。其中，“统一领导”指属于国民经济宏观调控的财税政策和方针，由中央政府部门集中统一制定，并交由地方税务部门落实。“分级管理”是指具体类型的税收活动由中央和地方行政部门以分权的形式管理。在社会主义市场经济条件下，国家的宏观经济调控活动由直接转变为间接。作为国家从宏观角度指导和控制国民经济正常运行的重要手段，税收管理通常需要更加集中于中央。属于国民经济宏观调控的财税政策和方针必须由中央政府组织制定，并确保地方政府切实推进。

（二）依法治税原则

税收是政府通过法律程序参与经济产品和国民收入分配的一种形式。税法是国家法律的一项重要成分，因此税收的本质就是依法治税。国家通过制定税收法律法规来明确纳税人的纳税义务，同时也要求税务机关严格执行和公正落实国家的税收法律法规。依法征税原则要求税收征管活动必须依法办事、依法管税。

尊重依法征税的原则，包括了整个税收立法、执法和司法的方方面面。从立法角度来看，加强税法组织规范、完善税法内容是提升税收征管合规性的关键。只有建立健全的税收制度，才能保证在税收管理的全过程有法可依。从执法角度来看，在法制基础健全的基本条件下有法必行，任何单位或个人在税法面前均一律平等，对违反税收法律法规的经济主体，要严肃追究其责任。从司法角度来看，税收立法的严格行使要求对税收纠纷和税收违法案件进行公正的调解和仲裁，保证排除税务机关行政干预执法权力的行为，防止以权代法的现象。可见，依法治税覆盖了税收工作的方方面面，并渗透到了各项具体税收管理业务环节。因此，国家税务部门既需要在思想维度把握依法治税的精神，又需要在执行维度体现依法税收的基本要求。

（三）从经济到税收原则

作为一种分配形式，税收与社会的再生产密切相关。税收来源于经济生活中的社会产品或国民收入，因此经济基础会决定税收收入，而税收工作也必须始终以税收与经济协调发展为一切纳税活动的出发点和根本目标。从经济到税收的原则包括两个方面：一是实现税收收入与经济规模的协同增长，为构建和谐社会提供坚实的财政保障。税收收入持续快速增长，可以有效增加政府可支配财力，提高公共管理和政府公共服务水平，促进经济社会可持续发展。二是充分发挥税收调节经济的职能，更好地反映经济社会发展全局。税收工作要服从并服务于经济发展。税务管理则要求落实各项税收政策，充分利用各项税收优惠建立良好的征缴关系，维护公平的税收秩序，营造优惠的税收制度。

在经济下行压力进一步加大的背景下，政府税收收入的增长速度势必也会受到影响，因此各级政府、各部门应当严格控制机关运行成本，优化政府的财政支出结构，提高财政资金使用的绩效，促进经济恢复发展。另外，在制定税收优惠政策的过程中，也应当提高政府收支预测的精准性与科学性，避免政府的实际支出与预计支出之间产生过大偏差，实现财政可持续与经济恢复发展的有效平衡。同时，加大税收优惠政策的宣传力度，让符合条件的企业都能够享受到政策优惠，降低生产成本，提高市场主体的活力。最后需要注意的是，非税收入同样作为政府财力的一个重要部分，在税收收入增速下降的背景下，政府会产生通过罚没等方式增加非税收入的倾向，因此要进一步规范各级政府的行为，处理好政府与市场之间的关系。

（四）专业管理与群众管理相结合原则

专业管理指国家税务机关和税务人员对税收征管活动的管理；群众管理是指群众性组织形成的税收征管协助组织和税收保护组织等，其中，群众是指与税收征管活动密切相关的组织和人员。专业管理会根据纳税人的实际情况和特征，建设一支高素质的专业税务管理专家队伍，研究分类实施税务管理，是税务管理的主要形式。群众管理同样起到重要作用，通过社会性群体的组织和参与提高税收质量和完成税收任务。在税收征管工作中则必须贯彻专业管理与群众管理相结合的原则。习近平在庆祝中国共产党成立100周年大会上强调："江山就是人民、人民就是江山，打江山、守江山，守的是人民的心。"我国目前的税收专业管理和群众管理还存在一些问题，如部分专业管理部门设置不合理且专业人员业务不精进、专业管理和群众管理协同程度极差等。要坚持专业管理和群众管理相结合的原则必须解决这类问题，形成以"专业管理为主，群众管理协同配合"的税收管理格局。

二、税收管理机构设置

国家税务总局是我国主管税收工作的职能机关。为进一步理顺中央与地方财政分配关系，增强中央宏观调控能力并调动地方积极性，构建社会主义市场经济体制并推动国民经济快速发展，我国于1994年开始实施分税制改革。同时，进一步改革税收管理机构，在中央成立国家税务总局，省级及以下税务机关则新增地方税务局。

专栏 12-1 分税制关于税收征管改革的主要内容及问题

我国1994年的分税制财政体制改革主要是针对中央与地方政府之间的税收划分改革。当时的分税制改革是基于同步进行的工商税制改革而进行的税种和税收相关权限（如税收收益权）的划分，以及与之配套的税收征收管理体制改革。这部分主要介绍我国税收管理体制的相关内容。

一、分税制关于税收征管改革的主要内容

分税制改革前，大部分税种由直属地方政府的税务部门征收，再按财政包干的承包数上解中央，形成中央政府的财政收入。分税制改革后，中央政府设立国家税务总局，在地方层面将原有的税务机构从财政机构分置，再分设为国家税务局和地方税务局两套税务系统。国家税务总局对国家税务局实行垂直领导，并协同省级政府对省级地方税务局实行双重领导。自此之后，我国的各个税种开始由国家税务局和地方税务局进行分别征收。国家税务局主要负责征收中央税和共享税，再将共享税中属于地方的部分返还给地方政府。地方税务局主要征收各个地方税。分税制改革改变了以往先由地方征收再上解中央、中央财政支出依靠地方上解的局面，形成了不同税种归不同税务局征收，共享税先由中央征收再返还地方的征管体制。国税与地税机构分别设置后，两套税务机构各司其职，各尽其责，有利于中央和地方政府各自拥有相对独立的税收征管权限，也有利于保障各自的税收利益，防止互相交叉和侵蚀。

在财政包干制下，税权尤其是减免税的税政管理权限相对分散，地区间为争夺项目、资金、技术、人才等而展开的不合理税收竞争愈演愈烈，地方政府出于自身发展经济或吸引资金的目的而随意出台税收优惠政策，随意减免税，打乱了经济发展的正常秩序，破坏了税制的全国统一性，扭曲了要素的相对价格以及政府与企业、中央政府与地方政府之间的分配关系，地方保护主义和地方重复建设一度盛行。分税制后，作为税收收入主体部分的流转税，其大头上划中央，中央税和共享税由国税局征管，税权相对集中，由此地方政府无法越权减免中央税和共享税，在征管体制上保证了中央层级的税收利益，此外也因为削弱了利高税大的产业与地方政府的经济利益，很大程度上缓解了曾经盛行的地方保护主义现象。

分税制改革之后，我国共有四套机构负责征税：① 国税局负责征收中央税中的消费税，车辆购置税和包括国内增值税、部分企业所得税、个人所得税在内的共享税。此外国税系统还征收铁道部门、各银行总行和保险总公司集中缴纳的营业税、企业所得税和城建税等，股票交易的印花税，海洋石油企业缴纳的资源税等。② 海关部门负责征收中央税中的关税、船舶吨税及进口环节的增值税、消费税。③ 地方税务局负责征收大部分的地方税。地方税务局负责征收的地方税包括营业税、城市维护建设税、地方国有企业等在内的企业所得税、城镇土地使用税、土地增值税、固定资产投资方向调节税、耕地占用税、房产税、车船税、印花税、屠宰税、筵席税等。④ 部分地方仍然由财政部门征收契税和耕地占用税。

二、国地税分设体制的问题分析

分税制在中央政府与地方政府之间，通过税收收益权与税收征管权的相对集中和相互匹配，基本实现了税权的效率配置，从而有利于分税制改革目标的实现。

从税收征管权来看，我国曾存在着多套征管机构并存、共享税种的征管交叉重叠的情况。

第一，从税收征管机构看，存在国税机关、地税机关、海关以及财政机关四套机构并存的情况。相应地，就容易出现征管队伍庞大、征管效率不高、征管机制未理顺等方面的问题。

第二，部分税种的征管存在交叉重叠和征管权限变动频繁的情况。以企业所得税为例，税种的征管办法变动频繁。在1994—2001年，国家税务局系统负责征收中央企业所得税、地方和外资银行及非银行金融企业所得税、海洋石油企业所得税、铁道部门、各银行总行、保险总公司集中缴纳的所得税等；地税部门只负责征收地方企业所得税（包括地方国有、集体、私营企业）。而在2002年进行了企业所得税的征管体制调整，规定2002年1月1日之后成立的企业，无论其主营业务是缴纳增值税还是缴纳营业税，其企业所得税均是由国税局征收，在此之前的企业仍由原征管机关征收管理，不做变动，这意味着不同企业在缴纳企业所得税方面，由于成立时间先后的不同，存在着分别由两家税务机构进行征收管理的现实，而且此时对于缴纳营业税的企业来说，面临的主要税种为营业税和企业所得税，由此需要到不同的税务机关办理纳税手续，造成诸多的不便。在2009年企业所得税的征管权限迎来了第三次调整，规定以2008年为基年，2008年年底之前国税局、地税局各自管理的企业所得税纳税人不做调整，2009年之后新增企业所得税的纳税人中，应缴纳增值税的企业，其企业所得税由国税局管理；应缴纳营业税的企业，其企业所得税由地税局管理。

第三，税收管理权划分不合理，容易带来税收征管协调不畅、信息不共享等效率问题。税收征管分设国、地税两套机构，在一段时间内对于保障中央和地方财政收入，调动两个积极性，提高征管效率，发挥了一定作用，但是税收征管方面的弊端也在征管实践中不断凸显，两套征管系统因为平台不一致、标准不统一等原因，使得两部门协调机制不畅，存在信息不对称问题，难以实现涉税信息交换与共享，导致税收征管难度加大。尤其是对于纳税人而言，不少纳税人需要同时面对两套征管系统，存在重复申报税收资料数据、纳税成本上升、管理不统一等问题，降低了征管效率。

第四，分设的税收征管权，在中央与地方各自主张不同税收利益的同时，也带来了一定的负向经济作用。地方政府由于拥有一定的税收征管的自由裁量权等政策工具，使得地方政府在税收利益的驱使下开始选择通过“征管效率”作为税收竞争策略工具。地方政府可以通过企业所得税等税种进行一定的横向税收竞争，而税收竞争一方面减少了地方政府相关的税收收入，另一方面税收竞争的“人治”色彩在一定程度上破坏了市场经济秩序，降低资源配置效率。

2018年3月，中共中央印发《深化党和国家机构改革方案》，提出“改革国税地税征管体制，将省级和省级以下的国税地税机构合并，具体承担所辖区域内的各项税收、非税收入征管等职责”“国税地税机构合并后，实行以国家税务总局为主与省（区、市）人民政府双重领导管理体制”。这对于构建高效统一的税收征管体系，提高税收征管效率以及便利纳税人办税具有重要意义。

国家税务总局包含四级机构，即国家税务总局、省（自治区、直辖市）国家税务局、地（设区的市、州、盟）国家税务局、县（市、旗）国家税务局，并严格按照垂直管理的领导体制。国家税务总局设18个内设机构（正司局级）：

（1）办公厅。办公厅是国家税务总局主管日常公务、文秘和局机关行政管理事务的综合职能部门。主要职责是：负责机关文电、机要、会务、档案、信访、保密和保卫等工作；承担税收宣传、政务公开和新闻发布工作；管理机关财务和其他行政事务。

（2）政策法规司。政策法规司是国家税务总局主管税收政策和税收法制工作的综合职能部门。主要职责是：起草税收法律法规草案、部门规章及规范性文件；研究提出税制改革建议；拟订税收业务的规章制度；研究、承办涉及世界贸易组织有关税收事项；承办重大税收案件的审理和行政处罚工作；承担机关有关规范性文件的合法性审核工作；承办税务行政复议、行政应讼工作。

（3）货物和劳务税司。货物和劳务税司是国家税务总局主管增值税、消费税、车辆购置税、进出口税收政策和征收管理的职能部门。主要职责是：组织实施增值税、消费税、车辆购置税等（不含海关代征的）征收管理工作，拟订具体征收管理政策和办法；对有关法律法规在执行中的一般性问题进行解释和处理；组织实施出口退税管理工作。

（4）所得税司。所得税司是国家税务总局主管企业所得税、个人所得税政策和征收管理的职能部门。主要职责是：组织实施企业所得税、个人所得税等征收管理工作，拟订具体征收管理政策和办法；对有关法律法规在执行中的一般性问题进行解释和处理。

（5）财产和行为税司。财产和行为税司是国家税务总局主管财产和行为各税政策、指导和监督财产和行为各税征收管理工作的职能部门。主要职责是：组织实施房产税、城镇土地使用税、城市维护建设税、印花税、资源税、土地增值税、车船税、烟叶税、契税、耕地占用税、环境保护税等（以下简称财产和行为各税）的税收业务管理，拟订具体征收管理政策和办法；对有关法律法规在执行中的一般性问题进行解释和处理；指导财产和行为各税种的征管业务。

（6）国际税务司。国际税务司是国家税务总局主管国际税收、国际税务合作交流和外事工作的职能部门。主要职责是：研究拟订国家（地区）间反避税措施，组织实施反避税调查；参加国家（地区）间税收协议、协定谈判，承办草签和执行有关协议、协定等工作；承办与国际机构、国家（地区）间税务机关的合作与交流业务；管理总局机关和税务系统外事工作。

（7）社会保险费司（非税收入司）。社会保险费司（非税收入司）是国家税务总局主管社会保险费和非税收入征管工作的职能部门。主要职责是：负责基本养老保险费、失业保险费、工伤保险费、基本医疗保险费和生育保险费等社会保险费以及有关非税收入的征管职责划转、落实以及后续的征收管理各项工作；负责与相关部门的信息共享和工作协调；参与相关收入的政策制定和法律法规调整。

（8）收入规划核算司。收入规划核算司是国家税务总局主管组织税收收入、税款缴纳入库、税收分析预测、重点税源监控、税收会计统计核算和税收数据管理应用工作的综合职能部门。主要职责是：编制税收收入中长期规划，编制年度税收任务、出口退税指标；参与起草税款征缴退库制度，监督检查税款缴、退库情况；承办税收收入的分析、预测和重点税源监控管理工作；拟订税收收入规划和税收会计、统计等相关制度；管理税收数据；组织实施税收统计工作。

（9）纳税服务司。纳税服务司是国家税务总局主管纳税服务工作的综合职能部门。主要职责是：组织实施纳税服务体系建设；拟订纳税服务工作规范和操作规程；组织协调、实施纳税辅导、咨询服务、税收法律救济等工作，受理纳税人投诉；组织实施税收信用体系建设；指导税收争议的调解；起草税务师管理政策，并监督实施。

（10）征管和科技发展司。征管和科技发展司是国家税务总局主管税收征收管理和税收管理信息化建设的综合职能部门。主要职责是：起草综合性税收征管规范性文件；拟订税收征收管理的长期规划和综合性方案；管理税收发票和票证；拟订和组织实施税收管理信息化的总体规划和实施方案，承办税收管理信息化建设中业务需求整合和流程优化的综合管理工作。

（11）大企业税收管理司。大企业税收管理司是国家税务总局主管大企业税收服务和管理的职能部门。主要职责是：承担大企业税收风险分析、税收经济分析和税源监控工作职责；指导税务系统大企业税收风险分析应对工作；组织开展大企业个性化纳税服务；指导海洋石油税收管理业务。

（12）稽查局。稽查局是国家税务总局主管税务稽查工作的职能部门。主要职责是：起草税务稽查法律法规草案、部门规章及规范性文件；办理重大税收案件的立案和调查的有关事项并提出处理意见；指导、协调税务系统的稽查工作。

（13）财务管理司。财务管理司是国家税务总局主管税务系统经费、装备、固定资产、基本建设的职能部门。主要职责是：拟订税务系统财务、基建管理办法；管理税务系统的经费、财务、装备、固定资产；审核汇编税务系统的财务预决算；办理各项经费的领拨。

（14）督察内审司。督察内审司是国家税务总局主管税收执法监督检查、内部财务审计和领导干部经济责任审计的职能部门。主要职责是：拟订全国税务系统内部控制和督察审计工作制度；负责税务系统内部控制工作的组织和管理；组织、指导实施税收执法督察、内部财务审计和领导干部经济责任审计，督促检查税务系统贯彻落实上级重大决策部署情况；组织实施税务系统税收执法责任制工作；对税务总局特派办督察审计工作进行组织、协调、管理；对税务总局驻各地特派办、各省税务局实施的督察审计工作进行质量检查；协调配合外部监督，统筹协调内部监督检查工作；参与实施“一案双查”工作；办理税务总局领导交办的其他事项。

（15）人事司。人事司（党委组织部）是国家税务总局主管人事、机构编制工作及税务系统组织建设的职能部门。主要职责是：拟订税务系统人事制度并组织实施；管理税务系统的人事、机构编制工作；组织实施税务系统党的组织建设、党员队伍建设。

（16）党建工作局。党建工作局（党委宣传部、巡视工作办公室）是国家税务总局主管税务系统党的建设、思想政治建设和巡视巡察等工作的职能部门。主要职责是：协助税务总局党委落实全面从严治党主体责任；督促税务系统各级党组织落实管党治党责任，宣传和执行党的路线方针政策；统筹税务系统思想政治建设、意识形态建设、税务文化建设、精神文明建设和统战工作；组织税务总局党委巡视工作，指导和检查税务系统巡察工作。

（17）机关党委。机关党委是国家税务总局主管党群工作的职能部门。主要职责是：负责税务总局机关党的建设、思想政治建设工作以及加强党风廉政建设和反腐败工作，指导和组织税务总局直属单位党的建设工作。

（18）离退休干部局。离退休干部局是国家税务总局主管离退休干部工作的职能部门。主要职责是：负责机关离退休干部工作，指导税务系统离退休干部工作。

三、税收管理权限划分

（一）税收立法权

税收立法权指制定、修改、解释或废止税收法律、法规、规章和规范性文件的权力。我国的税收立法权强调“税权集中，税政统一”，地方政府只有在不与国家的税收法律、法规相抵触的前提下制定地方性的税收法规和规章的权力。我国税收立法权划分层次如下：

第一，全国性税种的立法权，即包括全部中央税、中央与地方共享税和在全国范围内征收的地方税税法的制定、公布和税种的开征、停征权，属于全国人民代表大会（简称“全国人大”）及其常务委员会（简称“常委会”）。

第二，经全国人大及其常委会授权，全国性税种可先由国务院以“条例”或“暂行条例”的形式发布实行。经一段时期后，再行修订并通过立法程序，由全国人大及其常委会正式立法。

第三，经全国人大及其常委会授权，国务院有制定税法实施细则、增减税目和调整税率的权力，并享有税法的解释权；经国务院授权，国家税务主管部门（财政部和国家税务总局）有税收条例的解释权和制定税收条例实施细则的权力。

第四，省级人民代表大会及其常务委员会有根据本地区经济发展的具体情况和实际需要，在不违背国家统一税法，不影响中央的财政收入，不妨碍我国统一市场的前提下，开征全国性税种以外的地方税种的税收立法权。税法的公布，税种的开征、停征，由省级人大及其常务委员会统一规定，所立税法在公布实施前须报全国人大常务委员会备案。

第五，经省级人民代表大会及其常务委员会授权，省级人民政府有本地区地方税法的解释权，同时有制定税法实施细则和调整税目、税率的权力，也可在上述规定的前提下，制定一些税收征收办法，还可以在全国性地方税条例规定的幅度内，确定本地区适用的税率或税额。上述权力除税法解释权外，在行使后和发布实施前须报国务院备案。

（二）税收执法权

我国税收执法机构主要有财政部、国家税务总局和海关总署，税收执法管理按照税种划分。按照税种，我国的税收分为中央税、地方税和中央地方共享税三类。中央税包含维护国家权益、实施宏观调控所必需的税种；地方税则指与地方经济发展和社会管理密切相关的税种；另设有中央地方共享税，包含与国民经济发展直接相关的主要税种。其中，地方自行立法的地区性税种包含两类，一是地方自行立法的地区性税种，二是省级人民政府可以根据本地区经济发展的实际情况，自行决定继续征收或者停止征收的屠宰税等特殊税种。

此外，我国还有特殊地区的地区性税种：民族自治地方拥有某些特殊的税收管理权，如全国性地方税种某些税目税率的调整权等；经济特区也可以在享有一般地方税收管理权之外，拥有一些特殊的税收管理权。这些地方性税收管理权的行使必须以不影响国家宏观调控和中央财政收入为前提，且必须经由全国人大及其常委会和国务院的批准。

四、税收收入归属划分

（一）中央政府固定收入

中央税（或国家税）是中央政府征收、管理和支配的一类税收，是根据税收的征收管理权及收入支配权进行的分类。在一些实行中央与地方分税制的国家，收入稳定充足的税种经常被作为中央税，如车辆购置税、关税、海关代征的进口环节增值税、消费税等。由于各国税收管理体制不同，中央税的划分各有不同。例如，日本中央税占全部税收收入的 60% 以上；而法国，财权更为集中，中央税高达 80% 左右。

中央政府集中大部分税收收入对于中央政府履行职能、推进基本公共服务均等化、维持经济社会正常运转以及缩小地区差异具有重要意义，特别是进入新时代之后，在全国统一大市场建设过程中，跨区域的公共产品的需求量更大，更需要中央政府发挥作用。但在保持中央政府集中大部分税收收入的格局下，也应当适度加强中央的事权与支出责任。

（二）地方政府固定收入

地方税是属于地方财政的固定预算收入的一类税收。按照我国1988年财政管理体制的划分，属于地方税的税种主要有：屠宰税、房产税、城镇土地使用税、耕地占用税、车船使用税、契税、牲畜交易税、集市交易税、筵席税等。我国地方税的基本管理权仍属于中央，地方可以在中央确定的税种范围内，决定开征停征，核定本地区适用税率，并制定具体征收管理办法。

地方税具有筹集地方财政资金、提供地方政府行使其事权所需的主要财力等基本作用。它可以调节国民收入分配关系，促进地方经济发展。比如征收的个人所得税，在增加财政收入的基础上，同时对于社会财富的分配起到了调节作用，促进了社会稳定和谐发展。又比如对于各大企业征收的资源税，可以很好地限制它们对社会资源开发的能力，防止出现各地区发展不均问题，使各地区发展步调一致。地方税还具有调节企业盈利水平，促进企业加强财务核算，配合地方政府加强经济管理，促进经济结构的合理调整等重要作用。

随着房地产市场的衰退，地方政府依靠土地出让金收入来弥补财政收支缺口的发展模式越发难以为继，而当前地方税体系中还存在主体突出、主辅不清晰的明显缺陷。因此，要推动构建完善的地方税体系，形成地方稳定的财政收入来源。事实上，近年来我国正不断推进房地产税立法改革，试图将房地产税培育成地方的主体税种，但受到经济发展情况的影响，这一税种的改革与发展仍从长计议。另外，2019年国务院发布了《实施更大规模减税降费后调整中央与地方收入划分改革推进方案》，提出要后移消费税征收环节并稳步下划地方，先对高档手表、贵重首饰和珠宝玉石等条件成熟的品目实施改革，再结合消费税立法对其他具备条件的品目实施改革试点。这对于合理划分中央和地方的事权与支出责任、充实地方财力具有重要意义，同时也对税务部门的税收征管能力提出了新的要求。

（三）中央政府和地方政府共享收入

中央地方共享税简称“共享税”，是中央财政和地方财政按照一定比例分享收入的各种税。我国1985年以后列为中央地方共享税的税种有：产品税、营业税、增值税（均不包括石油部、电力部、石油化学总公司、有色金属总公司四个部门所属企业和铁道部以及各银行总行和保险总公司交纳的部分）、资源税、建筑税、盐税、个人所得税、国营企业奖金税、外资和合资企业的工商统一税、所得税（不含海洋石油缴纳的部分）等。

第三节 税收遵从概述

一、税收遵从的概念与分类

（一）税收遵从的概念

与税收相伴相生的一个重要问题是税收遵从（Tax Compliance）。广义的税收遵从包括了纳税人层面的纳税遵从、政府层面的征税遵从和用税遵从；狭义的税收遵从可以理解为纳税人按照税法规定正确地履行纳税义务。纳税人在取得应税收入或发生应税行为时，会面临是否要申报纳税和是否足额纳税的选择。所以纳税人是否有较好的税收遵从，对政府税收收入的筹集至关重要，并进一步影响政府提供公共产品、进行资源配置、宏观调控等职能的发挥。

（二）税收遵从的分类

从理论上而言，根据税收遵从或不遵从行为发生的原因，可将税收遵从或不遵从行为分为若干类型，如表 12-1 所示。

表 12-1 税收遵从与不遵从行为类型

类型	简要内容	
税收遵从	防卫性遵从	由税法威慑力量所引起的遵从
	制度性遵从	在制度上消除纳税人违反税法的机会，如预缴制度
	自我服务性遵从	通常指税收筹划
	习惯性遵从	纳税人长期以来养成了遵从税法的习惯
	忠诚性遵从	纳税人认为自己有道德上的义务去支付其应纳税款，若在纳税方面进行欺骗会有负罪感
	代理性遵从	由会计师代理进行纳税申报
	懒惰性遵从	纳税人由于懒惰不愿全面学习复杂多变的税法，采取最简单的形式申报
	社会性遵从	纳税人因为有直接或间接压力遵从税法，如朋友、家庭和社会的期望或是害怕自己的不遵从行为被曝光
税收不遵从	程序性不遵从	纳税人不知道什么时候该申报、填表，没有按程序去纳税
	无知性不遵从	纳税人由于不了解复杂的法规，导致税款支付不足
	懒惰性不遵从	纳税人由于懒惰没有合法记录经营开支而不知道哪些所得应纳税
	自私性不遵从	通过财务上的安排有意偷税

续表

类型	简要内容	
税收不遵从	象征性不遵从	在税法中存在不公平，某些纳税人会公开抵制税收支付
	社会性不遵从	偷逃税被人们普遍赞同
	经纪人不遵从	由纳税人从税务代理人处得到错误信息引起
	习惯性不遵从	纳税人建立了固定申报模式，税法变动后依旧，导致不遵从

资料来源：白彦锋，岳童．行为财政学．北京：中国人民大学出版社，2020。

二、税收遵从的影响因素

（一）经济类因素

1．税务稽查概率

受到财会体制、税收体制以及信息化水平的限制，税务稽查通常依靠人工检查，这将耗费大量人力和物力成本，也很难提升税务稽查的效率。随着税务稽查案件的增加和稽查监管人员欠缺会使得稽查陷入困境，导致纳税者被稽查的概率下降，由此产生偷税漏税行为。

2．惩罚程度

税收遵从度与惩罚程度是密切相关的，严厉的惩罚机制将对纳税人产生威慑作用并增加其税收不遵从的成本。现实中的纳税人并非完全理性，某些特殊因素的影响会改变纳税人的决策。在稽查率一定的情况下，惩罚力度便直接决定了纳税人是否遵从的态度。

3．边际税率

边际税率指单位收入数额的增加所引起的应纳税额增加的比率。边际税率越高，意味着纳税人的新增可支配收入越少；而边际税率的提高也意味着税收收入的提高。较高的边际税率有时会削弱纳税人税收遵从的意愿，因此政府对边际税率的调整具有相当重要的意义。

4．应税所得额

应税所得额指纳税人在一定时期内，在全部实际所得额基础上按税法规定加减一定项目数额的应纳税所得，应税所得额越高就代表着纳税越多。以我国现行个人所得税综合所得税率表为例，税率共分七档，而本年累计收入越多，累计应纳税所得额就越多，当累计应纳税所得额超过一档上限，税率便会发生“跳档”，也会对纳税人的税收遵从程度产生直接心理冲击。

5．逃税机会

逃税机会与税收遵从关系更为密切，当纳税人发现有机可乘时，就会被此机会所吸引，进而对其税收遵从度产生影响。这种“机会”的把握往往来自自身的行为，如伪造、隐匿和擅自销毁账簿、记账凭证，在账簿上多列支出或者不列、少列收入等，当纳税人认为这种“机会”存在并且能够利用以大幅增加自身利益时，就会产生税收不遵从行为。

（二）非经济类因素

1. 税法公平性

纳税人对税法的认同度会影响其是否愿意依照税法规定纳税，而这种认同度在很大程度上取决于税法的公平性。如今人们的法律意识普遍提高，因此他们对税收的合理性和公平性有了更高的要求。如果纳税人觉得税法有失公平或是自己受到了不公平的待遇，对税法的认同度就会降低，税收遵从度自然也会降低。同时，人们对税法公平性的认知和判断更多地体现在心理和情感因素上。纳税人有时并不能给出确凿的证据指出税法就是有失公平的，但当其认为自己受到了不公平待遇或听到负面消息时，都可能会对税法公平性提出质疑，继而在情感的驱动下故意不按规定纳税，产生偷税逃税行为。

2. 税法合理性

除了税法的公平性，纳税人对税法合理性的判断也会影响其纳税决策。税法的合理性可以从许多方面进行考虑，下面主要从税法的复杂程度、税负是否过重及税负结构是否合理三个方面进行分析。

（1）税法的复杂程度。从成本角度来看，税收本身就是一项成本，而传统经济学也进一步考虑到了纳税人的税收遵从成本，侧重于可衡量或可估算的申报时间成本、中介费用经济成本等。此外，心理成本也是纳税人税收遵从成本的重要组成部分，假如税法制度复杂，纳税人会因无法完全看懂或理解税制而少交税或是不交税；另一方面，税法复杂繁杂可能引起纳税人的不满甚至厌烦，倘若没有相匹配的纳税服务帮助纳税人报税，那么纳税人对理解税法的耐性、遵从税收的意愿便会受到影响。这种心理成本可能会使纳税人更多地采取偷税逃税行为，降低税收遵从度。

（2）税负是否过重。税负是否过重对纳税人的偷税逃税行为和税收遵从度的影响较好理解，税收具有的直接无偿性，往往使纳税人认为税收是在法律义务强制下的经济利益净流出，因此若税收负担较重，纳税人往往有所行动以减轻税负。

（3）税负结构是否合理。由于纳税人对其不同收入或财产的重视程度不同，不同的税负结构可能对纳税人的纳税决策产生不同的影响。这里引入行为经济学中“禀赋效应”解释说明。个人财产可根据来源和性质进行区分，不同的财产面临损失时，个人的心理感受及所要求的补偿也有很大的差异。例如，从用途看，满足自身使用用途的财产可以进一步划分为用于基本生活的财产和用于奢侈类消费的财产，前者关乎满足个人的基本生存和生活需要，通常对其损失的厌恶会更强，禀赋效应也会更强，而奢侈用途的财产的禀赋效应就较弱。从财产来源看，偶然获得的财产像“天上掉馅饼”，个人对其的禀赋效应较低；继承所得的财产虽不是意外之财，但也并非个人花费很多心血所获，禀赋效应相对较低；而个人通过自身辛苦努力获得的财产，禀赋效应就会较高。税法的设计要兼顾效率与公平，充分考虑禀赋效应的存在有利于公平的实现。

3．税收征管因素

对于纳税人来说，税收首先意味着要将一部分收入交给政府。出于规避损失的动机，纳税人倾向于偷税逃税，且损失感越强，偷税逃税的可能性越大。因此，提高纳税人税收遵从度的重要抓手是要降低纳税人缴纳税款时的损失感。一种方法是提高补偿，即政府提高税收使用效率，合理安排财政支出，提供高水平高质量的公共服务，使纳税人认为缴纳的税款有所值。另一种方法则是可以通过合理的征管设计，减轻纳税人在缴纳税款过程中的负面心理感受。在税收征管方面，可以从税收宣传、激励制度等方面进行改善：科学的税收宣传方式以及有效的激励制度可以让纳税人觉得自己的损失得到一定程度的弥补；分期预缴制度可以改变纳税人判断损失收益的参照点，削弱损失本身的感觉。反过来，减免税以及退税等优惠政策可能有助于改善纳税人感受，从而有助于提高税收遵从度。

4．社会因素

一方面，我国目前还没有完全形成“诚实信用、依法纳税”的社会环境和氛围，法制建设和道德水平与经济的发展水平相比较低，为促进税收遵从可依靠社会力量来开展相关活动，并加强社会对纳税人的监督和管理。我国在推行新的征管模式后，强调纳税人自行申报的义务，税收服务就显得非常重要。由于会计师事务所、律师事务所等社会中介部门有专业性强的优势，纳税人通过中介部门代理税收事宜可在一定程度上减少其税收遵从的成本。

另一方面，社会因素还包括税收文化氛围、纳税人道德感知以及公民对政府的满意程度，这些因素会在纳税人进行决策时对纳税人形成影响，进而对他们的税收遵从度造成影响。

（1）税收文化氛围。根据传统经济学的理论基础，经济主体在做决策时是不会因他人的决策而改变自己的决策的，仅会根据自身所处的环境做出选择。但在现实生活中，存在一种“羊群效应”，经济主体不仅会被他人的决策影响，并且有一种模仿或趋向他人选择的情况，特别是在一些难以抉择的问题面前。

（2）纳税人道德感知。道德感知是人们内心对自身行为的准则判断，当人们的行为不符合这一标准时，便会产生负罪感、后悔等负面情绪；而若是做出符合道德感知的行为时，就会产生内心的满足感和对自我的认同感。如果纳税人认可税收的必要性，就会对逃税行为产生负罪感，更可能在内心道德标准约束下减少或不采取逃税行为。此外，社会舆论也可能对违法的偷逃税行为进行谴责，从而使偷逃税的纳税人的信用或声誉受损，因此也可给纳税人带来负罪感受等负面效应。

（3）公民对政府的满意程度。在现代国家，政府与公民之间不是统治与被统治的关系，而是一种类似契约的关系，在契约关系下，政府和公民在法律上就应是平等的关系，双方的权利义务相对应，并依赖一种互相信任的基础。契约关系主要体现为纳税人有向政府缴纳税款的义务，并有享有政府提供的公共物品和服务的权利；而政府可以依法采取税收形式从纳税人手中筹集必要的收入，但也必须向纳税人提供对等数量和质量的公共物品和服务。因此，政府是否依法履行好自己的义务，以及政府执政的过程中形成的信用或声望都可能影响纳税人决策。政府在希望提高纳税人税收遵从度时，除了采取加强稽查、增大惩罚力度等措施外，需要从自身服务出发，努力提供高水平高质量的公共服务，树立良好的政府形象，提高纳税人自觉纳税的主动性和意愿。

三、传统经济学视角下的税收遵从之谜

（一）A–S 模型及发展

20 世纪 70 年代以前，关于税收遵从问题有一些零散的研究但并没有形成正式的理论。Allingham 和 Sandmo（1972）以预期效用理论为框架，融入犯罪经济学以及不确定性经济学，建立了 A–S 模型，以理论和实证相结合的手段分析了偷税逃税问题，成为公认最早的税收遵从度研究。自此，税收遵从度研究成为一个独立的范畴。

1. 模型的基本假设

理性人决策的基础是成本与收益的考量，A–S 模型认为，低报应税收入是纳税人逃税最主要的方式。很明显，低报收入在各国都属于违法行为，征收方会以一定的概率对纳税人的收入情况进行稽查，如果发现纳税人有低报收入的行为就会以高于税率的罚款率惩罚纳税人。因此，纳税人为了获得最高的预期收入，就会根据稽查率、惩罚率等因素决定自己的申报收入，把逃税收入视为风险收益与原有资产进行组合。A–S 模型的建立有如下基本假设：

（1）纳税人不考虑道德以及社会舆论因素，换句话说，纳税人既不会考虑社会形象的损失，也不会因为逃税而产生负罪感，只以货币收入衡量自己的效用，货币收入越高效用越大，但边际效用是递减的。

（2）纳税人对稽查率和罚款率有确切的认知，且稽查率是常数、罚款率大于税率，对于被发现以及逃税成功两种情况的收入可以事先精准计算。

（3）实行比例税率，且纳税人是风险厌恶者，逃税和稽查都不会给纳税人带来额外的成本。

（4）各时期决策相互独立，且纳税决策不干扰劳动供给决策。

（5）纳税人以期望收入估计自己的决策收益。

2．模型分析

在 A-S 模型中，假设 W 为纳税人的实际收入，W 外生给定；税收按比例税率 θ 征收；纳税人选择申报的收入为 X，X 是这个模型中纳税人需要进行决策的变量；税务机关的稽查率为 p，也就是若纳税人申报收入与其实际收入不符，将有 p 的概率被税务机关发现；被发现后，纳税人必须就未申报的收入部分，即 $W-X$ 补交罚款，罚款率为 π，并且 π 高于税率 θ。则纳税人的最终收入有两种可能：

逃税未被发现情况下的收入为 $W-\theta X$；

逃税但被稽查发现情况下的收入为 $W-\theta X-\pi(W-X)$。

则纳税人的预期效用函数为：

$$E[U]=(1-p)U(W-\theta X)+pU[W-\theta X-\pi(W-X)]$$

纳税人要选择申报多少收入 X，以使自己的预期效用 $E[U]$ 达到最大化。一阶条件为 $\dfrac{\partial E[U]}{\partial X}=\theta(p-1)U'(W-\theta X)+(\pi-\theta)pU'[W-\theta X-\pi(W-X)]$。当 $\dfrac{\partial E[U]}{\partial X}=0$ 时，可以得出使纳税人预期效用最大化的条件，以及申报收入的最优解 X^*。

3．模型的结论

（1）纳税人申报的收入 X 与稽查概率 p 成正相关，也就是在其他条件不变的情况下，纳税人通过少申报收入来偷税逃税被稽查到的概率越大，其申报的收入就越接近其真实收入水平。

（2）纳税人申报的收入 X 与罚款率 π 也成正相关，在其他条件不变的情况下，税务机关对纳税人偷逃税行为处罚力度越大，纳税人少报的收入就越少。

（3）纳税人的真实收入 W 对其申报收入 X 的影响难以通过该模型判断，需要加强纳税人对风险的态度假设。

（4）税率 θ 对纳税人申报收入 X 的影响也难以依据该模型做出一般性的确定，税率的变化会同时出现收入效用和替代效应，两个效应的作用力相反，无法通过模型判断谁大谁小。如果模型增加纳税人绝对风险回避度递增的假设，就可以得出税率 θ 与申报收入 X 反方向变化的结论。

（二）税收遵从之谜

依据基于预期效用理论的 A-S 模型，我们可以将现实中经济体的税务机关稽查率、税率和罚款率代入其中，计算出纳税人的税收遵从度，并与现实生活中纳税人的实际遵从度相比较。在 A-S 模型中，θ 为税率，π 为对逃税的罚款比例，p 为稽查率。假设纳税人效用函数的具体形式为 $I_i^{1-\varepsilon}/(1-\varepsilon)$，其中，$\varepsilon$ 为纳税人的风险规避系数，参考

Bernasconi（1998）的做法，令 $\varepsilon=1.8$。函数下标 i 取值为 1 或 2，即表示纳税人收入的两种情形。我们令 $W-\theta X$ 为 I_1，$W-\theta X-\pi(W-X)$ 为 I_2。同时假设经济体的税率 θ 为 0.3，逃税的罚款比例 π 为 1，稽查概率 p 为 0.05。将效用函数和各参数的值代入上述 A-S 模型中，可以得到纳税人的最优申报额为 56%。

可见，根据 A-S 模型的分析和预测，纳税人的税收遵从度并不高，逃税问题非常严重。但事实上，美国的个人所得税征收中的各项参数值比上述假设的值还要小，平均税务稽查率已经小于 1%，对欺诈性偷逃税的罚款比例大约占偷税逃税总额的 75%，对非欺诈性偷税逃税的惩罚更轻。也就是说，如果基于预期效用最大化的 A-S 偷逃税模型适用的话，根据其计算出来的结果，逃税应该是一种十分普遍的现象。但现实是，各个经济社会中的税收遵从度远高于理论计算值，大规模的不遵从行为是很难看到的。如 Bernasconi（1998）对大多数国家进行实证分析，发现在大多数国家的财税体制下，纳税人偷逃税款的预期回报率在 75% 到 99% 之间，远远大于 0。而根据 A-S 模型，只要纳税人逃税的预期回报为正，在追求效用最大化下，理性的纳税人总会选择低报收入进行逃税，这与现实中观察到的现象并不相符。Alm 等（1992）也发现，即使美国的税务稽查率和对逃税的罚款率都较低，大多数纳税人也会选择依法纳税。A-S 模型对纳税人偷逃税行为和税收遵从度的理论预测值与现实的偏离，尤其是其会过高预测纳税人的税收不遵从程度，形成了税收遵从之谜。

四、行为财政学视阈下的税收遵从

（一）税收不遵从的行为财政学解释

1. 前景理论

不同于一般的期望效用理论，前景理论（Prospect Theory）更加关注个人的实际行为，通过比较“期望预期”进行行为选择。这里的期望预期（$E(p)$）就是可能获得的收益值（v_i）和个人认为该收益发生的概率（w_i）乘积之和（董志勇，2014）。当满足下式时，个人会选择行为 p，不选择行为 q：

$$\sum\pi(p_i)v(w_i)>\sum\pi(q_i)v(w_i)$$

根据预期效用理论，经济主体的效用水平取决于其获得的最终财富水平，而在前景理论提出的价值函数中，经济主体的效用水平取决于财富的变化量，人们通常对财富相对于某一参照点的变化更感兴趣（Kahneman 和 Tversky，1979）。如图 12-1 所示，横轴原点（参照点）左边是损失，即最终财富水平低于参照点；横轴原点右边是盈利，即最终财富水平超过参照点。另外，价值函数通常呈现为一种特殊的 S 形，参照点上方的曲线是凹的，表明经济主体在收益区间是风险厌恶的；而在参照点下方的曲线是凸的，表明经济主体在损失区间是风险偏好的，且损失区间的曲线比收益区间的曲线更加陡峭，即一定数量的损失带来的负效用要高于同等收益带来的正效用，如在 1 000 元收益和 1 000 元损失之间，人们通常更在乎后者。因此当税率提高时，纳税人将会面临更大的损失，而在损失面前，纳税人通常是风险偏好的，因此便会寻求逃税，其税收遵从度也相应降低。

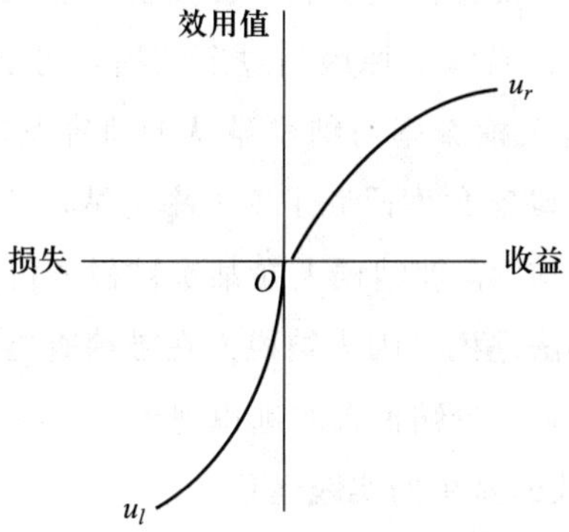

图 12-1　前景理论

2．心理账户

行为财政学存在一个备受关注的问题——税收遵从问题。行为财政学认为，各类经济主体都有或明确或潜在的“心理账户”，在做经济决策时，这种心理账户常常遵循一种与经济学的运算规律相矛盾的潜在心理运算规则，其心理记账方式与经济学和数学的运算方式都不相同，经常以非预期的方式影响着决策，使个体的决策违背最简单的理性经济法则。Webley 等（2006）曾经就 A-S 模型展开了讨论与研究，他们发现虽然一般人未知的情况下会将逃税看作理性的选择，但是这样的结论忽视了与增值税相关的两个问题。在对英国的实际数据进行分析后，他们发现标准分析框架之外的居民责任感和个人心理账户都可以解释纳税者对增值税的税收遵从度，比如在增值税税率变化幅度较小的前提下，纳税人会放松对税收横向公平的关注转而对纵向公平关注更多，因此这也可能影响他们的税收遵从度。

3．框架效应

框架效应（Framing Effect）是参照系理论的扩展，指在不确定的情况下，个人的行为选择既与不同选择方案的预期效果有关，也与所选择的方案的未来方向有关，也就是同一种选择如果采用不同的表达方法，会影响个人的行为选择。比如，“破财免灾”这句俗语就是指人们将钱财看作免去灾难的一种成本，而非自己的损失，这也是人们利用框架效应来寻求一种心理的安慰。框架效应实际上就是同一种方案用不同的表达方式表示时，会影响个人的行为选择，这主要是通过改变人们心理账户的参照点来影响人们的行为选择。

4. 税收征管的弹坑效应

Tauchen 等（1993）在 A-S 模型的基础上，利用美国 1979 年开展的纳税遵从评估项目所获取的数据进行验证，表明“稽查率的提高确实对税收遵从度的提升产生了积极影响”。Park 和 Hyun（2003）在韩国进行了一项测试，也得出了相同的结果。然而，Frey（2003）的研究则指出，税务稽查不利于提高税收遵从度，也就是“提高稽查率反而加重了纳税人少报收入”的现象。原因是过度的稽查可能会引起纳税人的逆反心理，进而降低自愿度。此外，有关稽查率与纳税遵从的研究基本上是站在静态的角度，而 Mittone（2006）等学者则从动态角度研究了稽查率与纳税遵从。实验数据显示纳税人的遵从行为存在一种“弹坑效应”，即纳税人在某次被税务机关查获之后，并未改善下次的行为，反而还会继续想办法逃税。因为纳税人在被稽查之后会认为不会运气差到再次被稽查。因此，重复稽查也会减少纳税人的逃税现象。

（二）行为财政学在税收遵从中的实践运用

1. 个人所得税税收遵从

影响纳税人心理的因素有许多，如个人纳税意识、税收道德，政府的征税方式、对纳税人的信任程度等。而从行为财政学的角度分析，政府的征管方式会对纳税人的税收遵从产生影响，有时政府只需发送一些道德义务、审查规范等的信息，就能以较低的成本大大提高纳税人的税收遵从度。标准新古典主义模型表明，较高的罚款水平以及较高的逃税稽查率会带来更高水平的税收遵从度。但是，这些结果与实验证据相冲突。实验证据表明，较高的稽查率有时候可能会削减人们对协议的遵守意愿。而出现这一现象的原因可能有三点：一是税务稽查后信息不对称程度降低，纳税人不再高估实际稽查率；二是由于仅进行了税务稽查，却没有查处税款或增加处罚款，纳税人容易低估税务稽查的专业性，从而认为税务稽查查不出纳税不遵从行为，导致纳税遵从的概率比未经过税务稽查的情况还要低；三是纳税人认为税务稽查出具了“查无问题”的稽查结论，代表自己在该检查期间已被“洗白”，导致主观稽查率下降。因此，过高的稽查率也将导致税务稽查人员无法将每个案件查深查透，更多企业在接受税务稽查后却没有查出实质性问题，反而会导致纳税人的降低纳税遵从概率。

2. 基于行为财政学提高税收遵从度

根据 McCaffery 和 Slemrod（2006）对行为财政学基本框架的描述，以及刘蓉和黄洪（2010）对国内外相关理论的梳理总结，可根据行为财政学的基本分析范式来提高税收遵从度。

首先，形式要素，即具体事务的外在表现形式。在行为财政学的实验研究中表明，政策所表现出来的不同外在形式会对相关行为人的心理产生不同的影响，进而会使他们的行为出现偏差，因此政府在制定税收政策时，应充分考虑行为人对此政策外在形式的看法，尽量降低行为人对其的抵触心理。这是对政策接受方进行充分考虑之后所选择的理性财政制度设定。

其次，时间要素，即政策所涉行为人的时间偏好。现实中人们的时间偏好并非一致，表现为贴现率随时间的变化。若贴现率随时间递减，人们将会更加看重短期消费，而忽略长期的存储，这种情况下强制性的养老保险就能对此极端行为做出很好的把控。这种时间要素往往是政策制定时所必须考虑的，在设计上要充分考虑当期与远期的关系，进而防止个人做出极端非理性行为。

最后，遵从要素，即个体对政策的遵从程度。在行为财政学的观察下，纳税人并非完全自利，而是通常会带有一种利他、互惠等思维的存在。个人的税收遵从度会与政府税收效果，财政支出的情况，以及自身的社会偏好等密切相关。因此，政府在制定政策时要多角度考虑政策的合理性，揣摩纳税人对政策的理解和对税收的行为反应，进而选择一条最合理的路线，增加纳税人的税收遵从度。

本章小结

1. 税收管理是国家进行公共管理的一项重要活动，主要指根据税收分配活动的特点和规律，对税收分配活动的全过程进行决策、计划、组织、协调和监督，以实现税收分配目标的管理活动。

2. 大数据治税是指利用大数据技术、方法和工具，对税收管理和税收征管过程中的各类数据进行全面、深入的分析和挖掘，以实现税收管理的精准化、智能化和高效化的一种税收管理模式。

3. 根据预期效用最大化的A-S模型，为了提高纳税人的税收遵从度，政府需要制定很高的罚款率和或者提高税收稽查的频率，但实际生活中，罚款率和税收稽查的频率并不高，但纳税人仍能保持较高的税收遵从度，从而形成了税收遵从之谜。

4. 前景理论认为，经济主体的效用水平取决于财富的变化量，人们通常对财富相对于某一参照点的变化更感兴趣。

5. 税收征管的“弹坑效应”指纳税人在某次被税务机关查获之后，并未改善下次的行为，反而还会继续想办法逃税。

课后习题

1. 请解释税收管理的基本含义，并说明国家为何要进行税收管理。
2. 税收管理包括哪些方面的内容？
3. 中国税收管理的基本原则有哪些？

4. 如何利用现代信息技术实现“大数据治税”？

5. 思考分税制税收管理体制的改革内容及存在的问题。

6. 请解释“税收遵从之谜”的含义及形成原因，并思考如何利用行为财政学提升税收遵从度。

拓展阅读

[1] 安仲文，李静敏. 税收管理. 大连：东北财经大学出版社，2010.

[2] 白彦锋，岳童. 行为财政学. 北京：中国人民大学出版社，2020.

[3] Allingham M G，Sandmo A. Income Tax Evasion：A Theoretical Analysis. Journal of Public Economics，1972，1（3-4）：323-338.

[4] McCaffery E，Slemrod J. Toward An Agenda for Behavioral Public Finance，University of Southern California Law School Law and Economics. Working Paper Series，2004，No.21.

即测即评

扫描二维码，进行本章在线测试。

第十三章

国际税收

本章导言

随着全球化的发展，企业投资经营的脚步遍布世界各地，人员、技术、资本的流动加剧。一方面，国家之间为了吸引跨境的资本等要素，纷纷出台各种税收优惠政策；另一方面，跨国纳税人也有了更多的空间进行利润的转移。国家恪守税收主权、所得税和财产税的普及，以及税基流动性增强是造成这些现象的重要原因。到底应该如何对跨境的所得、财产进行征税呢？本章将对国际税收制度产生的原因、主要内容和最新的发展进行讨论。

重要术语

国际税收管辖权　居民国　来源国　重复征税　免税法　抵免法　国际避税　反避税　转让定价　资本弱化　滥用税收协定　一般反避税条款

第一节　国际税收概述

在开放的经济条件下，由于纳税人经济活动跨越国界，同时国与国之间税收法规存在差异，从而带来税收问题以及形成相关国际规则。广义的国际税收既包括所得税、财产税制度所产生的国际税收分配关系的冲突及其协调，也包括商品税收即国内流转税和关税所产生的矛盾及其协调。本章主要探讨所得税制度和财产税制度所产生的国际税收问题。

一、国际税收的概念

理解国际税收这一概念，需要注意国际税收不能脱离国家税收而单独存在。作为税收，必须有征收者与缴纳者，但是，国际税收并没有独立于国家税收的特定征收者和缴纳者，它只能依附于国家税收的征收者和缴纳者。如果没有各个国家对其管辖范围内的纳税人进行课征，那么，也就无从产生国际税收分配关系。所以，国际税收关系并不能脱离国家政治权力以及国家税收的征纳关系而独立存在。

国际税收与国家税收有着内在的联系，但是，它们之间又有着严格的区别。这种区别，就是国际税收概念所指出的，它是一种国家与国家之间的税收分配关系，而不是任何其他关系。比如外国政府与其管辖下的纳税人之间的征纳关系、本国政府与其管辖下的外籍纳税人之间的征纳关系等，都属于国家税收范畴的分配关系，只须通过一国的国家税法来处理，并没有发生国家之间的税收分配关系，所以这些都不在国际税收的概念范围以内。只有当一个国家对其管辖下的跨国纳税人的课税对象进行征税并涉及另一相关国家的财权利益，需要协调国家间的税收分配关系时，才叫作国际税收。这种分配关系，主要是国内税收的国际方面以及由有关国家政府通过签订国家间的税收协定或条约来处理的。

专栏 13-1 跨境经济活动日益活跃

随着经济的发展，一国政府可以赖以生存的税基也在发生变化，从人头、实物、进出口为主开始，逐渐形成了以所得、消费、财产为主的现代税基。第二次世界大战以后，经济国际化空前发展，资本的输入和输出日益活跃。为了保护本国贸易和本土企业，许多政府采取措施，既限制外国投资流入也限制本国居民投资外流。但是，20世纪70年代以来各国对于外国投资的态度发生了巨大的变化。几乎所有的政府都认识到这是经济增长的关键因素，积极地鼓励外国投资流入。

从20世纪70年代到80年代，由于资本控制的松动和金融市场的不规范，在主要发达经济体中外国投资呈爆炸般的增长；到了90年代，同样的事情蔓延到许多发展中国家。外国投资活动主要包括货币交换、购买证券、外国购买本国证券以及本国工厂等。与此同时，技术和通信手段的进步加速了资本和劳动力的流动。通过互联网和其他工具，个人和商业对于全球性的投资和劳动力有了更多的选择。[①]

进入21世纪之后，这种跨国资本流动的规模更大，流向也更加多样。从由发达国家流向其殖民地和半殖民地，变为发达国家之间相互投资，发达国家对发展中国家的投资，甚至发展中国家对发达国家的投资。跨境投资规模的增加和流向的多元化，使得国际税收问题的复杂性和重要性日益凸显。

---

① Edwards C，De Rugy V. International Tax Competition：Restraints on Government in 21st Century. CATO Institute，Cato Policy Analysis，2002（431）.

从某一个国家的角度看，国际税收是特定国家的所得税法的国际方面。这个国际方面包含两个部分：一是对居民个人和公司从境外取得的所得的征税，二是对非居民从境内取得所得的征税。可以看出，一国（通常称为居民国）对境外所得的征税，就是另一国对非居民的征税（通常称为来源国）。

这样分解之后，就会发现我国改革开放初期的“涉外税收”更多地是指国际税收的第二个方面，即对外国人、外国企业或外商投资企业（非居民）在我国取得所得的征税。随着越来越多外资企业进入中国，出现的国际税收问题首先是外资企业和外籍个人在中国取得的所得如何纳税的问题。当时，国际税收管理的基本方针为“促进改革开放、维护国家利益”，国际税收管理的部门也被称为“涉外分局”。

但是，随着我国改革开放的程度不断加深，仅仅是管住“引进来”已经不够了。中国在保持对外商直接投资较强吸引力的同时，对外投资的数量和规模迅速扩大，出现了“引进来”和“走出去”的资本双向流动。2008 年我国实际利用外商直接投资 923.45 亿美元，对外直接投资突破 500 亿美元，达到 521.5 亿美元。因此，2008 年修订的我国企业所得税法中就明显地体现出全面的国际税收内容：一是参照国际上通行做法，引入规范的居民和非居民概念，明确采用纳税人的居住地与所得来源地相结合的税收管辖原则；二是采用资本输出中性原则，用抵免法消除国际重复征税，并首次引入间接抵免方式；三是初步建立和完善了特别纳税调整税制，首次引入受控外国企业管理等规则，强化了特别纳税调整手段。

二、国际税收管辖权

国际税收管辖权是一国政府在征税方面的主权，它表现在一国政府有权决定对哪些人征税、征哪些税以及征多少税等方面。跨国企业在跨境交易过程中存在如何将经营利润在不同国家分配的问题，其本质是各个国家税收关系的协调。国家行使税收管辖权一般遵从属地原则和属人原则。根据属地原则，一国有权对来源于本国境内的一切所得征税；根据属人原则，一国有权对本国居民或公民的一切所得征税。根据国家行使主权范围的两大原则，我们又可以把所得税的管辖权分为居民管辖权、公民管辖权和来源地管辖权三种类型。

（一）居民管辖权

居民管辖权是属人原则的一种，该原则规定一国要对本国税法中规定的居民取得的所得行使征税权。对于行使居民税收管辖权的国家来说，只有确定某纳税人是本国居民才能行使相关权利，所以判定纳税人是否为本国居民显得十分重要。实行居民管辖权的国家判定居民身份的标准包括自然人居民身份和法人居民身份的判定。

对于自然人居民身份的判定，主要基于以下三种标准：一是住所标准，即纳税人在本国有固定的或永久的居住地；二是居所标准，即纳税人连续居住了较长时期但又不准备永久居住的居住地；三是停留时间标准，即纳税人在本国的停留时间是否超过某一时限，国际规定通常为 183 天。

对于法人居民身份的判定，主要基于以下四个标准：一是注册地标准，按照本国的法律在本国注册成立；二是管理机构所在地，管理机构设在本国；三是总机构所在地标准，总机构设在本国；四是选举权控制标准，法人的选举权和控制权被该国的居民股东所掌握。

部分国家税收居民身份的判定标准如表 13-1 所示。

表 13-1　部分国家税收居民身份的判定标准

国别	自然人居民身份的判定标准	法人居民身份的判定标准
澳大利亚	（1）在澳大利亚有住所或长期居住地 （2）在纳税年度内连续或累计在澳大利亚停留半年以上	（1）在澳大利亚注册 （2）管理和控制中心机构在澳大利亚 （3）投票权被澳大利亚居民股东控制
丹麦	在丹麦长期居住或在丹麦连续停留 6 个月以上	（1）在丹麦注册成立 （2）管理和控制中心设在丹麦
德国	（1）在一个日历年度中在德国停留超过 6 个月 （2）在一年中累计停留了 6 个月以上	（1）在德国注册成立 （2）管理中心在德国
韩国	在韩国有住所或至少居住 183 天的居所	（1）总机构或主要机构在韩国 （2）实际管理机构设在韩国
新西兰	（1）在新西兰有长期性住所 （2）在任何 12 个月中在新西兰停留 183 天以上	（1）在新西兰依法注册成立 （2）法人总部设在新西兰 （3）管理中心在新西兰 （4）董事在新西兰对公司进行控制
泰国	在任何纳税年度在泰国累计停留满 183 天	在泰国注册成立
英国	（1）在纳税年度中在英国停留 183 天以上 （2）在英国有住房，而且拥有、租赁或生活在其中的总天数至少达到 91 天，同时在该纳税年度至少要在这里居住 30 天	（1）在英国注册成立 （2）管理和控制中心机构设在英国
美国	（1）有美国长期居住证 （2）当年在美国停留时间满 31 天，并且近 3 年来（含当年）在美国停留天数的加权平均值等于或大于 183 天	在美国依法注册成立

资料来源：荷兰财政文献局（IBFD）数据库，数据截至 2023 年年底。

（二）公民管辖权

公民管辖权也是属人原则的一种，即一国要对拥有本国国籍的公民所取得的所得行使征税权。该原则将自然人的约束范围扩展到国籍，根据纳税人是否有本国国籍来决定是否对其征税。一般情况下，公民管辖权与居民管辖权的课征范围相同，但又有一定区别。别国的投资者来本国进行劳务、投资等活动，达到一定标准即可成为本国居民；反之，若纳税人居住在国外，不符合居民定义但仍有本国国籍，此时公民管辖权的范围大于居民管辖权的范围。目前世界上只有极少数国家行使公民管辖权。

（三）来源地管辖权

来源地管辖权又称地域管辖权，是属地原则的一种，即一国要对来源于本国境内的所得行使征税权。该原则认为自然人和企业等主体的价值创造活动基于该国的市场要素，并且生产、经营过程中取得的利润与该国地域有密切联系，故一国政府有权行使征税权。世界上大多数国家均采用来源地管辖权，所以对纳税人所得来源的判定就显得尤为重要。

三、国际税收的主要问题

国际税收要解决的两个主要问题，一个是重复征税问题，一个是双重（多重）不征税问题。无论是重复征税还是双重（多重）不征税都会造成税收不公平，阻碍跨境经济活动的正常开展。其中，重复征税又分为经济性重复征税和法律性重复征税。

（一）经济性重复征税

经济性重复征税是指不同纳税人的同一所得被相同或类似税种课征税款。具有代表性的例子是：子公司缴纳所得税后的税后利润分配给股东后，股东还要就此所得缴纳企业所得税或者个人所得税。这种情形主要是由于公司这一现代经济组织形式的出现，所有权和经营权分离，导致了在子公司层面和股东层面的重复征税。对于一国境内的经济性重复征税，一些国家采取归集抵免制进行消除，也就是在股东层面可以抵免子公司层面已经缴纳的所得税税款。我国则对自然人非法人企业（个人独资企业和合伙企业）不征收企业所得税，通过对纳税人的区分，使企业所得税与个人所得税从纳税主体上划分开来，从而解决对非法人企业的重复征税问题。

如果两个或两个以上国家（地区）作为征税主体对不同纳税人属于同一税源的不同课税对象所造成的重复征税，就称为国际经济性重复征税。在不同的消除重复征税方法中，抵免法中的间接抵免、免税法中的参股免税都可以在一定程度上消除经济性重复征税。具体操作将在第二节中进行介绍。

（二）法律性重复征税

法律性重复征税又称“管辖权性”重复征税，是指两个或两个以上具有税收管辖权的主体对同一纳税人的同一课税对象征税。法律性重复征税形成的原因是由于不同主体行使不同的税收管辖权即征税权力的不同，而税收管辖权的不同，则是源于法律依据的不同。法律性重复征税是国际重复征税的重要形式，主要有以下几种情形。

1. 收入来源地管辖权与居民管辖权的重叠

由于世界上绝大多数国家都同时实行收入来源地管辖权和居民管辖权。这样，对于同一跨国纳税人的同一笔跨国所得（如甲国的居民在乙国取得的收入），在收入来源地国家（乙国）根据收入来源地管辖权对这一收入征了所得税，到了纳税人的居住国（甲国）又要对这同一笔收入根据居民管辖权再征一次所得税，从而产生了同一跨国纳税人的同一项跨国所得在两个国家双重征税的问题。

2. 居民管辖权与居民管辖权的重叠

由于各国法律规定及其确定纳税人居民身份的标准不同，因而就会出现同一个跨国纳税人被有关国家同时确认为其居民的现象，从而产生居民管辖权与居民管辖权的冲突，导致国际重复征税问题的产生。例如，甲乙两国都采用居民管辖权，且对居民个人的认定都采用时间标准，但有差异。其中，甲国税法规定，凡在甲国居住满 180 天的个人为甲国居民；乙国税法则规定，凡在乙国居住满 90 天的个人为乙国居民。甲国某个人离开甲国去乙国从事经营活动，在乙国居住 120 天并取得一笔收入。乙国政府因他在乙国居住 120 天，已超过 90 天规定，按照国内法判定他为乙国居民，并对其取得的这笔收入行使居民管辖权进行征税。而甲国政府也因他离开甲国只有 120 天，居民在甲国的时间超过 180 天，按照甲国税法规定仍判定他为甲国居民，并在他回国后对其行使居民管辖权进行征税。这样，由于甲乙两国对居民居住时间标准规定的内涵不同，双方国家都认为他是本国居民而要对其行使征税权，就产生了居民管辖权之间的重叠，最终导致国际重复征税问题的产生。

3. 收入来源地管辖权与收入来源地管辖权的重叠

由于有关国家采取的收入来源地的确定标准不同，也会出现有关国家对同一笔收入同时行使收入来源地管辖权的冲突，造成国际重复征税。例如，劳务所得可以根据劳务提供地确定来源地，也可以认定劳务报酬的支付地为来源地。如果甲国某个人受其甲国雇主委托，在乙国某家公司从事技术指导工作，每月的工资报酬由其甲国雇主支付。因此，甲国政府因该项报酬收入的支付者在甲国而认定该项所得来源于甲国，并对该项所得行使收入来源地管辖权进行征税。而乙国政府则因取得这笔报酬的收入者在乙国从事劳务活动，认定该项报酬收入是来源于乙国，因而也要对该项所得行使收入来源地管辖权征税。这样，由于对同一笔跨国所得的来源地确定标准不同，就出现了两个国家所行使的收入来源地管辖权的交叉或冲突，从而产生国际重复征税问题。

（三）双重（多重）不征税

一直以来，国际避税是跨国纳税人利用不同国家的税制差异而通过利润转移等方式降低税收负担的活动。近年来跨国公司的一些避税活动造成了双重或者多重的不征税，对一国税收收入产生了影响，使得防止税基侵蚀和利润转移成为国际税收合作治理的重要主题。

除了转让定价、资本弱化、协定滥用等国际避税方式，一些新型的国际避税方式逐步受到关注。例如，混合错配方式，利用所涉国家间在所得性质认定、实体性质认定、交易性质认定、税前扣除制度等方面的税制差异，对同一实体、所得、交易或金融工具进行不同的税务处理，实现双重或者多重的不征税。

无论是双重征税还是双重不征税，都违反了税收公平的原则，扭曲了跨国经济行为。因此，国际税收规则的首要原则就是单一课税原则，也就是跨国经济活动所产生的收入应该只被课征一道税，不多也不少。为此，国际税收既要消除双重征税，又要防止双重不征税，尤其是恶意的避税行为（或称为激进的避税行为）。

四、国际税收制度的发展

（一）初步形成（19 世纪末—1954 年）

19 世纪末 20 世纪初，所得税制度的建立和国际贸易的发展使得国际双重征税问题开始显现。如果每个国家都对其居民的境内所得和境外所得进行征税，同时对位于其境内的外国居民的劳动或资本所得也进行征税，那么双重征税问题就出现了。为了协调这一问题，1899 年，德国和奥匈帝国签署了世界上第一个双边税收协定。该协定将与个人相关的征税权分配给居民国①，将非个人即财产或商品交易相关的征税权划分给来源国②以解决双重征税问题。1900—1913 年，有十几个类似的双边税收协定陆续签署。

第一次世界大战后，各国普遍面临债务危机，与此同时，国际贸易与投资进一步发展，这使得国际税收制度的协调更为迫切。国际联盟于 1920 年 2 月召开国际会议以应对战后各国的财政危机，其中税收方面的工作在财政委员会（Financial Committee）的主持下进行，是国际联盟一般经济事务工作的组成部分。在随后两年召开的会议中，国际双重征税问题被认为是国际经济发展和所得税制的潜在障碍。专家代表对这一问题的解决方式进行了多方面的探讨，如通过一国单方面的税收制度（如美国的外国税收抵免制度③）或是通过签署多边税收公约。考虑到国家主权因素以及多边谈判的复杂性，双边税收协定成

---

① 由于国籍、住所、居所、管理机构所在地、总机构所在地、注册地或任何其他类似标准，在该缔约国负有纳税义务的人。

② 获得收入（如工资薪金、利润、股息、利息等）的所在国。

③ 美国自 1918 年以来实行外国税收抵免政策，其对本国居民的全球收入征税，但允许在本国税法规定的限度内，用已缴非居住国政府的所得税和一般财产税额来抵免应汇总缴纳本国政府相应税额的一部分。

为最终的选择。1928 年，国际联盟发布了世界上第一个双边税收协定范本[①]，并召开了一个由 27 国代表参与的会议。该范本列举了一些所得类型，包括不动产所得、从工商业及农业获得的收入、国际航空航运所得、养老金等，并对这些所得的征税权按照受益原则在居民国和来源国之间进行划分。该协定范本为双边税收协定的谈签提供了基础，1929—1939 年，有一百多个双边税收协定以此为模板签署。

第二次世界大战爆发后，国际联盟由欧洲迁到美国，其工作更多地由美国、加拿大、拉丁美洲的代表主持进行。1943 年，更加强调来源国征税权益的墨西哥范本发布，但战争结束后随着欧洲的秩序恢复正常，更多强调居民国征税权益的伦敦范本在 1946 年发布。第二次世界大战后，联合国设立专门的财政委员会解决税收相关问题，但在国际税收方面的进程十分缓慢，居民国和来源国税权划分的问题始终未得到解决[②]，在 1954 年，财政委员会被取消。

1899—1954 年国际税收制度的发展如图 13-1 所示。

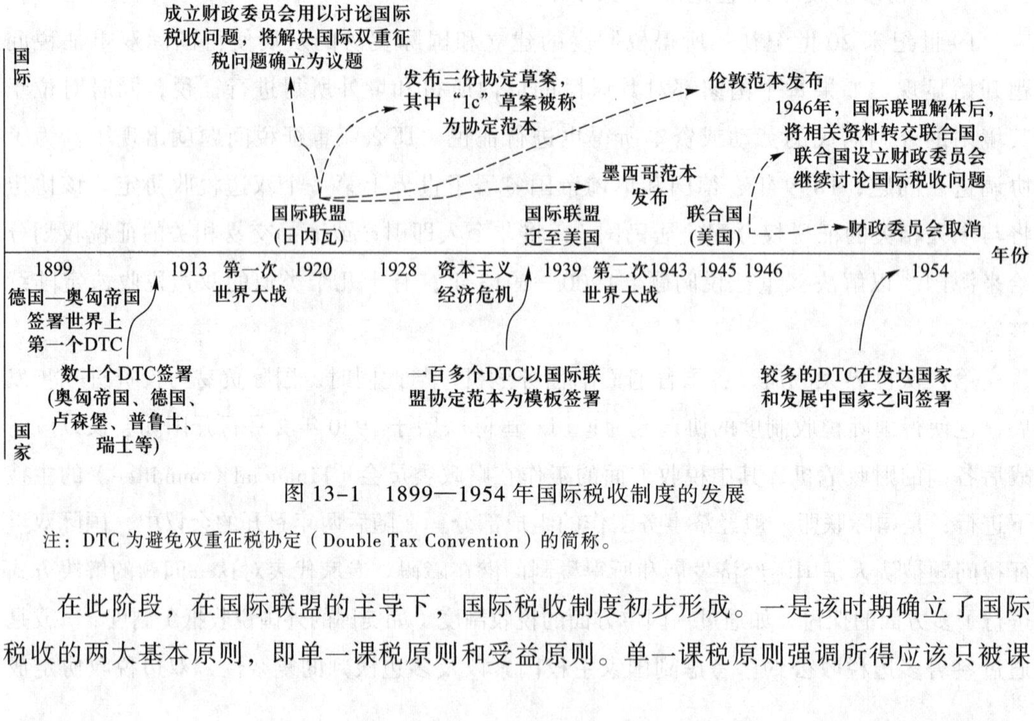

图 13-1　1899—1954 年国际税收制度的发展

注：DTC 为避免双重征税协定（Double Tax Convention）的简称。

在此阶段，在国际联盟的主导下，国际税收制度初步形成。一是该时期确立了国际税收的两大基本原则，即单一课税原则和受益原则。单一课税原则强调所得应该只被课

① 该范本包括三个协定范本，其中 Draft Convention No.1c 由法国和德国专家起草，该协定草案被称之为“范本”。Convention No.1a 区分了个人税收和非个人税收，将个人相关税权划分给居民国，非个人相关税权划分给来源国，该草案更有利于来源国的利益；Convention No.1b 更有利于资本输出国的利益，其将税权更多地赋予居民国。

② 财政委员会采纳了一种观点，即来源国有权对其境内产生的营业利润征税，居民国应对这部分利润免税（这使得来源国有动机为吸引投资提供优惠），但此观点遭到美国和英国的强烈反对。

征一次税收：受益原则认为积极的所得（如营业利润）应在来源国征税，消极所得（如股息、利息、特许权使用费等）应由居民国征税。构成现行国际税收体系基石的三大基本设计也在这一阶段出现，分别是对来源国征税设定门槛的常设机构原则（Permanent Establishment，PE）[①]、常设机构和关联企业之间利润归属适用的独立交易原则（Arm's Length Principle，ALP）[②]以及会计处理适用的独立会计原则（Separate Accounting Principle，SAP）。二是对于如何划分税权以解决国际双重征税问题确立了最终的解决方案，即通过签署双边税收协定划分来源国和居民国的征税权。双边税收协定具备一定的灵活性，使国家之间不同的税收体系兼容并且可以施加一些征税限制。在1928年国际联盟协定范本的指导下，一些国家（主要是欧洲国家）开始签署双边税收协定。

（二）成型与完善（1955—2008年）

1954年之后，欧洲经济合作组织（OEEC）[③]即经济合作与发展组织（OECD）的前身成为讨论国际税收问题的主要国际组织。1956年，OECD成立了专门的财政委员会，在1954—1961年发布了四份中期报告，并在1963年发布了一份完整的双边税收协定草案[④]，这份草案更多地参考了1946年发布的伦敦范本，随后在1977年发布了正式的双边税收协定范本《关于对所得和财产避免双重征税协定范本》（简称OECD协定范本），并于1992年对协定范本进行了修订和更新。此后，OECD每两到三年都会对协定范本进行更新。大量的双边税收协定在OECD协定范本的基础上谈签，到20世纪末，全球双边税收协定的数量已经达到3 000多个。在此期间，OECD关注的国际税收问题不再仅限于国际双重征税，除所得税以外的其他税种如遗产税、消费税、增值税以及税收征管互助等话题也开始更多地进行讨论，并陆续发布了很多规范性文件，例如1975年首次发布了针对OECD成员国的《税收统计年度报告》。

随着越来越多的发展中国家开始签署双边税收协定，联合国对国际税收的关注也不断提高，尤其是对维护发展中国家的税收利益。1967年，联合国成立由发达国家和

---

① 常设机构原则指外国企业在另一国进行其全部或部分营业活动的固定场所，或虽未设固定场所，但外国企业在另一国有非独立代理人，并通过该非独立代理人从事特定性质活动，则该外国企业被认定为在该另一国有常设机构，应就其营业所得向该另一国交税的原则。

② 两个关联企业之间的交易应该与独立企业之间的交易一样，参照与第三方独立企业的交易来确定交易价格，如因交易价格不合理造成未取得应有利润，税务机关将根据独立企业间的交易情况给予调整。第一个采纳ALP的是1932年美国与法国签署的税收协定，国际联盟在1933年将其纳入协定范本。

③ 为联合起来实施马歇尔计划，以稳定欧洲经济，英国、法国等18个国家根据1948年4月16日通过的《欧洲经济合作公约》成立了欧洲经济合作组织，并在1961年更名为经济合作与发展组织。

④ 美国和加拿大于1961年加入OECD，在此之前的会议中，两个国家仅有代表列席，但对最终结果没有投票权，因此该文件只能被称之为协定“草案”。随着更多国家的加入，在1977年，协定范本正式发布。

发展中国家专家、官员组成的小组，专门讨论发达国家和发展中国家的双边税收协定签署事宜。1980 年，联合国开始实施双边税收协定范本《关于发达国家与发展中国家间避免双重征税的协定范本》(简称联合国协定范本)。该协定范本以 OECD 协定范本为基础，但不同的是，该版本更加强调资本输入国即来源国（更多的为发展中国家）的利益，如扩大常设机构的认定范围，对于来源国征收的股息、利息、特许权使用费预提税率不做上限规定等。此后，联合国也定期对协定范本进行更新和修订。

主要国际组织发布的协定范本如表 13–2 所示。

表 13–2　主要国际组织发布的协定范本

协定范本	主导国或国际组织	积极所得	消极所得		
		营业利润	股息	利息	特许权使用费
1928 年国际联盟协定范本	国际联盟协调下，主要参与国为美国和欧洲国家	由来源国依据常设机构优先征税	由居民国征税，来源国可以征收预提税		
1943 年墨西哥协定范本	拉美国家为主导	仅在来源国征税	仅在来源国征税		仅在来源国征税，文学艺术类除外
1946 年伦敦协定范本	欧洲和美国	由来源国依据常设机构优先征税	应由居民国征税	应由居民国征税，但来源国可征收一定比例预提税	应由居民国征税，不动产与自然资源类除外
1977 年 OECD 协定范本	OECD 国家主导	由来源国依据常设机构优先征税	应由居民国征税，但来源国可以征收预提税（持股 25% 以上，预提税比例不超过 5%；其他情况下不超过 15%。设定了对持股达到一定条件的低预提税税率）	应由居民国征税，但来源国可以征收预提税（预提比例不超过 10%）	应由居民国征税
1980 年联合国协定范本	联合国协调下，发达国家和发展中国家参与	由来源国依据常设机构优先征税	来源国可以征收预提税，比例由缔约国双方商议		

注：“OECD 协定范本”和“联合国协定范本”历经多次修订，表中仅列示修订变化较大的版本。

资料来源：悉尼大学图书馆网站。

双边税收协定的谈签有效解决了双重征税问题，促进了国际投资和贸易的发展，但随着跨国经济活动不断增多，形式也更加复杂，引发了新的问题——双重不征税。跨国公司利用双边税收协定中的一些条款和规定进行全球税收筹划安排，如通过转让定价①使利润在低税率或零税率国家产生，亏损在高税率国家产生或利用双边税收协定对不同资金类型的待遇进行利于自己的安排。在美国的推动下，OECD在1979年发布转让定价指南，并指出转定定价指南的双重目的，一是避免纳税人由于双重征税加重税收负担，二是防止跨国公司通过转让定价造成税基侵蚀与利润转移。20世纪80年代，美国将一些基于利润的分割方法引入转让定价分析，如可比利润法（Comparable Profits Method）和利润分割法（Profit Split Method），基于此OECD在1995年更新了转让定价指南。一些国家也采取了打击跨国企业避税行为的单边措施，如美国在1962年出台的受控外国公司法规（Controlled Foreign Corporation，CFC）。

跨境经济的发展使各国的税收政策变得相互依赖，各国共享流动的跨国资本的税基，每个国家的政策选择相互影响，各国之间对资本的税收竞争随之而来。在过去，国际税收解决的主要矛盾是资本输出国和资本输入国之间的矛盾，然而，随着全球化和跨国公司的发展，大国和小国（主要指避税天堂）之间的矛盾也开始显现。一些较小的内陆国家和沿海小岛通过竞争性的税收政策（如所得税税率为零）和严密的金融保密措施吸引了大量的跨国公司和个人投资，对传统税收国家的税基造成侵蚀。为了打击这种有害的税收竞争，1975年，澳大利亚和法国首次将避税天堂黑名单用于国家税收政策制定。在七国集团（G7）财长会议的推动下，OECD从1996年开始采取措施打击这种有害税收竞争，在1998年发布一份题为《有害税收竞争：一个全球性问题》的报告并设立有害税收竞争论坛（FHTP）专门讨论该问题，随后2000年发布的《认定和消除有害税收行为的进程》报告中列举了35个避税地和47个有害税收制度清单。但由于该行动遭到了美国的反对，最终并未取得很好的效果。2001年之后，OECD将有害税收竞争关注的重点放在加强国家之间的税收信息交流和透明度（尤其是避税地国家）上。2002年，OECD发布了《税收信息交换协定范本》（TIEA），该范本为国家间签署税收信息交换协定提供参考和支持。TIEA范本发布后，只有少数国家签署，在

---

① 转让定价（Transfer Pricing）是指关联企业之间在销售货物、提供劳务、转让无形资产等时制定的价格。在跨国经济活动中，利用关联企业之间的转让定价进行避税已成为一种常见的税收逃避方法，其一般做法是：高税国企业向其低税国关联企业销售货物、提供劳务、转让无形资产时制定低价；低税国企业向其高税国关联企业销售货物、提供劳务、转让无形资产时制定高价。这样，利润就从高税国转移到低税国，从而达到最大限度减轻其税负的目的。

2002 年有 6 个国家签署，2002—2008 年有 44 个国家签署。2005 年，OECD 在其协定范本中增加了信息交换的条款，该条款扩大了协定缔约国双方信息交换的范围，即从国内税收管理的“必要信息”扩展到“可预见的信息”，该条款规定国内银行保密规定不能作为拒绝提供所要求信息的理由。随后在 2008 年，联合国也在其协定范本中增加该条款。

1954—2008 年国际税收制度的发展如图 13-2 所示。

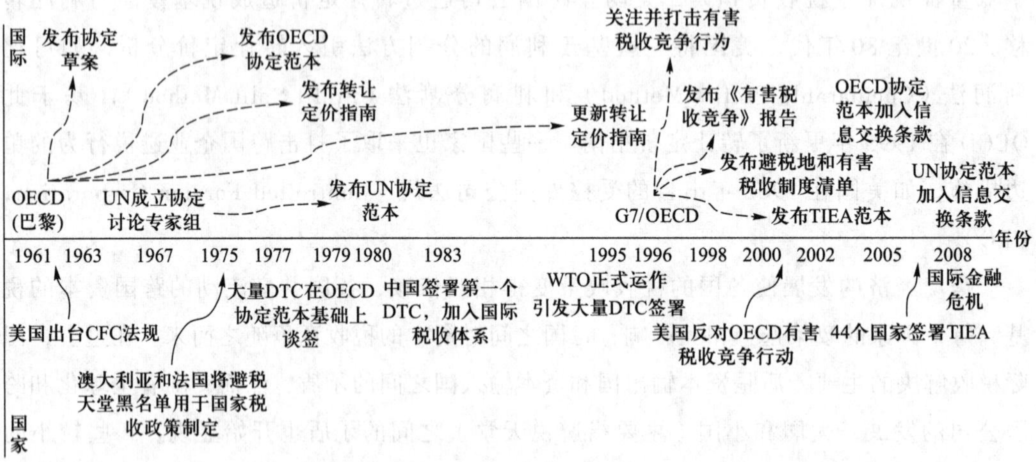

图 13-2 1954—2008 年国际税收制度的发展

可以看出，OECD 在国际税收制度中发挥了至关重要的作用，并成为国际税收事务的领导机构，甚至被称为“国际税收政策的主要论坛”“国际税收事务专家机构”和“非正式的世界税收组织”。在 OECD 的主导下，国际税收制度在 20 世纪 60 年代后逐步完善成熟。一是在 OECD 协定范本指引下，大量的双边税收协定签署，庞大的双边税收协定网络成为国际税收法律体系运行的基础。二是国际税收关注的税收问题不再局限于解决双重征税，对于其他税种及国家间的税收合作等问题也进行了讨论。三是全球化和跨国公司的发展使“双重不征税”“避税地”以及国家之间的税收竞争等问题引发关注，为此，在 G7、OECD 和一些国家的推动下，加强了在转让定价管理、有害税收竞争打击以及税收信息交换等方面的努力和合作，但总体来看，由于国家意见的不统一，这一阶段对于逃税和避税的打击是比较温和的。

（三）转型与改革（2009 年至今）

2008 年国际金融危机和 2010 年欧元区债务危机后，国际税收治理面临新的形势，饱受危机折磨和负债累累的政府急于增加收入，各国加强了打击国际逃避税行为的合作和努力。尤其是 2008 年瑞士银行协助美国客户逃税被罚 7.8 亿美元、2014 年卢森堡泄密事件"Luxleaks"[①]、2016年巴拿马文件泄露事件"Panama Papers"[②]和欧盟起诉苹果公司避税等案件的曝光，使得国际税收失去了非政治化和技术性的光环，成为各国社会和民众关注的重点。国家的回归、大型新兴市场国家（中国和印度等）的崛起、逆全球化和民族主义、经济数字化四大因素催生了国际税收体系的变革。在这一阶段，二十国集团（G20）[③]在全球税收治理中充当了国际税收议程的制定者和共识的构建者的角色。OECD与G20而非G7的合作更加密切。在G20的支持下，OECD仍旧在国际税收规则的制定中发挥主导作用。但随着发展中国家实力的增强和国际话语权的提升，发展中国家、公民社会组织以及学者开始质疑OECD作为一个成员国有限的政府之间的组织成为国际税收规则和标准制定机构的合理性。OECD开始创造机制，将更多的发展中国家纳入其组织框架，在过去被边缘化的国家更多地被纳入全球税收对话中。金融危机后，国际税收领域的合作主要体现在两大方面，一是延续20世纪末的"透明度和信息交换行动"，二是由G20和OECD发起的旨在打击国际逃避税的税基侵蚀与利润转移计划（BEPS）。

金融危机后，国际税收领域关注的重点转向对跨国公司和个人国际逃避税行为的打击。在G20、OECD推动下，主要的努力集中在两大方面：一个是通过"透明度和情报交换"计划终结银行保密制度；二是通过BEPS行动计划有效打击跨国企业的税基侵蚀和利润转移行为，并出台措施应对数字化给国际税收规则带来的挑战。在这一时期，G20和OECD仍是国际税收治理体系的重要主导者。

专栏13-2 党的十八以来我国参与国际税收治理大事记

党的十八大以来，习近平在国内外重大会议上多次对我国参与国际税收全球治理发表重要论述，中国也采取了系列行动积极参与国际税收治理体系的改革，努力发挥在国际税收治理领域的大国责任。

2013年1月，首份金砖国家税务局长会议公报签署，金砖国家间的税收合作开启了新的征程。

---

① 2014年11月，国际调研记者协会得到一批多达2.8万页的泄漏文件，揭示了340家大型企业利用卢森堡进行避税的巨大规模。文件描述安永、毕马威、德勤和普华永道四大会计师事务所为这些大型企业安排的"积极税务结构"。

② 超过1 150万份的2.6 TB的内部文件泄露，这些数据涉及超过20万家离岸企业及全球12位现任国家和首脑本人的资产隐匿。

③ 由七国集团财长会议于1999年倡议成立，由阿根廷、澳大利亚、巴西、加拿大、中国、法国、德国、印度、印度尼西亚、意大利、日本、韩国、墨西哥、俄罗斯、沙特阿拉伯、南非、土耳其、英国、美国以及欧盟20方组成。

2016年，承办第十届税收征管论坛（FTA）大会，会议期间签署双边或多边税收协定及达成合作意向11个，被时任FTA主席爱德华·楚普誉为“FTA历史上最成功的一次大会”。

2017年，主办第五届金砖国家税务局长会议，签署金砖税务合作的第一份机制性文件——《金砖国家税务合作备忘录》，首次将金砖国家税收领域合作上升至制度层面。

2018年，主办第48届亚洲税收管理与研究组织（SGATAR）年会，各成员就分享改善税收营商环境先进做法、探索合作开展能力建设项目等内容达成重要共识。

2019年4月18日，来自85个国家（地区）税务部门、16个国际组织以及多家学术机构和跨国企业的350余名代表出席首届“一带一路”税收征管合作论坛，在中国税务部门的倡议下，建立了“一带一路”税收征管合作机制。

2021年，中国加入应对经济数字化税收挑战“双支柱”方案多边共识。在共识形成过程中，中国财税部门积极通过多边协商解决全球共同问题，同时妥善维护中国税收利益。

第二节 国际重复征税的消除

一、消除国际重复征税的基本原则

国际税收体系建立所要解决的首要问题就是如何消除国际重复征税。要解决这个问题，首先要从理论上确定对于跨境所得应该如何征税、由谁来征税，即对于跨国经济活动所产生的收入应该按照什么合适的水平进行征税，以及征税所得的收入应该在相关国家之间如何分配。根据国际税法学家们的观点，对这个问题的回答就是国际税收的两个基本原则。

第一个原则是单一课税原则，也就是跨国经济活动所产生的收入应该只被课征一道税，不多也不少，否则就会产生跨国经济活动的重复征税。来源国可能由于来源地管辖要求对来源于本国的全部所得征税，而居民国如果再次征税的话就会形成重复征税。要实现单一课税就需要来源国和居民国之间进行协调。第二个原则是受益原则，也就是将对积极所得（如营业利润）的征税权主要给予来源国，将消极所得（如股息、利息、特许权使用费）的征税权主要给予居住国。

因此，现行的国际税收规则消除重复征税的基本思路是，一方面限制来源国的部分征税权，另一方面通过居民国对于境外已经缴纳的税款给予减免，从而实现减轻或消除国际重复征税的目标。

二、消除重复征税的主要方式

国际税收规则中对来源国征税权的限制主要是通过税收协定对来源国关于经营所得征税权和投资所得征税权进行约束。具体表现为，跨国企业如果通过设立机构、场所（如分企业）到境外从事经营活动所取得的利润，来源国是否有权对其征税，主要是看该机构、场所在来源国是否构成常设机构，只有构成了常设机构，来源国才有权对这笔利润征税，否则由居民国征税。跨国企业如果通过持有股权、债权或无形资产所有权的形式在来源国从事投资活动，并没有在来源国设立常设机构或虽设立了常设机构但所从事的消极投资活动并没有通过该常设机构进行，这时来源国有权以预提所得税的方式对跨国企业从本国取得的股息、利息、特许权使用费等消极投资所得征税。但预提所得税的税率一般要低于企业所得税税率，居民国需要通过与来源国签订税收协定对预提所得税的税率进行限定。

与此同时，居民国在国内税法中往往会对于境外已纳税款的税收处理给予明确，主要包括抵免法、免税法、扣除法和低税法四种，运用最为普遍的是抵免法和免税法，我国采用抵免法来消除重复征税。OECD 税收协定范本和联合国税收协定范本也推荐抵免法和免税法作为消除重复征税的方法。此处先对免税法、扣除法和低税法进行介绍，下文介绍我国采用抵免法消除重复征税的具体情况。

（一）免税法

免税法也称为“豁免法”，是指居民国政府对其居民来源于非居民国的所得，在一定条件下免予征税。在实际应用中，根据各国实行的所得税制，是采用比例税率还是累进税率，以及是否通过双边税收协定的途径来实现免税。免税法又分为全额免税和累进免税两种形式。

全额免税法一般指居民国政府在对其居民的国内所得征税时，仅以国内所得部分确定税率。累进免税法是指居民国政府对其居民的国外所得要并入国内所得适用税率，但在计算应纳税额时仅以国内所得为税基，适用于使用累进所得税税率的国家。

假定 A 国 a 公司在某纳税年度总所得 140 万元，其中来自 A 国所得 90 万元，来自 B 国所得 50 万元。A 国实行全额累进税率：应税所得在 50 万元（含）以下的适用税率 20%，50 万 ~ 100 万元适用税率 30%，100 万元以上适用税率 40%；B 国实行 30% 的比例税率。

第一种情形，A 国实行全额免税法。

A 国应征所得税额：90 × 30%=27（万元）

B 国已征所得税额：50 × 30%=15（万元）

A 公司共纳所得税：27+15=42（万元）

A 国少征税：140×40%-27=29（万元）

第二种情形，A 国实行累进免税法。

A 国应征所得税额：90×40%=36（万元）

B 国已征所得税额：50×30%=15（万元）

A 公司共纳所得税：36+15=51（万元）

A 国少征税：56-36=20（万元）

从一些国家的实践来看，能够享受免税的国外所得必须来源于那些课征与本国相似所得税的国家。享受免税的国外所得一般应为本国纳税人从国外分红取得的利润或从参股比重达到一定的居民公司分得的股息、红利。实行免税法的国家对境外分公司的亏损一般也不允许冲减总公司的利润，境外费用一般也不允许扣除。同时，实行免税法的国家一般都采取累进免税法。

（二）扣除法

扣除法也称为“列支法”，即居民国政府对其居民取得的国内外所得汇总征税时，允许居民将其向外国政府缴纳的所得税作为费用在应税所得中予以扣除，就扣除后的余额计算征税。这种方法实际上就是居民国政府将其居民的国外所得的税后收益并入该居民的国内所得内一起征税。

假定甲国居民在 2023 纳税年度内来自甲国的所得为 10 万元，来自乙国的所得为 2 万元。甲国政府规定的所得税税率为 40%，乙国所得税税率为 50%。那么：

居民总所得：10+2=12（万元）

减：已纳乙国税款：2×50%=1（万元）

应税所得额：12-1=11（万元）

实缴甲国税款：11×40%=4.4（万元）

扣除法操作虽然较为简单，但是不能完全消除国际重复征税。因此，OECD 范本和联合国范本都不主张在国与国之间签订的双重征税协定中采用扣除法解决国际双重征税问题，只有个别国家国内法中将其作为消除双重征税的备选方案。

（三）低税法

低税法是居民国政府对其居民国外来源的所得，采用单独制定较低的税率征收标准，以减少重复征税的因素。

假定甲国某居民 2023 纳税年度内来自国内所得 80 万元，来自乙国所得 20 万元，甲国的所得税税率为 35%，但对本国居民来源于国外的所得规定适用 10% 的低税率征税，乙国的所得税税率为 40%。

该居民应纳甲国税收：（80+20）×35%=35（万元）

已纳乙国税收：20×40%=8（万元）

甲国实征税收：80×35%+20×10%=30（万元）

居民纳税总额：30+8=38（万元）

甲国放弃税收：35−30=5（万元）

在重复征税条件下，该居民需纳税 43 万元（35+8），而在低税法条件下，则要纳税 38 万元，少缴纳了 5 万元税款。

单独采用低税方法的国家很少，只是一些国家在采用抵免法的同时，对重复征税问题灵活处理的一种方式。

三、我国消除重复征税的制度框架

在国内法方面，我国现行的企业境外所得税收抵免制度包括《中华人民共和国企业所得税法》第二十三、二十四条，《中华人民共和国企业所得税法实施条例》第七十六至第八十一条，《财政部、国家税务总局关于企业境外所得税收抵免有关问题的通知》（财税〔2009〕125 号）、《企业境外所得税收抵免操作指南》（国家税务总局公告 2010 年第 1 号）等一系列相关的法律法规和政策性文件。

在国际税收协定方面，我国主要采用抵免法，具体又分为直接抵免和间接抵免。在消除重复征税条款中基本采用抵免法，和部分国家协定中明确采用直接抵免和间接抵免相结合的方法，在和一些国家的税收协定中接受或者相互给予税收饶让待遇。具体如表 13−3 所示。

表 13−3 我国对外谈签税收协定中关于消除重复征税方法的规定

抵免方法	仅直接抵免	新西兰、亚美尼亚、乌兹别克斯坦、南斯拉夫、马其顿、埃及、老挝、塞舌尔、菲律宾、南非、巴巴多斯、摩尔多瓦、卡塔尔、古巴、委内瑞拉、哈萨克斯坦、阿曼、尼日利亚、伊朗、巴林、希腊、吉尔吉斯斯坦、摩洛哥、斯里兰卡、阿尔巴尼亚、文莱、阿塞拜疆、格鲁吉亚、沙特、澳门特别行政区共计 30 个国家和地区
	直接抵免与间接抵免相结合	控股要求 10%：日本、美国、法国、英国、比利时、德国、马来西亚、挪威、丹麦、新加坡、芬兰、加拿大、瑞典、泰国、意大利、荷兰、斯洛伐克、波兰、澳大利亚、保加利亚、巴基斯坦、科威特、瑞士、塞浦路斯、西班牙、罗马尼亚、奥地利、巴西、蒙古、匈牙利、马耳他、阿联酋、卢森堡、韩国、俄罗斯、巴布亚新几内亚、印度、毛里求斯、克罗地亚、白俄罗斯、斯洛文尼亚、以色列、越南、土耳其、乌克兰、牙买加、冰岛、立陶宛、拉脱维亚、孟加拉国、苏丹、葡萄牙、爱沙尼亚、爱尔兰、尼泊尔、印度尼西亚、突尼斯、特立尼达和多巴哥、墨西哥、阿尔及利亚、叙利亚、捷克、香港特别行政区共计 63 个国家和地区
		控股要求 20%：塔吉克斯坦、埃塞俄比亚、土库曼斯坦、赞比亚、芬兰共计 5 个国家

续表

饶让抵免	对方单给	日本、英国、丹麦、芬兰、阿联酋、加拿大、新西兰、新加坡、澳大利亚、科威特共计 10 个国家
	双方互给	马来西亚、意大利、泰国、南斯拉夫、马耳他、毛里求斯、巴布亚新几内亚、韩国、印度、越南、牙买加、马来西亚、巴基斯坦、葡萄牙、塞舌尔、马其顿、古巴、阿曼、突尼斯、摩洛哥、斯里兰卡、保加利亚、塞浦路斯、特立尼达和多巴哥、文莱、沙特、埃塞俄比亚共计 27 个国家

资料来源：国家税务总局网站。

（一）我国的直接抵免制度

直接抵免是指居民国政府对其居民纳税人在非居民国直接缴纳的所得税款，允许冲抵其应缴本国政府的所得税款。直接抵免适用的范围包括三个方面：

一是总公司在国外的分公司直接缴纳的外国企业所得税。众所周知，总公司与分公司（分支机构）属于同一个经济实体，相互之间是有隶属关系的。分公司作为总公司的派出机构，在国外不具有独立法人的地位，其在国外取得的所得也就是总公司的国外所得。因此，分公司向外国政府缴纳的所得税，可视同总公司直接缴纳并给予直接抵免。所以，直接抵免适用于处理来源国政府和居住国政府与总公司和分公司之间的重复征税问题，通常是居住国政府对其总公司所属的外国分公司所缴纳的外国政府公司所得税，允许总公司在应缴本国政府的公司所得税内给予抵免。

二是跨国纳税人在国外缴纳的预提所得税。如国外子公司付给国内母公司股息时，缴纳外国政府的汇出利润所得税，即预提所得税，实际上是由国内母公司直接承担的，因而可视同母公司直接缴纳并给予直接抵免。

三是跨国纳税人在国外缴纳的个人所得税。对于跨国自然人来说，直接抵免的范围还包括个人在国外缴纳的工资、薪金、劳务报酬等个人所得税，但必须是同一跨国自然人向非居住国已缴纳的个人所得税。对于不同跨国自然人向非居住国已缴纳的个人所得税则不能彼此进行直接抵免。

在实践中，直接抵免又可分为全额抵免和限额抵免两种方法。

1. 全额抵免

全额抵免是指居民国政府对其居民纳税人的国内和国外所得汇总计征所得税时，允许居民将其向外国政府缴纳的所得税款从中予以全部扣除。其计算方法比较简单，以居民纳税人来源于居民国和非居民国的全部所得额，乘以居民国政府规定的税率，减去已纳非居民国政府的所得税额，即为实纳居民国政府的所得税额。

假定甲国一居民纳税人在 2023 纳税年度内来自甲国所得为 10 万元，来自乙国所得 6 万元，甲国政府规定的所得税税率为 40%，乙国所得税税率为 50%。

在全额抵免方法下，该居民纳税人实际向甲国政府缴纳的所得税税额为：

$$（10+6）\times 40\%-6\times 50\%=3.4（万元）$$

由此可见，甲国政府对该居民纳税人国内所得本可征税 4 万元（即 10×40%），而采用全额抵免方法后，甲国政府实际只征税 3.4 万元，少征 0.6 万元的所得税款。虽解决了双重征税问题，但却产生了税收的国际转移问题，即由甲国向乙国转移。所以在实行抵免法的国家中，采用全额抵免的国家较少，多数国家都是采用普通抵免，或称为限额抵免。

2．限额抵免

限额抵免即指居民国政府对其居民纳税人的国内和国外所得汇总计征所得税时，允许居民纳税人将其向外国政府缴纳的所得税款从中扣除，但扣除额不得超过其国外所得额按照本国税法规定的税率计算的应纳税额。我国的企业所得税法和个人所得税法都采用限额抵免法。

抵免限额＝中国境内、境外所得依照企业所得税法和相关条例的规定计算的应纳税总额 × 来源于某国（地区）的应纳税所得额 ÷ 中国境内、境外应纳税所得总额

也可简化为：

抵免限额 = 来源于某国（地区）的应纳税所得额 ×（中国境内、境外所得依照企业所得税和相关条例的规定计算的应纳税总额 ÷ 中国境内、境外应纳税所得总额）= 来源于某国（地区）的应纳税所得额 × 中国企业所得税税率

假定中国某居民纳税人在 2023 纳税年度内，来自国内所得 10 万元，来自甲国所得 5 万元，甲国企业所得税税率与中国企业所得税税率均为 25%。

居民应税所得总额：10+5=15（万元）

境外实际缴纳甲国所得税：5×25%=1.25（万元）

按照抵免限额应纳中国企业所得税税额：5×25%=1.25（万元）

因此，可以全额抵免全部计算为：（10+5）×25%−5×25%=2.5（万元）

在这种情形下，重复征税可以得到完全消除。但是实际上，甲国的企业所得税税率可能高于或低于中国。如果甲国的企业所得税税率低于中国，企业仍只能按照中国 25% 的税率计算抵免限额；如果甲国的企业所得税税率高于中国，企业超出 25% 税率计算的抵免限额的余额，按照税法规定可以在以后 5 个纳税年度内进行结转抵免。

（二）我国的间接抵免制度

间接抵免是居民国政府对其母公司来自外国子公司股息的相应利润所缴纳的外国政府所得税，允许母公司在应缴本国政府的公司所得税内进行抵免。间接抵免适用于跨国母子公司之间的税收抵免。对于居民国母公司的外国子公司所缴纳的外国政府所得税，由于子公司与母公司分别属于两个不同的经济实体，所以这部分外国所得税不能视同母

公司直接缴纳，不可以从母公司应缴居民国政府所得税中直接抵免，而只能给予间接抵免。

根据企业所得税法及其实施细则，如果我国居民企业（母公司）的境外子公司在所在国（地区）缴纳企业所得税后，将税后利润的一部分作为股息、红利分配给该母公司，子公司在境外就其应税所得实际缴纳的企业所得税税额中按照母公司所得股息占全部税后利润之比的部分即属于该母公司间接负担的境外企业所得税额。

1. 持股条件要求

中国居民企业在用境外所得间接负担的税额进行税收抵免时，其取得的境外投资收益实际间接负担的税额，是指根据直接或者间接持股方式合计持股20%以上（含20%，下同）的规定层级的外国企业股份，限于三层外国企业：

第一层：单一居民企业直接持有20%以上股份的外国企业；

第二层：单一第一层外国企业直接持有20%以上股份，且由单一居民企业直接持有或通过一个或多个符合该持股条件的外国企业间接持有总和达到20%以上股份的外国企业；

第三层：单一第二层外国企业直接持有20%以上股份，且由单一居民企业直接持有或通过一个或多个符合该持股条件的外国企业间接持有总和达到20%以上股份的外国企业。

这里的“持股条件”是指，各层企业直接持股、间接持股以及为计算居民企业间接持股总和比例的每一个单一持股，均应达到20%的持股比例。

2. 计算公式

某一层公司从应分得的股息、红利等权益性投资收益中，从最低一层外国企业起逐层计算属于由上一层企业负担的税额，其计算公式如下：

本层企业所纳税额属于由一家上一层企业负担的税额=（本层企业就利润和投资收益所实际缴纳的税额+符合规定的由本层企业间接负担的税额）×本层企业向一家上一层企业分配的股息（红利）÷本层企业所得税后利润额

其中，本层企业是指实际分配股息（红利）的境外被投资企业；本层企业就利润和投资收益所实际缴纳的税额是指本层企业按所在国税法就利润缴纳的企业所得税和在被投资方所在国就分得的股息等权益性投资收益被源泉扣缴的预提所得税；由本层企业间接负担的税额是指该层企业由于从下一层企业分回股息（红利）而间接负担的由下一层企业就其利润缴纳的企业所得税税额；本层企业向一家上一层企业分配的股息（红利）是指该层企业向上一层企业实际分配的扣缴预提所得税前的股息（红利）数额；本层企业所得税后利润额是指该层企业实现的利润总额减去就其利润实际缴纳的企业所得税后的余额。

假定中国母公司在甲国设立一子公司，2023 年子公司所得为 1 000 万元，甲国公司所得税率为 30%，子公司缴纳甲国所得税 300 万元（即 1 000 × 30%），并从其税后利润 700 万元（即 1 000–300）中分配给中国母公司股息 100 万元。

母公司来自子公司的所得：100+300 ×［100 ÷（1 000–300）］= 142.857 1（万元）或：100 ÷（1–30%）= 142.857 1（万元）

母公司应承担的子公司所得税：300 ×［100 ÷（1 000–300）］= 42.857 1（万元）或：100 ÷（1–30%）× 30% = 42.857 1（万元）

间接抵免限额：

142.857 1 × 25%=35.7（万元）

可抵免税额：

由于母公司已纳（承担）国外税额 42.857 1 万元，超过抵免限额，故只可抵免 35.7 万元。

（三）税收饶让

税收饶让是指一国政府对本国居民在国外得到减免的那部分所得税，视同已经缴纳，并允许其用这部分被减免的外国税款抵免在本国应缴纳的税款。因此，税收饶让不是一种消除国际重复征税的方法，而是在抵免法框架下，居民国对从事国际经济活动的本国居民采取的一种税收优惠措施。

一些国家政府为了吸引外国资本，鼓励其他国家居民来本国投资，以有利于发展本国经济，往往给予外国投资者以一定的所得税减免优惠。然而，若投资者居住国实行税收抵免方法，并根据该投资者在国外实际缴纳的所得税款给予限额抵免，而并不将外国政府对该投资者的减税、免税部分视为国外已征税款给予抵免的话，这些减免税优惠措施并不能真正落到企业身上。因此，在避免双重征税协定中，双方可以协商加入税收饶让条款。

假定在某一纳税年度内，中国企业总公司来自国内所得 1 000 万元。来自其设在乙国的分公司所得 500 万元，乙国税法规定的所得税率为 30%，并给予该分公司减半征收公司所得税的优惠待遇。

在饶让抵免下，该总公司应向乙国政府缴纳的所得税额计算如下：

分公司实际缴纳的乙国所得税：

500 × 30% ÷ 2=75（万元）

可饶让的减免税额：

500 × 30% ÷ 2 = 75（万元）

抵免限额：

500 × 25%=125（万元）

可抵免税额：

由于分公司实缴乙国税额与可饶让的减免税额共 150 万元（即 75+75），超过了抵免限额，即可抵免税额 125 万元。

总公司实缴中国所得税：

$$（1\ 000+500）\times 25\%-125=250（万元）$$

在税收饶让抵免下，分公司在乙国所获得的减免税优惠 75 万元，连同其实缴乙国所得税 75 万元，均已被中国政府核准从总公司应缴税额中予以直接抵免。乙国给予分公司的减免税 75 万元，已全部转化为总公司的税后利润，从而使总公司真正获得其分公司在乙国的税收优惠的好处。

第三节 国际避税与反避税

由于各国税制差异以及跨国税收征管信息的不对称，国际避税也成为全球化时代的税收焦点问题之一，尤其是关联企业之间通过税收筹划的方式进行避税，侵蚀了各国的税基。因此，国际反避税规则是国际税收制度的重要内容。

一、国际避税的含义及产生的原因

荷兰国际财政文献局对避税的定义是："避税一词指的是用合法手段以减少税收负担。该词含有贬义，通常表示纳税人通过个人或企业活动的巧妙安排，钻税法上的漏洞、反常和缺陷，谋取税收利益。"经济学家萨缪尔森在分析美国联邦税制时指出："比逃税更加重要的是合法地规避赋税，原因在于议会制定的法规有许多'漏洞'，听任大量的收入不上税或者以较低的税率上税"。

由此可以看出，一方面，避税与偷税无论是从动机还是最终结果来看，两者之间并无绝对明显的界限。但是，避税与偷税毕竟是两个不同的概念，其重要区别在于是否非法。避税是利用税法中的某些漏洞或税收鼓励，来达到减轻税负的目的，因而它并不违法。而偷税则是非法的，是违法犯罪行为。另一方面，避税是钻税法的空子，利用税收漏洞，有悖国家政府的税收政策导向，似乎有悖于道德上的要求。避税与节税相比，主要的区别在于，前者虽不违法，但有悖国家税收政策导向和意图；而后者则是完全合法的，甚至是税收政策予以引导和鼓励的。

贸易全球化、投资全球化和金融全球化所引发的经济要素的全球自由流动与各国独立自主的税收管辖权之间的矛盾构成了跨国避税产生的客观原因。这种矛盾会导致两个方面的问题。其一，各国之间税收信息的不透明形成跨国避税的前提条件。获得税收信息是进行税收征管的前提条件，在全球化的背景下，纳税人的财产分布和收入来源是全球分布的。但是，各国独自拥有其管辖区内的税收信息，为此各国税务机构对纳税人的海外税收信息的掌控十分困难。其二，各国税制的不同所导致的差异成为跨国避税产生的前提条件。各主权国家享有独立的税收立法权和税收管辖权，如各国在税率、税基和征税范围等方面都可能存在不同。各国的国内法对税收居民和收入来源等的判断标准也有诸多差异。国际税收协调虽然可以在一定程度上减少各国税制的差异，但是税收主权是各国最难达成妥协的领域，因此这种差异还会长期存在。

就纳税人主观的原因来说，无论是自然人还是法人，他们作为纳税人都是“经济人”，追求利益最大化是“经济人”的目标，也是跨国纳税人的目标。跨国纳税人往往进行的是跨国的经济活动，比如跨国贸易活动、跨国投资活动和跨国金融活动等，可以更加方便地进行人员和资产的流动。因此，他们有条件利用国际税收信息的不透明和国家间税制差异进行避税活动。同时，跨国纳税人同一般纳税人相比，往往具有更加雄厚的经济实力和资源雇佣专业的法律和财务人员进行跨国避税安排。随着经济全球化的深入，跨国经营和投资越来越多，国内、国际税收管理的问题日趋复杂，随之而来的跨国避税问题也日益突出。国际避税的直接后果是导致国家财政收入的损失，间接后果是导致税收制度的公平缺失。

因此，针对跨国纳税人避税行为导致的税基侵蚀与利润转移，一些国家出台反避税的制度。反避税国际税收规则的产生和形成是打击激进的国际避税活动、维护公平合理国际税收秩序的重要内容。

二、国际反避税的主要规则

反避税国际税收规则最早形成于英国、美国等资本输出国家，随着资本流向变得更加多元，尤其是20世纪90年代以来一些发展中国家也纷纷从立法和管理两个方面强化反避税工作，并将其作为维护本国税收利益的重要手段。经济合作与发展组织、联合国等国际组织将一些国家的反避税规则形成指南进行推广，并不断推动反避税的多边合作机制建立，使得反避税国际税收规则日趋完善。

20世纪初，西方主要资本主义国家的税制由以关税为主导的消费税向以所得税为主导的税制进行过渡。随着国际投资的逐步扩大，一些资本输出国开始酝酿出台国际反避税规则。1915年和1925年，澳大利亚和荷兰确立了最早的一般反避税规则（General Anti-tax Avoidance Rule，GAAR），引入了商业实质的原则，并对该原则进行了具体的说明。

英国于1915年首先颁布了有关转让定价税收法规，美国随后于1917年在其战时收入法案中制定了转让定价规则，准许国内收入署对关联企业的所得额和扣除额进行调整。1921年美国国会授权国内收入署署长决定关联企业和合伙公司间的应税项目是否合并申报；1928 年又将该汇总申报纳税条款，以收入法令第 45 节独立分类。这些转让定价反避税条款主要是为了阻止各类公司通过低估或者高估跨国业务价格把利润转移到国外关联企业。1946 年国际联盟专家委员会制定了《所得税、财产税、遗产税和继承税的查定和征收中建立相互行政协助的关系的协定范本》（伦敦范本），这是最早的国际多边反避税措施。

针对已出现的各种特定避税方式以及预计可能发生的避税行为，可以通过制定相应的反避税具体条款和一般条款，以至逐步形成完整系统的反避税法规，来完善反避税立法。

（一）特别反避税规则

1. 转让定价规则

世界上最早的转让定价规则于 1915 年在英国颁布，禁止各类公司通过高估或低估跨国交易的价格把利润转移到国外的关联公司，否则税务机关有权对不合理的价格进行调整。美国是最早建立较为系统的转让定价制度的国家。美国的转让定价法律及规章的发展总体可以划分为：从合并申报到分配调整阶段（1917—1935 年），独立交易标准的确立阶段（1935—1968 年），独立交易标准及转让定价方法完善阶段（1968—1996 年）及转让定价体系全面深化发展阶段（1996 年至今）。立法起源可追溯至 1917 年的《战时收入法案》，为应对当时受控方之间交易价格滥用情况，国内收入局（IRS）被授权可以对关联企业之间的收入和扣除做出分配调整，规定企业应当提供关联交易信息，税局局长（税局）可以要求关联企业提交合并纳税申报表，“在任何必要时以公平确定投入资本或应税所得”。1921 年的《收入法案》授予 IRS 直接合并关联企业账表的权利，以实现“收益、利润、收入、扣除或资本在关联贸易或经营之间准确分配或划分”。该项立法在执行中，存在被滥用和被规避的问题，当时立法规定允许纳税人向税局申请许可合并纳税申报，为滥用提供了空间，并且合并申报不适用于海外属地公司[①]的规定也为避税安排提供了空间。

OECD 于 1979 年开始发布第一版《跨国公司与税务机关转让定价指南》（简称“OECD 指南”），随后不定期进行更新，最新的一版于 2017 年更新并同时以活页的形式将转让定价领域的最新发展和最佳实践进行总结和推广。2020 年 OECD 发布关于金融交易的转让定价指南，2021 年又对新冠疫情影响下的转让定价给出了指引。OECD 转让定价指南对于很多国家转让定价税制起到了显著的影响。

1982 年 5 月，联合国跨国公司委员会制定了《跨国公司行为守则（草案）》，明确规定跨国公司必须尊重东道国的国家主权，接受东道国的管理和监督。如因企业之间存

① 海外属地公司主要是指美国企业在波多黎各等海外属地设立的关联公司，美国企业利用美国税法对源于海外属地公司所得的税收优惠，通过受控交易将美国境内利润转移至波多黎各等低税率区。

在特殊关系（即指关联企业）而会计核算没有正确反映发生在一国的应税所得额时，为了正确计算税收，该国的税务主管当局可对该企业的应税所得进行调整，并据以征税。为了帮助发展中国家增强转让定价的管理能力，随后联合国又编写了《联合国发展中国家转让定价实用手册》。联合国转让定价手册更新的频率没有 OECD 指南那么快，但也于 2017 年发布了最新版本，对于发展中国家的能力建设起到了积极作用。

2．受控外国公司规则

利用在外国建立受控公司特别是运用避税港进行避税，是跨国纳税人减轻税负常用的手段之一。美国等国家对于滞留在避税港的利润有推迟课税的规定，即本国公司在海外子公司的利润不汇回不对其征税，只有汇回母公司时再对其课税。对这些转移到避税地的利润征税，跨国纳税人利用避税地基地公司进行避税的计划就不能得逞。这种取消推迟课税的规定以阻止跨国纳税人利用避税地基地公司进行避税的立法，被称为对付避税地的法规或受控外国公司规则（CFC Rules）。

美国是第一个通过受控外国公司立法的国家，此后德国、加拿大、日本、法国等 20 多个国家先后制定了自己的 CFC 规则。我国于 2008 年在企业所得税法反避税条款中首次引进对受控外国公司的税制监管条例，明确了“并非由于合理的经营需要而对利润不作分配或者减少分配的”这部分利润同样负有相应的纳税义务，限制了本国居民公司利用避税地进行“延期纳税”，从法律的高度赋予了税务机关对受控外国公司不合理保留利润行为依法进行审查并按特定方法归属所得的权利。

BEPS 行动计划第 3 项为《制定有效外国公司规则》，从 CFC 的定义、CFC 的豁免及门槛要求、收入的定义、收入的计算、收入的归属、防止和消除重复征税六个方面对有效的外国公司规则提出了建议。不过第 3 项行动计划在 15 项行动计划中属于最佳实践，对于各国的约束力较弱。

3．资本弱化规则

资本弱化，是指在公司的资本结构中，债务资本的比例大大超过权益资本的比例。原因在于，许多国家的税法都规定，负债的利息支出可以在企业所得税前扣除，而股息的分配则不可以在所得税前扣除，而一般而言企业所得税的税率要大于债务的利率，这就给企业提供了通过增加债务资本来提高企业价值的途径。

由于资本弱化带来的东道国和资本输出国的税收影响，针对资本弱化进行避税的行为，OECD 在 1987 年推出的《资本弱化政策》报告中提出了固定债务 / 股本比率模式（又称安全港规则）和正常交易模式（又称独立企业原则）以加强对成员国制定资本弱化税制的指导。世界各国也在此基础上先后制定了资本弱化税制。

综观这些国家的资本弱化税制，相通的主要有以下两点：第一，适用对象为关联企业或特定的非居民股东。关联关系是跨国集团进行资本弱化安排的重要条件。一般说来，只有在一定的关联关系基础上，跨国公司才得以从中操纵，利用资本弱化来获取额外的经济利益与税收利益，并实现集团整体利益的最大化。因此，资本弱化税制的调整对象，除美国不考虑贷款提供人是否为关联企业外，一般都限于关联企业或特定的非居民股东。第二，调整方式为限制居民公司的利息税前扣除。资本弱化避税其实就是居民公司以债务融资方式虚增利息支出，减少应纳税所得额。因此，各国在制定资本弱化税制时，均采用限制居民公司利息税前扣除的方式来保护本国的所得税税基。

BEPS 行动计划中第 4 项行动计划对于利用利息扣除和其他款项支付实现的税基侵蚀与利润转移提出了完善的建议，目前已有多个国家在国内的资本弱化规定进行了落地。

4. 反协定滥用规则

国际税收协定滥用作为国际避税的常用方式，使得协定缔约国，特别是收入来源地国家的税收权益严重受损。许多国家针对税收协定的滥用，采取了措施以保护正当税收利益。就目前情况看，在国际税收实践中，各国主要采取下列方法来判定外国公司的身份以制止第三国居民纳税人滥用税收协定。

（1）禁止法。这种方法要求一国应避免与低税国家或易于建立导管公司的国家签订税收协定，尤其是应尽量避免与那种被认为是避税地的国家签订税收协定。这是因为，协定滥用往往是借助于在这类国家中建立导管公司来实现的。鉴于此，几乎没有或很少有同列支敦士登、摩纳哥或巴拿马等国签订避免双重征税协定的国家。

（2）排除法。这种方法把被课以低税的居民公司（如控股基地公司），排除在享受协定优惠待遇的范围之外，从而使这类公司虽然身为缔约国另一方的居民，却无资格享受协定优惠，无法被第三方居民所利用。

（3）详查法。这种方法对一个公司是否能够享受税收协定优惠，不仅取决于公司所在的居住国，而且要看其股东的居住所在国。详查法的一种变体，是不考虑公司的名义股东，而是考虑其受益人，即最终接受股息者的居住地何在，故又称“受益所有人法”。

（4）征税法。它规定享受税收协定优惠，是以获自一国的所得，在另一国要实际承受起码的税负为基础。这是为了避免跨国公司的同一笔所得，在缔约国双方均不征税，而形成双重免税。这种方法能最好地体现互惠原则，保证缔约国双方利益牺牲的均衡。

（5）渠道法。这种方法对公司的一定比例毛所得，如果被用来支付不居住在缔约国任何一方的个人或公司所收取的费用，那么，对该公司付出的股息、利息、特许权使用费，不给予协定优惠。这是针对脚踏石导管公司的一种防范办法，它可以制止将中介公司的所得以营业费用形式支付给相关联的公司或个人。

（6）真实法。这种方法规定，对那些不是出于真实的生产经营目的的，而只是为了谋求税收协定优惠的纳税人，不得享受协定优惠。按照真实法，要满足享受协定优惠的条件包括：建立公司的动机、公司在居住国经营的交易额和纳税额以及公司股份是否在批准的股票交易所登记等。否则，不给予该公司税收协定优惠。

BEPS 多边公约——《实施税收协定相关措施以防止税基侵蚀和利润转移（BEPS）的多边公约》提出了反对双边税收协定滥用的两个最低标准和四个修改建议。

第一个最低标准是，多边公约第六条提出，双边税收协定中应明确加入协定的目的是消除国际双重征税问题而不是创造不征税或少征税的条件。第二个最低标准是，多边公约第七条提供了三种选项。第一个选项是协定中加入主要目的测试（PPT），第二个选项是同时采用主要目的测试和简化的利益限制条款（LOB），第三个选项是在协定中加入利益限制条款和一些反导管公司的具体措施。各国可以从以上三条中选择一条修改协定。其中，PPT 和 LOB 是应对协定滥用的两个应对措施。PPT 是指如果在考虑所有相关事实和条件后，一项交易或安排的主要目的是直接或间接获取协定的利益，那么相关所得的协定条款将不适用。只有与协定的目标和目的一致的行为才被认可适用双边协定。LOB 是对缔约国一方居民限制协定待遇的享受，但关于双重居民（非个人）认定、避免双重征税的再调整措施以及允许居民向税务机关提出申请的条款除外。简化的利益限定条款对于“符合条件的纳税人”是不适用的。这里“符合条件的纳税人”包括个人、政府机构或地方当局、上市公司、非营利组织、政府或地方当局的企业，以及由前面五种机构持股在 12 个月中至少 6 个月持股 50% 以上的企业。如果不符合相关条件，但从事的是积极性生产活动或同等受益人（在包括本应给予协定待遇的时间在内的任何 12 个月，同等受益人至少一半天数直接或间接拥有该居民至少 75% 的受益权）也不受 LOB 的限制。

多边公约在这一部分还提出了四个修改建议，分别是对股息预提所得税最低持股比例和期限的限定、处置不动产相关股权涉及的预提所得税减免的规定、向第三方国家常设机构支付所涉及的预提所得税减免的规定以及防止居民国滥用税收管辖权的条款。另外，缔约国可选择在双边税收协定中加入协定的目的之一是建立经济联系，加强税收合作。

（二）一般反避税条款

根据税收法定主义，反避税规制立法应该主要采取具体反避税条款，并且还应该制定详细明确的法律规则，以杜绝税务机关滥用税法解释甚至是漏洞补充权。但避税手法日新月异、层出不穷，而立法却往往是相对滞后的，如果要根据每种已经发现的避税手法来进行针对性的立法可能就无法及时有效地堵住法律漏洞。因此，越来越多的国家采用一般反避税条款来对付避税。虽然一般反避税条款因其适用范围的宽泛性和实施上的不确定性而容易成为所得税法中最受争议的部分，但这个特点也使其成为打击避税的最有效的手段。它允许税务机关可以对任何一项交易或一系列交易行为进行分析与重新定性，以反映其真实的经济实质和法律关系，这可能导致与纳税人纳税申报不同的税收结果。

立法规定一般反避税条款的意义在于为税务机关反避税提供一个合法性依据和运行基准框架，使反避税更具有明确性和可操作性，避免其权力滥用，以保障纳税人的信赖和预期利益。正因为此，英美法系诸多国家开始加强立法，引入一般反避税条款，以克服司法反避税的诸多弊端。例如，美国2010年3月在《医疗保健与教育协调法案》中将司法判例“经济实质原则”成文法化，即为了回应2006年7月美国联邦巡回上诉法院关于Goltec Industries案的终审判决。此一成文法化过程，即是为避免司法适用经济实质标准在适应中的自由裁量权过大，以及各法院在适用标准上的不一致。英国在2012年预算案中宣布2013年财政法案引入一般反避税条款，目前，该财政法案（含一般反避税条款）已于2013年7月13日生效。加拿大、印度、澳大利亚一般反避税条款的立法探索或实践也基本类似。通过细化一般反避税条款的构成要件、适用标准和操作程序，为税务机关提供一种可供操作的准则，有利于压缩反避税自由裁量权，保障纳税人权利。

从全球看，大多数国家都有一般反避税的成文法规定或发展了反避税的判例法。目前，阿根廷、澳大利亚、奥地利、比利时、加拿大、芬兰、法国、德国、匈牙利、意大利、卢森堡、新西兰、西班牙、韩国和瑞典等一些国家制定和颁布了一般反避税成文法；丹麦、法国、印度、荷兰、挪威、瑞士、英国、美国等国家主要依据判例法。但是，英国、美国、挪威最近已考虑引进一般反避税成文法。因此，成文法化似乎是一种趋势。一些发展中国家也开始相继引入一般反避税原则，如中国（2008）、乌干达（2011）、印度（2015）、南非（2017）、加纳（2018）、津巴布韦（2020）、尼日利亚（2020）。

（三）税基侵蚀与利润转移（BEPS）行动计划

为了更全面地打击国际逃避税，2012年开始，G20、OECD开始推进税基侵蚀与利润转移行动计划。2012年6月，G20在墨西哥峰会上授权OECD开展对BEPS问题的研究。2013年2月，OECD在G20财长和央行行长会议上发布了《解决税基侵蚀与利润转移问题》的报告。2013年6月，OECD发布《BEPS行动计划》，并于当年9月在G20圣彼得堡峰会上得到各国领导人背书。2015年，BEPS 15项行动计划最终报告在G20安塔利亚峰会上通过。如表13–4所示，15项行动计划分为最低标准、共同方法和最佳实践，其中，行动计划1和行动计划15是较为全面的应对BEPS问题的综合性措施，计划1关注了数字经济给税收带来的全面挑战，行动计划15设计了一项多边工具以快速将BEPS最新成果更新到双边税收协定中，其他的行动计划可以分为对各国所得税制的协调、对现行税收协定和转让定价规则的完善和提高税收透明度与确定性三大部分。

表 13-4　BEPS 行动计划具体内容

类别	行动计划	最新进展
应对数字经济带来的挑战	行动 1《关于数字经济面临的税收挑战的报告》	2021 年 10 月，《关于应对经济数字化税收挑战“双支柱”方案的声明》发布，136 个国家同意该协议的内容
协调各国企业所得税制	行动 2《消除混合错配安排的影响》	2015 年，OECD 发布《消除混合错配安排的影响》报告，英国、澳大利亚、新西兰、美国等在国内法中引入防止混合错配规则
	行动 3《制定有效的受控外国公司规则》	BEPS 包容性框架中有 49 个国家颁布受控外国公司法规，对所涵盖的收入类型采取不同的办法，并设有实质性活动测试
	行动 4《对用利息扣除和其他款项支付实现的税基侵蚀予以限制》	BEPS 包容性框架中 134 个成员国均有利息扣除限制规则
	行动 5《考虑透明度和实质性因素有效打击有害税收实践》(最低标准)	发布 2017 年、2018 年有害税收制度年度报告；制定 2021—2015 年情报交换同行审议标准；发布 2016—2019 年对行动 5 实施情况进行同行评议的结果报告；截至 2021 年 3 月，12 个“避税地”进行第一次信息交换
重塑现行税收协定和转让定价国际规则	行动 6《防止税收协定优惠的不当授予》(最低标准)	通过 BEPS 多边公约将反协定滥用规定（声明协定的作用也是防止双重不征税，以及从三种可选方案中选择至少一种）更新到税收协定中
	行动 7《防止人为规避构成常设机构》	在 2017 年修订的 OECD 协定范本中以及 BEPS 多边公约中修改常设机构定义
	行动 8—10《确保转让定价结果与价值创造相匹配》	在 2017 年修订的 OECD 协定范本中对归属常设机构利润的条款进行修订；2018 年 6 月发布修订后的《交易利润分割法指南》和《关于难以估值的无形资产的转让定价指南》，并将纳入下一版的转让定价指南中；2020 年发布新的《金融交易转让定价指南》
提高税收透明度和确定性	行动 11《衡量和监控 BEPS》	2019 年 1 月开始建立企业税收统计数据库，包含 100 多个国家的数据资料；根据 2020 年行动 13 中“国别报告”中的信息，提供第一批汇总的匿名数据
	行动 12《强制披露规则》	欧盟通过 2018/822 指令，该指令要求中介机构和纳税人向税务局披露跨境税收筹划、离岸架构和通用报告准则。该指令被 OECD 采纳
	行动 13《转让定价文档与国别报告》(最低标准)	2018 年 6 月首次进行转让定价国别报告自动交换，截至 2021 年 3 月，已有 2 900 多个国别报告交换；制定《关于交换转让定价国别报告的主管当局多边协定》

续表

类别	行动计划	最新进展
提高税收透明度和确定性	行动14《使争议解决机制更有效》（最低标准）	通过双边税收协定和BEPS多边公约完善争议解决机制
开发多边工具促进行动计划实施	行动15《开发用于修订双边税收协定的多边工具》	2017年6月第一批国家签署，2018年7月生效

资料来源：OECD网站。

为了让更多的国家尤其是发展中国家参与该项行动，确保BEPS一揽子行动计划的有效实施，OECD在G20的呼吁下构建了BEPS包容性框架（Inclusive Framework on BEPS），并于2016年10月在日本京都召开第一次会议、2017年1月在法国巴黎召开第二次会议，要求加入该框架的国家必须承诺全面实施BEPS行动计划①。在G20、OECD的推动下，BEPS一揽子行动计划后续工作仍在进行，尤其是行动1和行动15的落地。2017年6月，67个国家（地区）在巴黎签署了BEPS第15项行动计划提出的具有法律约束力的多边税收公约（Multilateral Convention to Implement Tax Treaty Related Measures to Prevent Base Erosion and Profit Shifting，MLI）②，MLI的签署对1 000多个双边税收协定进行了自动、快速更新，将BEPS行动计划的最新成果纳入其中。

近年来，数字化的迅速发展在拉动经济增长的同时也给建立在实体经济之上的国际税收制度带来很大的挑战。跨国数字公司可以在没有任何实体存在的情况下实现全球经营。市场规模代替直接投资成为各国关注的重点，拥有庞大消费者和市场的国家试图修改以“常设机构”为基础的国际税收规则体系。很多国家已经采取单边措施应对数字化带来的挑战：2015年英国开征转移利润税，印度在2016年推出均衡税，澳大利亚在2017年开征转移收入税，美国在2017年《减税与就业法案》中引入全球无形资产低税所得（The Global Intangible Low-taxed Income，GILTI）③、税基侵蚀与反滥用税（Base-erosion and Anti-abuse Tax，BEAT）④以及境外利润汇回税⑤等。欧盟委员会

① 截止到2021年8月，已有140个国家（地区）加入。

② 截止到2021年8月，已有95个国家（地区）加入。

③ 该规则旨在阻止公司将其无形资产停放在低税收国家。GILTI规则效果是对海外无形资产的利润征收10%的最低限度税收。

④ 法案系针对向海外汇出大量资金的美国企业进行一定比例的税额课征。自2018年起，凡近三年年收入平均达5亿美元以上，且向境外关联企业支付的费用占该公司税前扣除费用3%或以上的美国企业，即应缴纳反税基侵蚀税。

⑤ 针对美国企业在海外累积的利润征收境外利润视同汇回税，即不管境外利润是否实际分配汇回美国国内，都需征收，为一次性税收。

于 2018 年 3 月提出对大型互联网企业开征数字服务税（Digital Services Tax，DST）。BEPS 行动计划 1 持续关注了数字经济带来的税收挑战。OECD 在 2018 年 3 月发布了《数字化带来的挑战中期报告》；2019 年 1 月，发布了关于行动计划 1 的后续工作政策说明，提出了两大支柱的提案，其中支柱一用以解决数字化带来的广泛挑战，重点是税权的分配，支柱二用以解决剩余的税基侵蚀与利润转移问题。2020 年 1 月，BEPS 包容性框架成员做出声明，承诺在 2020 年年底前就数字经济问题达成共识性解决方案。2020 年年底，BEPS 包容性框架发布了支柱一和支柱二蓝图报告，并面向社会征求意见。2021 年 7 月，OECD 发布《关于应对经济数字化税收挑战“双支柱”方案的声明》，其中，支柱一通过设立特殊的关联规则重新分配税权，确保大型跨国企业向实际取得利润的地区纳税，支柱二借鉴美国的全球无形资产低税所得，设立了 15% 的全球最低企业税（Global Anti-Base Erosion），各国可以利用该税率来保护其税基。2021 年 10 月，OECD 再次发布《OECD、G20 关于应对经济数字化税收挑战“双支柱”方案的声明》，“双支柱”方案在多边共识的基础上统一确定了对大型高利润跨国企业所得税的共同税基以及全球最低税率标准。2021 年 12 月，OECD 发布《支柱二：全球反税基侵蚀规则立法模板》，为各国在国内通过立法方式执行“支柱二”的全球反税基侵蚀规则提供了指南。2023 年包容性框架公布“支柱一”多边公约草案，一些国家也立法于 2024 年开始实施“支柱二”全球反避税侵蚀规则。“双支柱”改革将对国际税收规则产生深远的影响。

2009 年至今国际税收制度的发展如图 13-3 所示。

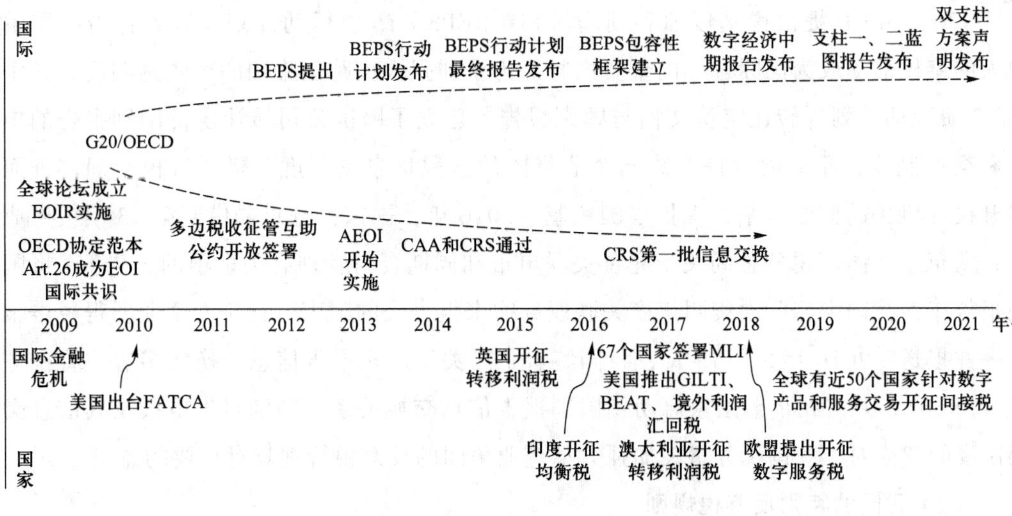

图 13-3 2009 年至今国际税收制度的发展

三、我国反避税的制度框架

我国是吸引外资的大国，改革开放以来，国外资本的大量流入为我国经济的发展注入了强有力的动力。然而，由于跨国公司同样在中国会运用各种避税手段来减少在中国的纳税义务。2008 年我国修订的《企业所得税法》正式引入特别纳税调整一章，对大部分反避税规则予以规定。2009 年 1 月 8 日，国家税务总局发布《特别纳税调整实施办法（试行）》，随后各项反避税规则都不断完善。

（一）关联申报、同期资料与国别报告

关联申报是指企业有义务就其关联关系和关联交易向税务机关进行披露。《特别纳税调整实施办法（试行）》要求企业向中国税务机关报送年度企业所得税纳税申报表时，附送《中华人民共和国企业年度关联业务往来报告表》，包括《关联关系表》《关联交易汇总表》《购销表》《劳务表》《无形资产表》《固定资产表》《融通资金表》《对外投资情况表》和《对外支付款项情况表》共 9 张表格。

同期资料又称同期文档、同期证明文件，是指根据各国和地区的相关税法规定，纳税人对于关联交易发生时按时准备、保存及提供的转让定价相关资料或证明文件。同期系指关联交易的发生和交易资料准备的同期，包括对关联交易资料进行准备、保存以及对关联交易是否符合独立交易原则提供说明的资料和证明文书。同期资料主要内容主要包括组织结构、生产经营情况、关联交易情况、可比性分析、转让定价方法的选择和使用。企业有义务按纳税年度准备、保存、并按税务机关要求提供其关联交易的同期资料。

G20、OECD 提出税基侵蚀和利润转移（BEPS）15 项行动计划以来，打击跨国纳税人的避税活动成为国际合作的重要内容。为了加强大型跨国集团的税收透明度，其中第 13 项行动计划《转让定价文档与国别报告》建立了跨国公司转让定价国别报告的申报和交换制度，希望通过提升跨国企业集团的涉税信息透明度，降低避税空间，进而提升税务机关的监管水平，保护本国税基。2016 年，国家税务总局借鉴第 13 项报告成果，发布了《国家税务总局关于完善关联申报和同期资料管理有关事项的公告》，将国别报告作为我国大型跨国集团年度关联业务往来报告表的附表，在年度企业所得税申报时一并报送。2016 年 5 月 12 日，我国签署了《关于国别报告信息交换的多边主管税务机关协议》，并与几十个国家启动了国别报告信息交换关系。国别报告申报及其信息交换制度的建立对于我国税务机关加强大型企业集团的反避税管理具有重要的意义。

（二）我国的特别反避税规则

我国已先后出台了转让定价、受控外国公司、资本弱化等特别反避税规则，在双边税收协定中也逐步纳入了反协定滥用的条款。

1．我国的转让定价法规

国家税务总局《特别纳税调整实施办法（试行）》第五章对转让定价的四个环节做出规范。这四个环节可归纳为：选案、立案调查、结案和跟踪管理。如果调查发现企业的转让定价方法存在问题，税务机关则需要按照企业实际情况选择合适的转让定价方法。实际上，对转让定价的调整就是调整跨国关联企业的利润分配格局，也是调整跨国关联企业间收入和费用的分配格局。因此，选用正确有效的转让定价方法之前需要明确跨国关联企业间收入和费用的分配原则，使转让定价的调整更加有效和合理。

按照独立交易原则，税务机关可以对审计出的不合理转让价格进行调整。在进行了可比性分析之后，税务机关可以选用合适的转让定价方法对被调查企业进行转让定价调整。具体的转让定价方法包括：可比非受控价格法、再销售价格法、成本加成法、交易净利润法和利润分割法及其他方法。

2．我国的受控外国（公司）规则

所谓受控外国公司是指由中国居民股东（包括企业股东和个人股东）控制的设立在实际税负较低的国家或地区，并非出于合理经营需要不分或少分利润的外国企业。

根据《中华人民共和国企业所得税法》第四十五条规定，构成受控外国公司必须同时满足三个条件：中国居民股东对外国企业构成控制、未通过低税率检验、非出于合理经营需要对利润不做或少做分配。

我国受控外国公司是附白名单的实体检验法，对外国公司实体做整体判定，未通过低税率检验且不符合任何免除条款的受控外国公司归属所得，应按照中国居民企业股东持股比例计入其当期所得。

3．我国的资本弱化规则

《中华人民共和国企业所得税法》第四十六条规定，企业从其关联方接受的债权性投资与权益性投资的比例超过规定标准而发生的利息支出，不得在计算应纳税所得额时扣除。《中华人民共和国企业所得税法实施条例》第一百一十九条对债权性投资和权益性投资的概念予以明确，准确区分了股权性投资和债权性投资。企业从其关联方接受的债权性投资，是指企业直接或者间接从关联方获得的，需要偿还本金和支付利息或者需要以其他具有支付利息性质的方式予以补偿的融资。企业间接从关联方获得的债权性投资，包括：关联方通过无关联第三方提供的债权性投资；无关联第三方提供的、由关联方担保且负有连带责任的债权性投资；其他间接从关联方获得的具有负债实质的债权性投资。

在《财政部、国家税务总局关于企业关联方利息支出税前扣除标准有关税收政策问题的通知》中对于企业从关联方接受的债权性投资与权益性投资的比率进行了明确。考虑到金融行业的特殊性，在对关联债权性投资 / 权益性投资的比率进行确定时，对金融企业规定了较高的比例，将金融行业的关联债权性投资与权益性投资比率定为5∶1，金融行业以外确定为2∶1。根据规定，企业支付的该固定比率内的关联债权性投资利息可以税前扣除，超过该固定比率列支的利息需要进行独立交易原则的符合性判断。企业同时从事金融业务和非金融业务的，其实际支付给关联方的利息支出，应按照合理方法分开计算，没有按照合理方法分开计算的，一律按2∶1的比例计算准予税前扣除的利息支出。2∶1的比例标准与我国中外合资经营企业注册资本与投资总额的比例限制中规定的关联债务与注册资本的最高比例是一致的。

（三）我国的一般反避税规则

为规范一般反避税管理，根据《中华人民共和国企业所得税法》及其实施条例、《中华人民共和国税收征收管理法》及其实施细则，我国国家税务总局制定《一般反避税管理办法（试行）》并于2015年2月1日起施行。对企业实施的不具有合理商业目的而获取税收利益的避税安排，实施特别纳税调整。

专栏13-3 我国积极参与国际税收规则制定

2013年9月，由G20成员领导人在圣彼得堡峰会共同背书发起的“税基侵蚀和利润转移（BEPS）”项目正式启动。在BEPS项目中，我国与其他G20成员一同提出了“利润应在经济活动发生地和价值创造地征税”的国际税收管理新原则，得到了BEPS各参与国的认同。为有效实施BEPS成果，我国税务部门结合新的国际税收规则，对原有政策进行修订，从关联申报、调查调整、预约定价和相互协商等方面修改相关规定，形成了与国际接轨的反避税法规新体系。

除此以外，我国还积极参与《OECD关于对所得和财产避免双重征税的协定范本》《OECD跨国企业与税务机关转让定价指南》《联合国关于发达国家与发展中国家间避免双重征税的协定范本》《联合国发展中国家转让定价实用手册》修订工作，将中国观点融入国际规则的修订中；同时，参与税收透明度和情报交换全球论坛，推动《多边税收征管互助公约》和《金融账户涉税信息自动交换标准》的实施发展。

本章小结

1．国际税收制度处理的是国家之间的税收关系。

2．根据属地原则和属人原则，国际税收管辖权一般包括居民管辖权、公民管辖权和来源地管辖权三种类型。

3．现行的所得税国际规则是第一次世界大战后于1928年建立起来的，已经运行超过百年，主要是在所得的来源国与居民国之间进行税收权益的分配。

4. 国际重复征税的消除有不同的方法，最为常见的是抵免法和免税法。

5. 国际避税的形式多样，为此一些国家制定了反避税的条款，分为特别反避税规则和一般反避税条款。

6. 我国改革开放之后逐步建立其与国际接轨的国际税收制度，为我国不断深化开放起到了重要作用。当前，国际税收制度正在经历重大的变革，我国也积极参与国际治理，国际税收话语权不断增强。

课后习题

1. 国际税收规则主要解决什么问题？解决的效果如何？

2. 消除国际重复征税的方法主要有哪些？不同的消除重复征税方法有哪些不同的效果？

3. 国际反避税规则有哪些类型？全球最低税的改革将对国际避税活动产生什么样的影响？

拓展阅读

[1] 马海涛，廖体忠，何杨. 国际税收制度演进与变革——国际税收经典文献萃选. 北京：中国税务出版社，2024.

[2] 何杨，陈东. 全球税务管理视角下的转让定价. 北京：中国财政经济出版社，2023.

[3] 马海涛，姚东旻，孟晓雨，等. 国际税收治理体系的演进：基于全球税收协定网络的形成. 世界经济，2023，46（5）：3-28.

即测即评

扫描二维码，进行本章在线测试。

第十四章

税收政策

本章导言

本章主要介绍并分析税收政策的相关概念、定义与我国现行税收政策的相关发展情况。第一节主要介绍了税收政策的含义、构成要素、类型与效应。第二节围绕党的十八届三中全会提出的“财政是国家治理的基础和重要支柱，科学的财税体制是优化资源配置、维护市场统一、促进社会公平、实现国家长治久安的制度保障”这一重要论断，具体分析了中国特色社会主义税收的定位与基本经验，提出税制改革在全局性改革中具有的关键性、先行性与系统性的作用。第三节从中国式现代化对税收政策的要求、税收政策改革助力中国式现代化以及服务中国式现代化的税制优化路径等几个层面论述了中国式现代化中的税收政策。

重要术语

税收政策　税制改革　减税降费　共同富裕

第一节　税收政策概述

一、税收政策的含义

税收政策是经济政策的重要组成部分，税收政策的有效运用是政策发挥宏观调控职能的重要保证。总的来说，税收政策是政府为了实现一定时期的社会或经济目标，通过一定的税收调控手段，在一定程度上干预市场机制运行的一种经济活动及其准则。税收政策的实施过程包括政策制定、政策执行、政策效果评估、政策终结与政策监督五个环节，是由政策决策主体制定一系列政策方案付诸具体行动的过程。

税收政策作为财政政策的一部分，其发展同财政政策一样，随着现代经济的发展，经过长时间的历史演进，最终成为国家经济政策体系的重要组成部分。税收随国家的形成而产生，早在自然经济占主导地位的时代，古代国家的税收制度制定者就产生了通过税收政策实现社会或经济目标的思想萌芽。如桑弘羊的“寓税于利”、刘晏的“因民之所急而税之”和王安石的“民不加赋而国用饶”都蕴含着通过税收政策实现当时经济目标的思想。[①] 但这一时期受限于经济发展阶段，对于税收政策作用的关注仍局限在对财政收入的有效组织上，而尚未形成现代经济体系下的税收政策体系。在资本主义经济发展早期，以亚当·斯密为代表的古典经济学家认为政府对经济的干预是不必要和不受欢迎的，因而反对国家对经济活动的干预，否定政府的经济职能。这一思想最终在 20 世纪 30 年代的资本主义经济大萧条中发生转变。经济萧条中，以凯恩斯为代表，主张政府干预的凯恩斯学派兴起，美国通过实行积极的财政政策刺激总需求度过经济危机，现代意义上的税收政策也由此产生。税收政策的产生使得税收不再以组织财政收入作为唯一目标，形成了包括调节总供给总需求均衡、优化经济结构、促进经济稳定增长和调节收入分配公平的多重目标。税收政策的手段也大为丰富，不再局限于被动发挥作用的“自动稳定器”。

就我国情况而言，在实行计划经济和市场经济两种不同经济体制的阶段，税收政策的形式及作用大不相同，随着我国经济体制的发展不断发展完善。新中国成立初期，为应对经济困难，税收政策的制定仍以筹措财政收入、保障革命战争和满足恢复生产及国家建设需要为主。随着三大改造完成，我国社会生产关系转变为社会主义公有制经济，通过实行计划经济体制，在财政上实行统收统支的办法，使税收占财政收入的比重不断下降，从 1950 年的 78.78% 下降到 1978 年的 45.86%。在这一时期，相应的税收政策的作用未得到重视，税收的作用仍局限于组织财政收入，并未充分发挥税收调控的作用。[②] 改革开放后，我国经济体制由计划经济转向市场经济，国家财政不再统揽整个国民经济活动，而税收经过两步“利改税”、税利分离以及分税制改革等一系列改革后重新走到前台，税收政策的调节作用得到强化，税收政策的内容、手段和目标也得到丰富和发展。改革开放后，各项改革措施和经济政策的运用在我国社会经济建设的过程中发挥了重要作用。政策的好坏关系理论的突破能否付诸实践，关系改革开放的成败；政策低效或失败往往是改革进程出现曲折的重要诱因。就税收政策而言，税收政策目标的权衡取舍、政策主体间的摩擦协调、政策工具的选择运用、政策传导机制以及政策环境的变化等因素对税收政策的安排制定起到关键作用。经过长时间探索和发展，我国税收政策体系不断完善，但仍有进一步改革的需要。

---

① 梁城城．中国古代税赋思想中蕴含的现代税收原则．地方财政研究，2018（10）：105-112．

② 陈少强，覃凤琴．新中国成立 70 年的税收治理逻辑．税务研究，2019（10）：24-28．

改革开放初期，由于税收政策相关的制度改革尚未完备，税收制度改革也在经济转轨时期中艰难探索。在价格改革的滞后造成价格与市场脱节、计划价格仍然占据主导地位的背景下，企业承包制、“财政大包干”等出于经济现实的妥协改革使得中央政府财政职能过度弱化，导致财政赤字规模不断扩大，加剧了宏观经济的不稳定性。对应的，这一时期的税收政策也未能有效发挥其调控作用。而经过财政体制的一系列市场化改革，尤其是1994年分税制改革后，我国建立起中央与地方稳定规范的分税制财税体制，税收政策的作用得到强化，在应对经济金融危机、优化产业结构、推动发展方式转变和促进经济发展等方面都发挥了重要作用。特别是经济发展进入新常态以来，为适应经济发展新常态和推动供给侧结构性改革所实行的“营改增”税制改革、结构性减税和大规模普惠性减税等税收政策都取得了显著效果。而在新冠疫情冲击全球经济衰退的背景下，增值税留抵退税等税收政策的实施也有效保证了我国宏观经济稳定。由此可见，随着经济发展，改革开放的进一步深化，税收政策体系日趋完善，税收政策在应对经济波动、实现经济高质量发展目标中扮演着重要角色。

二、税收政策的构成要素

（一）税收政策主体

税收政策主体是税收政策的制定者和执行者，主要是指各级政府和财税部门，税收政策主体是税收政策效果信息的直接反馈者，在税收政策的制定和执行中发挥着不可替代的作用。税收政策主体能否科学严格地执行税收政策，决定着政策手段能否发挥作用、政策目标能否实现以及政策效应的大小。因此，税收政策主体是所有税收政策构成要素中最为关键的。

按照公共选择理论的观点，各个经济活动的主体都从实现自身利益最大化的角度出发来参与经济政策的决策过程，并通过自己的行为来对经济决策施加影响。经济政策正是在各个主体之间的利益冲突与妥协中做出的。[①] 税收政策的制定和贯彻实施也是由税收政策相关主体之间协调实现的。改革开放前，我国实行计划经济体制和统收统支的财政体制。在这一时期，一方面税收功能大为削弱，税收政策并不作为国家调控经济的重要手段；另一方面，税收政策的决策主体与执行主体高度重合，职权界限含混不清，同时中央税收权力高度集中，地方政府在税收政策的制定和执行中缺少自主权，税收政策相关主体之间的利益摩擦较少。改革开放以来，我国对经济体制及财税体制做出重大调整，在税收政策决策主体与执行主体层面，随着经济体制改革深化和法律体系健全，我国逐渐改变决策主体和执行主体职权范围模糊的局面，形成以立法机构为决策主体、执

---

① 王道树. 税收政策主体：政府行为理论分析. 涉外税务，1999（6）：11-17.

法机构为执行主体的职权界定清晰的税收政策体系。在中央税收政策主体与地方税收政策主体层面，地方政府在税收政策的制定和执行上获得更多权力。这种变化一方面有利于地方政府依据本地区的实际情况制定和实施更具针对性的税收政策，更好发挥税收政策效用；另一方面也使得地方政府更有动机和能力为维护本地区利益而抵制中央政府制定的不利于本地区发展的政策，以及一味扩大本只局限于特定地区的税收优惠政策而提高国家税收政策成本。因此，在税收政策主体关系的协调中，要注重对税收政策主体行为规范及其内在依据的分析，进一步深化相关体制改革，明确职权界定，在各主体利益协调的内在机制上做出调整，从而提高税收政策制定和执行水平及效率。

（二）税收政策目标

税收政策目标是指国家通过实施一定的税收政策所期望实现的目的。在当前市场经济条件下，出于维护市场机制以及弥补市场缺陷的考虑，税收政策已经不再以取得财政收入作为唯一目标，形成了以组织财政收入、调节宏观经济运行和提高经济国际竞争力为主的多重目标。

税收历来是各个国家财政收入的最重要来源，从19世纪末到20世纪80年代，西方各主要国家的税收一般都占财政收入的80%以上。改革开放后，税收收入占我国财政收入的比重也不断上升，2020年我国税收收入占财政收入的比重达到75.5%。组织财政收入是税收政策最为重要的目标之一，财政收入规模的大小除了与经济发展水平相关之外，还与社会意识形态、政府形态密切相关。

作为国家宏观经济政策的重要组成部分，税收政策也具有调控宏观经济运行目标的作用，在市场经济条件下，税收政策调控宏观经济运行目标主要包括总供给总需求均衡、经济结构协调、经济稳定增长和收入分配公平四个方面。调节总供给总需求均衡是宏观经济政策的首要目标，政府可以通过运用逆经济周期的税收政策干预经济运行，实现经济稳定增长。经济结构协调主要包括产业结构协调、地区结构协调和资本市场结构协调，政府可以在不同产业、不同地区和不同投融资方式上采取差异化且具有针对性的税收政策。经济稳定增长包括充分就业、物价稳定以及国际收支平衡等多重内涵，经济稳定增长的各个目标不能通过市场调节自发实现，甚至目标之间还存在冲突，这就要求政府准确把握经济形势，做出权衡取舍，选择合适的税收政策。收入分配公平包括经济公平和社会公平两个层次，经济公平是维护市场机制有效的内在要求，社会公平则是保证社会稳定的必然要求。

第二次世界大战后，经过重建国际经济秩序，发达国家普遍推行新自由主义经济政策，计划经济国家先后转向市场经济体制；发展中国家进一步开放市场，在高度发达的信息技术支持下，商品流通全球化、要素流动全球化与生产经营全球化加速发展。任何国家，为发展本国经济，增强本国实力，都必须加强国际合作并增强国际竞争力。[1] 而在市场经济条件下，通过税收政策增强企业和商品竞争力，提高创新能力和资本聚集能力是国家提高国际竞争力的有效途径。

就我国的实践来看，税收政策作为国家宏观调控体系的一部分，其目标与国家总体发展目标是一致的。总体而言，我国税收政策以习近平新时代中国特色社会主义思想为指导思想，以国家中长期规划为中长期目标，以历年政府工作报告和预算报告中宣布的方针要求和收支政策为短期目标。当前我国税收政策的中长期目标是《中华人民共和国国民经济和社会发展第十四个五年规划和2035年远景目标纲要》中确定的到2035年基本实现社会主义现代化，具体包括经济发展取得新成效、改革开放迈出新步伐、社会文明程度得到新提高、生态文明建设实现新进步、民生福祉达到新水平、国家治理效能得到新提升。2021年，中共中央办公厅、国务院办公厅印发的《关于进一步深化税收征管改革的意见》提出了税收政策的短期目标，即全面推进税收征管数字化升级和智能化改造，不断完善税务执法制度和机制，大力推行优质高效智能税费服务，精准实施税务监管，持续深化拓展税收共治格局，强化税务组织保障，充分发挥税收在国家治理中的基础性、支柱性、保障性作用，为推动高质量发展提供有力支撑。

（三）税收政策手段

税收政策手段是指国家为达到既定的税收政策目标所采取的各项措施。税收政策手段是为实现税收政策目标服务的，税收政策的各个目标均要求有相对应的税收政策手段才能实现。主要的税收政策手段包括运用税种、税率、税收优惠和税收惩罚等，各税收政策手段必须协调运用，同时与其他宏观政策相配合才能取得应有效果，从而实现税收政策目标。

财政收入规模的大小与国家经济发展水平和社会意识形态密切相关，如集体主义意识占主导地位的国家更倾向于由政府提供公共物品，这就要求政府筹集更多财政收入。根据财政收入需要的不同，税收政策的制定上就有差异：税收总水平比较高的国家需要实行复合主体税的税制结构，而税收总水平比较低的国家可以实行单一主体税的税制结构。同时，政府还需要谨慎科学地制定税种、税率以及税收优惠和惩罚措施，综合考量纳税人税收感知度，提高纳税人税法遵从水平，从而减少税收流失，更高效率实现组织财政收入目标。

在调节总供给总需求均衡方面，为应对不同的经济形势，政府可以运用不同类型的税收政策维持总供求均衡。当社会总供给大于总需求时，政府可以采用扩张性的轻税政策刺激国民经济总需求，减缓经济衰退；反之，当总需求大于总供给时，则可以运用紧缩性的重税政策抑制总需求的增长，防止经济过热，消除通货膨胀。除此之外，近些年来，为适应经济体制改革发展，应对经济下行压力，我国实行了一系列着眼于宏观供求

---

① 马国强．经济发展水平、税收政策目标与税制结构模式．税务研究，2016（5）：3-16．

总量调控的税收政策，主要包括将生产型增值税调整为消费型增值税、改征营业税为增值税、减免农业税、实施个人所得税的渐进式减税措施和增值税留抵退税等。

在优化经济结构方面，政府可针对不同产业制定有区别的税收政策和税收优惠政策，从而鼓励和推动重要产业发展，促进产业结构合理化。在促进地区结构协调方面，税收政策的主要手段包括所得税优惠、改革完善资源税征管以及按照地区特点制定税收政策等。税收政策的实施促进了区域间经济合作，发挥了地区优势，推动了地区结构协调。随着我国经济发展进入新常态，我国不断落实减税降费政策，连续实施普惠性减税与结构性减税并举、制度性减税和减税与退税并举等一系列税收政策，有效推动了我国产业结构转型升级，区域结构优化调整，经济结构协调发展。

在促进经济稳定增长方面，税收政策主要通过两个方面的作用来实现经济的稳定增长，即相机抉择和自动稳定器。相机抉择是指政府根据经济运行的不同情况主动有针对性地采取相应的税收政策，以缓和经济波动。一般而言，相机抉择要求政府采取逆经济周期的税收政策，在经济下行时刺激总需求，提振经济；在经济过热时抑制过度投资和通货膨胀。自动稳定器是指政府对税收政策做出安排后，税收会随着经济形势的周期变化自动发生增减，达到稳定经济的效果。自动稳定器不需要政府采取措施，而是通过其内在机制自动发生作用：当经济过度繁荣时，税收增加超过经济增长，缩小了社会总需求，抑制经济过热；当经济陷入衰退时，税收减少而转移支付增加，刺激总需求上升，缓解经济下行压力。

在调节收入公平分配方面，政府在个人收入的实现、使用、积聚和财产转让等层次和环节，采用累进税制、税式支出、所得税指数化以及开征遗产税和赠与税等税收政策，从多个层面促进个人收入分配公平。

在市场经济条件下，税收政策可以通过多种方式提高国家产业国际竞争力。在提高产品竞争力方面，对于出口产品，可以降低或取消出口关税，对国内税实行出口退税地税收优惠，减少产品的税收含量，降低产品价格，以提高产品国际竞争力。在提高企业竞争力方面，可以降低资本所得税与劳动所得税，对高新技术产业和国家重点扶持产业制定研发费用加计扣除等税收优惠政策，吸引资本与人才流入，增强企业创新能力和资本凝聚能力，提高企业国际竞争力。

三、税收政策类型

（一）需求侧税收政策与供给侧税收政策

根据税收政策作用环节的不同，可以把税收政策划分为需求侧税收政策与供给侧税收政策。按照凯恩斯学派的观点，政府应当针对调控社会总需求制定税收政策，即当国民经济总需求不足时，政府通过减税使消费者和企业可支配收入增加，从而提高整个社会的消费需求水平和投资需求水平，在收入乘数和投资乘数的作用下使国民收入成倍增加，最终实现经济增长和增加就业的目的。

供给学派则从总供给的角度出发，认为税收政策不仅影响总需求，更为重要的是对资本、劳动等生产要素的影响。按照供给学派的观点，政府在制定和执行税收政策时应当关注生产要素的增长和配置，通过减税增加劳动者个人和企业的可支配收入，以提高劳动者的劳动积极性和企业增加投资的积极性，增加生产要素，扩大生产能力，从而增加社会总供给。供给学派主张实行加速资本折旧、降低企业所得税率等政策刺激资本形成；同时，主张对利息股息收入减税，提高储蓄，降低个人所得税率，提高劳动供给。[①]

需要说明的是，无论是凯恩斯学派还是供给学派，都人为地将一个有机联系的整体的两个侧面割裂开来，违背了马克思主义的再生产原理。按照马克思主义再生产原理的观点，再生产过程的四个环节——生产、分配、交换、消费是一个有机联系的整体，如马克思所说："生产直接是消费，消费直接是生产。每一方直接是它的对方。可是同时在两者之间存在着一种中介运动。生产中介着消费，它创造出消费的材料，没有生产，消费就没有对象。但是消费也中介着生产，因为正是消费替产品创造了主体，产品对这个主体才是产品。产品在消费中才得到最后完成。"[②]因此，税收政策是在再生产过程的各个环节发挥作用，不应该片面地按照凯恩斯学派或者供给学派的理论进行划分。我国提出"在适度扩大总需求的同时，着力加强供给侧结构性改革"的改革方案，要求既关注需求也强调供给，既发挥市场在资源配置中的决定性作用又更好发挥政府作用，既着眼当前又立足长远。改革的内涵是增强供给结构对需求变化的适应性和灵活性，使得新的需求催生新的供给，新的供给又创造新的需求，在相互推动中实现经济发展。为此，国家制定和执行的税收政策也是从供给和需求两方面，通过减税降费政策促进产业结构转型升级，提高供给质量，更好满足市场需求。而在个税等方面的减税等政策，拉动社会总需求，也间接助力企业发展，优化供给，推动经济增长。

（二）扩张性税收政策、紧缩性税收政策和中性税收政策

根据税收政策在调节社会总供求和国民经济总量方面的不同作用，可以把税收政策分为扩张性税收政策、紧缩性税收政策和中性税收政策。

扩张性税收政策即轻税政策，指当国民经济存在总需求和总供给不匹配时（一般是总需求不足），政府通过采取降低税率、变更税种、调整税制以及实行免税退税等税收政策手段进行减税，刺激经济增长。从扩大社会总需求的角度来看，在税收乘数的作用下，减

---

① 孔繁荣，聂国卿．供给学派与凯恩斯学派减税政策的比较分析．湖南商学院学报，2006（1）：60-61，85．

② 马克思恩格斯文集．第八卷．北京：人民出版社，2009：15．

税引起的国民收入增加额可以达到政府最初税收减少额的数倍，能够有效扩张社会总需求。而在供给侧，减轻企业税负是减税政策的着重点，通过减税政策的收入效应和替代效应发挥作用，能够调整生产要素，提高资源配置效率，激活企业活力，优化产业结构，从而增加供给的数量和质量，改善供给结构。

紧缩性税收政策即重税政策，指当总需求过旺时通过增税抑制总需求，消除通货膨胀，防止经济过热带来的风险。紧缩性税收政策可采用的税收政策手段包括提高税率、设置新税、取消原有税收优惠或缩小原有税收优惠范围等。在总需求方面，在税收乘数的作用下，实行紧缩性财政政策使国民收入减少额可以数倍于税收收入的增加额，从而起到削减总需求、抑制过度投资、消除通货膨胀的作用。在总供给方面，合适的紧缩性财政政策也能有效阻止企业无序过度扩张，助力淘汰落后产能，促进产业结构转型升级，推动经济高质量发展。

中性税收政策即税收保持中性，制定和执行适宜的税收制度，尽量发挥市场这只“看不见的手”的作用，通过市场机制以及价格机制引导资源配置，提高资源配置效率。实行中性税收政策要求尽量减少税收对市场的不必要干预，尽量减少纳税人在税收之外的其他负担和损失。中性税收政策主要包括两个方面：一个方面是国家征税使社会付出的代价要以既定征税数额为限，而除此之外，不能再制造由纳税人或社会承受的超额负担；另一方面，政府征税应当避免对市场经济的运行产生不良影响，尤其是不能超越市场机制而成为影响资源配置和经济决策的制约力量，以至于造成经济资源的配置低效率和浪费。

四、税收政策的效应

（一）替代效应与收入效应

税收政策的效应是指经济主体因为政府组织税收收入而在其经济选择或经济行为方面做出的反应，或者说是因国家征税而对消费者的选择以及生产者的决策所产生的影响。这种税收政策的效应，就是通常所说的税收收入的调节作用。因为税收是政府取得财政收入的最主要手段，但它并不是由社会成员自觉自愿地缴纳的，而是政府凭借政治权力，通过法律强制性地向社会成员征收的，其结果必然导致国民收入的再分配，减少了纳税人可直接用于消费、储蓄和投资的收入量。同时，政府对企业生产出来的产品征收流转税，必然使得企业和个人利用税收转嫁机制，将税收计入商品的销售价格，从而使商品的相对价格发生改变，由此进一步诱使消费者对其所要购买的商品进行重新比较与选择。而消费者对商品的选择，实际上反映了市场需求的变化，针对这种变化，企业或个人会及时调整自己的生产或消费策略。通过这样的过程，经济活动中的产品结构乃至产业结构也就实现了新的调整。

从总体上分析，税收政策对纳税人的行为会产生两个方面的效应，即替代效应和收入效应。替代效应是指当政府对不同的商品实行征税或不征税、重税或轻税的区别对待时，会影响商品的相对价格，使经济主体减少对征税或重税商品的购买量，而增加对无税或轻税商品的购买量，即以无税或轻税商品替代征税或重税商品。例如，如果政府对烟草产品征收高税，烟草产品的价格会上升，导致一些消费者选择减少购买烟草产品，转而购买其他替代品，如口香糖或健康食品。这种消费者行为的改变就是税收的替代效应。收入效应是指由于政府为取得财政收入而向纳税人征税，导致纳税人的收入水平下降，从而降低了纳税人对商品的购买量和消费水平。比如，政府对汽油征收高税，这会导致汽油的价格上升。在这种情况下，消费者可能会选择减少购买汽油，转而使用公共交通工具或购买更节能的汽车，这是税收的替代效应。同时，由于税收减少了消费者的可支配收入，他们可能会减少其他非必需品的购买，这是税收的收入效应。因此，税收的替代效应和收入效应共同作用，影响了消费者的购买决策。值得注意的是，税收的替代效应和收入效应可能同时存在，并且可能相互影响。在实际经济中，消费者在选择商品或服务时，会同时考虑价格和自己的收入状况。因此，税收的替代效应和收入效应可能会共同作用，影响消费者的购买决策。

（二）税收乘数

税收政策的效应可以用税收乘数来衡量。税收乘数是指税收的变动引起国民收入或国民产出（即 GDP）变动的倍数，表明税率或税收收入的变动对国民产出的影响程度。可以依据宏观经济学关于国民收入的决定方程式推导出税收乘数。

按照经济学的设定，在封闭经济体中，国民收入的决定公式为：

$$Y=C+I+G \tag{14-1}$$

式中，Y 代表国民收入，C 代表消费支出，I 代表私人投资支出，G 代表政府购买性支出。其中：

$$C=C_a+bY_d \tag{14-2}$$

式中，C_a 代表消费函数中的常数，即无论是否有收入都不可避免的家庭必要支出；b 代表边际消费倾向，按照凯恩斯的消费理论，边际消费倾向在 0到1 之间；Y_d 代表可支配收入，即扣除税收（T）并加上转移支付（T_r）后的收入，即

$$Y_d=Y-T+T_r \tag{14-3}$$

将式 14-2、式 14-3 代入式 14-1 可得：

$$Y=C_a+b(Y-T+T_r)+I+G=C_a+bY-bT+bT_r+I+G$$

$$(1-b)Y=C_a-bT+bT_r+I+G$$

$$Y=\frac{C_a-bT+bT_r+I+G}{1-b} \tag{14-4}$$

求式 14-4 对 T 的导数，即可求得税收乘数：

$$\frac{\partial Y}{\partial T}=\frac{-b}{1-b} \tag{14-5}$$

税收乘数有如下特点和作用：① 税收乘数是负值，表明税收增减与国民产出反方向变动；② 税收乘数的绝对值大于 1，代表当政府采取减税政策时，虽然会减少政府财政收入，但将会成倍地刺激社会有效需求或有效供给，有利于经济的增长；③ 当政府减税时，国民产出增加的量为减税量的 $b/(1-b)$ 倍，假定边际消费倾向为 0.8，则税收乘数为 -4。

同样也可以通过求式 14-4 对 T_r 求导，求出转移支付乘数：

$$\frac{\partial Y}{\partial T_r}=\frac{b}{1-b} \tag{14-6}$$

转移支付乘数同税收乘数一样，具有如下特点和作用：① 转移支付乘数是正数，转移支付的增减与国民产出同方向变动；② 转移支付乘数等于边际消费倾向与（1- 边际消费倾向）之比，或等于边际消费倾向与边际储蓄倾向之比，政府增加转移支付时，国民产出的增加量成倍于转移支付增加量；③ 转移支付增加，国民产出增加的量为转移支付增加量的 $b/(1-b)$ 倍，同样设边际消费倾向为 0.8，则转移支付乘数为 4。

第二节 中国特色社会主义税收的定位与基本经验

中国特色社会主义，是当代中国发展和进步的旗帜，是改革开放以来党的全部理论和实践的主题。新中国成立后，在中国共产党的领导下，我国统一了全国税政税制，建立了社会主义税收制度。改革开放 40 多年的税收实践，是一个努力构建中国特色社会主义税收体系的过程。实践证明，习近平新时代中国特色社会主义思想是引领党的各项事业发展的前进航标，新时代的税收工作在这一科学理论指引下不断向前迈进提升。

一、税收是国家治理的基础和重要支柱

党的十八届三中全会通过的《中共中央关于全面深化改革若干重大问题的决定》提出："财政是国家治理的基础和重要支柱，科学的财税体制是优化资源配置、维护市场统一、促进社会公平、实现国家长治久安的制度保障。"在国家治理中，税收发挥着基础性、支柱性与保障性作用。习近平在关于税收工作的重要论述中指出："政府要有税收。政府必须提供外部性强的公共服务、基础设施。"[①] 他还指出，科学的财税体制是优化资源配置、维护市场统一、促进社会公平、实现国家长治久安的制度保障。习近平关于税收工作的重要论述，把税收治理上升到国家治理层面进行布局，使税收的职能作用超越了经济层面，拓展到政治、社会、文化、外交和生态文明等诸多领域，使税收作为

① 习近平著作选读．第一卷．北京：人民出版社，2023：378.

治国理政的重要手段和制度保障的作用进一步强化升华。

二、税制改革在全局性改革中的作用

（一）税制改革的关键性

税收制度改革的关键性是指税收制度改革带来的资源倾斜以及税收收入支持对于各领域改革的推进进程具有重大影响，具有“牵一发而动全身”的重要作用。一系列重要领域和关键环节的改革离不开税收制度改革带来的财政资金保障以及资源倾斜支持。比如近年来，为让利市场主体、帮助企业纾困减负，我国出台了一系列减税降费优惠政策，让量大面广、抗风险能力较差的小微企业受到重点扶持。从下调增值税税率到提高研发费用加计扣除比例再到清理行政事业性收费，我国有效降低了企业的制度性交易成本和税收成本，助力企业不断成长。

（二）税制改革的先行性

税收制度改革的先行性是指税收制度改革在全面深化改革的各个领域中起到统领先行的作用，以税收制度改革牵引带动其他领域改革。首先，税收制度政策是政府宏观调控的重要手段，带有倾向性的政策内容代表国家发展的目标与方向。比如，环境保护税法的实施可以鼓励企业转型升级、促进新旧动能转换。其次，税收制度改革作为杠杆能够撬动其他领域改革。税收杠杆作用主要指通过增支、减收两种手段将部分资金让渡给其他领域改革主体，使让渡的资金在其领域发挥更大效应。最后，税收领域先行的改革经验能够为其他领域改革提供借鉴，促进国家治理体制全面完善。

（三）税制改革的系统性

税收制度改革的系统性是指税收制度改革不再仅为经济体制改革的一个方面，而是作为实现国家治理和战略发展的重要一环，以国家治理为导向，以国家战略发展为目标进行系统性改革部署。在税收制度改革方面，改革目标从“改革税制、稳定税负”逐步细化为“税种科学、结构优化、法律健全、规范公平、征管高效”。税制改革从服务市场主体、调节收入分配等多方面考虑，全面落实税收法定原则，推进环境保护税、烟叶税、船舶吨税、个人所得税、车辆购置税、耕地占用税、资源税、契税、城市维护建设税、印花税等项立法，为国家治理体系的稳定高效运行添砖加瓦。

三、以人民为核心的税收价值观

人民群众是社会历史的主体，是历史的创造者。中国共产党是马克思主义政党，人民立场是党的根本政治立场。党的二十大报告进一步指出，江山就是人民，人民就是江山。中国共产党领导人民打江山、守江山，守的是人民的心。治国有常，利民为本。为民造福是立党为公、执政为民的本质要求。以人民为核心的税收价值观，就是要贯彻

"取之于民，用之于民"的税收理念。

在红色革命时期，以人民为核心的税收价值观体现在贯彻"军民兼顾"原则，有效化解了战争军需与人民负担的矛盾，控制赋税限度，杜绝贪污和浪费，最大限度地减轻了农民的负担。新中国成立之后，以人民为核心的税收价值观则集中体现在如何稳定政权、提升国家实力以及改善人民生活水平上，在提出纳税是人民的光荣义务的同时，遵循"简化税制，实行合理负担"的原则，为完成社会主义改造，从新民主主义社会跨越至社会主义社会奠定了坚实的经济基础。

改革开放以来，我国进入中国特色社会主义的建设时期，为进一步提升国家实力和人民生活水平，以市场化改革调动人民的积极性，解放和发展生产力。这一时期的税收政策就主要体现在国营企业的"利改税"之上，希望能够最大限度地调动企业积极性，激发市场活力。"利改税"指将国营企业原来向国家上缴利润的大部分改为征收所得税，在全国范围内主要分两步实行。1983 年推行第一步"利改税"，调整收入分配关系，企业上缴收入中的税收成分增加；1984 年实行第二步"利改税"，由税利并存过渡到完全的以税代利。两步"利改税"，通过税收把国家与企业的分配关系固定下来，可以使企业向独立经营、自负盈亏的方向大大迈进一步，有利于打破企业吃国家"大锅饭"的弊端。接着，进行税制改革和分税制改革，坚持"统一税制，公平税负"的原则，为市场公平竞争创造税制条件，从而保证了社会主义市场经济的快速健康发展，奠定了社会主义市场经济之基，让广大人民群众能够更好地享受改革红利。

中国特色社会主义进入新时代，以人民为核心的税收价值观体现在通过优化税收制度和政策，让全体人民共享经济发展成果。增值税改革不断深化，"营改增"圆满完成，从增值税"转型"再到"扩围"，税收促进公平市场环境的效果日趋明显；环境保护税立法完成，资源税改革不断扩围深化，税收调节功能日益强化；个人所得税改革取得实质性进展，提高起征点，增加专项附加扣除，对四项劳动性所得实行综合计征，综合与分类相结合的个人所得税制度不断完善，税收公平收入分配的功能不断强化。在税收征管方面，落实放管服改革，激发市场主体活力，持续优化税收营商环境。

四、税收改革发展中的中国共产党领导

二十届中央财经委员会第一次会议强调，"加强党对经济工作的领导，是加强党的全面领导的题中应有之义"。党的领导是中国特色社会主义的最本质特征，中国特色社会主义的税收改革发展自然也离不开中国共产党的领导。自改革开放以来，我国税收改革发展的每一步，都在中国共产党的领导下走得踏实有力。中国特色社会主义税收的发展与完善，也应继续坚持党的领导，才能使税收更好地为实现中华民族伟大复兴提供坚实的物质基础。

党的十一届三中全会明确提出把全党的工作中心转移到社会主义现代化建设上来，揭开了中国改革开放的序幕，也促进了现代化税收制度的建立与完善。党的十一届三中全会提出，要“对经济管理体制和经营管理方法着手认真的改革”，“现在我国经济管理体制的一个严重缺点是权力过于集中，应该有领导地大胆下放，让地方和工农业企业在国家统一计划的指导下有更多的经营管理自主权”。税收改革必须放权让利，首先是对农民放权让利，实施家庭联产承包责任制，提高农副产品价格，并对当时的农村社队企业在税收、价格、补贴等方面给予政策优惠，激发农民的积极性。其次对企业放权让利，扩大企业自主权，分两步进行“利改税”改革，扩大企业财权，增强企业活力。最后是对地方放权让利，自 1985 年起实行“划分税种、核定收支、分级包干”，按税种将收入分为中央固定收入、地方固定收入、中央和地方共享收入，激活地方财力，充分调动中央和地方的积极性。

此外，为适应对外开放政策下引进国外资金和先进技术的需要，1979 年召开的全国税务工作会议，提出涉外税制建设先行一步。1980—1981 年，先后经过第五届全国人民代表大会第三次、第四次会议审议，通过并公布了《中华人民共和国中外合资经营企业所得税法》《中华人民共和国个人所得税法》《中华人民共和国外国企业所得税法》。1991 年 4 月，第七届全国人民代表大会第四次会议通过并公布了《中华人民共和国外商投资企业和外国企业所得税法》，实现了外商投资企业和外国企业在所得税制度上的统一。至此，涉外企业所得税基本完善。此后，我国逐步建立和完善了涉外税收机构，同一些国家签订了避免双重课税协定和其他单项税收协定，涉外税收从立法到执法，走上了正常发展的轨道。在流转税方面，改革开放初期暂时沿用 1958 年全国人民代表大会常务委员会原则通过的《中华人民共和国工商统一税条例（草案）》。在财产和行为税方面，则是沿用 1951 年政务院发布的《城市房地产税暂行条例》和《车船使用牌照税暂行条例》。1988 年，国务院发布了《中华人民共和国印花税暂行条例》，内外资均适用。此外，还恢复和完善关税制度。1978—1992 年，经过十多年的努力，我国从所得税到流转税、财产税，从税法到细则，初步建立起一套比较完整的涉外税收制度。

在建立涉外税制的同时，国内税制改革的调查与试点工作也在紧锣密鼓地展开。1981 年 9 月，国务院批转了财政部《关于改革工商税税制的设想》，明确了工商税制改革的指导思想。1984 年工商税制全面改革，从根本上改变了中国税制的面貌，由原来的单一税制进入多层次、多环节、多税种的复合税收体系。

1992 年，党的十四大正式确立社会主义市场经济体制的改革目标。1978 年到 1993 年的一系列税制改革，虽然突破了以往片面强调简化税制的弊端，但是与社会主义市场经济体制的要求还不相适应。1993 年 11 月，党的十四届三中全会通过《中共中央关于建立社会主义市场经济体制若干问题的决定》，吹响了分税制改革的号角。经过一系列的改革举措，我国建立起以增值税为主体的流转税制度，统一内资企业所得税，统一按33%的名义税率计征，简并个人所得税，开征农业特产税。这一系列的举措初步统一了税法，实现了公平税负，为市场经济的发展创造了良好的税收环境，对社会主义市场经济体制的建立和发展发挥了重要的作用。

1994年分税制实施后，为保证其顺利推进，我国进行了一系列的调整。1998年后持续对营业税、所得税进行了调整和完善，并规范税收优惠政策，重点推进税费改革。2000年10月，国务院公布《中华人民共和国车辆购置税暂行条例》，正式拉开了我国全面实施“费改税”的序幕。

2002年党的十六大提出全面建设小康社会的目标。改革逐步进入“深水区”，财政的职能也逐步由经济视域走向社会视域，并向国家治理的视域迈进。2003年后，按照党的十六届三中全会提出的“简税制、宽税基、低税率、严征管”的要求，我国启动了新一轮的税制改革和税政建设，稳步推进税收改革，改革出口退税制度，统一各类企业税收制度。增值税由生产型改为消费型，将设备投资纳入增值税抵扣范围；完善消费税，适当扩大税基；改进个人所得税，实行综合和分类相结合的个人所得税制；实施城镇建设税费改革，条件具备时对不动产开征统一规范的物业税，相应取消有关收费。在统一税政前提下，赋予地方适当的税政管理权；创造条件逐步实现城乡税制统一。2006年10月，党的十六届六中全会通过的《中共中央关于构建社会主义和谐社会若干重大问题的决定》提出了实行促进就业的财税金融政策，健全财力与事权相匹配的财税体制，完善有利于环境保护的财税政策等促进和谐社会建设的税收措施。2007年10月，党的十七大报告提出了“实行有利于科学发展的财税制度，建立健全资源有偿使用制度和生态环境补偿机制”的新要求。

党的十八大以来，以经济领域为主的改革过渡到全面深化改革。党的十八届三中全会通过的《中共中央关于全面深化改革若干重大问题的决定》明确要求“深化财税体制改革，建立现代财政制度”。财税改革面临的形式更复杂，任务也更艰巨。为实现高质量发展和构建新发展格局，一系列财税改革陆续推出。“营改增”打通全行业抵扣链条，企业得以优化生产营销和专业化布局；消费型增值税改革体现了其对技术进步的支撑作用；企业所得税改革提高了对研发和投资的支持；个人所得税改革实施后进一步促进了公平；资源税和环境保护税改革为推进我国生态文明建设提供新动力；全面落实税收法定原则，加快税收立法进程。

党的十九大报告明确指出：“深化税收制度改革，健全地方税体系。”地方税改革的方向是，调整税制结构，培育地方税源，加强地方税权，理顺税费关系，逐步建立稳定、可持续的地方税体系。2021年通过的《中共中央关于制定国民经济和社会发展第十四个五年规划和二〇三五年远景目标的建议》对未来五年我国经济社会发展做出系统谋划和战略部署，提出要充分发挥税收职能作用，积极服务全面建设社会主义现代化国家。全面建设社会主义现代化国家，要发挥好税收在支持科技创新、扩大内需、调节分配关系这三方面的重要作用。在支持科技创新方面，税务部门一方面要进一步积极参与研究促进基础研究、提高研发费用加计扣除、支持高新技术企业发展等税收优惠政策，全力支持创新驱动发展战略和加快建设创新型国家；另一方面要坚定不移地走科技兴税之路，以发票电子化改革为突破口，以税收大数据为驱动，加快推进智慧税务建设，更好服务国家治理。在扩大内需方面，税务部门要积极研究支持扩大内需的政策措施，积极发挥税收大数据优势支持产业链供应链稳定。在优化收入分配方面，税务部门要继续积极研究和认真落实有利于扩大中等收入群体、优化收入分配的税收政策，有效发挥税收调节作用。

党的二十大报告在总结过去五年的工作和新时代十年的伟大变革的基础上，对现代税收制度的完善提出了新要求。在增进民生福祉、提高人民生活品质方面，加大税收、社会保障、转移支付等的调节力度，完善个人所得税制度，规范收入分配秩序，规范财富积累机制，保护合法收入，调节过高收入，取缔非法收入。在推进绿色发展，促进人与自然和谐共生方面，完善支持绿色发展的财税、金融、投资、价格政策和标准体系，发展绿色低碳产业，健全资源环境要素市场化配置体系，加快节能降碳先进技术研发和推广应用，倡导绿色消费，推动形成绿色低碳的生产方式和生活方式。不断优化税制结构，完善现代税收制度，助力中国式现代化的发展。

综上所述，“党管税收”的内涵包括三个方面。一是党对税收发展方向的把握。税收作为联系政府、市场和社会主体的纽带，关系整体利益的分配和调整，税收改革必须围绕发展大局。中国共产党是中国特色社会主义事业的领导核心，党对税收改革方向的把握有利于稳定整体宏观税负、协调中央和地方事权划分、服务经济社会整体发展。二是党对税制改革内容和时机的把握。税收在资源配置和宏观经济调控中发挥重要作用，税制改革往往具有“牵一发而动全身”的作用，因此税制改革的内容和时间需要党依据全国整体经济改革目标做出适时的选择和调整。三是党对税收政策落实和税收征管执行的保障。税收政策落实和税收征管执行是税收职能有效发挥的基础，党领导下的“全国一盘棋”的格局和“集中力量办大事”的制度特点为税收政策落实和税收征管执行提供了坚实的制度保障。

第三节　中国式现代化中的税收政策

党的二十大报告阐明了中国式现代化的丰富内涵，强调了中国式现代化的本质要求、重要特征。中国式现代化是人口规模巨大的现代化，是全体人民共同富裕的现代化，是物质文明和精神文明相协调的现代化，是人与自然和谐共生的现代化，是走和平发展道路的现代化。党的二十大报告还提出，要加快构建新发展格局，着力推动高质量发展，“健全现代预算制度，优化税制结构，完善财政转移支付体系”。

全面把握税收与中国式现代化的辩证统一关系，是明确税制改革方向、税收精准服务中国式现代化的前提和基础。总体上看，税收现代化是中国式现代化的重要组成部分，两者是总与分的关系。中国式现代化是生产力和生产关系同时推进的现代化过程。生产关系包括三个方面：生产资料归谁所有（即所有制）、产品如何分配（即分配制）、生产中人与人的关系。其中，分配制度包括初次分配、再分配和第三次分配，税收制度是分配制度体系的重要组成部分，也属于生产关系。税收制度是一国经济制度的重要组成部分，税收征管能力是国家治理能力最直接的反映，因而税收现代化是中国式现代化的重要组成部分。此外，税收在影响要素价格、调节收入分配等方面发挥不同的作用，税收现代化不仅是生产关系现代化的体现，也在促进生产力的发展、实现人的全面发展方面发挥重要作用。与此同时，中国式现代化决定着税务部门的政策制定、任务部署和工作推动，是发展税收现代化的决定性力量，为“怎样建设以及建设什么样的税收现代化”提供了根本遵循和行动指南。总体而言，中国式现代化对税收政策提出了新的要求，税收政策的不断发展也助力着中国式现代化的推进。

一、中国式现代化对税收政策提出的新要求

人口规模巨大是中国式现代化的典型特征，要求税收政策坚持连续性、稳定性、可持续性。要保持宏观税负总体稳定，为经济发展注入可持续性，满足人民需要；要实施就业优先战略，通过多渠道的就业资金保障机制、失业保险制度和相应的税收减免措施加强对重点困难群体的就业兜底帮扶；面对人口老龄化不断加深的现实背景，要围绕“老有所依，幼有所养”的目标要求，持续加大对基本养老保险基金的补助力度，完善个人所得税对养老、育儿等民生保障领域的专项附加扣除政策，促进养老托育产业健康发展。

全体人民共同富裕是中国式现代化的必然要求，这要求税收政策必须正确处理效率与公平的关系。一方面，要坚持税收中性原则，通过减少增值税的税率档次、推进生产地征税原则向消费地征税原则转变、规范税收优惠政策等方式确保市场主体处于公平的竞争环境。另一方面，要本着税收负担公平、分配关系规范的原则，充分发挥税收调节分配的职能作用。扩大综合征收范围，适当提高个人所得税比重；积极稳妥推进房地产税立法，完善财税制度；考虑将高档奢侈品、高档消费活动纳入消费税征收范围；建立健全慈善税收制度，鼓励捐赠人参与公益慈善事业，拓宽三次分配途径。

物质文明和精神文明相协调是中国式现代化的价值取向，要求税收政策既要关注

经济发展又要注重文化教育事业进步。一方面，要围绕创新驱动发展战略，通过优化税制设计支持制造业全面转型升级，助力建设现代化产业体系；针对数字经济等新兴业态，要完善税收规则、优化税收分配机制。另一方面，要围绕建设教育强国、科技强国、人才强国与文化强国的目标，加大职工教育经费和子女教育、继续教育专项附加扣除力度，使税收优惠政策适当向支持文化产业发展倾斜，增强税制对高科技人才的激励作用。

人与自然和谐共生是中国式现代化的鲜明标志，要求税收政策必须牢固树立和践行绿水青山就是金山银山的理念。在实现“双碳”目标优化的基础上，完善税收激励与约束的“双向用力”机制，在资源开采、消耗、循环利用、进出口、生产污染排放等环节，完善资源税、环境保护税、企业所得税等“多环相扣”“多税共治”的绿色税收体系。要科学制定绿色发展税收保障机制，以实现减污降碳协同增效为抓手，以改善生态环境质量为核心，依靠约束型绿色税收政策推进生态优先、节约集约、绿色低碳发展。

坚持走和平发展道路是中国式现代化的客观前提，必须积极主动地融入国际税收治理和改革中。积极参与经济合作与发展组织（OECD）数字经济征税规则以及防止税基侵蚀和利润转移等国际税收规则的制定，推动全球治理朝着更加公正合理的方向发展，维护我国及广大发展中国家利益；深入推进“一带一路”税收征管合作机制建设，积极为世界提供公共产品和国际合作交流平台；通过签署双边、多边税收公约等，优化国际税收领域服务，深化国际税收协调与合作，服务更加积极主动的开放战略。

此外，中国式现代化建设赋予税收征管工作新的使命和要求。深化税收征管制度改革，建设智慧税务，深入推进精确执法、精细服务、精准监管、精诚共治，更好地发挥税收在国家治理中的基础性、支柱性、保障性作用，为中国式现代化建设提供有力支撑。

二、税收政策改革助力中国式现代化

（一）减税降费政策

2008 年，中央经济工作会议提出了“实行结构性减税，优化财政支出结构”的工作重点，这是“结构性减税”一词首次被提出。2015 年以前，减税降费政策的主要表述为“结构性减税”和“普遍性降费”。2016 年，我国提出要抓好“三去一降一补”五项任务，减税降费由此转变成供给侧结构性改革“降成本”的重要组成部分。2019 年政府工作报告明确提出了“普惠性减税与结构性减税并举”以来，减税降费政策由“结构性减税”向“普惠性减税”转变。陆续出台的一系列普惠性政策中，对小微企业的优惠政策范围广、力度大，增强了社会获得感；设立在西部地区的国家鼓励类产业，企业所得税减税政策延续实施十年，为西部地区带来新发展动力；为促进海南自贸港建设，我国出台了全方位的税收优惠政策，进一步深化对外开放的格局，让海南自贸港焕发新活力。

随着大规模组合式税费优惠的出台，政策落实精准，实施效果良好，充分发挥了税收在经济高质量发展中的保障性、支柱性作用。国家税务总局公布的数据显示，2013—2021年，税务部门办理新增减税降费累计达8.8万亿元。中国宏观税负从2012年的18.7%降至2021年的15.1%。截至2022年9月20日，全国新增减税降费及退税缓税缓费超3.4万亿元，在服务大局中彰显税务担当。减税降费政策的落地实施，减轻了企业的税收负担，为市场经济“赋能”“放水养鱼”的政策效果明显，为稳定宏观经济大盘发挥关键性作用。减税降费是助企纾困最公平、最直接、最有效的举措。

1. 不断深化增值税改革

为了彻底解决营业税与增值税并存带来的重复征税问题，2012年我国开启了“营改增”试点，直至2016年营改增全面推开，营业税被取消。营改增的全面推行有效解决了流转税领域长期存在的双重征税问题，打通了增值税抵扣链条，更有利于打造中性的税收环境，有助于激发市场活力。此后，增值税改革进一步深化，增值税税率逐步下调，最终将四档增值税税率简并下调为三档标准税率：13%、9%和6%，构建了我国现代的增值税制度。

2018年起，我国进一步深化增值税改革，开启大规模增值税留抵退税进程。增值税留抵退税是指把增值税期末未抵扣完的税额退还给纳税人。留抵退税政策着力于通过减少留抵税额对企业现金流的跨期占用，来缓解企业资金回笼压力，有助于激发市场主体活力。2018年之前，增值税留抵退税政策仅限于个别行业。为助力经济高质量发展，2018年起我国逐渐扩大了留抵退税的适用范围，行业范围由个别企业扩展至先进制造业、研发等现代服务业，再扩展至一般服务业；由一定比例留底税额的退还扩展至存量与增量留抵税额。2022年我国实施的存量留抵退税政策，是我国增值税留抵退税制度的一次重大突破。

2. 加大对中小微企业的扶持力度

中小微企业是国民经济和社会发展的重要力量，在扩大就业、促进技术创新、改善民生等方面都发挥着重要的作用。为进一步支持小微企业的发展，我国在不同环节给予了税收政策扶持。在销售收入上，提高了增值税的起征点，由月销售额10万元提升至15万元；同时对小规模纳税人一定期间的收入给予增值税免税优惠。在应纳税所得额的计算上，较大比例减免小型微利的应纳税所得额，将企业所得税的实际税率最低降低至2.5%。为了鼓励设备购置，允许中小微企业对于单位价值在500万元以上的，按照单位价值的一定比例自愿选择在企业所得税税前扣除。同时，允许省、自治区、直辖市人民政府根据本地区实际情况，以及宏观调控需要确定，对增值税小规模纳税人、小型微利企业和个体工商户可以在50%的税额幅度内减征资源税、城市维护建设税、房产税、城镇土地使用税、印花税（不含证券交易印花税）、耕地占用税和教育费附加、地方教育附加等。

3. 缓解受疫情冲击较大行业的税费负担

受新冠疫情影响，企业经营普遍受限，绩效下滑，资金周转压力大，以生活服务业以及交通运输业为代表的服务行业企业受疫情冲击巨大。党中央、国务院积极行动，实施了大规模的缓缴以及免、减增值税的政策，相当于国家为企业提供了一笔“无息贷款”，缓解企业的资金困难。

同时，为贯彻落实“保市场主体、保就业、保民生”政策，扩大了阶段性缓缴社会保险费的范围。2022年，包括餐饮、零售、旅游、民航、公路水路铁路运输5个特困行业以及17个困难行业在内的22个行业，均可享受不同程度的企业职工基本养老保险费、失业保险费、工伤保险费（统称“三项社保费”）缓缴政策。

（二）共同富裕中的税收政策

习近平在中央财经委员会第十次会议上指出：“共同富裕是社会主义的本质要求，是中国式现代化的重要特征，要坚持以人民为中心的发展思想，在高质量发展中促进共同富裕。”在高质量发展中促进共同富裕，揭示了推动高质量发展与促进共同富裕的内在联系，在理论和实践上都具有重大意义。

共同富裕包含两个概念，一个是“富裕”，一个是“实现共同富裕”。也就是说，实现共同富裕，首先需要“做大蛋糕”，促进经济的发展，提高经济发展质量。其次，在“做大蛋糕”的基础上，做好收入的分配，不断缩小收入和财富差距。因为马太效应的存在，仅依靠市场的力量无法实现经济增长与收入分配的科学匹配。只有依靠全国人民共同奋斗，持续推进高质量发展，不断创造和积累社会财富，把可分配的“蛋糕”做大做好，并通过合理的制度安排把“蛋糕”切好分好，才能稳步向共同富裕目标迈进。

在高质量发展中促进共同富裕，需要把握好效率和公平的关系，构建初次分配、再分配、三次分配协调配套的基础性制度框架。相应地，税收制度也从不同层面影响三次分配的过程。

1. 初次分配中的税收政策

初次分配是人们获得收入的主要来源，是在市场主导下按照生产要素禀赋的贡献程度进行分配的过程，在提高低收入群体收入、扩大中等收入群体、为更多人创造致富机会方面有着重要的作用。在初次分配中，主要的纳税主体是企业，这一环节中起到主要调解作用的税种是企业所得税。企业所得税是我国的第二大税种，企业缴纳所得税将一部分利润让渡给政府，对剩余利润享有支配权，不仅要保证财政收入的充足稳定，还要维护企业生产的积极性。实施企业所得税的减税降费优惠政策，可以大力推动企业生产的积极性，提高生产效率，增加经济总量，这是高质量发展中促进共同富裕的前提条件。同时，让不同收入规模、不同行业和地区的企业适用差异化的税率和税收优惠制度，也可以调整初次分配后的格局，减轻再分配和三次分配的压力。

2. 再分配中的税收政策

再分配是指政府通过税收、社会保障、转移支付等方式对国民收入在初次分配之后进行第二次分配，对于调节初次分配形成的收入和财富过大差距、促进社会公平正义和共同富裕具有重要作用。再分配环节中，起到主要调解作用的是个人所得税。个人所得税制度在扎实推动共同富裕，特别是着力扩大中等收入群体规模、加强对高收入的规范和调节等方面，扮演着重要角色。

我国于 2018 年开展了个人所得税改革，实施综合与分类相结合的个人所得税征收模式。本次改革体现的亮点包括几个方面：一是将工资薪金、劳务报酬、稿酬和特许权使用费四项劳动所得由分类征收改为综合征收，适用 3%～45% 的七档累进税率。个人所得税"调高惠低"的机制作用更为明显，不同收入项目、群体间的税负水平得以平衡，调节收入分配作用显著增强。二是进一步提高了个人所得税的扣除标准，由 3 500 元 / 月提升至 5 000 元 / 月，减轻了居民负担，刺激居民消费，释放了个人所得税改革的减税红利。三是新增子女教育、继续教育、大病医疗、住房贷款利息、住房租金、赡养老人六项专项附加扣除。2022 年又将婴幼儿照护纳入专项附加扣除，让广大纳税人进一步享受红利。个人所得税制的综合与分类相结合的征收模式，加之基本扣除额的提高和专项扣除额的丰富、完善，使得月收入在 1 万元以下的居民几乎不用缴纳个人所得税，极大地减轻了中低收入家庭的负担，进一步促进了共同富裕。

3. 第三次分配环节中的税收政策

第三次分配是指通过自愿捐赠等公益慈善事业的方式进行社会救济和社会互助，有利于改善分配结构，是对初次分配、再分配的有益补充，具有明显的无偿性、公益性与自愿性。慈善捐赠是第三次分配的主体，随着社会财富的不断积累，全社会尤其是富裕群体更有能力和意愿为社会公益慈善事业做出贡献，第三次分配对促进共同富裕也将发挥更大作用。企业所得税和个人所得税中的税收优惠政策可以激励慈善捐赠，激发第三次分配热情，助力共同富裕。国家对企业和个人的捐赠支出予以扣除，实际上是让渡了一部分财政收入，降低企业的捐赠成本，增加了对社会慈善事业的税式支出。

在企业捐赠支出扣除方面，自 2019 年 1 月 1 日至 2025 年 12 月 31 日，企业通过公益性社会组织或者县级（含县级）以上人民政府及其组成部门和直属机构，用于目标脱贫地区的扶贫捐赠支出，准予在计算企业所得税应纳税所得额时据实扣除。在政策执行期限内，目标脱贫地区实现脱贫的，可继续适用上述政策。

对于个人进行慈善捐赠的捐款，也可以进行税前扣除。居民个人发生的公益捐赠支出可以在财产租赁所得、财产转让所得、利息股息红利所得、偶然所得、综合所得或者经营所得中扣除，体现量能课税的原则，有助于实现税收的公平与效率。

（三）促进创新发展的税收政策

创新是发展的第一动力，创新是经济转型升级的驱动器，而企业正是创新主体。推进大众创业、万众创新，是深入实施创新驱动发展战略的重要支撑。党的十八大以来，我国持续加大对科技创新的税收优惠力度，逐步形成了覆盖企业成长和创新全生命周期的税收政策支持体系。

1．企业初创期税收优惠

处于初创期的小微企业和个体工商户，其应纳税所得额不到100万元的部分，在现行优惠政策基础上，再减半征收所得税。同时，将小规模纳税人增值税起征点提高到15万元。另外，省、自治区、直辖市人民政府可根据本地区实际情况，以及宏观调控需要，在50%的税额幅度内减征增值税小规模纳税人的地方“六税两费”，全面减轻了小微企业的负担，助力创新型小微企业的发展。

除了普惠性的税收优惠，对于重点行业的小微企业，2022年间新购置的设备、器具，单位价值在500万元以上的，可以自愿选择按照一定比例进行企业所得税税前扣除。特殊群体创业或者吸纳特殊群体就业的企业，还能享受特殊的税收优惠。同时，国家还对扶持企业成长的科技企业孵化器、大学科技园等创新创业平台、创投企业、金融机构、企业和个人等给予税收优惠，帮助企业聚集启动资金，全方位促进“大众创业、万众创新”。

2．企业成长期税收优惠

为促进创新型企业快速、健康成长，研发费用的加计扣除比例由原来的75%提高到了100%，适用范围也扩大至几乎全行业。制造业及部分服务业企业购进的固定资产，可以适用加速折旧的政策，降低了企业的创新研发成本，激励企业继续进行创新投入。此外，科研院所、技术开发机构、学校等机构购买用于科学研究、开发和教学的设备，适用免、减进口税收等政策，以及科技人员取得职务科技成果转化现金奖励个人所得税减免等政策，积极保留创新人才，鼓励创新人才为企业提供充分的智力保障和支持。

3．企业成熟期税收优惠

对于已经进入成熟期的企业，同样给予了许多政策优惠，助力企业继续高质量发展。目前，高新技术企业减按15%的税率征收企业所得税，并且不断扩大高新技术企业认定范围。对于国家重点扶持的高新技术企业，其亏损可结转年限延长至10年，缓解了高新企业经营压力。软件和集成电路企业可以享受企业所得税定期减免优惠，尤其是国家规划布局内的重点企业，可减按10%的税率征收企业所得税。一系列税收优惠政策出台及时，并迅速落地，给企业研发成本做“减法”，帮助企业提高自主创新能力。

（四）税收法定原则的不断落实

习近平提出，要“全面推进科学立法、严格执法、公正司法、全民守法，坚持依法治国、依法执政、依法行政共同推进，坚持法治国家、法治政府、法治社会一体建设，不断开创依法治国新局面”。

2013 年，党的十八届三中全会提出“国家治理体系和治理能力现代化”的目标，将财政定位为“国家治理的基础与重要支柱”，并明确提出要“落实税收法定原则”。2014 年，党的十八届四中全会提出要加强包括税收立法领域在内的重点领域立法。2015 年，第十二届全国人民代表大会第三次会议修改了《中华人民共和国立法法》，不仅在第八条中明确规定“税种的设立、税率的确定和税收征收管理等税收基本制度只能制定法律”，而且还对授权条款进行了限定，规定“授权的期限不得超过五年”。同年，中共中央审议通过了《贯彻落实税收法定原则的实施意见》，提出“落实税收法定原则”的改革任务，明确提出了 2020 年完成税收法定的目标，对推动我国宪法确立的税收法定原则的贯彻落实，进一步规范政府行为，推动完善我国税收法律制度，使其在国家治理中发挥更加积极、有效的作用，为实现国家治理体系和治理能力现代化提供更坚实的制度保障。

党的十八届三中全会之前，我国税收立法只有 3 部实体税法和 1 部程序税法，即《中华人民共和国个人所得税法》《中华人民共和国企业所得税法》《中华人民共和国车船税法》和《中华人民共和国税收征收管理法》。党的十八届三中全会以来，税收法定原则加快落实，法治体系不断健全。截至 2023 年 6 月，18 个税种中已有 12 个完成立法，其他税种立法工作和税收征管法的修订工作正在有序推进，法治成为税收治理的基本方式。同时在立法过程中，通过意见征集、听证会等方式广泛地征求社会意见、回应社会关切，使征税经由人民同意、体现人民意志。税收法定不仅是税收制度的法律化，而且其本身所承载的保障人民利益的法治思维，通过立法过程赋予了民主价值和法治价值，体现以人民为核心的税收价值观，不允许法律之外任何形式的税收加征，充分保障了人民的正常财产权利，为全面推进依法治国发挥了积极作用，为实现“国家治理体系和治理能力现代化”建构了牢固的税收制度基础。

三、服务中国式现代化的税制优化路径

中国式现代化的本质要求是：坚持中国共产党领导，坚持中国特色社会主义，实现高质量发展，发展全过程人民民主，丰富人民精神世界，实现全体人民共同富裕，促进人与自然和谐共生，推动构建人类命运共同体，创造人类文明新形态。中国式现代化是一种“并联式”的现代化，往往伴随着多个目标的叠加，不仅要求继续推进生产力、实

现经济高质量发展，同时也要求注重人的全面发展、实现绿色发展和更高水平对外开放。这为未来的税制改革提出了更高的要求。结合前文的分析，对未来税制改革提出以下几点建议。

（一）以人民为中心，加强税收调节职能、助力共同富裕实现

一是完善综合与分类相结合的个人所得税制度。个人所得税应在调节收入分配中发挥更大作用。具体看，可通过完善所得分类、扩大综合所得征收范围、优化专项附加扣除制度、建立动态调整机制等措施更好地突出个人所得税的调节收入分配职能。

二是适当提高直接税比重，提高税制的公平性，更好地发挥直接税在规范财富积累机制方面的重要作用。在我国经济持续高速增长的过程中，间接税起到了关键的保障作用，但随着我国进入新发展阶段，更进一步地优化税制结构成为贯彻新发展理念、构建新发展格局的必然要求。只有税制结构合理，税收才能在实现共同富裕目标下充分发挥职能作用。立足于我国经济发展需要以及借鉴国际经验，要健全直接税体系，适当提高直接税比重，积极稳妥推进房产税立法、适时开征遗产税及赠与税、加强鼓励慈善捐赠行为的税收政策，进一步完善以货物和劳务税、所得税为“双主体”的税制结构，持续推进直接税收入分配调节职能的强化，朝着高质量发展和共同富裕目标扎实迈进。

三是完善税收调节机制，加大消费环节调节力度。适时调整消费税征收范围与税率设置，重新设定部分高档消费品标准，将更多奢侈性消费品及消费行为纳入征收范围，完善消费税税率结构，提高消费税的累进性。

（二）激发创新动能，为经济高质量发展提供更有力支持

一是降低消费成本，稳定市场预期。要继续实施组合式税费支持政策，通过优化税费政策，降低消费成本，促进社会总需求的增加，实现社会总供给和总需求的均衡。

二是稳定市场主体，促进充分就业。发挥税收政策的针对性调控职能，增强政策精准性，重点关注个体工商户、小微企业和制造业等行业企业发展；积极推动解决结构性就业矛盾，通过税收减免等方式鼓励对人力资源的教育及培训，从而促进人力资本的形成，以解决中国式现代化实现过程中由于人口规模大带来的困难。

三是激发创新动能，助力科技创新和产业结构转型升级。以科技创新企业生命周期的不同阶段为依据，制定出具有差异性的税收政策并展开扶持。尤其是在基础研究阶段，需要利用税收激励引导社会资本投入，以降低因为基础研究不确定性而对投资意愿造成的负面影响，从而充分发挥市场主体的投资作用，通过基础研究投资的增加不断夯实我国科技创新的基础，有力保障未来自立自强的科技成果研发。

四是强化流转税税收中性，提升税制整体运行效率。深化增值税制度改革，完善增值税税率结构和抵扣链条，规范增值税优惠政策，实现增值税进项税额“应抵尽抵”“应退尽退”，彻底消除重复征税，做到征收范围广、税率结构优化，实现税制公平简洁，减少对市场的干扰扭曲。

（三）助力绿色转型，构建多税共治的绿色税收调节体系

一是稳步推进税收制度的绿化改革，构建多税共治绿色税收调节体系。不断强化环境保护税在支持绿色发展方面的主体税种作用，通过扩大征税范围充分发挥其在保护环境、改善生态环境的作用；适度加强各个辅助税种的“绿化”程度，改革完善资源税、消费税，适当提升税率并扩大征税范围；调整企业所得税、增值税等传统税种，在资源综合利用、节能减排等方面发挥企业所得税和增值税的导向和激励作用；构建有利于区域生态合作的绿色税收体系协调机制。

二是渐进式推进并开征碳税。一方面，短期内可以考虑整合各个税种资源，如煤炭资源税、环境保护税、成品油消费税、耕地占用税等，持续深化“中国式碳税”体系建设；另一方面，要不断加强碳税研究，在技术和条件成熟的情况下，适时开征实质性碳税。

三是建立健全与税收体系绿色化目标适配的绿色税收征管机制。加强税务部门与自然资源、生态环境、金融监管等多部门的积极沟通协作，充分利用现代化税收征管工具提升征管效能，借助现代信息技术赋能税收体系绿色化进程。

（四）参与全球治理，为推进高水平对外开放创造优良环境

一是深入参与国际税收规则制定，加强国内税法与国际规则衔接。积极主动地参与数字经济背景下国际税收规则的改革谈判，不断创新理念，为国际税收治理贡献中国智慧；结合我国数字经济发展的实际情况，积极争取有利于我国长远发展的国际税收规则，适应时代趋势和国际规则修订国内所得税法，落实防止税基侵蚀和利润转移行动计划，严厉打击国际逃避税；及时跟进“双支柱”方案进展，科学研判“双支柱”方案给我国带来的综合影响，在落实方案的同时注重保护本国企业和在华外国企业合法权益，避免双重征税，积极参与OECD和联合国税收协定范本、转让定价指南修订工作。

二是持续推进双边税收协定网络的扩展和完善深化区域性税收合作，为高质量“引进来”和“走出去”提供有力的制度保障。一方面，完善双边税收协定网络，加快与尚未签订双边税收协定国家开展协定谈签工作，构建合作共赢的全球税收协定网络，同时注重将防止税收协定滥用的措施及时更新到已经签署的双边税收协定中。另一方面，推动“一带一路”税收征管合作机制、金砖税务合作机制等，更好地服务区域合作和国家战略。

三是积极应用“人类命运共同体”的理念和“共商共建共享”的全球治理观，提出在全球公共品提供、国际税收治理等领域的“中国方案”，提高我国在全球经济治理中的制度性话语权。

四是加快建立税收环境评估指标体系，营造国际一流的税收营商环境，推动构建新发展格局。

专栏 14-1 全球税收政策变革的国际展望

越来越多的国家将税收作为经济治理的重要工具。美国实施自 1986 年以来最大力度的税制改革，将“让美国再次伟大”的希望寄托在一揽子减税措施上。印度推行了自 1947 年以来最大规模的货物劳务税改革，以解决全国市场分割和税种碎片化问题，提高中央政府在国民经济运行中的调控能力。俄罗斯上调增值税标准税率并强化个人所得税税制的累进性。

不同的税种呈现不同的改革趋势，主要表现在以下几个方面。

1. 个人所得税和社会保障缴款

在大多数 OECD 国家和高收入国家，个人所得税和社会保障缴款是税收的重要来源，而低收入和中等收入国家这一比重则相对较小。近年来，在大多数 OECD 国家以及低收入国家、中等收入国家和高收入国家，个人所得税占税收总收入的比例都有所下降。

针对个人所得税，各国主要实施税基收窄措施，并提高劳动所得的最高所得税税率和资本所得的最高税率，以增加税制的整体累进性。许多国家实施了税基收窄措施，以减轻劳动收入的税收负担，并通过规模更大的个税津贴、增加劳动收入和子女税收抵免来支持家庭应对生活成本的增加。同时，税基收窄还可以减轻自雇和非法人企业的税收负担，从而鼓励更多的投资和就业。

2. 企业所得税

企业所得税的法定税率下降趋势正在放缓。在经历了多年持续下降和各国之间的企业所得税趋同之后，企业所得税税率处于历史低位。相较于降低税率，许多国家倾向于缩小税基，继续加大企业所得税的优惠力度，将促进投资、创新和可持续发展作为税收支持的重要目标。比如加大对创新技术和研发的投资；利用税收优惠来支持对更环保的技术和减少碳排放的投资，如美国的《减少通货膨胀法》；通过对固定资产与无形资产的加速折旧、增加投资扣除上限、提高最高资本免税额度等鼓励企业投资。

3. 货物与劳务税

货物与劳务税仍然是各国特别是低收入和中等收入国家的最大收入来源。平均而言，在 OECD 国家，2020 年货物与劳务税收占总税收的 32.1%，但在低收入国家和中等收入国家，这一比例分别为 56% 和 51%。到 2020 年，增值税平均占 OECD 国家总税收的 20.2%，使其成为迄今为止对货物与劳务征税的主要类别，税收收入规模几乎是消费税的三倍。

增值税改革中，一些欧洲国家通过临时降低增值税税率，来缓冲能源价格大幅上涨的影响。越来越多的国家开始利用增值税优惠，鼓励低碳经济的发展，比如将促进可持续发展的电动和氢燃料汽车以及相关配套设备纳入减免范围。数字经济的兴起也加速了增值税的征管改革。根据 OECD（2022）的报告，超过 80 个地区已经针对国际数字贸易税收进行了增值税改革，增强了税收的合规性。

4. 财产税

越来越多的国家转向财产税改革，以应对政府在增加收入、解决住房负担能力问题和打击不平等方面日益增长的压力。许多国家选择渐进改革的方式来增加财产税的收入。例如，提高最高财产税税率和附加税，对将房地产作为投资工具的个人或实体增加税收。

资料来源：OECD. Tax Policy Reforms 2023：OECD and Selected Partner Economies. Paris：OECD Publishing，2023.

本章小结

1. 税收政策是政府为了实现一定时期的社会或经济目标，通过一定的税收调控手段，在一定程度上干预市场机制运行的一种经济活动及其准则。税收政策的实施过程包括政策制定、政策执行、政策效果评估、政策终结与政策监督五个环节，是由政策决策主体制定一系列政策方案付诸具体行动的过程。

2. 党的十八届三中全会通过的《中共中央关于全面深化改革若干重大问题的决定》提出："财政是国家治理的基础和重要支柱，科学的财税体制是优化资源配置、维护市场统一、促进社会公平、实现国家长治久安的制度保障。"这一论断将税收提升至国家治理的层面。在国家治理中，税收发挥着基础性、支柱性与保障性作用。

3. 在全局性改革中，税制改革发挥着关键性、先行性与系统性的作用。

课后习题

1. 中国式现代化中的税收政策发展，你还能总结出哪些特点？

2. 研发费用加计扣除比例的不断提高，对促进我国的现代化发展有哪些意义？

拓展阅读

[1] 马海涛，姚东旻，孟晓雨. 党的十八大以来我国财税改革的重大成就、理论经验与未来展望. 管理世界，2022，38（10）：25-44.

［2］马海涛，孟晓雨．服务中国式现代化的税收制度优化．税务研究，2023（9）：5-12．

［3］刘尚希，傅志华，等．百年大党的人民财政观．北京：人民出版社，2022．

［4］刘尚希．新中国财政史．北京：人民出版社，2022．

即测即评

扫描二维码，进行本章在线测试。

参考文献

[1]《税收学》编写组．税收学．北京：高等教育出版社，中国税务出版社，2021.

[2] 陈共．财政学．10版．北京：中国人民大学出版社，2020.

[3] 高培勇．中国财政70年．北京：经济科学出版社，2019.

[4] 刘佐．新中国税制60年．北京：中国财政经济出版社，2009.

[5] 马海涛．财政理论与实践．北京：高等教育出版社，2018.

[6] 马海涛，等．新时代中国财税体制改革与展望．北京：人民出版社，2022.

[7] 马海涛．中国税制．12版．北京：中国人民大学出版社，2022.

[8] 朱青．国际税收．11版．北京：中国人民大学出版社，2023.

[9] 国家税务总局财产和行为税司．资源税改革政策和征管业务指南．北京：中国税务出版社，2017.

[10] 万莹．税收经济学．上海：复旦大学出版社，2016.

[11] 杨斌．税收学．2版．北京：科学出版社，2011.

[12] 胡怡建．税收学．上海：上海财经大学出版社，2018.

[13] 杨志清．国际税收．2版．北京：北京大学出版社，2017.

[14] 周春英．中国财税史．北京：中国财政经济出版社，2023.

[15] 白彦锋，岳童．行为财政学．北京：中国人民大学出版社，2020.

[16] 付伯颖．外国税制教程．2版．北京：北京大学出版社，2018.

[17] 侯一麟，任强，马海涛．中国房地产税税制要素设计研究．北京：经济科学出版社，2016.

[18] 马海涛，孟晓雨．服务中国式现代化的税收制度优化．税务研究，2023（9）.

[19] 马海涛，姚东旻，孟晓雨．党的十八大以来我国财税改革的重大成就、理论经验与未来展望．管理世界，2022,38（10）.

[20] 刘剑文．落实税收法定原则的意义与路径．中国人大，2017（19）.

[21] 马海涛．推进中国式现代化进程中的财税体制改革．中国社会科学报，2023-05-08.

［22］庇古．福利经济学．金镝，译．北京：华夏出版社，2007．

［23］哈维·S．罗森，特德·盖亚．财政学．郭庆旺，译．10版．北京：中国人民大学出版社，2015．

［24］伯纳德·萨拉尼耶．税收经济学．马先标，刘兴坤，等，译．2版．北京：中国人民大学出版社，2018．

［25］乔纳森·格鲁伯．财政学．5版．北京：中国人民大学出版社，2021．

［26］［日］坂入长太郎．欧美财政思想史．张淳，译．北京：中国财政经济出版社，1987．

［27］Gruber，Jonathan．Public Finance and Public Policy．6th ed．New York：Worth Publishers，2019．

［28］Knut Wicksell．Studies in The Theory of Public Finance//R.A. Musgrave，A.T. Peacokeds．Classics in The Theory of Public Finance．New York：The Macmillan Company，1958．

为收集对教材的意见建议，进一步完善教材编写和做好服务工作，读者可将对本教材的意见建议通过如下渠道反馈至我社。

咨询电话　400-810-0598

读者服务邮箱　gjdzfwb@pub.hep.cn

通信地址　北京市朝阳区惠新东街4号富盛大厦1座　高等教育出版社总编辑办公室

邮政编码　100029

教学支持服务说明

本书有配套教学课件，供教师免费下载使用，请访问 xuanshu.hep.com.cn，经注册认证后，搜索书名进入具体图书页面，即可下载。